# 憲法判例研究

〔14〕

社團法人 韓國憲法判例研究學會 編

집 현 재

# STUDIES ON CONSTITUTIONAL CASES

〔14〕

Edited by
Korean Association of Constitutional
Case Studies

JypHyunJae Publishing Co.
Seoul, Korea

# 머 리 말

올해로 헌법재판소가 창립 25주년을 맞게 된다. 전거로 정확하게 확인할 수는 없지만, 우리 한국헌법판례연구학회도 거의 비슷한 연배가 아닐까 생각된다. 학회지 『헌법판례연구』는 1999년부터 발간하기 시작하였으나 판례연구모임은 훨씬 오래 전부터 이어져 왔기 때문이다. 관점과 눈높이에 따라 부분적으로는 평가가 엇갈릴 수 있겠지만, 창립 25주년을 맞는 헌법재판소의 공적, 특히 헌법수호의식을 함양하고, 기본권신장에 견인차 역할을 수행해 왔다는 점에 대해서는 이견이 없을 것이다. 생각건대, 헌법재판소의 고민 어린 성과물인 판례를 분석하고 평가하는 작업을 계속해 온 우리 학회의 경우도 비슷하지 않을까 감히 자평해본다. 현재의 위상에 만족하지 않고 계속 발전해나가는 헌법재판소의 모습을 지켜보면서 우리 학회도 더욱 알차고 성숙한 연구모임으로 거듭나게 될 것으로 믿고 또 간절히 기대한다.

2012년에도 헌법재판소는 주목되는 결정을 적잖이 내렸다. 특히 구 조세감면규제법 부칙 제23조가 실효되지 않는 것으로 해석하는 것을 위헌으로 판단한 한정위헌결정(헌재 2012. 5. 31. 2009헌마123)은 종래의 경우와는 다른 맥락에서 이론적으로나 실무상 중요한 의미를 갖는 결정으로 주목된다. 기타 법원의 구속집행정지결정에 대하여 검사의 즉시항고를 규정한 형사소송법 제101조 제3항에 대한 위헌결정(헌재 2012. 6. 27. 2011헌가36)이나 인터넷 이용시 본인확인절차를 규정한 정보통신망 이용촉진 및 정보보호 등에 관한 법률 제44조의5 제1항 제2호에 대한 위헌결정(헌재 2012. 8. 23. 2010헌마47, 252)도 되짚어봄 직하다. 아쉽게도 이들 결정 모두에 대한 평석논문을 이번 호에 담아내지는 못하지만, 관행대로 권두논문으로 삼은 "2012년도 헌법판례동향"에서 주요 결정들에 대한 기본적인 평가와 분석작업이 수행되었고, 이는 향후 평석연구에 중요한 단초를 제공할 것으로 믿는다.

바쁜 가운데 논문을 기고해주신 박경철 교수(강원대 법학전문대학원), 김현귀 박사(헌법재판연구원), 이세주 박사(헌법재판연구원), 엄주희 박사(MBC), 그리고 제12호, 제13호에 이어서 번역논문을 함께 읽을 기회를 주신 허완중 박사(헌법재판연구원) 등 집필자 여러분에게 각별한 감사의 뜻을 전한다. 조재현 출판이사, 김현귀 출판간사, 정필운 총무이사를 비롯한 편집위원 여러분들의 헌신적인 노고에 대해서도 그저 고마울 따름이다.

제12호부터 『헌법판례연구』 발간을 맡으면서 학회와 인연을 맺은 '집현재'와 위호준 대표님, 그리고 고된 편집작업에 정성을 다해 애쓰신 실무자 여러분들께도 재삼 감사와 격려의 뜻을 표하며, 우리 학회와 함께 계속 번창해나가기를 기원한다.

2013년 2월 7일

한국헌법판례연구학회장　이덕연

# 目 次

# Table of Contents

# 2012년도 헌법판례 동향

장 철 준*



---

* 단국대학교 법과대학 조교수. 법학박사.

[국문요약]

2012년 한 해에도 수많은 헌법재판이 쏟아졌다. 깊은 사회적 파장을 불러일으켰던 결정들 또한 등장하였다. 특히 법원과 헌법재판소 사이의 갈등을 야기할 만한 결정들이 등장하여 법조계와 학계를 긴장시켰다. 실질적 측면에서 법원 판결에 대한 헌법재판소의 위헌 결정과, 제정법 해석을 둘러싸고 법원 판례에 대한 헌법재판소의 한정위헌 결정 등, 굵직한 현안을 학계와 실무에 던져주었다. 이들을 비롯하여 깊이 있는 판례가 많이 등장하여 발전된 헌법재판의 모습을 제시하였다고 평가할 수 있겠다.

[핵심어]
헌법재판, 위헌법률심판, 법원, 헌법소원심판, 헌법재판소

## Ⅰ. 서 언

발전의 거듭하고 있는 헌법재판소의 결정은 2012년에도 그 흐름을 계속 이어나갔다. 이는 양적인 측면에서뿐 아니라,[1] 질적인 측면에서도

1) 2012년도에 헌법재판소가 접수 · 처리한 사건 통계는 다음과 같다.

| 구분 | 접수 | 처리 | | | | | | | | | | | 미제 |
|---|---|---|---|---|---|---|---|---|---|---|---|---|---|
| | | 위헌 | 헌법불합치 | 한정위헌 | 한정합헌 | 인용 | 합헌 | 기각 | 각하 | 기타 | 취하 | 계 | |
| 합계 | 1171 | 15 | 5 | 7 | | 47 | 140 | 197 | 1205 (1142) | | 45 | 1661 | 848 |
| 위헌법률 | 22 | 9 | | | | | 7 | | 2 | | 3 | 21 | 32 |
| 탄핵 | | | | | | | | | | | | | |
| 정당해산 | | | | | | | | | | | | | |
| 권한쟁의 | 4 | | | | | | | 2 | 1 | | | 3 | 6 |

수준 높은 결정 내용이 다수 등장함으로써 국민의 기본권 보장이라는 헌법적 명령에 더욱 충실하고자 하는 노력을 엿볼 수 있다. 특히 법원과의 관계에서 헌법재판의 역할을 규정하는 매우 민감한 내용들이 과감하게 등장함으로써, 헌법재판 자체의 헌법적 의의를 근본적으로 성찰할 계기를 마련하고 있다. 헌법재판의 담당자들뿐 아니라 헌법학계의 역량을 모아 이들 문제를 지혜롭게 풀어내야 할 것이다.

헌법재판의 종류 측면에서 과거와 크게 달라짐이 없이, 대부분의 접수 사건은 헌법소원이 차지하고 있다. 이 중 헌법재판소법 제68조 제2항에 기초한 헌법소원이 거의 3분의 1 정도를 차지하여, 법률의 위헌심판에 대한 국민의 큰 열망을 여전히 보여주고 있다고 하겠다.

결정 유형의 측면에서는, 위헌 결정이 15건, 헌법불합치 결정이 5건을 차지하였고, 헌법소원에 대한 인용 결정도 47건이나 되었다. 특이한 점은 한정위헌 결정이 7건으로 예년에 비하여 그 빈도가 많아졌다는 점이다. 변형결정을 폭넓게 사용함으로써 헌법재판의 유연성을 높이고자 하는 노력으로 보인다. 다만, 법원과의 관계를 고려할 때, 변형결정의 기속력 문제를 조속히 명확하게 규명하여야 할 것이다.

아래에서는 2012년 한 해 동안 법적으로, 사회적으로 중요한 의미를 가진다고 판단되는 17개의 결정을 자세히 소개한다. 그에 대한 평가는 특정 관점에 의하기보다, 결정의 의의 측면에서 수행한 것이다.

| | | | | | | | | | | | | | | |
|---|---|---|---|---|---|---|---|---|---|---|---|---|---|---|
| 헌법소원 | § 68① | 1183 | 4 | 2 | 2 | | 47 | | 195 | 922 (789) | | 35 | 1207 | 474 |
| | § 68② | 502 | 2 | 3 | 5 | | | 133 | | 280 (263) | | 7 | 430 | 336 |
| | 계 | 1685 | 6 | 5 | 7 | | 47 | 133 | 195 | 1202 (1142) | | 42 | 1637 | 810 |

※ 지정재판부의 처리건수는 ( )안에 기재하고 본란의 숫자에 합산표시하였음.
출처: 헌법재판소 홈페이지〈http://www.ccourt.go.kr〉 심판 사건 총괄표.

# Ⅱ. 위헌법률심판 사건(헌가)

## 1. 방송통신위원회의 설치 및 운영에 관한 법률 제21조 제4호 위헌제청[2)]

### (1) 사건 개요

위헌법률심판 제청신청인은 포털사이트인 주식회사 ○○커뮤니케이션의 블로그에 국내산 시멘트의 유독성에 관한 글을 게재하였다.

방송통신심의위원회는 한국□□공업협회 등으로부터 이 사건 게시글에 대한 심의신청이 제기되자, 이를 심의한 후 이 사건 게시글이 '정보통신망 이용촉진 및 정보보호 등에 관한 법률' 제44조의7 제1항 제2호 소정의 불법정보인 '비방 목적의 명예훼손 정보'에 해당한다는 이유로,[3)] 2009. 4. 24. '방송통신위원회의 설치 및 운영에 관한 법률' 제21조 제4호,[4)] 같은 법 시행령 제8조 제1항, 제2항에 근거하여 주식회사 ○○에 대하여 이 사건 게시글의 삭제를 요구하였다.

제청신청인은 이 사건 시정요구에 대하여 이의신청을 제기하였으나 심의위원회가 2009. 6. 23. 이의신청을 기각하자, 2009. 8. 31. 심의위원회를 상대로 서울행정법원 2009구합35924호로 이 사건 시정요구의 취소를 구하는 소를 제기하였으며, 서울행정법원은 2010. 2. 11. 제청신청인의 청구를 인용하는 판결을 선고하였다.

---

2) 헌재 2012. 2. 23. 2011헌가13.

3) 정보통신망 이용촉진 및 정보보호 등에 관한 법률(2008. 2. 29. 법률 제8867호로 개정된 것) 제44조의7(불법정보의 유통금지 등) ① 누구든지 정보통신망을 통하여 다음 각 호의 어느 하나에 해당하는 정보를 유통하여서는 아니 된다.

2. 사람을 비방할 목적으로 공연히 사실 또는 허위의 사실을 적시하여 타인의 명예를 훼손하는 내용의 정보

4) 방송통신위원회의 설치 및 운영에 관한 법률(2008. 2. 29. 법률 제8867호로 제정된 것) 제21조(심의위원회의 직무) 심의위원회의 직무는 다음 각 호와 같다.

4. 전기통신회선을 통하여 일반에게 공개되어 유통되는 정보 중 건전한 통신윤리의 함양을 위하여 필요한 사항으로서 대통령령이 정하는 정보의 심의 및 시정요구

이에 심의위원회가 항소하여 당해 사건으로 항소심 계속 중이던 2010. 6. 8. 제청신청인은 방송통신위원회법 제21조 제4호, 정보통신망법 제44조의7 제1항 제2호에 대하여 서울고등법원 2010아189호 위헌법률심판제청 신청을 하였고, 당해 법원은 2011. 2. 14. 그 중 방송통신위원회법 제21조 제4호에 대한 신청을 받아들여 이 사건 위헌법률심판제청을 하였다.

### (2) 결정 요지

1) 행정기관인 방송통신심의위원회의 시정요구는 정보통신서비스제공자 등에게 조치결과 통지의무를 부과하고 있고, 정보통신서비스제공사 등이 이에 따르지 않는 경우 방송통신위원회의 해당 정보의 취급거부·정지 또는 제한명령이라는 법적 조치가 예정되어 있으며, 행정기관인 방송통신심의위원회가 표현의 자유를 제한하게 되는 결과의 발생을 의도하거나 또는 적어도 예상하였다 할 것이므로, 이는 단순한 행정지도로서의 한계를 넘어 규제적·구속적 성격을 갖는 것으로서 헌법소원 또는 항고소송의 대상이 되는 공권력의 행사라고 봄이 상당하다.

2) 이 사건 법률조항 중 '건전한 통신윤리'라는 개념은 다소 추상적이기는 하나, 전기통신회선을 이용하여 정보를 전달함에 있어 우리 사회가 요구하는 최소한의 질서 또는 도덕률을 의미하고, '건전한 통신윤리의 함양을 위하여 필요한 사항으로서 대통령령이 정하는 정보(이하 '불건전정보'라 한다)'란 이러한 질서 또는 도덕률에 저해되는 정보로서 심의 및 시정요구가 필요한 정보를 의미한다고 할 것이며, 정보통신영역의 광범위성과 빠른 변화속도, 그리고 다양하고 가변적인 표현 형태를 문자화하기에 어려운 점을 감안할 때, 위와 같은 함축적인 표현은 불가피하다고 할 것이어서, 이 사건 법률조항이 명확성의 원칙에 반한다고 할 수 없다.

3) 이 사건 법률조항은 '건전한 통신윤리의 함양을 위하여 필요한 사항'이란 요건을 추가하여 '전기통신회선을 통하여 일반에게 공개되어 유

통되는 정보' 중 대통령령에 위임되는 심의 및 시정대상 정보의 범위를 한정하고 있는바, 정보통신망법의 목적 및 불법정보 규정(제1조, 제41조 내지 제44조의3, 제44조의7) 등 관련 법조항을 유기적 · 체계적으로 종합하면, 심의 및 시정요구의 대상으로 대통령령에 규정될 불건전정보란 위 정보통신망법조항들에 의해 금지되거나 규제되는 정보 내지 이와 유사한 정보가 될 것임을 누구나 예측할 수 있다고 할 것이므로, 포괄위임금지원칙에 위배되지 아니하고, 이와 같이 심의 및 시정요구 대상인 불건전정보가 이 사건 법률조항 및 그로부터 적법한 위임을 받는 시행령에 의하여 규정되어 있는 이상 법률유보원칙에 반한다고 할 수도 없다.

4) 이 사건 법률조항은 불건전정보에 대한 규제를 통하여 온라인매체의 폐해를 방지하고 전기통신사업의 건전한 발전을 도모하기 위한 것으로 입법목적의 정당성이 인정되고, 심의위원회로 하여금 불건전정보의 심의 및 시정요구를 할 수 있도록 한 것은 위와 같은 입법목적 달성에 적절한 방법이라 할 수 있다.

한편, 이 사건 법률조항에 따른 시정요구는 정보게시자의 표현의 자유에 대한 제한을 최소화하고자 시행령에서 단계적 조치를 마련하고 있고, 시정요구의 불이행 자체에 대한 제재조치를 규정하고 있지 아니하며, 달리 불건전정보의 규제수단으로 표현의 자유를 덜 침해할 방법을 발견하기 어려우므로, 피해의 최소성 원칙에 반하지 아니하고, 인터넷 정보의 복제성, 확장성, 신속성을 고려할 때 시정요구 제도를 통해 건전한 통신윤리의 함양이라는 공익을 보호할 필요성은 매우 큰 반면, 정보게시자의 표현의 자유에 대한 제한은 해당 정보의 삭제나 해당 통신망의 이용제한에 국한되므로, 법익균형성도 충족한다 할 것이어서, 이 사건 법률조항이 과잉금지원칙에 위반하는 것이라 할 수도 없다.

### (3) 평 가

인터넷 포털 사이트에 게시된 의견 글이나 댓글에 대하여 법에서 정한 금지 내용이 포함되어 있을 경우 방송통신심의위원회는 해당 포털 사이트에 해당 게시글의 삭제를 명령하는 방법의 규제 형태를 취하고 있다. 이는 본 판결의 대상 법률조항인 방송통신위원회법 제21조 제4항에 근거하고 있다. 먼저 헌법재판소는 본 위헌법률심판의 적법성 요건인 재판의 전제성을 검토하면서, 방송통신심의위원회의 시정요구(포털 게시판의 글 삭제 형태)가 행정청의 처분에 해당하여 항고소송의 대상이 되는 것인지를 살펴보았다.[5] 재판의 전제성은 이를 부인할 명백한 이유가 존재하지 않는 한 제청법원의 견해를 존중하여야 한다는 기존의 논리(헌재 2010. 9. 30. 2008헌가3, 공보 168, 1581, 1584 등)를 유지하면서 원심판결의 재판 전제성 요건을 받아들였다. 이는 조직법적 차원,[6] 시정 요구라는 기능 차원에서 방송통신심의위원회를 분석함으로써 정당화될 수 있었다.[7] 이러한 헌법재판소의 견해로 인하여, 심의 대상의 자발적 협조를 요구하는 권고행위에 불과하다는 이유로 스스로 시정 요구의 처분성을 부인하면서

5) 헌법재판소는 "만일 법원이 시정요구를 항고소송의 대상이 되는 '처분'이 아니라 단순한 권고적 · 비권력적 행위라고 판단하여 각하할 것이라면, 이 사건 법률조항의 위헌 여부에 따라 당해 사건의 결론이나 법률적 의미가 달라지지 않으므로 재판의 전제성을 부인될 수밖에 없다"는 이유로 처분성 검토의 이유를 들고 있다.

6) "심의위원회는 방송 내용의 공공성 및 공정성을 보장하고 정보통신에서의 건전한 문화를 창달하며 정보통신의 올바른 이용환경 조성을 위하여 방송통신위원회법에 의하여 설립된 기관으로(제18조 제1항), 심의위원회의 위원은 대통령이 위촉하고, 구성과 운영에 관하여 필요한 사항은 대통령령으로 정하도록 하고 있으며(제18조 제3항, 제7항), 별도의 기금 이외에 국고에서 심의위원회의 운영 등에 필요한 경비를 지급받을 수 있도록 하고 있다(제28조). 심의위원회는 이 사건 법률조항에서 정한 정보의 심의 및 시정요구 외에 방송법 제100조에 따른 제재조치 등에 대한 심의 · 의결 등을 할 수 있고, 심의규정의 제정 및 공표를 하며, 심의규정에 위반되는 경우에는 그 제재조치를 결정할 수 있다(제21조, 제24조, 제25조)."

7) "행정기관인 심의위원회의 시정요구는 정보통신서비스제공자 등에게 조치결과 통지의무를 부과하고 있고, 정보통신서비스제공자 등이 이에 따르지 않는 경우 방송통신위원회의 해당 정보의 취급거부 · 정지 또는 제한명령이라는 법적 조치가 예정되어 있으며, 행정기관인 심의위원회가 표현의 자유를 제한하게 되는 결과의 발생을 의도하거나 또는 적어도 예상하였다 할 것이므로, 이는 단순한 행정지도로서의 한계를 넘어 규제적 · 구속적 성격을 갖는 것으로서 헌법소원 또는 항고소송의 대상이 되는 공권력의 행사라고 봄이 상당하다."

항고소송의 대상이 되기를 원하지 않았던 방송통신심의위원회의 그간 주장이 무력화되었다. 이로써 남발의 경향이 있었던 방송통신심의위원회의 시정 요구에 대하여 사법적으로 통제할 수 있는 가능성이 열렸다.[8)]

내용의 측면에서 본 결정의 쟁점은 심사 대상 법률에서 방송통신심의위원회의 직무로 규정하고 있는 '건전한 통신윤리의 함양'이라는 목적이 명확하게 표현되어 있지 않아, 이를 근거로 한 위원회의 시정 요구가 헌법에 위반되는가의 여부이다. 다수의견은 '건전한 통신윤리'라는 표현으로부터 통신활동에 있어서 국민들이 공감할 수 있는 최소한의 윤리 정도를 의미하는 것임을 알 수 있다고 판단하였다. 법률 문언의 일반성은 기본적인 특성으로서, 이 법에서의 표현은 수범자인 국민이 구체적 내용을 예측하는 데 심각한 어려움을 겪을만한 정도는 아니며, 정보통신 영역에서 사용되는 표현이 매우 빠르고 다양한 형태로 변동하는 것을 고려하면 이 정도로 법률에서 규정하는 것은 헌법에 위반되는 정도가 아니라는 것이다.

아울러 심의 및 시정요구 대상 정보를 대통령령에 위임하고 있는 것도 포괄위임금지원칙에 위반되지 않는다고 보았다. 앞선 명확성 원칙에서의 논거와 비슷하게, 대통령령에 위임되어 금지 · 규제되는 정보가 무엇일지 충분히 예측 가능하다는 이유에서이다. 그러나 이에 관하여는 정반대로 판단하고 있는 반대의견이 존재한다.[9)]

---

8) 문재완, [2012년 분야별 중요 판례 분석](17) 언론법, 법률신문, 2013. 6. 13.

9) 재판관 김종대, 재판관 송두환, 재판관 이정미의 반대의견:
오늘날 법률유보원칙은, 단순히 행정작용이 법률에 근거를 두기만 하면 충분하다는 것이 아니라, 국가공동체와 그 구성원에게 기본적이고도 중요한 의미를 갖는 영역, 특히 기본권적 중요성을 가진 영역에 있어서는 국민의 대표자인 입법자가 그 본질적 사항에 대해서 스스로 결정하여야 한다는 요구까지 내포하고 있는바, 입법자가 표현의 자유를 제한하는 시정요구 제도를 창설함에 있어서는 적어도 시정요구 제도를 구체화할 수 있는 시정요구의 상대방, 내용, 효과에 대해 입법자 스스로 결정하여, 법률에서 명확히 규정하거나 구체적 범위를 정하여 대통령령에 위임하였어야 함에도 불구하고, 이 사건 법률조항은 이에 대하여 전혀 언급하지 아니하고 대통령령에 이에 관한 위임을 하지도 아니한 채, 심의위원회의 직무의 하나로 '정보의 시정요구'를 규정하고 있으므로, 법률유보원칙에 어긋난다 할 것이다.

마지막으로 불건전정보 개념의 모호성, 추상성, 포괄성으로 말미암아 과잉 규제의 우려가 있고, 그 규제수단도 '해당 정보의 삭제 또는 접속차단', '이용자에 대한 이용정지 또는 이용해지'와 같은 회복이 현저히 곤란한 수단을 사용하고 있으므로, 기본권인 표현의 자유의 제한에 관하여 과잉금지의 원칙에 위배되는 것이 아니냐는 문제제기에 대하여 그렇지 않다고 결론짓고 있다. 목적의 정당성 및 수단의 적절성이 인정되고, 불명확성으로 인한 과잉규제의 문제는 앞서 밝힌 논거에 의하여 해소되었으며, 규제 수단의 과잉문제 또한 그 수단의 다양화로 말미암아 헌법적으로 문제될 것이 없다는 것이다. 또한 이러한 위험한 정보를 방송통신심의위원회의 시정요구를 통하여 규제함으로써 얻는 공익이 게시자의 표현의 자유보다 더 중하기 때문에 법익 균형성 또한 충족하고 있다고 보았다.

## 2. 구 회사정리법 제262조 제4항 위헌제청[10)]

### (1) 사건 개요

제청신청인은 2000. 11. 30. 회사정리절차가 개시된 ○○자동차 주식회사의 정리채권자이다(인천지방법원 2000회1). ○○자동차는 2002. 9. 30. 인천지방법원으로부터 제청신청인의 정리채권 4,089,589,463원 중 86.015% 상당인 3,517,642,382원은 ○○자동차 주식 23,450주로 출자전환

---

이 사건 법률조항의 '건전한 통신윤리'란 헌법 제21조 제4항의 '공중도덕이나 사회윤리', 방송통신위원회법 제18조 제1항의 '정보통신에서의 건전한 문화 창달'과 비교하여 볼 때 동어반복이라 해도 좋을 정도로 전혀 구체화되어 있지 않은 것으로, 어떠한 표현행위가 과연 '건전한 통신윤리'의 함양에 필요한 사항인지 아닌지에 관한 판단은 사람마다의 가치관, 윤리관에 따라 크게 달라질 수밖에 없고, 행정기관으로서도 그 의미내용을 객관적으로 확정하기 어렵다. 또한, 이 사건 법률조항 중 '건전한 통신윤리의 함양을 위하여 필요한 사항'이란 '심의 및 시정요구가 필요한 사항'을 의미한다 할 것인데, 앞서 본 바와 같이 시정요구의 본질적인 사항인 시정요구의 상대방, 내용, 효과 등이 법률에 전혀 규정되어 있지 않으므로, '심의 및 시정요구가 필요한 사항'도 확정짓기 어려우므로, 이 사건 법률조항은 포괄위임금지원칙에 위반된다.

10) 헌재 2012. 5. 31. 2010헌가85.

하고, 나머지는 수익권증서를 교부하거나, ○○상용차 주식회사로 채무이전 또는 그 주식으로 출자전환하거나, 장기 분할하여 현금으로 변제하는 등의 방식으로 이행하도록 하는 내용의 정리계획 변경계획을 인가받았다.

○○자동차는 2006. 12. 11. 인천지방법원으로부터 주권의 교부를 청구하지 아니한 출자전환주식을 실권 및 소각 처리하도록 허가받은 후 2006. 12. 15. 24:00 정리계획 변경계획에 따라 출자 전환된 주식에 대하여 주권의 교부를 청구할 것을 통지 및 공고하였음에도 이를 청구하지 아니한 제청신청인의 주식 23,450주를 포함하여 총 129,209주를 실권 및 소각 처리하였고, 그 후 2006. 12. 27. 회사정리절차가 종결되었다.

이에 제청신청인은 2009. 3. 9. ○○자동차 및 당시의 관리인을 상대로 주식소각 무효확인 및 손해배상의 소를 제기하고(서울중앙지방법원 2009가합25611), 그 소송 계속 중 주식 실권의 근거가 된 구 회사정리법 제262조 제4항이 헌법에 위반된다며 위헌법률심판 제청신청을 하자, 법원이 이를 받아들여 2010. 9. 13. 그 법률조항에 대하여 이 사건 위헌법률심판을 제청하였다.

### (2) 결정 요지

1) 정리계획에 의하여 새로이 정리회사의 주주가 된 자가 3년 내에 주권의 교부를 청구하지 아니한 때에는 주주로서의 권리를 잃도록 한 이 사건 법률조항은,[11] 정리계획이 변경된 권리관계를 명확하게 정하고 있어 주권을 발행하지 아니하더라도 권리관계가 불명확해지는 것은 아니고,

---

11) 구 회사정리법(1962. 12. 12. 법률 제1214호로 제정되고, 2005. 3. 31. 법률 제7428호 '채무자 회생 및 파산에 관한 법률' 부칙 제2조로 폐지되기 전의 것) 제262조(신주주 등의 실권) ①~③ 생략

④ 회사 또는 신회사가 제1항의 공고를 하여도 동항의 기간 내에 주권 또는 채권의 교부를 청구하지 아니하는 때에는 동항에 정하는 주주 또는 사채권자는 그 권리를 잃는다.

⑤ 생략

구 증권의 회수를 위해서는 종전의 주주 또는 사채권자이었던 자에 대하여만 주권의 교부를 청구하게 하는 것으로 충분함에도 주주가 된 자 모두에게 주권의 교부청구를 강제하며, 구 증권을 반환하지 않으면 주주로서의 권리행사를 제한하는 등 기본권을 덜 침해하는 다른 방법이 있음에도 변경된 권리관계의 증권 상 정리와 구 증권 회수라는 입법목적 달성을 위하여 실권이라는 과도한 수단을 사용함으로써 피해의 최소성과 법익의 균형성을 갖추지 못하여 과잉금지원칙에 위배된다.

2) 변경된 권리관계를 명확하게 하기 위하여 별도로 정리회사 주주에게 주권의 교부청구를 강제할 필요는 없고, 종전에 주주 또는 사채권자이었던 자에 대하여만 주권의 교부청구 및 구 증권의 반환을 강제하는 것으로 충분하며, 주권의 교부를 청구하지 않으면 주주로서의 권리행사를 제한하는 등 기본권을 덜 제한하는 다른 방법이 있음에도 새로이 정리회사의 주주가 된 자 모두에게 실권이라는 제재수단을 사용하는 이 사건 법률조항은 정리회사 주주를 일반 주주와 차별취급함에 있어서 차별에 필요한 정도를 넘어서는 수단을 사용함으로써 차별목적과 차별수단 사이에 합리적인 비례성을 갖추지 못하였으므로 평등원칙에 위배된다.

### (3) 평 가

대상 법률 조항은 회사정리계획에 의하여 새로 주주가 되는 자에게 주권의 교부를 강제하도록 하기 위하여 공고 및 통지가 있을 경우 그 청구가 없다면 그 권리를 잃도록 하는 구조를 취하고 있다.[12] 위헌 제청을 한 법원의 생각은, 회사정리절차에서 정리채권자, 정리담보권자, 주주 등은 그 권리행사에 있어 증권의 소지가 필수적으로 요구되는 것이 아님에도 불구하고, 일정 기간 내에 주권 교부를 청구하지 않은 경우 취득 권리 자체를 완전히 상실하게 함으로써 과잉금지원칙을 위반하여 이들 재산

---

12) 2005년 본 법을 포함하여 관련법을 통합한 '채무자 회생 및 파산에 관한 법률'에서는 이러한 주주의 실권조항을 두지 않고 있다.

권의 본질적 내용을 침해하고 있다고 한다. 또한 이러한 제도는 회사에 주권의 교부를 청구하지 않아도 권리를 상실하지 않는 일반 주주에 비하여 정리계획에 따라 주주가 된 자를 합리적 이유 없이 차별한 것이라 하였다.

반면 정부 측에서는 이러한 제도가 효력을 잃은 구 주권 또는 채권의 유통을 막고 정리회사 주권의 유통성을 확보하기 위한 목적에 적합하고 합리적 방법을 채택한 것이며, 대부분 정리회사의 주식은 금전적 가치가 없는 점 등에 비추어 주주의 권리를 실권시키더라도 재산권 제한의 정도가 낮은 반면 정리회사의 필요 자금 조달에 효과적인 공익이 커서 법익의 균형성도 갖추고 있다고 한다.

헌법재판소가 이 법을 위헌으로 선언한 근거는, 동일한 목적을 위하여 기본권을 덜 침해하는 방법이 존재함에도 불구하고 과도하게 침해적인 방법을 사용하였기 때문이다. 즉, '피해의 최소성' 원칙에 위반하므로 위헌인 것이다. 정리절차에서 확정된 이해관계인의 권리변경 내용이 구체적으로 명확하게 정하여진 상황에서 실권이라는 제재 수단까지 사용하지 않아도 무방하다. 구 증권을 회수하거나 거래의 안전을 보호하기 위해서는 종전의 주주 또는 사채권자였던 자에 대하여만 주권의 교부 청구를 강제하는 것으로 충분함에도 이를 불문하고 주주가 된 모든 자에게 실권의 방법으로 교부 청구를 강제하는 것은 과도한 제한이라는 것이다. 비슷한 맥락에서 법익의 균형성 또한 갖추지 못한 방법을 취하고 있다는 점도 지적하였다. 또한 제청 법원의 주장과 같이 정리회사의 주주를 일반 주주와 차별 취급함에 있어 차별에 필요한 정도를 넘어서는 수단을 사용하여 차별 목적과 수단 사이에 합리적 비례성을 갖추지 못하였다는 점을 들어 평등원칙 위반이라 결정하였다.

## 3. 형사소송법 제101조 제3항 위헌제청[13)]

### (1) 사건 개요

제청법원은 피고인 이○주에 대한 성폭력범죄의 처벌 및 피해자보호 등에 관한법률 위반(특수강도강간등) 등 사건[서울북부지방법원 2011고합 77, 264(병합), 2011전고9(병합)]에서 원심법원이 2011. 9. 19. 피고인에 대하여 피고인의 모친상을 이유로 2011. 9. 20.까지 구속의 집행을 정지한다는 결정을 하였으나, 같은 날 검사가 형사소송법 제101조 제3항에 따라 위 구속집행정지결정에 불복하여 즉시항고를 제기함으로써 그 결정의 집행이 정지된 채 제청법원에 이르게 되자, 2011. 10. 26. 직권으로 형사소송법 제101조 제3항에 대하여 위헌법률심판을 제청하였다.[14)]

한편 서울북부지방법원은 2011. 9. 9. 위 피고인에 대하여 징역 13년 및 정보공개 10년, 10년간의 위치추적 전자장치 부착 등을 명하는 판결을 선고하였고, 검사와 위 피고인이 항소함에 따라 서울고등법원[2011노2622, 2011전노344(병합)]은 2011. 12. 2. 위 피고인에 대하여 징역 17년, 정보공개 10년, 10년간의 위치추적 전자창치 부착 등을 명하는 판결을 선고하였으며, 위 피고인이 상고함에 따라 대법원[2011도16971, 2011전도279(병합)]은 2012. 2. 9. 위 피고인의 상고를 기각하였다.

---

13) 헌재 2012. 6. 27. 2011헌가36.

14) 형사소송법(1973. 1. 25. 법률 제2450호로 개정된 것) 제101조(구속의 집행정지)

① 법원은 상당한 이유가 있는 때에는 결정으로 구속된 피고인을 친족 · 보호단체 기타 적당한 자에게 부탁하거나 피고인의 주거를 제한하여 구속의 집행을 정지할 수 있다.

② 전항의 결정을 함에는 검사의 의견을 물어야 한다. 단, 급속을 요하는 경우에는 그러하지 아니한다.

③ 제1항의 결정에 대하여는 검사는 즉시항고를 할 수 있다.

④~⑤ 생략

### (2) 결정 요지

1) 법원이 피고인의 구속 또는 그 유지 여부의 필요성에 관하여 한 재판의 효력이 검사나 다른 기관의 이견이나 불복이 있다 하여 좌우되거나 제한받는다면 이는 영장주의에 위반된다고 할 것인바, 구속집행정지결정에 대한 검사의 즉시항고를 인정하는 이 사건 법률조항은 검사의 불복을 그 피고인에 대한 구속집행을 정지할 필요가 있다는 법원의 판단보다 우선시킬 뿐만 아니라, 사실상 법원의 구속집행정지결정을 무의미하게 할 수 있는 권한을 검사에게 부여한 것이라는 점에서 헌법 제12조 제3항의 영장주의원칙에 위배된다.

또한 헌법 제12조 제3항의 영장주의는 헌법 제12조 제1항의 적법절차원칙의 특별규정이므로, 헌법상 영장주의원칙에 위배되는 이 사건 법률조항은 헌법 제12조 제1항의 적법절차원칙에도 위배된다.

2) 이 사건 법률조항은 부당한 구속집행정지결정으로 피고인이 출소한 후 도망가거나 증거를 인멸함으로써 공정한 재판 진행이나 형의 집행에 차질을 가져오는 것을 예방하기 위한 것으로서 입법목적의 정당성 및 수단의 적절성이 인정된다. 그러나 피고인에 대한 신병확보의 필요성은 피고인의 출석을 보장할 만한 조건의 부가에 의하여 그 목적을 달성할 수 있으며, 법원의 구속집행정지결정에 대하여 검사가 불복할 수 있도록 하더라도, 보통항고를 하고 집행정지를 청구하거나, 즉시항고를 인정하되 즉시항고에 재판의 집행을 정지하는 효력을 인정하지 않는 방법도 있으므로, 구속집행정지결정 자체를 무력화시키는 방법보다 덜 침해적인 방법에 의해서는 그 목적을 전혀 달성할 수 없다고 보기 어렵다는 점을 고려할 때 구속집행정지결정에 대하여 즉시항고권을 인정하는 것은 피해의 최소성을 갖춘 것이라고 할 수 없다.

또한 법원이 일정한 조건 하에 구속의 집행을 정지하는 경우 도주와 증거인멸의 우려 등은 이미 법원의 결정 단계에서 고려되었다는 점, 구속의 집행정지 사유들은 한시적인 경우가 많아 그 시기를 놓치게 되면 피고인에게 집행정지의 의미가 없어지게 되는 점 등을 종합해 보면, 이 사건 법률조항이 법익의 균형성을 갖춘 것이라고 보기도 어렵다.

(3) 평 가

제청법원은 다음과 같은 이유로 대상 조항의 위헌성을 주장하였다. 즉, 이 사건 법률조항에 의하여 검사가 즉시항고를 제기하는 경우, 구속 여부에 관한 전권을 가지는 법관으로 구성된 법원이 영장주의에 의하여 구속을 유지하여야 할 필요성 유무를 스스로 판단하여 결정한 구속집행정지결정의 효력이 즉시항고 재판이 확정될 때까지 무조건 정지되는 결과가 된다. 그런데 이것은 당해 피고인에 대한 구속집행정지결정이 부당하다는 검사의 불복을 그 피고인에 대한 구속집행을 계속할 필요가 없다는 법원의 판단보다 우선시킴으로써 헌법 제12조 제1항, 제3항에 규정된 영장주의와 적법절차의 원칙에 위배되고 헌법 제37조 제2항의 과잉금지원칙에 위반된다.

반면, 법무부장관은 다음과 같이 항변하였다. 구속집행정지결정에 대하여 검사가 즉시항고를 하는 것은 강제처분이 아니고 입법형성권의 자의적 행사가 아니므로 영장주의에 위배되지 않으며, 구속집행정지결정에 대한 검사의 즉시항고는 피고인의 도주, 증거인멸, 재범 등을 방지하기 위하여 공익의 대변자이자 수사, 소추와 형벌집행의 담당자인 검사가 합리적 의심이 있는 경우 상급법원의 판단을 받을 수 있도록 하는 제도로서 합리성이 있으므로 헌법상 적법절차의 원칙에 위배되지 않는다. 구속집행정지의 기준이 모호하고 남용의 우려가 큰 점, 구속집행정지결정을 받은 피고인의 도주를 방지할 수 있는 아무런 제도적 장치가 없는 점, 구속집행정지결정에 있어 신중한 판단과 객관적 · 공정성을 담보하는 장치가 필요하다는 점 등을 종합하면 이 사건 법률조항은 과잉금지원칙에 위배되지 않는다.

판단에 필요한 배경 지식으로서 헌법재판소는 실무에서 구속집행정지는 중병, 출산, 가족 장례참석 등 긴급하게 피고인을 석방할 필요가 있는 경우 등에 사용된다는 점,[15] 이 사건 법률조항이 1972. 12. 27. 이른바 유신헌법이 공포된 후 국회 아닌 비상국무회의에서 1973. 1. 25. 법률 제2450호로 형사소송법을 개정하면서 신설한 규정이라는 점 등을 제시하고 있다. 당시 이 사건 법률조항과 함께 신설되었던 조항 가운데 보석허가결정에 대한 검사의 즉시항고를 허용한 구 형사소송법(1995. 12. 29. 법률 제5054호로 개정되기 전의 것) 제97조 제3항 중 '보석허가결정에 대한 부분'은 헌재 1993. 12. 23. 93헌가2 결정에 의하여 위헌으로 선언되었다.

헌법재판소는 이와 같은 구조의 집행정지제도가 헌법상 영장주의 원칙과 적법절차 원칙을 위배하여 위헌이라는 결정을 내렸다. 또한 신체의 자유로 대표되는 피고인의 기본권을 제한함에 있어 목적의 정당성과 수단의 적절성은 인정되지만 피해의 최소성과 법익의 균형성을 위반하였다는 점을 지적하였다.

헌법재판소가 전제하는 바대로, 영장주의는 인신의 자유를 제한하는 강제수사의 경우 사법권 독립에 의하여 신분이 보장되는 법관의 사전적 · 사법적 억제를 통해 수사기관의 강제처분 남용을 방지하고 국민의 기본권을 보장하는 것을 그 본질로 한다(헌재 1997. 3. 27. 96헌바28등, 판례집 9-1, 313, 320-321; 헌재 2004. 9. 23. 2002헌가17등, 판례집 16-2상, 379, 388 참조). 즉 영장주의의 본질은 강제수사의 요부 판단권한을 수사의 당사자가 아닌 인적 · 물적 독립을 보장받는 제3자인 법관에게 유보하는 것으로서, 법치국가의 사법질서 확립을 위해서는 수사절차에서의 사법통제가 반드시 필요한 것임을 선언한 것이다. 이 전제에 충실한다면 검사의 즉시항고에 의하여 법원의 집행정지결정의 효력이 정지되는 것은, 검찰에서 주장하는 그 필요성에도 불구하고 법치주의 원칙의 근본을 훼손하는 것이다.

헌법재판소에 의하면 헌법 제12조 제3항의 적법절차원칙이 가지는

---

15) 보석 · 구속집행정지 및 적부심 등 사건의 처리에 관한 예규 제16조 제1항 참조.

형사소송절차에서의 의미는, 형사소송절차의 전반을 기본권 보장의 측면에서 규율하여야 한다는 기본원리를 천명하고 있는 것이다(헌재 1996. 12. 26. 94헌바1, 판례집 8-2, 808, 819 참조). 따라서 헌법 제12조 제1항은 적법절차원칙의 일반조항이고, 제12조 제3항의 적법절차원칙은 기본권 제한 정도가 가장 심한 형사상 강제처분의 영역에서 기본권을 더욱 강하게 보장하려는 의지를 담아 중복 규정된 것이라고 해석하고 있으며, 이러한 해석에 의할 때 위 제도는 적법절차원칙에 반하게 된다.

신체의 자유의 본질적 내용을 침해하거나 과잉금지원칙에 위배하여 침해하는지의 여부에 관하여 피해의 최소성에 위반한다고 보았던 것은, 구속집행정지에 관한 결정을 할 때 검사의 의견청취가 필수적인 절차이므로(형사소송법 제101조 제2항) 검사는 구속집행정지결정 전에 의견을 충분히 진술할 수 있다는 점, 피고인에 대한 신병확보의 필요성은 피고인의 출석을 보장할 만한 조건의 부가에 의하여 그 목적을 달성할 수 있다는 점, 그리고 법원의 구속집행정지결정에 대하여 검사가 증거인멸이나 도주의 우려가 있다는 이유로 불복할 수 있도록 해야 한다고 하더라도 보통항고를 하고 같은 법 제409조 단서에 의한 집행정지를 청구하거나 즉시항고를 인정하되 즉시항고에 재판의 집행을 정지하는 효력을 인정하지 않는 방법도 있으므로(형사소송법 제23조 제2항 참조), 이 사건 법률조항처럼 구속집행정지결정 자체를 무력화시키는 방법보다 덜 침해적인 방법이 충분히 존재한다는 점 등을 들었다.

법익 균형성의 측면에서는, 구속집행정지제도의 의의와 법원이 여러 사정을 검토하여 구속된 피고인을 일정한 조건 하에 구속의 집행을 정지하는 경우 도주와 증거인멸의 우려 등은 이미 법원의 결정 단계에서 고려되었다는 점, 구속의 집행정지 사유들은 한시적인 경우가 많아 그 시기를 놓치게 되면 피고인에게 집행정지의 의미가 없어지게 되는 점 등을 종합해 볼 때, 법원의 구속집행정지 판단에 따라 잠시 석방될 필요가 있는 피고인이 검사의 즉시항고에 의하여 석방되지 못하게 되는 불이익보다 구속집행정지된 피고인이 도망하거나 증거를 인멸하는 것을 예방하기 위한 공익이 크다고 할 수 없다는 점 등을 들었다.

## 4. 방송법 제100조 제1항 제1호 위헌제청[16)]

### (1) 사건 개요

1) 방송통신위원회는 2009. 4. 6. 주식회사 문화방송에 대하여 2008. 12. 20.자 '뉴스 후' 프로그램이 사실을 정확하고 객관적인 방법으로 다루도록 규정한 '방송심의에 관한 규정' 제14조를 위반하였고, 2009. 1. 3.자 '뉴스 후' 프로그램이 사회적 쟁점이나 이해관계가 첨예하게 대립된 사안을 다룰 때에는 공정성과 균형성을 유지하고 관련 당사자의 의견을 균형있게 반영하도록 규정한 심의규정 제9조 제2항을 위반하였다는 이유로 구 방송법(2008. 2. 29. 법률 제8867호로 개정되고, 2009. 7. 31. 법률 제9786호로 개정되기 전의 것) 제100조 제1항 제1호 및 제4항에 따라 다음 기재와 같은 내용의 '시청자에 대한 사과'의 제재조치를 하였다.

① 문화방송의 '뉴스 후'에 대하여 '시청자에 대한 사과'를 명한다.

② 문화방송은 '방송법 제100조 제4항'에 의거, 방송통신위원회로부터 '시청자에 대한 사과'의 제재조치를 받은 날부터 7일 이내에 아래 고지 방송 내용을 방송하여야 한다.

가. 고지 방송 내용

| | |
|---|---|
| #1 | 이 방송은 방송통신심의위원회의 제재조치 결정에 따른 방송통신위원회 결정사항 고지 방송입니다. |
| #2 | MBC-TV는 지난 2008년 12월 20일과 2009년 1월 3일자 '뉴스 후' 프로그램에서, 방송법 개정안에 반대하는 일방의 의견을 과도한 비중으로 방송하고 방송법 개정안의 부정적인 결과에 대한 예측을 단정적으로 묘사한 사실이 있습니다. |

16) 헌재 2012. 8. 23. 2009헌가27.

| | |
|---|---|
| #3 | 이는 「방송심의에 관한 규정」 제9조(공정성) 제2항 및 제14조(객관성)를 위반한 것으로 방송통신심의위원회의 제재조치 결정에 따라 방송통신위원회로부터 '시청자에 대한 사과' 명령을 받았습니다. |
| #4 | 이러한 제재조치 내용을 알려드리며, 시청자 여러분께 진심으로 사과드립니다. 저희 (주)문화방송은 이를 계기로 「방송심의에 관한 규정」 등 관련 법규를 준수하고 보다 좋은 프로그램을 방송하도록 최선의 노력을 다하겠습니다. (주) 문화방송입니다. |

나. 고지 방송 방법

○ 문화방송은 방송통신위원회의 결정사항의 "고지 방송 내용"을 4개의 전면회면으로 나누어 음성과 자막(푸른 바탕, 흰 글씨)으로 해당 방송프로그램의 본방송 직전 1회 자막 고지하여야 한다.

○ 해당 프로그램 종료·폐지 또는 편성 조정 등으로 본방송 직전에 고지 방송이 불가능한 경우에는 대체 프로그램 등의 방송 직전 1회 고지할 수 있으며, 이 경우에는 방송통신위원회와 사전 협의하여야 한다.

③ 문화방송은 방송통신위원회가 결정한 내용을 방송하고, 그 이행결과를 지체 없이 방송통신위원회에 보고하여야 한다.

2) 문화방송은 이 사건 사과명령에 대한 취소소송을 제기하였고(서울행정법원 2009구합15968호), 당해 사건 법원은 2009. 11. 13. 직권으로 구 방송법(2009. 7. 31. 법률 제9786호로 개정되기 전의 것) 제100조 제1항 제1호에 대하여 위헌법률심판제청결정을 하였다.[17)]

17) 구 방송법(2008. 2. 29. 법률 제8867호로 개정되고, 2009. 7. 31. 법률 제9786호로 개정되기 전의 것)
제100조(제재조치 등) ① 방송통신위원회는 방송사업자·중계유선방송사업자 또는 전광판방송사업자가 제33조의 심의규정 및 제74조 제2항에 의한 협찬고지 규칙을 위반한 경우에는 다음 각 호의 제재조치를 명할 수 있다. 제27조 제8호의 시청자불만처리의 결과에 따라 제재를 할 필요가 있다고 인정되는 경우에도 또한 같다. 다만, 방송통신심의위원회는 심의규정 등의 위반정도가 경미하여 제재조치를 명할 정도에 이르지 아니한 경우에는 해당 사업자 또는 해당 방송프로그램의 책임자나 관계자에 대하여 권고를 하거나 의견을 제시할 수 있다.
1. 시청자에 대한 사과

### (2) 결정 요지

법인도 법인의 목적과 사회적 기능에 비추어 볼 때 그 성질에 반하지 않는 범위 내에서 인격권의 한 내용인 사회적 신용이나 명예 등의 주체가 될 수 있고 법인이 이러한 사회적 신용이나 명예 유지 내지 법인격의 자유로운 발현을 위하여 의사결정이나 행동을 어떻게 할 것인지를 자율적으로 결정하는 것도 법인의 인격권의 한 내용을 이룬다고 할 것이다. 그렇다면 이 사건 심판대상조항은 방송사업자의 의사에 반한 사과행위를 강제함으로써 방송사업자의 인격권을 제한한다.

이 사건 심판대상조항은 시청자의 권익보호와 민주적 여론 형성 및 국민문화의 향상을 도모하고 방송의 발전에 이바지하기 위하여, 공정하고 객관적인 보도를 할 책무를 부담하는 방송사업자가 심의규정을 위반한 경우 방송통신위원회로 하여금 전문성과 독립성을 갖춘 방송통신심의위원회의 심의를 거쳐 '시청자에 대한 사과'를 명할 수 있도록 규정한 것이므로, 입법목적의 정당성이 인정되고, 이러한 제재수단을 통해 방송의 공적 책임을 높이는 등 입법목적에 기여하는 점을 인정할 수 있으므로 방법의 적절성도 인정된다.

그러나 심의규정을 위반한 방송사업자에게 '주의 또는 경고'만으로도 반성을 촉구하고 언론사로서의 공적 책무에 대한 인식을 제고시킬 수 있고, 위 조치만으로도 심의규정에 위반하여 '주의 또는 경고'의 제재조치를 받은 사실을 공표하게 되어 이를 다른 방송사업자나 일반 국민에게

---

방송법(2009. 7. 31. 법률 제9786호로 개정된 것)

제100조(제재조치 등) ① 방송통신위원회는 방송사업자 · 중계유선방송사업자 또는 전광판방송사업자가 제33조의 심의규정 및 제74조 제2항에 의한 협찬고지 규칙을 위반한 경우에는 5천만 원 이하의 과징금을 부과하거나 다음 각 호의 제재조치를 명할 수 있다. 제35조에 따른 시청자불만처리의 결과에 따라 제재를 할 필요가 있다고 인정되는 경우에도 또한 같다. 다만, 방송통신심의위원회는 심의규정 등의 위반정도가 경미하여 제재조치를 명할 정도에 이르지 아니한 경우에는 해당 사업자 · 해당 방송프로그램 또는 해당 방송광고의 책임자나 관계자에 대하여 권고를 하거나 의견을 제시할 수 있다.

1. 시청자에 대한 사과

알리게 됨으로써 여론의 왜곡 형성 등을 방지하는 한편, 해당 방송사업자에게는 해당 프로그램의 신뢰도 하락에 따른 시청률 하락 등의 불이익을 줄 수 있다. 또한, '시청자에 대한 사과'에 대하여는 '명령'이 아닌 '권고'의 형태를 취할 수도 있다. 이와 같이 기본권을 보다 덜 제한하는 다른 수단에 의하더라도 이 사건 심판대상조항이 추구하는 목적을 달성할 수 있으므로 이 사건 심판대상조항은 침해의 최소성원칙에 위배된다.

또한 이 사건 심판대상조항은 시청자 등 국민들로 하여금 방송사업자가 객관성이나 공정성 등 저버린 방송을 했다는 점을 스스로 인정한 것으로 생각하게 만듦으로써 방송에 대한 신뢰가 무엇보다 중요한 방송사업자에 대하여 그 사회적 신용이나 명예를 저하시키고 법인격의 자유로운 발현을 저해하는 것인바, 방송사업자의 인격권에 대한 제한의 정도가 이 사건 심판대상조항이 추구하는 공익에 비해 결코 작다고 할 수 없으므로 이 사건 심판대상조항은 법익의 균형성원칙에도 위배된다.

(3) 평 가

제청법원은 다음과 같은 이유로 위헌법률심판을 제청하였다. "이 사건 심판대상조항은 방송통신위원회라는 행정청이 권력작용을 통해 방송사업자에 대하여 그 신념에 반하여 자기의 행위가 심의규정 위반행위가 된다는 윤리적 판단을 형성 · 강요하여 사과의 의사를 외부에 표시하도록 강제하는 규정인바, 이는 양심이 아닌 것을 양심인 것처럼 표현하도록 강제하는 것으로 양심의 왜곡 · 굴절이며 이중인격 형성을 강요하는 것으로 양심의 자유를 제한한다." 또한, "'시청자에 대한 사과'의 제재조치와 그 이행 과정에서 인격권이 무시되고 행정청에 의한 인격의 외형적 변형이 초래되어 인격형성에 분열이 필연적으로 수반됨에 반하여 동일한 목적을 달성하면서도 기본권을 덜 침해하는 다른 수단이 있음에도 '시청자에 대한 사과'의 제재조치를 하도록 하는 이 사건 심판대상조항은 과잉금지원칙에 위배되어 인격권을 침해한다." 즉, 사과방송으로 인하여 법인의 양심의 자유와 인격권이 침해되었다는 것이다.

헌법재판소는 본 조항에 대한 위헌 여부를 기본권을 향유하는 주체의 측면과 시청자에 대한 사과 명령이라는 행정 조치의 과잉금지원칙 위반의 측면에서 고찰하였다. 먼저 기본권 향유능력에 관하여 이전 헌법재판소 판례 취지의 연장선상에서, 본래 자연인에게 적용되는 기본권이라도 그 성질상 법인이 누릴 수 있는 것은 법인에게도 적용 된다고 한다(헌재 1991. 6. 3. 90헌마56, 판례집 3, 289, 295 참조). 또한 "이 사건 심판대상조항에 의한 '시청자에 대한 사과'는 사과여부 및 사과의 구체적인 내용이 방송통신위원회라는 행정기관에 의해 결정됨에도 불구하고 마치 방송사업자 스스로의 결정에 의한 사과인 것처럼 그 이름으로 대외적으로 표명되고, 이는 시청자 등 국민들로 하여금 방송사업자가 객관성이나 공정성 등을 저버린 방송을 했다는 점을 스스로 인정한 것으로 생각하게 만듦으로써 방송에 대한 신뢰가 무엇보다 중요한 방송사업자의 사회적 신용이나 명예를 저하시키고 법인격의 자유로운 발현을 저해한다"고 하여 법인 인격권 침해의 가능성을 중심으로 위헌 심사를 이어 나간다. 즉, 제청법원의 논지와 같이 양심의 자유와 인격권의 침해 가능성을 모두 살펴본 것이 아니라 오로지 인격권 침해 가능성만을 염두에 둔 것이다. 이는 방송국이라는 법인이 향유할 수 있는 기본권 중에 양심의 자유도 있음을 전제하고 위헌이라 결정하여, 그간 학계의 비판을 받아 온 종래의 태도(헌재 1991. 4. 1. 89헌마160)에서 벗어난 것이라는 데 의미가 있다.[18]

다음으로, 헌법재판소는 심사 대상 법률 조항은 방송의 공적 책임,

---

18) 문재완, 위의 글. 반면, 김종대 재판관은 인격권조차 법인의 보호대상 기본권이 될 수 없다는 취지의 반대의견을 개진하였다. "법인은 결사의 자유를 바탕으로 하여 법률에 의해 비로소 창설된 법인격의 주체여서 관념상 결사의 자유에 앞서 존재하는 인간으로서의 존엄과 가치를 가진다 할 수 없고, 그 행동영역도 법률에 의해 형성될 뿐이며, 기본권의 성질상 법인에게 적용될 수 있는 경우에 한하여 해당 기본권의 주체가 될 수 있다. 인간의 존엄과 가치에서 유래하는 인격권은 자연적 생명체로서 개인의 존재를 전제로 하는 기본권으로서 그 성질상 법인에게는 적용될 수 없다. 따라서 이 사건 심판대상조항은 법인의 인격권을 제한하지 않으므로 헌법에 위반된다고 할 수 없다."

시청자 권익 보호, 민주적 여론 형성, 국민 문화 향상, 방송 발전, 공공복리 증진 등의 목적을 위하여 제정된 것으로 그 목적이 정당하다. 방송통신심의위원회에 의한 심의를 통하여 시청자에 대한 사과를 명하는 방법을 택한 것으로 목적 실현을 위한 방법 또한 적절하다고 보았다. 역시 이 결정에서도 침해의 최소성과 법익의 균형성이 문제되었는데, 시청자에 대한 사과라는 인격권 침해의 소지가 있는 방법이 아니라, 이보다 침해의 정도가 덜한 여러 가지 방법이 있음에도 불구하고 이를 택한 것은 위헌이라고 보았다.[19] 또한 방송통신심의위원회의 명령대로 방송사의 시청자에 대한 사과가 이루어질 경우, "시청자 등 국민들로 하여금 방송사업자가 객관성이나 공정성 등 저버린 방송을 했다는 점을 스스로 인정한 것으로 생각하게 만듦으로써 방송에 대한 신뢰가 무엇보다 중요한 방송사업자에 대하여 그 사회적 신용이나 명예를 저하시키고 법인격의 자유로운 발현을 저해"할 소지가 커서, 이 제도를 통한 공익보다 침해되는 사익의 정도가 매우 크므로 법익의 균형성 차원에서 위헌성을 발견할 수 있다고 하였다.

## 5. 구 인신구속 등에 관한 임시특례법 제2조 제1항 위헌제청[20]

### (1) 사건 개요

1) 망 위○룡은 1961. 11. 하순경 구 인신구속 등에 관한 임시 특례법 제2조 제1항에 의하여 법관의 영장 없이 중앙정보부 소속 수사관에 의하여 국가보안법위반 등의 혐의로 구속되었고, 그 무렵부터 약 20일간 구속상태로 수사를 받던 중 사망하였다.

---

19) 덧붙여, "비교법적으로 고찰하여 보더라도 방송이 공정성이나 객관성에 어긋난다는 이유로 행정기관이 방송사업자에게 '시청자에 대한 사과'를 명하고 이를 이행하지 아니할 경우 형사처벌까지 하는 제도를 두고 있는 나라는 찾아보기 어려우"며, "일부 유사한 제도가 있다고 하여도 민간자율기구에 의하여 결정되거나 '제재'가 아니라 '권고'에 그치므로 궁극적으로는 방송사업자에게 선택의 여지를 남겨둔다는 점에서 방송사업자의 기본권이 침해될 가능성은 거의 없다"는 점을 지적하였다.

20) 헌재 2012. 12. 27. 2011헌가5.

2) 망인의 사망과 관련하여, 국가재건최고회의는 1962. 1. 10. '법무부 검찰국장인 망인이 북괴 간첩으로서 죄상이 드러나자 자살하였다'는 취지의 내용을 공식 발표하였고, 국방군사연구소는 1998. 12. 28. 발행한 대비정규전사(對非正規戰史) 제2권에 위와 같은 국가재건최고회의의 발표 내용대로 수록하였다.

3) 진실·화해를 위한 과거사 정리위원회는 진실규명 조사를 거쳐 2007. 1. 9. '대한민국은, 국가재건최고회의가 망인이 간첩인 것으로 단정적으로 발표를 하고, 국방군사연구소 발행 대비정규전사에 국가재건최고회의의 발표 내용을 그대로 수록하여 현재에 이르기까지 망인 및 그 유족의 명예를 심각하게 훼손하고 있음에 대하여 사과하고, 피해 및 명예의 회복을 위한 조치를 취할 필요가 있다'는 내용의 진실규명 결정을 하였다.

4) 망인의 유족들은 2010. 1. 8. 대한민국을 상대로, 망인이 중앙정보부 수사관에 의하여 영장 없이 불법 구금되어 있던 중 사망하였다는 등의 청구원인으로 손해배상청구 소송을 제기하였다(서울중앙지방법원 2010가합2249).

5) 위 소송의 계속 중 당해 사건 법원은 당해 사건에 적용될 구 인신구속 등에 관한 임시 특례법 제2조 제1항이 헌법에서 정한 영장주의에 위반된다고 의심할 상당한 이유가 있다고 하여 2010. 12. 23. 직권으로 이 사건 위헌법률심판을 제청하였다.[21)]

### (2) 결정 요지

1) 우리 헌법제정권자가 제헌 헌법(제9조) 이래 현행 헌법(제12조 제3

---

21) 구 인신구속 등에 관한 임시 특례법(1961. 8. 7. 법률 제674호로 개정되고, 1963. 9. 30. 법률 제1410호로 폐지되기 전의 것)

제2조(영장 없이 구속 등을 할 수 있는 범죄) ① 다음 각 호에 해당하는 죄를 범한 자에 대하여는 법관의 영장 없이 구속, 압수, 수색할 수 있다.

1. 특수범죄 처벌에 관한 특별법 제4조 내지 제7조의 죄
2. 국가보안법 및 반공법에 규정된 죄
3. 부정축재처리법에 규정된 죄

항)에 이르기까지 채택하여 온 영장주의의 본질은 신체의 자유를 침해하는 강제처분을 함에 있어서는 인적 · 물적 독립을 보장받는 제3자인 법관이 구체적 판단을 거쳐 발부한 영장에 의하여야만 한다는 데에 있으므로, 우선 형식적으로 영장주의에 위배되는 법률은 곧바로 헌법에 위반되고, 나아가 형식적으로는 영장주의를 준수하였더라도 실질적인 측면에서 입법자가 합리적인 선택범위를 일탈하는 등 그 입법형성권을 남용하였다면 그러한 법률은 자의금지원칙에 위배되어 헌법에 위반된다고 보아야 한다.

이 사건 법률조항은 수사기관이 법관에 의하여 발부된 영장 없이 일부 범죄 혐의자에 대하여 구속 등 강제처분을 할 수 있도록 규정하고 있을 뿐만 아니라, 그와 같이 영장 없이 이루어진 강제처분에 대하여 일정한 기간 내에 법관에 의한 사후영장을 발부받도록 하는 규정도 마련하지 아니함으로써, 수사기관이 법관에 의한 구체적 판단을 전혀 거치지 않고서도 임의로 불특정한 기간 동안 피의자에 대한 구속 등 강제처분을 할 수 있도록 하고 있는바, 이는 이 사건 법률조항의 입법목적과 그에 따른 입법자의 정책적 선택이 자의적이었는지 여부를 따질 필요도 없이 형식적으로 영장주의의 본질을 침해한다고 하지 않을 수 없다.

2) 이 사건 법률조항과 같이 영장주의를 완전히 배제하는 특별한 조치는 비상계엄에 준하는 국가비상사태에 있어서도 가급적 회피하여야 하고, 설사 그러한 조치가 허용된다고 하더라도 지극히 한시적으로 이루어져야 할 것이며, 영장 없이 이루어진 수사기관의 강제처분에 대하여는 사후적으로 조속한 시간 내에 법관에 의한 심사가 이루어질 수 있는 장치가 마련되어야 한다.

그런데 이 사건 법률조항은 1961. 8. 7.부터 계엄이 해제된 이후인 1963. 12. 17.까지 무려 2년 4개월이 넘는 기간 동안 시행되었는바, 비록 일부 범죄에 국한된 것이라도 이러한 장기간 동안 영장주의를 완전히 무시하는 입법상 조치가 허용될 수 없음은 명백하므로, 이 사건 법률조항은 구 헌법(1960. 11. 29. 헌법 제5호로 개정되고, 1962. 12. 26. 헌법 제6호로 개정되기 전의 것) 제64조나 현행 헌법 제77조의 특별한 조치에 해당한다고 볼 수 없다.

### (3) 평 가

제청법원이 위헌심판을 제청한 요지는 대상 법률이 헌법상의 영장주의를 완전히 무시하고 있다는 취지에서였다. 즉, “이 사건 법률조항은 ‘국가보안법 및 반공법에 규정된 죄 등을 범한 자에 대하여 법관의 영장 없이 구속할 수 있다’고 규정하여 영장주의에 의한 법관의 통제를 완전히 배제함으로써 형식적 측면에서 헌법상의 영장주의를 위배하고 있을 뿐 아니라, 실질적인 측면에서도 입법자가 합리적인 선택범위를 일탈하여 그 입법형성권을 남용한 경우에 해당한다 할 것이므로 이 사건 법률조항은 구 헌법 제9조, 현행 헌법 제12조 제3항의 영장주의원칙에 위배된다”는 의견을 제시하였다.

재판의 전제성과 관련하여, 당시 중앙정보부 공무원이 이 사건 법조항에 의거해서 망인을 구속한 것이 불법행위에 해당하는지, 즉 당해 사건에서 손해배상 청구가 인용될 수 없음이 명백한지 여부를 놓고 전제성 판단을 헌법재판소가 독자적으로 판단하지는 않겠다고 하였다. 즉, 이 사항은 당해 사건 담당 법원이 판단할 문제로서 헌법재판소는 재판 전제성에 관한 법원의 견해를 가급적 존중하겠다는 것이다.

특이한 점은, 헌법재판소가 형식적으로 헌법상의 영장주의에 위배되는 법률은 곧바로 헌법에 위반되지만 형식적으로는 영장주의를 준수하였더라도 실질적 측면에서 입법자가 합리적 선택범위를 일탈하는 등 그 입법형성권을 남용하였다면 헌법에 위반되는데 그 근거로 “자의금지원칙” 위배의 기준을 들었다는 점이다(헌재 2003. 12. 18. 2002헌마593, 판례집 15-2하, 637, 648-649 참조).

# Ⅲ. 헌법재판소법 제68조 제1항에 의한 헌법소원(헌마)

## 1. 방송통신위원회의 설치 및 운영에 관한 법률 제21조 제4호 위헌확인 등[22)]

### (1) 사건 개요

1) 청구인들은 2008. 6.경 주식회사 ○○커뮤니케이션이 운영하고 있는 인터넷 포털 사이트(www.○○.net) 내의 '□□□' 게시판과 '언론소비자주권 국민캠페인'이라는 인터넷 카페에 조선일보, 중앙일보, 동아일보에 광고를 게재한 회사들의 이름과 전화번호 목록을 작성하고, 위 회사들에게 전화를 걸어 위 각 신문사에 대한 광고 게재를 중단할 것을 요구하자는 취지의 게시글을 작성하여 등록을 하였다.

2) 주식회사 ○○은 2008. 6. 2.과 같은 달 20.에 피청구인에게 위 게시글 중 청구인 이○봉의 일부 게시글을 포함하여 이 사건 각 신문사에 대한 광고게재중단 캠페인과 관련한 게시글들에 대하여 심의를 신청하였다. 피청구인은 2008. 7. 1. 주식회사 ○○이 심의신청한 게시글 중 청구인 이○봉의 일부 게시글이 정보통신윤리위원회 정보통신윤리심의규정 제7조 제4호, 제8조 제4호 마목에 위배된다고 판단하고, 주식회사 ○○에 대해 '해당 정보의 삭제'라는 시정요구를 하기로 결정하여, 다음 날 이를 주식회사 ○○에 통지하였다. 피청구인은 위 통지에 "향후 유사한 사례에 대하여는 '정보통신망 이용촉진 및 정보보호 등에 관한 법률' 제44조의2 및 별첨 심의사례에 따라 처리해 주시고, 같은 법 제3조 제1항에 정한 정보통신서비스제공자의 책무도 다하여 주시기 바랍니다."라는 문구를 부기하였다.

3) 주식회사 ○○은 2008. 7. 2.부터 청구인 이○봉의 일부 게시글에 대하여는 이 사건 시정요구에 따라, 청구인 이○봉의 나머지 게시글 및

22) 헌재 2012. 2. 23. 2008헌마500.

나머지 청구인들의 게시글에 대하여는 유사사례로서 삭제하였다.

4) 청구인들은, 이 사건 시정요구는 청구인들의 표현의 자유 등을 침해한다고 주장하면서, 2008. 7. 16. 이 사건 시정요구의 취소 및 '정보통신망 이용촉진 및 정보보호 등에 관한 법률' 제44조의7 제1항 제9호, '방송통신위원회의 설치 및 운영에 관한 법률' 제21조 제4호, 같은 법 시행령 제8조, 정보통신윤리위원회 정보통신윤리심의규정 제7조, 제8조 제4호의 각 위헌확인을 구하는 이 사건 헌법소원심판을 청구하였다.[23]

---

23) 구 정보통신망 이용촉진 및 정보보호 등에 관한 법률(2007. 1. 26. 법률 제8289호로 개정되고, 2008. 6. 13. 법률 제9119호로 개정되기 전의 것) 제44조의7(불법정보의 유통금지 등) ① 누구든지 정보통신망을 통하여 다음 각 호의 어느 하나에 해당하는 정보를 유통하여서는 아니 된다.

1.~8. 생략

9. 그 밖에 범죄를 목적으로 하거나 교사 또는 방조하는 내용의 정보

②~④ 생략

방송통신위원회의 설치 및 운영에 관한 법률(2008. 2. 29. 법률 제8867호로 제정된 것) 제21조(심의위원회의 직무) 심의위원회의 직무는 다음 각 호와 같다.

1.~3. 생략

4. 전기통신회선을 통하여 일반에게 공개되어 유통되는 정보 중 건전한 통신윤리의 함양을 위하여 필요한 사항으로서 대통령령이 정하는 정보의 심의 및 시정요구

5.~8. 생략

방송통신위원회의 설치 및 운영에 관한 법률 시행령(2008. 2. 29. 대통령령 제20739호로 제정된 것) 제8조(심의위원회의 심의대상 정보 등) ① 법 제21조 제4호에서 "대통령령이 정하는 정보"란 정보통신망을 통하여 유통되는 정보 중 「정보통신망 이용촉진 및 정보보호 등에 관한 법률」 제44조의7에 따른 불법정보 및 청소년에게 유해한 정보 등 심의가 필요하다고 인정되는 정보를 말한다.

② 법 제21조 제4호에 따른 시정요구의 종류는 다음 각 호와 같다.

1. 해당 정보의 삭제 또는 접속차단

2.~3. 생략

③~⑦ 생략

정보통신윤리위원회 정보통신윤리심의규정(2008. 1. 15. 개정된 것) 제7조(범죄 기타 법령 위반) 범죄 기타 법령에 위반되는 행위에 관련된 다음 각 호의 정보는 유통이 적합하지 아니한 것으로 본다.

4. 기타 범죄 및 법령에 위반되는 위법행위를 조장하여 건전한 법질서를 현저히 해할 우려가 있는 정보

정보통신윤리위원회 정보통신윤리심의규정(2008. 1. 15. 개정된 것) 제8조(선량한 풍속 기타 사회질서 위반 등) 선량한 풍속 기타 사회질서를 현저히 해할 우려가 있는 내용의 다음 각 호의 정보는 유통이 적합하지 아니한 것으로 본다.

### (2) 결정 요지

1) 방송통신위원회의 설치 및 운영에 관한 법률' 제8조 제1항 중 '정보통신망법 제44조의7 제1항 제9호에 따른 불법정보' 부분, 같은 시행령 제8조 제2항 제1호 중 '해당 정보의 삭제' 부분, 정보통신윤리위원회 정보통신윤리심의규정 제7조 제4호, 제8조 제4호 마목은 모두 직접적으로 청구인들의 자유를 제한하거나, 의무를 부과하거나, 권리 또는 법적 지위를 박탈하는 것이 아니라, 피청구인의 시정요구라는 구체적인 집행행위를 매개로 하여야만 비로소 청구인들의 권리의무에 영향을 미치는 것이므로, 이 부분 심판청구는 직접성 요건을 갖추지 못하여 부적법하다.

2) 이 사건 시정요구는 서비스제공자 등에게 조치결과 통지의무를 부과하고 있고, 서비스제공자 등이 이에 따르지 않는 경우 방송통신위원회의 해당 정보의 취급거부 · 정지 또는 제한명령이라는 법적 조치가 내려질 수 있으며, 행정기관인 방송통신심의위원회가 표현의 자유를 제한하게 되는 결과의 발생을 의도하거나 또는 적어도 예상하였다 할 것이므로, 이 사건 시정요구는 단순한 행정지도로서의 한계를 넘어 규제적 · 구속적 성격을 상당히 강하게 갖는 것으로서 항고소송의 대상이 되는 공권력의 행사라고 봄이 상당하다. 따라서, 청구인들은 이 사건 시정요구에 대하여 행정소송을 제기하였어야 할 것임에도 이를 거치지 아니하였으므로 이 부분 심판청구는 보충성을 결여하여 부적법하다.

3) 일반적으로 사용되는 용어인 '범죄', '교사', '방조'의 의미를 고려하면, '범죄를 목적으로 하는 내용의 정보'란 범죄를 실행하기 위한 목적으로 유통시킨 것으로서 내용 자체에 의해 그 범죄 목적을 판단할 수 있는 정보를, '범죄를 교사 또는 방조하는 내용의 정보'란 타인으로 하여금 범죄를 실행할 결의를 일으키게 하는 내용이나 타인의 범죄를 용이하게 하는 내용을 담고 있는 정보를 말한다고 해석할 수 있다.

---

4. 타인의 권리를 침해하는 다음 각 목의 정보
마. 기타 정당한 권한 없이 타인의 권리를 침해하는 내용

이 때 '범죄'의 범위와 관련하여 특별한 제한규정이 없으므로 법정형의 경중을 불문하고 형사처벌의 대상이 되는 모든 범죄를 의미하고, 불특정인을 상대로 신속하고 광범위한 정보유통이 가능한 온라인매체를 범죄에 이용하거나 범죄를 조장하는 데 이용하는 경우 그 위험이 매우 크기 때문에 이를 조기에 차단하려는 데 이 사건 정보통신망법조항의 목적이 있다는 점을 감안하면, 정보게시자가 범행에 착수하였거나 혹은 교사 또는 방조된 정범이 범행에 착수하였을 필요는 없다고 할 것이다.

따라서, 이 사건 정보통신망법조항은 수범자의 예견가능성을 해하거나 행정기관이 자의적 집행을 가능하게 할 정도로 불명확하다고 할 수 없다.

4) 전기통신망 특히 인터넷 매체는 기존의 통신수단과는 차원이 다른 신속성, 확장성, 복제성을 가지고 있어 '범죄를 목적으로 하거나 교사·방조하는 내용의 정보'를 유통할 경우 실제 범죄의 발생 가능성 및 피해가 급속히 확산될 우려가 크므로, 이러한 폐해를 방지하고 정보통신망을 건전하게 이용할 수 있는 환경을 조성하기 위하여 이 사건 정보통신망법조항에서 위와 같은 정보의 유통을 금지하는 것은 입법목적이 정당하고, 전문기관인 피청구인으로 하여금 해당 정보가 위와 같이 유통이 금지된 정보에 해당하는지 여부를 심의하게 하고 피청구인의 시정요구 또는 방송통신위원회의 취급거부·정지·제한명령제도를 통하여 정보의 유통을 조기에 차단하는 것은 이러한 입법목적 달성에 적절한 수단이 된다. 또한 어떤 행위가 반사회적 행위로서 범죄에 해당하는가의 결정은 국민의 대표기관인 입법자의 판단에 맡겨져 있는 것인바, 입법기관이 범죄로 정한 행위를 목적으로 하거나 이를 교사 또는 방조하는 내용의 정보는 '그 자체로서 불법성이 뚜렷하고 사회적 유해성이 명백한 표현물'에 해당하므로 이러한 정보의 유통을 차단하는 것을 표현의 자유에 대한 과도한 제한이라고 할 수 없는 점, 유통금지의무에 위반하는 경우에도 형사처벌하는 것이 아니라 해당 정보의 시정요구제도, 취급거부·정지·제한명령제도를 통하여 그 정보에 대한 접근을 차단하거나, 삭제, 해당 사이트의

이용제한을 하는 데 불과한 점, 시정요구에 대한 이의신청 등 이용자의 의사진술 기회를 보장하고 있는 점 등에 비추어 보면, 최소침해성과 법익 균형성도 충족한다.

### (3) 평 가

청구인들은 정보통신망법 조항과 정보통신윤리심의규정 조항들 자체가 직접 청구인들의 기본권을 침해하는 공권력 행사인 것으로 주장하였다. 이 사건 방송통신위원회법 조항과 그 시행령 내용 중 '불법정보' 부분과 '삭제요구조항' 등 또한 직접적으로 기본권을 침해하고 있다고 주장하였다. 이들 법령의 위헌과 함께 이들 법령에 근거한 방송통신심의위원회의 시정요구도 위헌적인 공권력의 행사로 위헌임을 주장하였다.

절차의 측면에서 인터넷 포털사이트 게시판에 특정 신문들에 대한 광고제공 기업 상품의 불배 의견을 게시한 청구인들이 방송통신심의위원회의 심의 후 포털사이트에 대한 게시물 삭제라는 시정요구에 대해서, 자신들에게 자기관련성이 존재한다고 주장하였다. 이 사건 시정요구의 직접 대상자는 포털사이트이지만 시정요구로 인하여 표현의 자유를 실질적으로 제한받는 자는 이용자인 청구인들이기 때문이다. 또한 청구인들은 표현의 자유를 제한 받는 주체임에도 불구하고 시정요구의 직접 상대방은 아니므로 제3자라는 이유로 행정소송의 제기를 통한 권리구제를 받지 못할 가능성이 있다고 판단하여, 보충성 원칙의 예외를 주장하며 헌법소원을 제기하였다.

본안에 관하여 청구인들은 이 사건 정보통신망법 조항이 피청구인의 심의대상 및 삭제요구 대상인 불법정보의 내용을 정하고 있는데, 그 의미가 불명확하거나 지나치게 광범위하므로 명확성 원칙이나 과잉금지원칙에 위배된다고 주장하였다. 방송통신위원회법 시행령 규정은 모법 규정의 심의 및 시정요구 범위를 벗어나 중앙행정기관장의 요청 없는 심의 및 시정요구를 가능케 하고, 시정요구의 내용도 해당 정보의 삭제, 접속

차단, 이용 정지 또는 이용 해지 등을 규정하고 있어, 모법의 문언해석을 한계를 넘어선 것으로 포괄위임금지 원칙에 어긋난다고 주장하였다. 또한 방송통신위원회법 조항은 방송통신심의위원회로 하여금 정보의 불법여부 판단권과 해당 정보에 대한 삭제 요구권까지 부여하고 있어 이보다 기본권 침해의 정도가 덜한 방법이 존재함에도 불구하고 이를 채택하지 않아 과잉금지원칙에 어긋난다고 주장하였다.

헌법재판소는 이 사건 정보통신망법 조항이 특정한 집행행위를 매개하지 않더라고 조항 자체에 의하여 청구인들에게 불법 정보의 유통금지 의무를 부과하고 있으므로 기본권 침해의 직접성이 존재한다고 하였다. 그러나 이 사건 방송통신위원회법과 그 시행령 조항, 그리고 심의규정 등은 모두 피청구인의 시정요구라는 집행행위를 매개로 하여야만 청구인의 권리의무에 영향을 미치므로 침해의 직접성을 갖추지 못하여 부적법 각하하였다.

이 사건 시정요구가 헌법소원의 대상이 되느냐에 관하여는, 앞서 설명하였던 2011헌가13에서의 취지와 동일하게 방송통신심의위원회의 행정기관성을 긍정하였고 그 시정조치 또한 외관은 행정지도 내지 권고의 형태를 띠고 있으면서도 상대방의 기본권을 침해할 수 있는 국가의 공권력 행사로 볼 수 있다고 하였다. 이러한 공권력 행사는 헌법소원의 대상인 동시에 항고소송의 대상이 되는 처분으로, 헌법재판소는 보충성의 원칙을 충족하지 못한 이 부분에 대한 헌법소원을 부적법 각하하였다.

결국 이 사건 정보통신망법 조항이 표현의 자유라는 기본권을 침해하는가의 문제만 남는데, 헌법재판소는 다음과 같은 이유로 기각 결정을 내렸다. 첫째, 명확성 원칙에 관하여, “모든 법률에 있어서 동일한 정도로 요구되는 것은 아니고 개개의 법률이나 법조항의 성격에 따라 요구되는 정도에 차이가 있을 수 있으며 각각의 구성요건의 특수성과 그러한 법률이 제정되게 된 배경이나 상황에 따라 달라질 수 있다고 할 것(헌재 2011. 10. 25. 2010헌바272, 공보 181, 1605, 1607 등)”이라 전제한 뒤, “이 사건 정보통신망법조항은 엄밀한 의미에서 형사처벌조항은 아니지만 형사처벌과 밀접한 관련이 있는 조항이고 동시에 표현의 자유를 제한하고 있으므로, 엄격한 의미의 명확성원칙이 적용된다"고 하였다. 다만, 이 사건 조항은 엄격한 의미의 명확성 원칙을 적용하더라도 그것에 어긋나지 않는다고 하였는데, 그 이유로 "명확성원칙의 엄격한 적용이 요구되는 경우라 하더라도 입법자가 모든 구성요건을 단순한 의미의 서술적인 개념에 의하여 규정하여야 한다는 것은 아니다. 구성요건이 다소 광범위하여 어떤 범위에서는 법관의 보충적인 해석을 필요로 하는 개념을 사용하였다고 하더라도 건전한 상식과 통상적인 법감정을 가진 사람으로 하여금 그 적용대상자가 누구이며 구체적으로 어떠한 행위가 금지되고 있는지 여부를 충분히 알 수 있도록 규정되어 있다면 명확성원칙에 위배되지 않는다고 보아야 한다(헌재 2001. 6. 28. 99헌바31, 판례집 13-1, 1233 등 참조)"고 전제한 뒤, 이 사건 조항의 "'범죄를 목적으로 하는 내용의 정보'란 범죄를 실행하기 위한 목적으로 유통시킨 것으로서 내용 자체에 의해 그 범죄 목적을 판단할 수 있는 정보를, '범죄를 교사 또는 방조하는 내용의 정보'란 타인으로 하여금 범죄를 실행할 결의를 일으키게 하는 내용이나 타인의 범죄를 용이하게 하는 내용을 담고 있는 정보를 의미한다고 해석할 수 있다"는 점을 들었다.

둘째, 과잉금지원칙 위반 여부로, 입법 목적의 정당성과 수단의 적절성이 인정되고, 최소 침해성과 법익 균형성도 충족한다고 보았다. 무엇보다 인터넷상 정보 전파의 특성을 고려하여 내린 결론인데, 빠른 전파성과 확대 재생산성을 생각하면 신속한 법적 조치를 취하여야 한다는 것이다.[24] 이를 위하여 법에서 어느 정도 유연한 해석이 가능하도록 규정할 필요가 있고, "입법기관이 범죄로 정한 행위를 목적으로 하거나 이를 교사 또는 방조하는 내용의 정보는 '그 자체로서 불법성이 뚜렷하고 사회적 유해성이 명백한 표현물'(헌재 2002. 6. 27. 99헌마480)에 해당하므로 이를 표현의 자유에 대한 과도한 제한이라고 할 수 없다"고 한다. 그 밖에 시

24) 최승재, [2012년 분야별 중요판례분석] (23) IT법, 법률신문, 2013. 7. 25.

정조치의 신속성에서 발생하는 문제점을 보완할 수 있는 다양한 절차적 조치를 예정하고 있으므로 최소 침해성과 법익 균형성도 충족한다는 결론을 내렸다.

## 2. 형의 집행 및 수용자의 처우에 관한 법률 제43조 제3항 등 위헌확인[25]

### (1) 사건 개요

1) 청구인은 2007. 4. 23.경 구속되어 징역 3년을 선고받고 교도소에 수용 중 다시 사기죄로 징역 8월을 선고받아 마산교도소에서 형 집행 중에 있다가, 허리디스크 치료를 위해서 자비 부담으로 외부의사의 진료를 받을 수 있게 해 달라고 마산교도소장에게 수차례 요청하였으나 거부당하였다.

2) 이에 청구인은 국민권익위원회 등의 국가기관에 청구인으로 하여금 외부의사의 진료를 받지 못하도록 하는 마산교도소장의 처분이 위법·부당함을 다투고자 청원서를 작성·봉함하여 제출하려고 하였으나, 마산교도소장은 법무부장관에 대한 청원서를 제외한 다른 서신은 봉함하여 제출할 수 없다고 하였다.

3) 그러자 청구인은 2009. 6. 초순경 법제처에 '형의 집행 및 수용자의 처우에 관한 법률' 제43조 제3항과 같은 법 시행령 제65조 제1항에 의하여 국가기관에 대한 청원서를 봉함하지 않은 상태로 교정시설에 제출해야 하는지 여부와 관련한 법령해석 질의를 하였고,[26] 2009. 6. 8. 법제

---

25) 헌재 2012. 2. 23. 2009헌마333.

26) 형의 집행 및 수용자의 처우에 관한 법률(2007. 12. 21. 법률 제8728호로 개정된 것) 제43조(서신수수) ①~② 생략
③ 소장은 수용자가 주고받는 서신에 법령에 따라 금지된 물품이 들어 있는지 확인할 수 있다.
④~⑧ 생략
형의 집행 및 수용자의 처우에 관한 법률 시행령(2008. 10. 29. 대통령령 제21095호

처에서 위 질의서를 이송받은 법무부장관으로부터 법무부장관에 대한 청원서 이외의 서신은 위 법령조항들에 의거하여 봉함하지 않은 상태로 제출하여야 한다는 회신을 수령하였다. 이에 청구인은 2009. 6. 22. 위 법령조항들이 헌법상 기본권을 침해한다고 주장하며 이 사건 헌법소원심판을 청구하였다.

### (2) 결정 요지

1) 이 사건 법률조항은 수용자의 서신에 금지물품이 들어 있는지 여부에 대한 확인을 교도소장의 재량에 맡기고 있으므로 교도소장의 금지물품 확인이라는 구체적인 집행행위를 매개로 하여 수용자인 청구인의 권리에 영향을 미치게 되는바, 위 법률조항이 청구인의 기본권을 직접 침해한다고 할 수 없다.

2) 이 사건 시행령조항은 교정시설의 안전과 질서유지, 수용자의 교화 및 사회복귀를 원활하게 하기 위해 수용자가 밖으로 내보내는 서신을 봉함하지 않은 상태로 제출하도록 한 것이나, 이와 같은 목적은 교도관이 수용자의 면전에서 서신에 금지물품이 들어 있는지를 확인하고 수용자로 하여금 서신을 봉함하게 하는 방법, 봉함된 상태로 제출된 서신을 X-ray 검색기 등으로 확인한 후 의심이 있는 경우에만 개봉하여 확인하는 방법, 서신에 대한 검열이 허용되는 경우에만 무봉함 상태로 제출하도록 하는 방법 등으로도 얼마든지 달성할 수 있다고 할 것인바, 위 시행령 조항이 수용자가 보내려는 모든 서신에 대해 무봉함 상태의 제출을 강제함으로써 수용자의 발송 서신 모두를 사실상 검열 가능한 상태에 놓이도록 하는 것은 기본권 제한의 최소 침해성 요건을 위반하여 수용자인 청구인의 통신비밀의 자유를 침해하는 것이다.[27]

---

로 개정된 것) 제65조(서신내용물의 확인) ① 수용자는 보내려는 서신을 봉함하지 않은 상태로 교정시설에 제출하여야 한다.

② 생략

27) 재판관 이동흡의 이 사건 시행령조항에 대한 한정위헌의견

### (3) 평 가

본 결정은 형의 집행 및 수용자의 처우에 관한 법률과 그 시행령 조항에 대한 헌법소원에 대하여, 전자는 기본권 침해의 직접성을 충족하지 못하여 부적법 각하 판단을 내렸고 후자는 기본권을 침해하는 공권력 행사로서 위헌이라는 판단을 내린 사안이다. 수용자 서신에 대한 소장의 확인 재량 권한을 규정한 법률 규정에 대하여는, "교도소장의 물품확인조치나 발송거부처분이라는 구체적인 집행행위가 있을 때 비로소 기본권 침해 효과를 발생시키므로 청구인의 기본권을 직접 침해한다고 볼 수 없다"는 법무부장관의 의견 요지를 받아들여, 부적법 각하하였다.

그러나 보내려는 서신을 봉함하지 않은 형태로 교정시설에 제출할 수용자의 의무를 규정한 형의 집행 및 수용자의 처우에 관한 법률 시행령 조항은 교도소장 등의 다른 집행행위가 없더라도 조항 자체에 의하여 수용자의 기본권을 직접적으로 침해한다. 따라서 그 기본권 침해 여부를 본안에서 판단한 것이다.

또한 이 사건 청구인에 대한 형 집행이 이미 종료하였지만, "주관적인 권리보호의 이익이 없는 경우라고 하더라도 동종의 기본권 침해가 반복될 위험이 있거나 헌법질서의 유지·수호를 위하여 헌법적 해명이 중대한 의미를 지니고 있을 때에는 예외적으로 심판청구의 이익이 인정되는 것"으로 보는 헌법재판소의 확립된 판례(헌재 1992. 1. 28. 91헌마111, 판례집 4, 51, 56; 헌재 2005. 2. 24. 2003헌마289, 판례집 17-1, 261, 266-267 등)에 의하여 심판청구의 이익도 인정하였다.

---

수용자에 대한 자유형의 본질상 외부와의 자유로운 통신에 대한 제한은 불가피한 것으로 이 사건 시행령 조항의 발송서신 무봉함 제출 제도는 수용자의 발송서신에 대하여 우리 법이 취하고 있는 '상대적 검열주의'를 이행하기 위한 효과적 교도행정의 방식일 뿐이어서 수용자의 통신비밀의 자유를 침해한다고 볼 수는 없으나, '미결수용자가 변호인에게 보내는 서신'은 '절대적 검열금지'의 대상으로 이를 무봉함 제출하도록 하는 것은 헌법상 변호인의 조력을 받을 권리를 침해하고, 무죄추정의 원칙에도 위배되므로 이 사건 시행령조항의 무봉함 제출 서신에 미결수용자가 변호인에게 보내는 서신도 포함되는 것으로 해석되는 한도에서 헌법에 위반된다.

이 사건 시행령 조항에서 문제되는 기본권은 교도관들에 서신 검열에 의하여 수용자의 청원 서신 등 서신 발송에 제약이 발생하는 상황에서 수용자의 통신비밀의 자유가 제한된다는 것이다. 이를 향유하는 기본권 주체와 관련하여 헌법재판소는 "교정시설에 수용 중인 수용자의 경우도 통신비밀의 자유의 주체가 될 수 있다고 할 것인데, 교정시설의 질서를 유지하고 수용자의 교정 · 교화를 위하여 이를 제한하는 것이 가능하다고 하더라도 그러한 제한은 필요 이상의 과잉제한이 되어서는 안 될 것"이라고 하였다.

목적의 정당성과 수단의 적절성은 교정 시설의 안전과 질서유지, 수용자의 교화 및 사회복귀를 위하여 충분히 인정된다. 그러나 침해의 최소성 측면에서는 이 사건 시행령 조항의 방법보다 덜 기본권 침해적인 방법이 있는지를 살펴야 함에도 불구하고 그리하지 못하였으므로 위헌이라고 하였다. 헌법재판소가 예시하는 가능한 대안으로는 다음과 같다. 교도관이 수용자의 면전에서 서신에 금지물품이 들어 있는지를 확인하고 수용자로 하여금 서신을 봉함하게 할 수 있으며, 봉함된 상태로 제출된 서신을 X-ray 검색기 등으로 확인한 후 의심이 있는 경우에만 개봉하여 확인할 수도 있고, 조직폭력수용자 · 마약류수용자 · 관심대상수용자 등과 같이 교정시설의 안전과 질서유지를 위하여 다른 수용자와의 접촉을 차단하거나 계호를 엄중히 하여야 하는 수용자(이상 엄중관리대상자, 법 제104조, 법 시행규칙 제194조 참조)에 한정하여 무봉함 서신 제출 대상자를 정할 수도 있으며, 서신의 내용에 대한 검열이 허용되는 경우(법 제43조 제4항 단서 참조) 등 일정한 경우에만 무봉함 상태로 서신을 제출하도록 하는 방법이 있다.

법익의 균형성 측면에서는, 위에서 예시한 다른 방법으로도 법에서 예정하는 목적 달성이 가능함에도 불구하고 그러지 못한 방법을 채택함으로써, 이를 통하여 달성하고자 하는 공익에 비하여 수용자가 입을 통신비밀의 자유에 대한 침해가 매우 중대하다고 할 수 있으므로 법익 균형성 요건 또한 충족하지 못하였다고 판단하였다.

## 3. 공직선거법 제155조 제2항 등 위헌확인[28)]

### (1) 사건 개요

청구인은 학업상의 이유로 주민등록지가 아닌 곳에서 거주해온 자로서, 2010. 6. 2. 시행된 제5회 전국동시지방선거에서 부재자투표를 하기 위하여 부재자신고를 하였으나, 실제로 투표하지는 못하였다.

이에 청구인은 부재자투표소를 관할구 · 시 · 군선거관리위원회의 사무소 소재지에 설치 · 운영하도록 하고 있는 공직선거법 제148조 제1항 전문과 부재자투표시간을 매일 오전 10시부터 오후 4시까지로 정하고 있는 공직선거법 제155조 제2항 본문이 청구인의 선거권, 평등권 등을 침해한다고 주장하며 2010. 9. 28. 이 사건 헌법소원심판을 청구하였다.[29)]

### (2) 결정 요지

1) 이 사건 설치 · 운영조항은 각 선거관리위원회의 관할 구역 내에 부재자투표소를 필수적으로 설치하여야 한다는 것을 규정한 것에 불과하고, 실제로 구 · 시 · 군선거관리위원회가 관할하는 해당 지역에 설치되는 부재자투표소의 수는 구 · 시 · 군선거관리위원회의 재량에 의하여 정

---

28) 헌재 2012. 2. 23. 2010헌마601.

29) 공직선거법(2004. 3. 12. 법률 제7189호로 개정된 것) 제148조(부재자투표소의 설치)
① 관할구 · 시 · 군 선거관리위원회는 선거일전 6일부터 2일간(이하 "부재자투표기간"이라 한다) 부재자신고인명부에 올라 있는 선거인이 투표할 투표소(이하 "부재자투표소"라 한다)를 당해 사무소 소재지에 설치 · 운영하되, 2 이상의 구 · 시 · 군선거관리위원회가 같은 건물 또는 시설안에 있는 때에는 부재자투표소를 공동으로 설치 · 운영할 수 있다.
②~⑥ 생략
공직선거및선거부정방지법(1994. 3. 16. 법률 제4739호로 제정된 것) 제155조(투표시간) ① 생략
② 제148조(부재자투표소의 설치)의 규정에 의한 부재자투표소는 부재자투표기간 중 매일 오전 10시에 열고 오후 4시에 닫는다. 이 경우 제1항 단서의 규정은 부재자투표소에 이를 준용한다.
③~⑤ 생략

해지는 것이다. 따라서 부재자투표소가 현저히 적게 설치된 것으로 인한 기본권 침해는, 이는 구 · 시 · 군선거관리위원회의 결정에 의하여 비로소 발생하는 것이지 이 사건 설치 · 운영조항으로 인하여 직접 발생하는 것은 아니므로 이 사건 설치 · 운영조항은 직접 청구인의 기본권을 침해한다고 볼 수 없다.

2) 청구인이 부재자신고를 했던 제5회 전국지방동시선거는 이미 종료되었으므로 이 사건 심판청구에 대한 주관적 권리보호이익은 소멸되었다. 그런데 이 사건 투표시간조항이 부재자투표자의 선거권 및 평등권을 제한하는 것에 대한 헌법적 해명은 아직까지 이루어진 바 없고, 앞으로도 이 사건 투표시간조항을 둘러싼 위헌성 논란은 이어질 가능성이 있다. 그렇다면 이 사건 투표시간조항의 위헌 여부에 대한 헌법적 해명은 헌법질서의 수호 · 유지를 위하여 중대한 의미를 지닌다고 할 것이고, 따라서 이 사건 투표시간조항에 대해서는 본안판단의 필요성을 인정할 수 있다.

3) 이 사건 투표시간조항이 투표종료시간을 오후 4시까지로 정한 것은 투표당일 부재자투표의 인계 · 발송 절차를 밟을 수 있도록 함으로써 부재자투표의 인계 · 발송절차가 지연되는 것을 막고 투표관리의 효율성을 제고하고 투표함의 관리위험을 경감하기 위한 것이고, 이 사건 투표시간조항이 투표종료시간을 오후 4시까지로 정한다고 하더라도 투표개시시간을 일과시간 이전으로 변경한다면, 부재자투표의 인계 · 발송절차가 지연될 위험 등이 발생하지 않으면서도 일과시간에 학업 · 직장업무를 하여야 하는 부재자투표자가 현실적으로 선거권을 행사하는 데 큰 어려움이 발생하지 않을 것이다. 따라서 이 사건 투표시간조항 중 투표종료시간 부분은 수단의 적정성, 법익균형성을 갖추고 있으므로 청구인의 선거권이나 평등권을 침해하지 않는다.

4) 이 사건 투표시간조항이 투표개시시간을 일과시간 이내인 오전 10시부터로 정한 것은 투표시간을 줄인 만큼 투표관리의 효율성을 도모하고 행정부담을 줄이는 데 있고, 그 밖에 부재자투표의 인계 · 발송절차의 지연위험 등과는 관련이 없다. 이에 반해 일과시간에 학업이나 직장업

무를 하여야 하는 부재자투표자는 이 사건 투표시간조항 중 투표개시시간 부분으로 인하여 일과시간 이전에 투표소에 가서 투표할 수 없게 되어 사실상 선거권을 행사할 수 없게 되는 중대한 제한을 받는다. 따라서 이 사건 투표시간조항 중 투표개시시간 부분은 수단의 적정성, 법익균형성을 갖추지 못하므로 과잉금지원칙에 위배하여 청구인의 선거권과 평등권을 침해하는 것이다.

5) 이 사건에서 헌법재판소가 단순위헌결정을 하여 당장 이 사건 투표시간조항 중 투표개시시간 부분의 효력을 상실시킬 경우에는 부재자투표소를 열어 부재자투표를 개시하는 법적 근거마저 사라지게 되어 법적 공백이 발생할 것이 명백하다. 또한 부재자투표의 개시시간을 구체적으로 언제로 정할지는 궁극적으로 입법형성의 권한을 가진 입법자가 충분한 사회적 합의를 거쳐 결정해야 할 사항에 속한다. 그러므로 이 사건 투표시간조항 중 투표개시시간 부분은 헌법에 합치하지 않으나 잠정적으로 적용하기로 하되, 입법자는 되도록 빠른 시일 내에, 늦어도 2013. 6. 30.까지 개선입법을 이행하여야 하고, 그 때까지 개선입법이 이루어지지 않으면 이 사건 투표시간조항 중 투표개시시간 부분은 2013. 7. 1.부터 효력을 상실한다.

### (3) 평 가

부재자투표소를 관할구 · 시 · 군선거관리위원회 사무소에 1개씩 설치하도록 하고 있는 공직선거법 조항과 투표소 운영 시간을 오전 10시부터 오후 4시까지로 정하고 있는 동 법률 조항에 대하여 해당 유권자의 선거권 및 평등권이 부당히 제한되어 위헌인가의 여부를 판단한 결정이다. 학업 및 직장 등의 사유로 주소지에 거주하고 있지 않은 상당수 유권자들의 선거권 실현을 위하여 마련된 부재자투표 제도가 투표 장소와 운영 시간의 측면에서 좀 더 실질적으로 보장받을 수 있는가를 결정지을 중요한 판례이다.

청구인은 본 법률의 부재자투표소의 설치 규정에 의하여 투표소가 너무 적게 설치됨으로써 일반 투표에 비하여 부재자투표권자가 투표소까지 가는 길이 너무 멀어 선거권이 침해된다고 주장하였다. 또한 일과시간인 오전 10시부터 오후 4시까지 운영되는 투표소 시간 규정 때문에 학업이나 직업에 종사하는 부재자투표권자의 선거권이 심하게 박탈된다고 하였다.

헌법재판소는 전자의 적법요건에 관하여, 이 사건 설치 · 운영조항은 각 선거관리위원회의 관할 구역 내에 부재자투표소를 필수적으로 설치하여야 한다는 것을 규정한 것에 불과하고, 실제로 구 · 시 · 군선거관리위원회가 관할하는 해당 지역에 설치되는 부재자투표소의 수는 구 · 시 · 군선거관리위원회의 재량에 의하여 정해지는 것으로 보아 직접성을 결하고 있다 판단하였다. 즉, 부재자투표소가 현저히 적게 설치된 것으로 인하여 기본권 침해가 발생한다면, 이는 구 · 시 · 군선거관리위원회의 결정에 의하여 비로소 발생하는 것이고, 이 사건 설치 · 운영조항으로 인하여 직접 발생하는 것은 아니라는 것이다. 따라서 이 부분은 부적법 각하 결정을 받았다.

헌법소원의 권리보호이익 측면에서는 이 사건 투표시간에 대한 청구에서 청구인이 부재자신고를 하였던 제5회 전국지방동시선거가 이미 종료하였으나, 문제된 법률규정들에 대한 위헌성 판단이 아직까지 이루어지지 않아 이에 대한 위헌성 논의가 앞으로도 계속해서 일어날 가능성이 있다면, 이 경우에는 그 헌법적 해명이 요구되는 경우로서 본안판단의 필요성이 있는 사항으로(헌재 1999. 5. 27. 97헌마137, 판례집 11-1, 653, 660-661; 헌재 2006. 7. 27. 2004헌마217, 판례집 18-2, 212, 227-228 등 참조) 판단하였다. 앞으로 투표소 운영 시간에 대한 위헌성 논란이 계속될 것이라는 전망에 기인하는 것이다.

헌법재판소는 투표소 운영 시간에 대한 본안 판단에서, 통상 수요일에 실시되는 선거일 전 6일부터 2일간 실시되는 부재자투표일은 평일인 목 · 금요일인데(법 제34조, 제35조), 평일 일과시간에 직장업무 및 학교수업을 하여야 하는 청구인과 같은 부재자투표자의 경우 투표시간을 일과시간 내인 오전 10시부터 오후 4시까지로 제한할 경우, 청구인은 그만큼 시간적인 제약을 받는 상태에서 선거권을 행사할 수밖에 없으므로, 이 사건 투표시간조항은 청구인의 선거권을 제한하는 것으로 볼 수 있고, 투표시간을 오전 6시부터 오후 6시까지로 정하고 있는 일반 선거일의 투표자와 비교하거나, 오전 6시부터 오후 8시까지로 정하고 있는 보궐선거 등의 투표자와 비교할 때도 이 사건 투표시간조항은 부재자투표자인 청구인의 평등권을 제한하는 것으로 볼 수 있다는 문제의식에서 출발하였다.

이 사안을 판단하기 위한 심사 기준으로 헌법재판소는 "완화된 의미의 과잉금지원칙"(헌법 제37조 제2항)을 제시하고 있다. 기본권 제한의 일반 원칙을 적용하여 기본권 침해 여부를 판단하여야 함은 당연하지만, 투표 시간의 제한이 선거권을 부여 또는 박탈하거나 선거권의 행사에 필요한 여건을 정하는 등 선거권 자체에 법적인 제한을 가하는 것이 아니라, 사실상의 사유로 선거일에 정해진 투표소에서 투표를 할 수 없는 부재자가 현실적으로 투표할 수 있게 하는 절차를 마련하는 규정이고, 이러한 부재자투표절차의 내용은 사회적 · 경제적 · 지리적 · 기술적 여건의 영향에 좌우될 수 있으므로, 그 절차를 규정함에 있어서 입법자에게 상당한 입법형성의 자유가 인정된다는 것을 도외시할 수 없다는 점을 지적하고 있다. 그러나 부재자투표시간을 평일 일과시간 이내로 정하고 있어 평일 일과시간에 학업과 직장업무를 하여야 하는 부재자투표자의 투표권행사를 사실상 어렵게 함으로써 결과적으로 이들의 선거권 자체를 제한하고 있는 것으로 볼 수 있다는 점도 고려하여야 한다고 하여, 이 "완화된 의미의 과잉금지원칙"이 등장한 것이다.

헌법재판소는 투표시간의 개시시간과 종료시간의 위헌성 여부를 각각 살펴보았다. 먼저 종료시간은 부재자투표의 인계 · 발송절차를 위하여 필요한 합리적 제한으로 판단하였다. 등기우편으로 발송되는 부재자투표의 특성상 매일 투표마감 후 우체국장에게 인계하기 위해서는 오후 4시가 일반 선거 시간에 비하여 짧기는 하지만 합리적 제한이라는 것이다.

마감 시간을 늘려 보장하는 선거권에 비하여 이에 소요되는 행정 부담이 너무 크기 때문이다. 다만 이 부분도 현실적으로 침해되는 유권자의 선거권은 분명한 상황이므로 입법자에게 개선을 위한 방안 마련을 주문하고 있다.

투표 개시시간과 관련하여, 일과시간 이내인 오전 10시부터로 정한 것은 투표시간을 줄인 만큼 투표관리의 효율성을 도모하고 행정 부담을 줄이는 데 있고, 그 밖에 투표종료시간을 정할 때 발생할 수 있는 부재자투표의 인계 · 발송절차의 지연위험 등과는 관련이 없다고 보았다. 행정편의를 위하여 기본권을 부당하게 제한하고 있다는 것이다. 이는 과잉금지원칙에 위배된다.

## 4. 경찰공무원 임용령 제39조 제1항 등 위헌확인[30)]

### (1) 사건 개요

청구인 권○정은 1978. 12. 15.생, 백○미는 1977. 12. 21.생, 청구인 강○천은 1975. 5. 14.생으로 경찰공무원이 되기 위하여 순경 공개경쟁채용시험을 준비하고, 청구인 신○철은 1975. 1. 9.생, 조○수는 1978. 9. 21.생으로 소방공무원이 되기 위하여 각각 소방사 · 지방소방사 공개경쟁채용시험 및 특별채용시험과 소방간부후보생 선발시험을 준비하고 있었다.

청구인들은 이들 시험의 응시연령 상한을 30세 이하로 제한하고 있는 경찰공무원임용령 제39조 제1항, 소방공무원임용령 제43조 제1항 별표 2 및 제2항이 청구인들의 공무담임권, 평등권 등을 침해하여 헌법에 위반된다며 2010. 5. 3. 이 사건 헌법소원심판을 청구하였다.[31)]

---

30) 헌재 2012. 5. 31. 2010헌마278.

31) 경찰공무원임용령(2005. 5. 13. 대통령령 제18826호로 개정된 것)
제39조(응시연령 및 신체조건 등)
① 경찰공무원의 채용시험에 응시하고자 하는 자는 최종시험예정일이 속한 연도에

### (2) 결정 요지

1) 청구인 백○미는 1977. 12. 21.생으로서 31세에 해당하는 2009. 1.

---

다음 표의 응시연령에 해당하여야 한다. 다만, 다음 표의 응시상한연령을 1세 초과한 자로서 1월 1일 출생자는 응시할 수 있다.

| 계급별 | 공개경쟁채용시험 | 특별채용시험 |
|---|---|---|
| 경정 이상 | 25세 이상<br>40세 이하 | 27세 이상 40세 이하 |
| 경감 · 경위 | | 23세 이상 40세 이하<br>(정보통신 및 항공분야는 23세 이상 45세 이하) |
| 경사 · 경장 | | 20세 이상 40세 이하 |
| 순경 | 18세 이상<br>30세 이하 | 20세 이상 40세 이하<br>(함정요원은 18세 이상 40세 이하, 전투경찰순경으로 임용되어 소정의 복무를 마친 것을 요건으로 특별채용하는 경우에는 21세 이상 30세 이하) |

소방공무원임용령(2003. 1. 20. 대통령령 제17887호로 개정된 것)
제43조(응시연령 및 신체조건 등)
① 소방공무원의 채용시험에 응시할 수 있는 자의 연령은 별표2와 같다.
② 소방간부후보생 선발시험에 응시할 수 있는 자의 연령은 21세 이상 30세 이하로 한다.

[별표 2]
소방공무원채용시험의 응시연령(제43조 제1항 관련)

| 계급별 | 공개경쟁채용시험 | 특별채용시험 |
|---|---|---|
| 소방령 · 지방소방령 이상 | 25세 이상 40세 이하 | 20세 이상 45세 이하 |
| 소방경 · 지방소방경,<br>소방위 · 지방소방위 | | 23세 이상 40세 이하<br>(사업 · 운송용조종사 또는 항공 · 항공공장정비사는 23세 이상 45세 이하) |
| 소방장 · 지방소방장,<br>소방교 · 지방소방교 | | 20세 이상 35세 이하<br>(사업 · 운송용조종사 또는 항공 · 항공공장정비사는 23세 이상 40세 이하) |
| 소방사 · 지방소방사 | 21세 이상 30세 이하 | 20세 이상 30세 이하 |

1.부터는 순경 공채시험에 응시할 수 없게 되었는바, 이로부터 1년이 경과한 2010. 5. 3. 이 사건 심판을 청구하여 청구기간을 도과하였고, 청구인 강○천은 2009. 12.경 이 사건 경찰공무원임용령 조항에 의하여 2010. 1. 1.부터 더 이상 순경 공채시험에 응시할 수 없음을 알았다고 자인하고 있으므로 그로부터 90일이 경과하였음이 역수상 명백한 2010. 5. 3. 이 사건 심판을 청구하여 청구기간을 도과하였다.

2) 가. 재판관 이강국, 재판관 민형기, 재판관 목영준, 재판관 송두환, 재판관 이정미의 헌법불합치 의견

획일적으로 30세까지는 순경과 소방사 · 지방소방사 및 소방간부후보생의 직무수행에 필요한 최소한도의 자격요건을 갖추고, 30세가 넘으면 그러한 자격요건을 상실한다고 보기 어렵고, 이 점은 순경을 특별 채용하는 경우 응시연령을 40세 이하로 제한하고, 소방사 · 지방소방사와 마찬가지로 화재현장업무 등을 담당하는 소방교 · 지방소방교의 경우 특채시험의 응시연령을 35세 이하로 제한하고 있는 점만 보아도 분명하다. 따라서 이 사건 심판대상 조항들이 순경 공채시험, 소방사 등 채용시험, 그리고 소방간부 선발시험의 응시연령의 상한을 '30세 이하'로 규정하고 있는 것은 합리적이라고 볼 수 없으므로 침해의 최소성 원칙에 위배되어 청구인들의 공무담임권을 침해한다.

그렇다고 하여, 순경 공채시험, 소방사 등 채용시험, 소방간부 선발시험에서 응시연령의 상한을 제한하는 것이 전면적으로 허용되지 않는다고 단정하기 어렵고, 경찰 또는 소방공무원의 채용 및 공무수행의 효율성을 도모하여 국민의 생명과 재산을 보호하기 위하여 필요한 최소한도의 제한은 허용되어야 할 것인바, 그 한계는 경찰 및 소방업무의 특성 및 인사제도 그리고 인력수급 등의 상황을 고려하여 입법기관이 결정할 사항이다.

나. 재판관 김종대의 단순위헌 의견

헌법불합치결정이 정당화되는 사유로는 '위헌법률의 제거가 법적 공백이나 혼란을 초래할 우려가 있는 경우'여야 하는데, 이 사건 심판대상

조항들은 순경 공채시험과 소방사 등 채용시험 그리고 소방간부 선발시험에 응시할 수 있는 연령 상한을 '30세 이하'로 규정하고 있는 '대통령령'이므로, 위 조항들이 위헌선언 되어 무효로 되더라도, 기존 수험생들의 응시자격에는 아무런 영향이 없고, 근거법률이 여전히 유효한 이상 대통령령이 담당 행정기관과 협의 하에 신속히 위헌결정의 취지에 맞는 대통령령을 제정할 수 있어 '법적 공백'이 발생할 우려도 없다. 따라서 청구인들의 기본권을 침해하는 위 조항들에 대하여는 헌법불합치결정을 선고할 수 없고, 단순위헌결정을 선고해야 한다.

3) 이 사건에서 재판관 5인은 헌법불합치 의견을 표시하고, 재판관 1인은 단순위헌 의견을 표시하였는데, 단순위헌 의견도 헌법불합치 의견의 범위 내에서는 견해를 같이 하는 것이기 때문에 이 사건 심판대상 조항들에 대하여 재판관 6인의 찬성으로 헌법불합치 선고를 한다.

다만, 순경 공채시험이나 소방사 등 채용시험, 그리고 소방간부 선발시험에서 응시연령을 일정 부분 제한하는 것 자체는 적절한 것이기 때문에 헌법에 위반된다는 결정으로 말미암아 법적 규율이 없는 상태보다 이 사건 심판대상 조항들을 잠정적으로 적용하도록 하는 것이 헌법적으로 바람직하다고 할 것이고, 경찰업무나 소방업무의 특성을 고려하여 구체적으로 어느 연령까지 상한으로 둘 것인가의 문제는 원칙적으로 입법자의 입법형성의 재량에 속하는 것이므로 이 사건 심판대상 조항들의 잠정적용을 명하기로 한다.[32)]

---

32) 재판관 이동흡, 재판관 박한철의 반대의견
이 사건 심판대상 조항들이 응시연령에 제한을 둔 목적은 과도한 체력이 요구되고 위험한 경찰 및 소방업무의 특성상 젊고 신체적 · 체력적으로 유능한 인재를 경찰공무원 또는 소방공무원으로 선발하여 조직체계의 질서를 유지하고 국민의 생명과 재산을 효율적으로 보호하기 위한 것으로 입법목적이 정당하고, 그 수단도 적절하다고 할 것이다. 또한 정확한 검사기준과 방법을 마련하는 것 또한 현실적으로 쉽지 않을 뿐만 아니라 만약 30세를 넘는 응시연령의 상한을 두게 되면 새로 채용된 순경이나 소방사 등이 본격적으로 활동하게 될 4-5년 후에는 체력적인 문제로 실질적인 업무수행에 지장을 받게 될 우려도 있는 점, 아울러 만약 경찰공무원이나 소방공무원의 채용 시 응시연령의 상한을 폐지하거나 응시연령의 상한을 지나치게 높이게 되면

### (3) 평 가

청구인들은 위 공무원 임용령 조항들이 연령에 근거한 차별의 내용을 담고 있다고 주장하였다. 젊음이나 체력의 기준은 개인적인 관리 정도에 따라 상대적인 것이고, 신체적 능력은 연령에 의해 일률적으로 재단할 수 없다는 것이다. 반면 경찰청장 및 소방방재청장은 최 일선의 치안현장에서 범인 검거 및 추격, 시위진압 등 격렬하고 위험한 업무를 수행하는 경찰의 특성상 젊고 신체적 · 체력적 능력이 우수한 인재를 선발할 필요가 있다는 점을 주장하고 있다. 과연 연령에 근거한 공채 시험 제한 이외에 신체검사 등 구체적이고 다양한 선발 방법을 채택할 수 있는가, 즉 오로지 연령에 근거한 응시 제한이 헌법적으로 용인될 수 있는 차별에 해당하는가가 중요 논점이라 하겠다.

적법요건에 관한 판단으로 헌법재판소는 2명의 청구인에 대한 헌법소원을 청구기간 도과의 이유로 각하하였다. 즉, "법령에 대한 헌법소원은 그 법령의 시행과 동시에 기본권의 침해를 받게 되는 경우에는 그 법령이 시행된 사실을 안 날부터 90일, 법령이 시행된 날부터 1년 이내에 청구하여야 하고, 법령이 시행된 뒤에 비로소 그 법령에 해당되는 사유가 발생하여 기본권의 침해를 받게 되는 경우에는 그 사유가 발생하였음을 안 날부터 90일, 그 사유가 발생한 날부터 1년 이내에 청구하여야 함에도 (헌재 2006. 7. 27. 2004헌마655, 판례집 18-2, 242, 247-248 등)," 이를 지키지 않았다는 것이다.

본 조항들에 의하여 침해되는 기본권에 관하여 헌법재판소는 공무담임권과 평등권이 동시에 문제가 되지만 실질적 기본권과 평등권이 동시에 논의되는 경우 평등권 심사는 따로 행하지 아니하는 종래의 태도에 따

---

연령과 계급 간의 역전현상이 빈번히 발생하게 되어 조직 전체의 지휘체계와 질서가 무너질 우려가 있는 점 등을 종합하여 볼 때, 이 사건 시행령 조항들이 '30세 이하'로 응시연령을 제한한다고 하여 그것이 현저하게 불합리하거나 불공정하다고 할 수 없고, 청구인들이 연령제한으로 인하여 순경 공개채용시험 등에 응시하지 못하는 불이익이 각종 위험과 재난으로부터 국민의 생명과 재산을 효율적으로 보호하여야 하는 공익에 비하여 크다고도 할 수 없다.

라, "공무담임권과 평등권의 심사는 동일한 쟁점에 관해 중첩적으로 이루어지는 면이 있으므로 이 사건에서도 평등권을 분리하여 심사하기보다 공무담임권에 대한 심사에서 같이 판단하고, 평등권 침해 여부는 따로 판단하지 아니하기로 하였다(헌재 2009. 7. 30. 2007헌마991, 판례집 21-2상, 364, 370 참조)." 따라서 결국 헌법재판소의 판단은 이들 조항이 과잉금지원칙에 위배하여 공무담임권을 직접 제한하고 있는지에 집중하는 것이다.

헌법불합치 결정을 내렸던 다수 재판관들은, 경찰과 소방관의 현장활동의 원활성을 추구한 이 조항들의 목적이 정당하고 방법 또한 적정하다고 보았다. 그러나 그 판단 기준을 30세라는 연령에 전적으로 의존하고 있는 방법은 피해의 최소성 원칙에 부합하지 않아 그 위헌성을 제거하도록 촉구하고 있다. 흥미 있는 점은 피해의 최소성 이외에 헌법재판소가 법익의 균형성에 관하여서는 따로 심사하지 않고 있다는 점이다. 다만 응시연령 상한 제도가 전적으로 불허되어야 한다고 단정하지 않겠다는 점, 이들 공무원 직역에서 채용 및 공무 수행의 효율성을 도모하기 위하여 필요 최소한도의 제한이 허용되어야 한다는 점을 밝힘으로써 법익의 균형성 측면에는 문제가 없다는 듯한 인상을 풍기고 있다.

김종대 재판관은 단순위헌 의견을 개진하였으나, 이 의견은 다수의 헌법불합치 결정 의견의 한도에서 공통점을 지니므로 최종 결정은 헌법불합치로 하였다. 합헌이라는 반대의견을 개진한 이동흡, 박한철 재판관은 위 직역의 기능적 특성에 주목하여, 피해의 최소성 측면에서도 문제가 없고 보호되는 공익을 생각할 때 법익의 균형성에도 큰 문제가 없다는 점을 명확히 밝히고 있다.

## 5. 정보통신망 이용 촉진 및 정보보호 등에 관한 법률 제44조의5 제1항 제2호 등 위헌확인[33)]

### (1) 사건 개요

#### 1) 2010헌마47 사건

청구인 손○규, 천○소, 이○은은 2009. 12. 30.과 2010. 1. 17. 인터넷 사이트인 '유튜브(kr.youtube.com)', '오마이뉴스(ohmynews.com)', '와이티엔(ytn.co.kr)'의 게시판에 익명으로 댓글 등을 게시하려고 하였으나, 위 게시판의 운영자가 게시자 본인임을 확인하는 절차를 거쳐야만 게시판에 댓글 등을 게시할 수 있도록 조치를 함으로써 댓글 등을 게시할 수 없었다.

이에 청구인 손○규 등은 인터넷게시판을 운영하는 정보통신서비스 제공자에게 게시판 이용자가 본인임을 확인할 조치를 취할 의무를 부과하고 있는 '정보통신망 이용촉진 및 정보보호 등에 관한 법률' 제44조의5 제1항 제2호, 같은 법 시행령 제30조 제1항이 자신들의 표현의 자유 등을 침해한다고 주장하면서 2010. 1. 25. 이 사건 헌법소원심판을 청구하였다.

#### 2) 2010헌마252 사건

청구인 주식회사 ○○은 2005. 11. 7.부터 인터넷 언론사인 '인터넷 ○○(www.○○.co.kr)'을 운영하여 왔는데, 방송통신위원회가 2010. 2. 2. 위 인터넷 언론사를 2010년도 본인확인조치의무 대상자로 공시함으로써 2010. 4. 1.부터 본인확인조치의무를 부담하게 되었다.

이에 청구인 회사는 정보통신서비스 제공자에 대한 본인확인조치의무 부과 및 그 위반 시 제재를 규정한 '정보통신망 이용촉진 및 정보보호 등에 관한 법률' 제44조의5 제1항 제2호, 제2항, 제76조 제1항 제6호 및 같은 법 시행령 제29조, 제30조 제1항이 자신의 기본권을 침해한다고 주장하면서 2010. 4. 20. 이 사건 헌법소원심판을 청구하였다.[34)]

---

33) 헌재 2012. 8. 23. 2010헌마47, 252(병합).

34) 정보통신망 이용촉진 및 정보보호 등에 관한 법률(2008. 6. 13. 법률 제9119호로 개정된 것)

### (2) 결정 요지

이 사건 법령조항들이 표방하는 건전한 인터넷 문화의 조성 등 입법목적은, 인터넷 주소 등의 추적 및 확인, 당해 정보의 삭제 · 임시조치, 손해배상, 형사처벌 등 인터넷 이용자의 표현의 자유나 개인정보자기결정권을 제약하지 않는 다른 수단에 의해서도 충분히 달성할 수 있음에도, 인터넷의 특성을 고려하지 아니한 채 본인확인제의 적용범위를 광범위하게 정하여 법 집행자에게 자의적인 집행의 여지를 부여하고, 목적달성에 필요한 범위를 넘는 과도한 기본권 제한을 하고 있으므로 침해의 최소성이 인정되지 아니한다.

또한 이 사건 법령조항들은 국내 인터넷 이용자들의 해외 사이트로

---

제44조의5(게시판 이용자의 본인 확인) ① 다음 각 호의 어느 하나에 해당하는 자가 게시판을 설치 · 운영하려면 그 게시판 이용자의 본인 확인을 위한 방법 및 절차의 마련 등 대통령령으로 정하는 필요한 조치(이하 "본인확인조치"라 한다)를 하여야 한다.

2. 정보통신서비스 제공자로서 제공하는 정보통신서비스의 유형별 일일 평균 이용자 수가 10만 명 이상이면서 대통령령으로 정하는 기준에 해당되는 자

정보통신망 이용촉진 및 정보보호 등에 관한 법률 시행령(2009. 1. 28. 대통령령 제21278호로 개정된 것)

제29조(본인확인조치) 법 제44조의5 제1항 각 호 외의 부분에서 "대통령령으로 정하는 필요한 조치"란 다음 각 호의 모두를 말한다.

1. 「전자서명법」 제2조 제10호에 따른 공인인증기관, 그 밖에 본인확인서비스를 제공하는 제3자 또는 행정기관에 의뢰하거나 모사전송 · 대면확인 등을 통하여 게시판 이용자가 본인임을 확인할 수 있는 수단을 마련할 것
2. 본인확인절차 및 본인확인정보 보관 시 본인확인정보 유출을 방지할 수 있는 기술을 마련할 것
3. 게시판에 정보를 게시한 때부터 게시판에서 정보의 게시가 종료된 후 6개월이 경과하는 날까지 본인확인정보를 보관할 것

제30조(정보통신서비스 제공자 중 본인확인조치의무자의 범위) ① 법 제44조의5 제1항 제2호에서 "대통령령으로 정하는 기준에 해당되는 자"란 전년도 말 기준 직전 3개월간의 일일 평균 이용자 수가 10만 명 이상인 정보통신서비스 제공자를 말한다.

헌법재판소는 이들 조항 이외에 정보통신망법 제44조의5 제2항, 제76조 제1항 제6호도 심판의 대상으로 삼아달라는 청구인들의 주장에 대하여, "위 조항들은 본인확인조치의무 불이행시의 제재조항으로서 청구인 회사가 위 법률조항들에 규정된 제재를 받은 바도 없고 이 법률조항들에 대하여 그 고유의 위헌성에 관한 주장도 하고 있지 아니하므로 이를 심판의 대상에서 제외하기로 한다"고 하였다.

의 도피, 국내 사업자와 해외 사업자 사이의 차별 내지 자의적 법집행의 시비로 인한 집행 곤란의 문제를 발생시키고 있고, 나아가 본인 확인제 시행 이후에 명예훼손, 모욕, 비방의 정보의 게시가 표현의 자유의 사전 제한을 정당화할 정도로 의미 있게 감소하였다는 증거를 찾아볼 수 없는 반면에, 게시판 이용자의 표현의 자유를 사전에 제한하여 의사표현 자체를 위축시킴으로써 자유로운 여론의 형성을 방해하고, 본인 확인제의 적용을 받지 않는 정보통신망상의 새로운 의사소통수단과 경쟁하여야 하는 게시판 운영자에게 업무상 불리한 제한을 가하며, 게시판 이용자의 개인정보가 외부로 유출되거나 부당하게 이용될 가능성이 증가하게 되었는바, 이러한 인터넷게시판 이용자 및 정보통신서비스 제공자의 불이익은 본인확인제가 달성하려는 공익보다 결코 더 작다고 할 수 없으므로, 법익의 균형성도 인정되지 않는다.

따라서 본인 확인제를 규율하는 이 사건 법령조항들은 과잉금지원칙에 위배하여 인터넷게시판 이용자의 표현의 자유, 개인정보자기결정권 및 인터넷게시판을 운영하는 정보통신서비스 제공자의 언론의 자유를 침해를 침해한다.

### (3) 평 가

그간 소위 인터넷 실명제라는 제도는 우리 사회의 인터넷 문화를 법적으로 규제할 효과적인 방법이라 생각되었던 것이 사실이다. 실명제는 익명성이라는 특성에 의존하여 포털 사이트 등의 게시판, 댓글에 비윤리적 내용과 비방, 명예훼손 등이 난무하여 실제 피해를 입는 사례가 자주 등장하자 그에 대한 대응책 차원에서 제시되었던 방안이다. 의견을 개진하는 당사자는 최소한 자신의 신원을 확인하는 장치를 통하여 자신의 의견에 대한 사후 책임을 담보할 수 있게 하자는 것이다. 인터넷에서 익명표현의 자유를 포기시키는 것이다. 이는 소위 위축효과에 의한 표현 의지의 감소, 실명 정보를 입력하는 과정에서 인터넷 사업자에게 그 정보를 일정 기간 보관토록 함으로써 생기는 개인정보 유출 위험 등 만만치 않은 문제점을 야기하면서 첨예한 견해의 대립을 낳게 한 대표적인 사례였다. 헌법재판소는 공직선거기간 중 한시적으로 인터넷 실명제를 유지하도록 한 공직선거법 조항에 대하여 합헌 결정을 내린 바 있다.[35)]

2010헌마47 사건에서 청구인들은 인터넷 게시판 실명제가 익명표현의 자유를 침해하고 사생활의 비밀과 자유, 개인정보 자기 결정권, 평등권을 침해한다고 주장하였다. 2010헌마252 사건의 청구인들은 게시판 이용자의 의사표현을 바탕으로 여론을 형성 · 전파하는 인터넷 언론사의 언론의 자유를 침해한다고 주장하였다. 반면 방송통신위원회는 인터넷 이용자로 하여금 보다 책임 있는 공론의 장을 형성하도록 유도하고 게시판을 건전하고 안전하게 이용할 수 있도록 하여 건전한 인터넷 문화를 형성하려는 목적의 위 대상 규정에서, 실명을 노출하는 것은 아니므로 익명표현의 자유를 침해하지 않는다고 하였다. 또한 이러한 목적 하에서 불가피한 본인 확인 과정은 사생활의 비밀과 자유에 의하여 보호되는 영역이라고 할 수 없고, 이 사건 법령조항들이 게시판 이용자의 본인확인절차를 위한 것일 뿐 개인정보를 수집할 목적으로 규정된 조항은 아니므로 개인정보 자기 결정권을 침해하지 않는다고 항변하였다.

헌법재판소는 침해되는 기본권으로, 위 법률조항의 내용이 의견 게시자의 익명 표현의 자유를 제한할 가능성이 있고, 게시판 운영자의 언론의 자유를 침해할 수 있다고 하였다. 또한 개인정보 자기 결정권에 관하여는 이전의 판례 태도에 따라, 본인확인정보가 개인의 동일성을 식별할 수 있게 하는 정보로서 개인정보자기결정권의 보호대상이 되는 개인정보에 해당하고, 개인정보를 대상으로 한 조사 · 수집 · 보관 · 처리 · 이용 등의 행위는 모두 원칙적으로 개인정보자기결정권에 대한 제한에 해당하므로(헌재 2010. 5. 27. 2008헌마663, 판례집 22-1하, 323, 333 참조), 본인확인제

35) 2010. 2. 25. 2008헌마324, 2009헌바31(병합); 본 결정을 포함하여 인터넷 실명제에 대한 자세한 내용은 김유향 · 심우민, 인터넷 실명제 위헌결정과 향후 과제, 이슈와 논점 제524호, 국회입법조사처, 2012 참조.

는 게시판 이용자가 자신의 개인정보에 대한 이용 및 보관에 관하여 스스로 결정할 권리인 개인정보 자기 결정권을 제한할 수 있다고 하였다. 그러나 구체적 권리인 개인정보 자기 결정권의 침해 여부를 검토하는 이상 이에 관한 일반적 권리인 사생활의 비밀과 자유의 침해를 따로 판단하지는 않겠다고 하였다. 평등권 문제 역시 익명표현의 자유 침해 여부의 판단에서 자연스럽게 검토되는 것이므로 따로 판단하지 않겠다고 하였다. 또한 본인확인제가 게시 글의 내용에 따라 규제를 하는 것이 아니고, 정보통신서비스 제공자의 삭제의무를 규정하고 있지도 않으므로, 청구인이 주장하는 실질적 사전 검열은 아니라고 하였다.

헌법재판소는 입법 목적의 정당성과 수단의 적합성은 인터넷 정보의 파급력 및 영향력, 익명으로 인한 역기능 등을 생각할 때 각각 인정될 수 있다고 보았다. 그러나 침해의 최소성 측면에서 문제를 제기하였다. 즉, 건전한 인터넷 문화의 조성 등 입법목적은 인터넷 이용자의 표현의 자유나 개인정보자기결정권을 제약하지 않는 다른 수단에 의해서도 충분히 달성할 수 있다는 것이다. 먼저, 굳이 실명제를 채택하지 않더라도 불법정보의 게시로 타인에게 피해를 입힌 경우에 가해자 특정은 인터넷 주소 등의 추적 및 확인 등을 통하여서도 할 수 있다는 점을 들었다. 현실적으로 이러한 조치가 기술적으로 가능하고, 명의 도용의 위험 또한 본인확인제에 의하더라도 가해자가 주민등록번호와 명의를 도용하는 경우에는 가해자를 특정하기 어려움은 마찬가지이기 때문이다. 그리고 게시판에 게시된 정보로 인하여 권리가 침해된 자에 대한 구제는 정보통신서비스 제공자에 의한 당해 정보의 삭제 · 임시조치(정보통신망법 제44조의2 제1항, 제2항), 게시판 관리 · 운영자에 대한 불법정보 취급의 거부 · 정지 또는 제한명령(정보통신망법 제44조의7 제2항, 제3항) 등으로 불법정보의 유통 및 확산을 차단하거나 사후적으로 손해배상 또는 형사처벌 등의 방법을 통하여 충분히 달성할 수 있다고 하였다. 즉, 사후적 수단으로도 사전적 수단인 실명제의 효과에 버금가는 목표의 달성이 가능하다는 것이다.

본 정보통신망법상 본인확인제도는 필요 이상의 과도한 규제를 담고 있다고도 하였다. 실명 확인을 하여야 할 대상으로 "게시판 이용자"라고 규정하고 있어, 정보 게시자뿐만 아니라 정보 열람자까지 포함하고 있는 것이 대표적인 예이다. 방송통신위원회는 '정보의 게시자'만이 위 '게시판 이용자'에 해당하는 것으로 축소해석하여 '정보의 게시자'에 대하여만 본인확인조치를 하도록 하고 있는바, 이는 이 사건 법령조항의 적용범위가 광범위함을 단적으로 보여 준다는 점을 지적하고 있다. 나아가 방송통신위원회는 매년 3개의 조사기관에 인터넷 이용자 수의 산정을 의뢰하여 본인확인제의 적용 대상인 정보통신서비스 제공자를 선정하여 오고 있다. 그런데 인터넷의 공간적 무제약성으로 인하여 국내의 정보통신서비스 제공자가 제공하는 인터넷을 외국인이나 국외에 소재하는 한국인도 이용할 수 있는바 그들도 위 '이용자 수' 산정의 대상에 포함되는지 여부가 불분명하며, 동일인이 동일한 인터넷 게시판을 하루에 여러 번 이용한 경우에 이용자 수 산정을 어떻게 할 것인지에 대하여도 명확한 기준이 없는 점, 이용자 수를 정확하게 산정하는 것이 기술적으로 가능한지 여부 등에 대하여도 의문을 제기하고 있다. 그 밖에도 본인확인제에 따라 정보통신서비스 제공자가 본인확인정보를 보관하여야 하는 기간은 게시판에 정보를 게시한 때부터 게시판에서 정보의 게시가 종료된 후 6개월이 경과하는 날까지인데, 게시판에서 당해 정보가 삭제되지 않는 한 정보의 게시는 종료되지 않으므로 정보의 삭제가 없다면 본인확인정보는 무기한으로 정보통신서비스 제공자에게 보관되는 결과가 발생할 수 있다는 점도 문제라고 하였다. 결국 이런 이유들로 인하여 침해의 최소성이 부정된다는 것이다.

법익의 균형성 측면에서도 문제가 있다. 단적으로 침해되는 권리에 비하여 보호되는 공익에 대한 확신을 가질 수 없다. 헌법재판소는 현실적인 측면에서, 방송통신위원회가 제시한 자료에 의하더라도 본인확인제 이후에 명예훼손, 모욕, 비방의 정보의 게시가 표현의 자유의 사전 제한을 정당화할 정도로 의미 있게 감소하였다는 증거는 찾아볼 수 없다고 하였다. 반면 익명 표현의 자유에 대한 기회를 거의 완전히 차단하는 법률상 조치로 인하여 침해되는 사익은 매우 중대하다. 특히 기간 제한 없이, 표현의 내용을 불문하고 주요 인터넷 사이트의 대부분의 게시판 이용과 관련하여 본인확인을 요구하고 있어 문제가 크다고 하였다. 나아가 현재 주로 이용되고 있는 신용정보회사에 의한 게시판 이용자의 이름, 주민등록번호 일치 여부를 확인하는 방법에 의한 본인확인은, 주민등록번호를 부여받을 수 없는 외국인이나 주민등록번호가 없는 재외국민에 대하여 게시판에의 정보 게시를 봉쇄함으로써 그들의 표현의 자유를 사실상 박탈하는 결과에 이르고 있다는 점도 지적하였다. 아울러 새롭게 등장한 SNS 등 정보통신망상 의사소통수단과 경쟁하는 게시판 운영자에게만 업무상 불리한 제한을 가하여 형평에 맞지 않고, 본인확인정보의 보관으로 인한 개인 정보 유출의 가능성 등을 들어 침해되는 권리의 중대성에 힘을 더욱 실어주고 있다.

## 6. 법원조직법 부칙 제1조 등 위헌확인[36)]

### (1) 사건 개요

#### 1) 2011헌마786 사건

청구인들은 사법시험에 합격한 후 사법연수원에 입소하여 2013. 1. 1. 이후에 사법연수원을 수료할 예정인 사람들인바, 청구인들이 사법연수원에 입소할 당시의 법원조직법에 의하면 사법연수원의 소정 과정을 마치면 바로 판사임용자격을 취득할 수 있었으나, 2011. 7. 18. 법원조직법이 개정되어 2013. 1. 1.부터는 사법연수원의 소정 과정을 마치더라도 바로 판사임용자격을 취득할 수 없고 일정 기간 이상의 법조경력을 갖추어야 판사로 임용될 수 있게 되었다(이하 '이 사건 법원조직법 개정'이라 한다).

이에 청구인들은 법원조직법(2011. 7. 18. 법률 제10861호) 부칙 제1조 단서 중 '제42조 제2항의 개정규정은 2013년 1월 1일부터 시행한다.' 부분

36) 헌재 2012. 11. 29. 2011헌마786, 2012헌마188(병합).

및 제2조가 신뢰보호원칙에 반하여 청구인들의 공무담임권을 침해한다고 주장하면서 2011. 12. 6. 위 조항들의 위헌확인을 구하는 이 사건 헌법소원심판을 청구하였다.

2) 2012헌마188 사건

청구인은 사법시험에 합격하고 2010. 3. 2. 사법연수원에 입소하여 연수중 같은 해 6. 7. 공익근무요원으로 소집되어 2년간 복무 후 복직하여 2013. 1. 1. 이후에 사법연수원을 수료할 예정인 사람인바, 청구인이 사법연수원에 입소할 당시의 법원조직법에 의하면 사법연수원의 소정 과정을 마치면 바로 판사임용자격을 취득할 수 있었으나, 이 사건 법원조직법 개정으로 2013. 1. 1.부터는 사법연수원의 소정 과정을 마치더라도 판사로 즉시임용될 수 없게 되었다.

이에 청구인은 법원조직법(2011. 7. 18. 법률 제10861호) 부칙 제1조 단서 중 '제42조 제2항의 개정규정은 2013년 1월 1일부터 시행한다.' 부분 및 제2조가 청구인의 평등권, 공무담임권, 헌법 제39조 제2항의 병역의무 이행으로 불이익을 받지 않을 권리 등을 침해한다고 주장하면서 2012. 2. 28. 위 조항들의 위헌확인을 구하는 이 사건 헌법소원심판을 청구하였다.[37)]

(2) 결정 요지

1) 판사임용자격에 관한 법원조직법 규정이 지난 40여 년 동안 유지

37) 법원조직법(2011. 7. 18. 법률 제10861호) 부칙 제1조(시행일) 이 법은 2012년 1월 1일부터 시행한다. 다만, 제41조의2의 개정규정은 2011년 9월 1일부터 시행하고, 제42조 제1항 · 제2항, 제44조 제2항 및 제45조 제4항의 개정규정은 2013년 1월 1일부터 시행한다.

법원조직법(2011. 7. 18. 법률 제10861호) 부칙 제2조(판사 임용을 위한 재직연수에 관한 경과조치) 제42조 제2항의 개정규정에도 불구하고 2013년 1월 1일부터 2017년 12월 31일까지 판사를 임용하는 경우에는 3년 이상 제42조 제1항 각 호의 직에 있던 사람 중에서, 2018년 1월 1일부터 2019년 12월 31일까지 판사를 임용하는 경우에는 5년 이상 제42조 제1항 각 호의 직에 있던 사람 중에서, 2020년 1월 1일부터 2021년 12월 31일까지 판사를 임용하는 경우에는 7년 이상 제42조 제1항 각 호의 직에 있던 사람 중에서 임용할 수 있다.

되어 오면서, 국가는 입법행위를 통하여 사법시험에 합격한 후 사법연수원을 수료한 즉시 판사임용자격을 취득할 수 있다는 신뢰의 근거를 제공하였다고 보아야 하며, 수년간 상당한 노력과 시간을 들인 끝에 사법시험에 합격한 후 사법연수원에 입소하여 사법연수생의 지위까지 획득한 청구인들의 경우 사법연수원 수료로써 판사임용자격을 취득할 수 있으리라는 신뢰이익은 보호가치가 있다고 할 것이다.

이 사건에서 청구인들의 신뢰이익에 대비되는 공익이 중대하고 장기적 관점에서 필요한 것이라 하더라도, 이 사건 심판대상조항을 이 사건 법원조직법 개정 당시 이미 사법연수원에 입소한 사람들에게도 반드시 시급히 적용해야 할 정도로 긴요하다고는 보기 어렵고, 종전 규정의 적용을 받게 된 사법연수원 2년차들과 개정 규정의 적용을 받게 된 사법연수원 1년차들인 청구인들 사이에 위 공익의 실현 관점에서 이들을 달리 볼 만한 합리적인 이유를 찾기도 어려우므로, 이 사건 심판대상 조항이 개정법 제42조 제2항을 법 개정 당시 이미 사법연수원에 입소한 사람들에게 적용되도록 한 것은 신뢰보호원칙에 반한다고 할 것이다.

2) 다만 청구인들의 종전 규정에 대한 신뢰보호를 어느 범위까지 할 것인지에 대하여 살피건대, 판사임용자격과 같이 일정한 전문분야에 관한 자격제도의 형성에 관해서는 입법부가 형성의 자유를 가지며, 이미 사법연수원을 수료한 사람 중에서 개정법에 따라 일정 기간의 재직연수를 충족하여야만 판사로 임용될 수 있는 사람과의 형평에 비추어 볼 때, 이 사건 법원조직법 개정 전에 사법연수원에 입소했다는 사실만으로 청구인들에게 영구히 개정법을 적용할 수 없다고 볼 수는 없다.

결국 이 사건 심판대상조항은 이 사건 법원조직법 개정 시점인 2011. 7. 18. 당시에 이미 사법연수원에 입소하여 사법연수생의 신분을 가지고 있었던 자가 사법연수원을 수료하는 해의 판사 임용에 지원하는 경우에 적용되는 한 신뢰보호원칙에 반하여 청구인들의 공무담임권을 침해한

다.[38)]

### (3) 평 가

종래 사법연수원 수료자들에게 당연히 부여되던 법관 임용의 기회, 즉 공무담임권이 법원조직법 개정에 의하여 경력법관제도로 바뀌면서, 사법시험 합격 당시에는 판사 임용의 기회가 있었지만 연수원 수료 시 그것이 박탈된 청구인들이 제기한 헌법소원 사건이다. 법원조직법의 개정은 사법 개혁의 일환으로 그간 논의되어 오던 경력법관제가 법학전문대학원 시스템의 도입과 함께 현실화 된 근거로서 의미가 있다. 다만 이전 사법시험 합격자에게 연수원 졸업 후 곧바로 임용될 수 있는 기회가 신뢰이익으로 보호되어야 하는가가 관건이다. 판사 임용 자격에 3년, 5년, 7년, 10년 이상의 법조 경력이 필요한 것으로 단계적 형태로 개정하면서, 유독 청구인들의 처지에서는 아무런 경과조치의 혜택을 받지 못하는 상황이 불합리한 권리 침해가 될 수 있다는 것이다.

헌법재판소는 스스로 오랜 판례의 태도로부터 확립하여온 바에 따라, 법률의 개정시 신뢰보호의 원칙은 구법 질서에 대한 당사자의 신뢰가 합리적이고도 정당하며, 법률의 개정으로 야기되는 당사자의 손해가 극

---

38) 재판관 이진성, 재판관 안창호, 재판관 강일원의 반대의견
판사즉시임용제도는 법조인력 자원이 부족한 상황을 고려한 입법자의 선택이었을 뿐이고, 사법시험 합격자 수가 증원되어 사법연수원 수료자 중 매우 낮은 비율의 사람만 판사로 임용되는 최근 10여 년 사이의 사정 변경까지 고려하면, 청구인들이 판사즉시임용제도에 관하여 가지고 있었던 신뢰는 국가의 입법행위를 통하여 제공된 것이 아니라 반사적으로 부여된 기회에 청구인들 스스로 형성한 것으로 보아야 한다.
판사임용자격에 관한 규정의 개정은 최소한 10년의 공론화 과정을 거쳤고, 헌법 제101조 제3항에 따른 판사임용자격에 관한 폭넓은 입법형성의 자유까지 종합하여 보면, 청구인들이 가지고 있었던 신뢰의 보호가치가 크다고 볼 수 없으며, 판사임용자격을 갖추기 위하여 3년의 법조경력이 요구될 뿐이므로, 이 사건 심판대상조항으로 말미암아 청구인들이 입는 불이익은 그다지 크지 않은 반면, 법조경력을 갖춘 판사들이 재판업무를 담당하여 국민의 기본권 보호를 강화하고 사법에 대한 국민의 신뢰를 높이는 것은 매우 중대한 공익이므로, 결국 청구인들의 신뢰이익 침해 정도가 이 사건 심판대상조항이 달성하려는 공익에 비하여 크다고는 도저히 볼 수 없다.

심하여 새로운 입법으로 달성하고자 하는 공익적 목적이 그러한 당사자의 신뢰의 파괴를 정당화할 수 없다면 그러한 새 입법이 허용될 수 없다고 전제하였다. 하지만 현실적으로 사회의 변화에 따라 법률의 개정도 필요하므로, 신뢰보호원칙의 위반 여부를 판단함에 있어서는, 한편으로는 침해받은 신뢰이익의 보호가치, 침해의 중한 정도, 신뢰가 손상된 정도, 신뢰침해의 방법 등과 다른 한편으로는 새로운 입법을 통해 실현하고자 하는 공익적 목적을 종합적으로 비교 · 형량하여야 한다(헌재 2002. 11. 28. 2002헌바45, 판례집 14-2, 704, 712-713; 헌재 2002. 2. 28. 99헌바4, 판례집 14-1, 106, 116; 헌재 2001. 6. 28. 2001헌마132, 판례집 13-1, 1441, 1466 등 참조)고 하였다.

헌법재판소는 보호되어야 할 신뢰를 구체적으로 논하면서, 해당 법원조직법 규정이 제정 이후 40여 년 동안 변화가 없었고, 지난 40여 년 동안 판사임용자격을 취득할 수 있는 유일한 방법은 사법시험에 합격하여 사법연수원을 수료하는 과정뿐이었다는 점에 비추어 보면, 국가는 입법행위를 통하여 사법시험에 합격한 후 사법연수원을 수료하는 자는 판사임용자격을 취득할 수 있다는 신뢰를 가지게 하였다고 보아야 한다고 판단하였다. 따라서 청구인들이 주장하는 신뢰이익은 보호의 가치가 있는 것이다.

법원조직법 개정의 취지가 법원이 국민으로부터 신뢰와 존경을 받을 수 있도록 사법제도의 개혁이 필요하다는 사회적 요청에 부응하여 사법부의 인사제도를 개선할 필요에 따라 판사의 임용자격을 강화하여 충분한 사회적 경험과 연륜을 갖춘 판사가 재판할 수 있도록 하려는 것이라 할 때, 이 공익과 보호되어야 할 신뢰이익을 형량하면, 신뢰 이익을 가진 청구인들이 법관 자격을 획득하는 방법에 있어 그동안 들인 노력 등에 비추어 매우 절실한 처지에 있음에 반하여 법 개정을 통하여 도입하려는 새 제도는 이러한 긴요함에 미치지 못하다고 보았다. 따라서 이들의 신뢰이익을 보호할 조치를 취하지 않은 경과조치를 규정한 부칙 제2조는 신뢰보호원칙에 반한다고 하였다.

다만, 그 보호의 정도가 어디까지인가에 관하여 이들에게 영구히 직접 임용의 기회를 줄 필요는 없고, 통상 그들에게 예정된 사법연수원 수료 연도에 적어도 한번은 사법연수원 입소 당시의 신뢰대로 종전 규정과 같은 판사즉시임용의 기회를 부여해야 마땅하다고 할 것이어서, 헌법재판소는 이 사건 심판대상 조항은 이에 어긋나는 한도 내에서 신뢰보호원칙에 반한다고 하는 한정위헌의 형태를 취하였다.

## Ⅳ. 헌법재판소법 제68조 제2항에 의한 헌법소원(헌바)

### 1. 도시 및 주거환경정비법 제2조 제11호 나목 등 위헌소원[39)]

#### (1) 사건 개요

1) 청구인들은 서울특별시장이 '도시 및 주거환경정비법'에 따라 2007. 7. 12. 도시환경정비구역으로 변경지정한 서울 종로구 청진동 일원 3,567.8㎡ 내에 토지와 건물을 소유하고 있다.

2) 이 사건 정비구역 내 토지 등의 소유자 중 1인인 주식회사 ○○도시개발은 2007. 12. 21. 이 사건 정비구역에서의 도시환경정비사업 시행을 목적으로 이 사건 정비구역 내의 토지 또는 건축물 소유자를 대상으로 임시총회를 개최하여 토지등소유자 일부의 동의를 얻어 사업시행에 관한 규약을 제정함과 동시에 사업시행계획의 확정 및 사업시행인가신청에 관한 동의를 얻은 후 서울특별시 종로구청장에게 사업시행인가를 신청하였고, 서울특별시 종로구청장은 2008. 4. 10. 주식회사 ○○도시개발을 사업시행자로 하는 사업시행인가처분을 하였다.

3) 이 사건 규약의 작성에 동의한 바 없는 청구인들은, 이 사건 정비구역 내 토지 또는 건축물 소유자 전원의 동의를 받지 아니한 이 사건 규

---

39) 헌재 2012. 4. 24. 2010헌바1.

약은 사업시행인가를 받기 위해 제출하여야 할 도시정비법 제2조 제11호 나목의 '토지등소유자가 자치적으로 정하여 운영하는 규약'에 해당하지 아니할 뿐만 아니라, 사업시행인가신청에 대하여 이 사건 규약에서 정한 토지등소유자 4/5 이상의 동의를 얻지도 못하였으므로 이 사건 처분은 위법하여 취소되어야 한다고 주장하면서 서울행정법원 2008구합22280호로 이 사건 처분 취소소송을 제기하였으나, 위 법원은 2009. 5. 13. 위 청구를 기각하였다.

4) 이에 청구인들은 서울고등법원 2009누14844호로 항소하고 위 항소심 계속 중 도시정비법 제2조 제11호 나목 및 제38조에 대하여 위헌법률심판제청신청을 하였으나, 위 법원이 2009. 12. 11. 항소를 기각함과 동시에 위 위헌법률심판제청신청을 일부는 기각 및 일부는 각하하자, 2010. 1. 6. 토지등소유자 전원의 동의 없이 자치규약을 작성해 사업시행인가를 받을 수 없다며 도시정비법 제2조 제11호 나목 및 제38조에 대하여 위헌이라 하여 이 사건 헌법소원심판을 청구하였다.

5) 한편 청구인들은 2012. 2. 29. 이 사건의 심판대상을 「도시정비법 제28조 제1항 본문의 "사업시행자" 부분과 같은 조 제5항 본문의 "사업시행자" 중 제8조 제3항에 따라 도시환경정비사업을 토지등소유자가 시행하는 경우 정관 등이 정하는 부분 및 도시정비법 제38조의 "토지 · 물건 또는 그 밖의 권리를 수용 또는 사용할 수 있다" 부분 중 제8조 제3항에 따라 도시환경정비사업을 토지등소유자가 시행하는 경우로서 제2조 제11호 나목의 작성에 참여하지 아니한 경우에 관한 부분」으로 변경한다는 내용의 청구취지 변경신청을 하였다.[40)]

---

40) 구 도시 및 주거환경정비법(2007. 12. 21. 법률 제8785호로 개정되고, 2009. 2. 6. 법률 제9444호로 개정되기 전의 것) 제28조(사업시행인가) ①~④ 생략

⑤ 사업시행자(시장 · 군수 또는 주택공사 등을 제외한다)는 사업시행인가를 신청(인가받은 내용을 변경하거나 정비사업을 중지 또는 폐지하고자 하는 경우를 포함한다)하기 전에 미리 정관 등이 정하는 바에 따라 토지등소유자(주택재건축사업인 경우에는 조합원을 말하며, 이하 이 항에서 같다)의 동의를 얻어야 한다. 다만, 사업시행자가 지정개발자인 경우에는 정비구역 안의 토지면적 50퍼센트 이상 토지소유자의 동의와 토지등소유자 과반수의 동의를 각각 얻어야 한다.

### (2) 결정 요지

1) 청구인들의 위헌법률심판제청신청에 대하여 법원이 이 사건 동의요건조항을 명시적인 기각결정대상으로 삼지는 않았지만, 이 사건 동의요건조항은 청구인들의 위헌제청신청에 대하여 법원이 기각한 '도시 및 주거환경정비법' 제2조 제11호 나목과 필연적 연관관계를 맺고 있고, 위헌제청신청 이유와 기각결정 이유 역시 실질적으로 이 사건 동의요건조항과 관련된 것이라고 볼 수 있으므로, 이 사건 동의요건조항에 대한 심판청구는 헌법재판소법 제68조 제2항에 따른 적법요건을 갖추었다.

2) 토지등소유자가 도시환경정비사업을 시행하는 경우 사업시행인가 신청시 필요한 토지등소유자의 동의는, 개발사업의 주체 및 정비구역 내 토지등소유자를 상대로 수용권을 행사하고 각종 행정처분을 발할 수 있는 행정주체로서의 지위를 가지는 사업시행자를 지정하는 문제로서, 그 동의요건을 정하는 것은 국민의 권리와 의무의 형성에 관한 기본적이고 본질적인 사항이므로 국회가 스스로 행하여야 하는 사항에 속하는 것임에도 불구하고, 사업시행인가 신청에 필요한 동의정족수를 토지등소유자가 자치적으로 정하여 운영하는 규약에 정하도록 한 것은 법률유보원칙에 위반된다.

### (3) 평 가

청구인들은 도시환경정비사업을 시행하는 경우 자치규약 작성에 관한 동의 정족수를 법률에 명확히 정하지 않은 것은 법률유보원칙에 위반된다고 주장하였다. 도시환경정비사업을 시행함에 있어 토지 등 소유자의 동의가 필요함은 상식적인 것이다. 여러 소유자가 존재할 경우 그 중 얼마만큼이 동의하여야 실질적으로 동의가 이루어진 것인가를 판단하여야 하는데, 심사대상 법률에는 그 요건이 명확하게 규정되어 있지 않다. 헌법재판소는 이 사항이 토지 등 소유자의 기본권에 관한 본질적 내용임

---

⑥ 생략

에도 불구하고 아무런 규정이 없이 자치 규약의 규정에 맡기는 것은 위헌이라고 판단하였던 것이다.

본 결정은 이전에 헌법재판소가 이 사건 동의요건조항과 동일한 내용을 규정한 구 도시정비법(2005. 3. 18. 법률 제7392호로 개정되고, 2007. 12. 21. 법률 제8785호로 개정되기 전의 것) 제28조 제4항 본문의 "사업시행자" 부분 중 제8조 제3항에 따라 도시환경정비사업을 토지등소유자가 시행하는 경우에 관한 부분은 법률유보원칙에 반하여 위헌이라 결정(헌재 2011. 8. 30. 2009헌바128등, 공보 179, 1258 참조)한 태도와 동일 선상에 있다.

### 2. 구 조세감면규제법 부칙 제23조 위헌소원[41)]

#### (1) 사건 개요

##### 1) 2009헌바123 사건

가. 청구인 ○○ 주식회사는 1990. 10. 1. 구 조세감면규제법(1990. 12. 31. 법률 제4285호로 개정되기 전의 것) 제56조의2에 근거하여 한국증권거래소에 주식을 상장하는 것을 전제로 자산재평가를 실시하고 한국증권거래소에 주식 상장을 준비하였으나, 2003. 12. 31.까지 한국증권거래소에 주식을 상장하는 것이 어렵게 되자, 2003. 12. 30. 스스로 위 자산재평가를 취소하였다.

나. 역삼세무서장은 2004. 4. 16. 청구인이 구 조세감면규제법(1990. 12. 31. 법률 제4285호) 부칙 제23조 제2항에 따라 1990 사업연도 이후 각 사업연도소득에 대한 법인세를 재계산하여 재평가를 취소한 날이 속하는 사업연도 법인세 과세표준과 함께 신고·납부하지 않았다는 이유로, 1990~1999 사업연도에 걸쳐 과다계상된 감가상각비 173,579,616,995원을 손금불산입하고, 과소계상된 감가상각비 6,215,574,406원을 손금산입하며, 과소계상된 자산양도차익 4,581,834,590원을 익금산입하여, 청구인에

41) 헌재 2012. 5. 31. 2009헌바123·126(병합).

게 법인세, 방위세, 농어촌특별세를 부과하고, 종전의 자산재평가가 자산재평가법에 의한 자산재평가에 해당하지 않게 되었다는 이유로 청구인이 기존에 신고·납부한 자산재평가세에 대하여는 환급결정을 함과 동시에 1999. 4. 1.자 제5차 자산재평가에 대하여 자산재평가법 제13조 제1항 제2호에 따라 재평가세율 100분의 3을 적용하여 산정한 1999년 귀속 자산재평가세를 부과하는 등 합계 156,843,073,190원(가산세 86,075,237,128원 포함)을 각 부과·고지하였다.

다. 청구인은 2004. 7. 9. 위 부과처분에 불복하여 국세심판원에 심판청구를 제기하였고, 국세심판원은 2005. 5. 10. 위 부과처분 중 가산세(과소신고가산세 및 미납부가산세) 부분은 부과하지 않는 것으로 세액을 경정하라는 결정을 하였으며, 이에 따라 역삼세무서장은 2005. 5. 25. 위 부과처분 중 가산세 부분에 대한 부과처분을 취소하였다.

라. 이에 청구인은 서울행정법원에 이 사건 부과처분의 취소를 구하는 행정소송을 제기하였으나 2005. 12. 20. 기각되었고(2005구합19764), 그 후 서울고등법원에 항소를 제기하여 2006. 10. 12. 청구인용 판결(2006누4297)을 받았으나, 대법원은 2008. 12. 11. 원심판결을 파기하여 서울고등법원에 위 사건을 환송하였다(대법원 2006두17550). 위 사건이 파기환송심(서울고등법원 2008누37574)에 계속 중 청구인은 구 조세감면규제법(1990. 12. 31. 법률 제4285호) 부칙 제23조에 대하여 위헌법률심판제청신청을 하였고(서울고등법원 2009아105), 2009. 5. 13. 위 신청이 기각되어(같은 날 항소도 기각되어 6. 4. 판결이 확정되었다) 2009. 5. 25. 그 기각결정이 위 청구인에게 송달되자, 2009. 6. 22. 헌법재판소법 제68조 제2항에 의한 이 사건 헌법소원심판을 청구하였다.

2) 2009헌바126 사건

가. 청구인 ㅁㅁ 주식회사(원래 상호가 '주식회사 △△' 이었다가 2007. 1. 1. '△△면세점 주식회사' 로, 다시 2008. 3. 25. 'ㅁㅁ 주식회사' 로 각 변경되었다)는 1990. 10. 1. 구 조세감면규제법(1990. 12. 31. 법률 제4285호로 개정되기 전의 것) 제56조의2에 근거하여 한국증권거래소에 주식을 상장

하는 것을 전제로 자산재평가를 실시하고 한국증권거래소에 주식 상장을 준비하였으나, 2003. 12. 31.까지 한국증권거래소에 주식을 상장하지 못하였다.

나. 삼성세무서장은 2004. 1. 16. 청구인이 상장기간 내인 2003. 12. 31.까지 주식을 상장하지 아니하였다는 이유로 구 조세감면규제법(1990. 12. 31. 법률 제4285호) 부칙 제23조 제1항에 의하여 자산재평가차익을 자산재평가법에 의한 재평가차익이 아닌 임의평가차익으로 보고 1990 사업연도 법인세 과세표준 및 세액 계산에서 이를 익금에 산입하여, 청구인에 대하여 1990 사업연도 법인세 21,617,335,700원(과소신고가산세 1,650,192,206원 및 미납부가산세 11,957,961,967원 포함)과 방위세 2,478,610,640원 (미납부가산세 413,101,774원 포함)을 결정 · 고지하고, 1990. 10. 1.자 자산재평가가 자산재평가법에 의한 자산재평가에 해당하지 않는다는 이유로 위 청구인이 종전에 신고 · 납부한 자산재평가세에 대하여 환급결정을 하였다.

다. 청구인은 이에 불복하여 국세심판원에 이의를 제기하였는데, 국세심판원은 2005. 3. 24. 1990 사업연도 법인세와 방위세 중 과소신고가산세와 미납부가산세를 부과하지 않는 것으로 세액을 경정하라는 결정을 하였고, 이에 따라 삼성세무서장은 당초 결정금액을 법인세는 8,356,506,769원으로, 방위세는 2,065,508,871원으로 감액 경정하였다.

라. 이에 청구인은 2005. 5. 17. 서울행정법원에 삼성세무서장을 상대로 이 사건 부과처분의 취소를 구하는 소송을 제기하였으나(2005구합15083) 2005. 11. 24. 기각되었고, 2005. 12. 28. 서울고등법원에 항소(2005누30183)한 후 이 사건 부과처분의 근거가 된다고 본 구 조세감면규제법(1990. 12. 31. 법률 제4285호) 부칙 제23조에 대하여 위헌법률심판제청신청을 하였으며(2009아109), 2009. 5. 22. 위 신청이 각하되어(같은 날 항소도 기각되어 6. 19. 판결이 확정되었다) 2009. 6. 4. 그 결정을 통지받게 되자, 2009. 6. 24. 헌법재판소법 제68조 제2항에 의한 이 사건 헌법소원심판청

구를 하였다.[42)]

### (2) 결정 요지

1) 이 사건 헌법소원심판에서 청구인들이 다투는 취지는, 이 사건 각 부과처분에 있어서 '법원이 한 부과처분의 근거법률에 대한 해석 · 적용'에 관한 것이 아니라, 이 사건 전부개정법의 시행으로 말미암아 이 사건 부칙조항은 '실효된' 것으로 보아야 함에도 당해 사건 법원이 이를 '유효한' 법률조항이라고 잘못 판단한 후 당해 사건에 적용한 것을 문제삼고 있는 것이므로, 이 사건 심판청구는 '이 사건 부칙조항 그 자체의 위헌성'을 다투고 있다고 봄이 상당하다.

2) 가. 형벌조항이나 조세법의 해석에 있어서는 헌법상의 죄형법정주의, 조세법률주의의 원칙상 엄격하게 법문을 해석하여야 하고 합리적인 이유 없이 확장해석하거나 유추해석할 수는 없는바, '유효한' 법률조항의 불명확한 의미를 논리적 · 체계적 해석을 통해 합리적으로 보충하는 데에서 더 나아가, 해석을 통하여 전혀 새로운 법률상의 근거를 만들어 내거나, 기존에는 존재하였으나 실효되어 더 이상 존재한다고 볼 수 없는 법률조항을 여전히 '유효한' 것으로 해석한다면, 이는 법률해석의 한계를 벗어나 '법률의 부존재'로 말미암아 형벌의 부과나 과세의 근거가 될 수 없는 것을 법률해석을 통하여 창설해 내는 일종의 '입법행위'로서 헌법상

---

42) 구 조세감면규제법(1990. 12. 31. 법률 제4285호) 부칙 제23조(기업공개시의 재평가특례에 관한 경과조치 등) ① 이 법 시행전에 종전의 제56조의2 제1항 본문의 규정에 의하여 재평가를 한 법인에 대하여는 종전의 동조동항 단서의 규정에 불구하고 재평가일부터 대통령령이 정하는 기간 이내에 한국증권거래소에 주식을 상장하지 아니하는 경우에 한하여 이미 행한 재평가를 자산재평가법에 의한 재평가로 보지 아니한다.
② 제1항의 규정에 의한 재평가를 한 법인이 당해 자산재평가적립금의 일부 또는 전부를 자본에 전입하지 아니한 경우에는 재평가일부터 제1항의 규정에 의한 기간 이내에 그 재평가를 취소할 수 있으며, 이 경우 당해 법인은 각 사업연도소득에 대한 법인세(가산세와 당해 법인세에 부가하여 과세되는 방위세를 포함한다)를 재계산하여 재평가를 취소한 날이 속하는 사업연도분 법인세과세표준신고와 함께 신고 · 납부하여야 한다.

의 권력분립원칙, 죄형법정주의, 조세법률주의의 원칙에 반한다.

나. 이 사건 부칙조항은 과세근거조항이자 주식상장기한을 대통령령에 위임하는 근거조항이므로 이 사건 전문개정법의 시행에도 불구하고 존속하려면 반드시 위 전문개정법에 그 적용이나 시행의 유예에 관한 명문의 근거가 있었어야 할 것이나, 입법자의 실수 기타의 이유로 이 사건 부칙조항이 이 사건 전문개정법에 반영되지 못한 이상, 위 전문개정법 시행 이후에는 전문개정법률의 일반적 효력에 의하여 더 이상 유효하지 않게 된 것으로 보아야 한다. 비록 이 사건 전문개정법이 시행된 1994. 1. 1. 이후 제정된 조세감면규제법(조세특례제한법) 시행령들에서 이 사건 부칙조항을 위임근거로 명시한 후 주식상장기한을 연장해 왔고, 조세특례제한법 중 개정법률(2002. 12. 11. 법률 제6762호로 개정된 것)에서 이 사건 부칙조항의 문구를 변경하는 입법을 한 사실이 있으나, 이는 이미 실효된 이 사건 부칙조항을 위임의 근거 또는 변경대상으로 한 것으로서 아무런 의미가 없을 뿐만 아니라, 이 사건 부칙조항과 같은 내용의 과세근거조항을 재입법한 것으로 볼 수도 없다.

3) 다만, 이 사건 부칙조항이 실효되지 않고 여전히 존재한다는 전제하에 과세하더라도, 청구인들을 비롯하여 주식상장을 전제로 자산재평가를 실시한 후 정해진 주식상장기한 내에 상장하지 못하였거나 자산재평가를 취소한 법인들로서는 부당하게 이익을 침해당한 것으로 볼 수 없는데다가, 이 사건 부칙조항이 실효되었다고 해석하면, 이미 상장을 전제로 자산재평가를 실시한 법인에 대한 사후관리가 불가능하게 되는 법률의 공백상태가 발생하고, 종래 자산재평가를 실시하지 아니한 채 원가주의에 입각하여 성실하게 법인세 등을 신고·납부한 법인이나 상장기간을 준수한 법인들과 비교하여 볼 때 청구인들을 비롯한 위 해당 법인들이 부당한 이익을 얻게 되어 과세형평에 어긋나는 결과에 이를 수도 있다.

그러나, 과세요건법정주의 및 과세요건 명확주의를 포함하는 조세법률주의가 지배하는 조세법의 영역에서는 경과규정의 미비라는 명백한 입법의 공백을 방지하고 형평성의 왜곡을 시정하는 것은 원칙적으로 입법자의 권한이고 책임이지 법문의 한계 안에서 법률을 해석 · 적용하는 법원이나 과세관청의 몫은 아니다. 뿐만 아니라 구체적 타당성을 이유로 법률에 대한 유추해석 내지 보충적 해석을 하는 것도 어디까지나 '유효한' 법률조항을 대상으로 할 수 있는 것이지 이미 '실효된' 법률조항은 그러한 해석의 대상이 될 수 없다.

따라서 관련 당사자가 공평에 반하는 이익을 얻을 가능성이 있다 하여 이미 실효된 법률조항을 유효한 것으로 해석하여 과세의 근거로 삼는 것은 과세근거의 창설을 국회가 제정하는 법률에 맡기고 있는 헌법상 권력분립원칙과 조세법률주의의 원칙에 반한다.

4) 따라서, 이 사건 전부개정법의 시행에도 불구하고 이 사건 부칙조항이 실효되지 않은 것으로 해석하는 것은 헌법상의 권력분립원칙과 조세법률주의의 원칙에 위배되어 헌법에 위반된다.

### (3) 평 가

헌법재판소가 법률에 대한 한정위헌의 결정을 한 사건이지만, 실질적으로 대법원의 판결에 대하여 그 법률해석의 내용을 위헌으로 결정하는 결과를 발생시켜 큰 주목을 받았던 사건이다. 소위 'GS칼텍스 소송'으로 유명해 진 본 결정은, 재판소원을 금지하고 있는 우리 법 체제에서 헌법재판소의 이러한 결정에 대하여 어떻게 평가할 것인가를 놓고 아직도 많은 힘겨루기와 논의가 진행 중인 사안이라 하겠다. 이 사건 한정위헌 결정에 근거하여 법원에 제기한 재심에서 서울고등법원이 다시 그 청구를 기각하였고, 위 회사는 이에 불복하여 현재 다시 헌법소원을 제기해 놓은 상태이다.

상장 추진 기업에게 세금을 감면해 주는 혜택을 부여하였던 1990년의 구 조세감면규제법에 근거하여 주식의 상장을 추진하였던 위 회사가 그 후 2003년 상장을 포기하고 자산 재평가까지 취소하면서 사건이 시작되었다. 그 와중에 본 법은 1994년 전문 개정 되었으나 부칙은 개정되지 않음으로써 문제가 심각하여졌는데, 세무 당국이 바로 그 부칙에 근거하여 1990년도 이후 위 회사에 대한 법인세 등을 재계산하여 막대한 세금을 부과하였던 것이다. 위 회사가 제기한 소송에서 대법원은 "특별한 사정"이 있음을 들어 부칙 조항의 실효를 인정하지 않았다. 대법원이 제시한 특별한 사정은 "부칙 조항이 실효된 것으로 본다면 상장기한 내에 상장을 하지 않거나 자산재평가를 취소한 법인을 그렇지 않은 법인에 비해 합리적 이유 없이 우대하는 결과에 이르므로 부칙 조항이 전부개정법의 시행에도 불구하고 실효되지 않았다고 볼만한 특별한 사정이 있다"는 내용이었다.

헌법재판소는 형식상 본 법률의 부칙에 대한 위헌 여부를 판단하면서도, 실질적으로 이러한 대법원의 해석에 기한 판결을 위헌으로 선언하는 결정을 내림으로써, 앞서 제시한 재판소원의 논란이 제기되었고 양 자의 권한 다툼으로 비추어 질 갈등이 촉발되었던 것이다. 이 갈등은 현재 헌법재판소에 제기된 헌법소원 판단 결과에 따라 다시 한 번 깊어질 가능성이 있다. 헌법재판소의 변형결정의 기속력을 인정하지 않는 취지의 법원의 재판은 헌법소원의 대상이 된다는 과거 헌법재판소 판례가 존재하는 점을 고려하면, 위 헌법소원의 결과 또한 청구인에게 유리한 방향으로 결정되리라고 예측할 수 있기 때문이다.

### 3. 상속세 및 증여세법 제19조 제2항 위헌소원[43)]

#### (1) 사건 개요

1) 청구인들은 노○삼의 처와 아들로 노○삼이 2005. 6. 13. 사망함에 따라, 2005. 12. 12. 반포세무서장에게 배우자 상속공제액을 2,723,864,990원으로 산정하여 상속세과세표준신고를 하면서, 상속재산에 대한 소송이 진행 중이어서 상속재산을 분할할 수 없는 부득이한 사유

---

43) 헌재 2012. 5. 31. 2009헌바190.

가 있다며 상속재산미분할신고서를 제출하였다.

2) 반포세무서장은 2007. 5. 9.부터 2007. 7. 8.까지 망 노○삼의 상속재산에 대한 세무조사를 실시하였고 구 '상속세 및 증여세법'(2002. 12. 18. 법률 제6780호로 개정되고, 2010. 1. 1. 법률 제9916호로 개정되기 전의 것) 제19조 제2항 단서에서 정한 배우자상속재산분할기한의 다음날부터 6월이 되는 날까지도 상속재산의 분할신고가 되어 있지 않자, 상속세 및 증여세법 제19조 제3항에 따라 배우자 상속공제액 5억 원을 적용하여, 2008. 1. 1. 청구인들에게 상속세 1,362,117,300원을 결정·고지하였다(이하 '이 사건 부과처분'이라 한다).

3) 이에 청구인들은 2009. 1. 15. 배우자 상속공제액 등을 다투며 상속세부과처분취소소송(서울행정법원 2009구합1723호)을 제기하였고, 그 소송계속 중 구 상속세 및 증여세법 제19조 제2항에 대하여 위헌법률심판제청신청을 하였으나 2009. 6. 25. 기각되었다(서울행정법원 2009아717). 청구인들은 위 기각결정문을 2009. 7. 16. 송달받고 2009. 8. 11. 이 사건 헌법소원심판을 청구하였다.[44)]

---

44) 구 상속세 및 증여세법(2002. 12. 18. 법률 제6780호로 개정되고, 2010. 1. 1. 법률 제9916호로 개정되기 전의 것) 제19조(배우자 상속공제) ① 생략
② 제1항의 규정에 의한 배우자 상속공제는 상속재산을 분할(등기·등록·명의개서 등을 요하는 경우에는 그 등기·등록·명의개서 등이 된 것에 한한다. 이하 이 항에서 같다)하여 제67조의 규정에 의한 상속세과세표준신고기한의 다음날부터 6월이 되는 날(이하 이 항에서 "배우자상속재산분할기한"이라 한다)까지 배우자의 상속재산을 신고한 경우에 한하여 적용한다. 다만, 대통령령이 정하는 부득이한 사유로 배우자상속재산분할기한까지 배우자의 상속재산을 분할할 수 없는 경우로서 배우자상속재산분할기한의 다음날부터 6월이 되는 날(배우자상속재산분할기한의 다음날부터 6월을 경과하여 제76조의 규정에 의한 과세표준과 세액의 결정이 있는 경우에는 그 결정일을 말한다)까지 상속재산을 분할하여 신고하는 경우에는 배우자상속재산분할기한 이내에 신고한 것으로 본다. 이 경우 상속인이 그 사유를 배우자상속재산분할기한까지 납세지관할세무서장에게 신고하는 경우에 한한다.
③ 생략

### (2) 결정 요지

1) 이 사건 법률조항은 피상속인의 배우자가 상속공제를 받은 후에 상속재산을 상속인들에게 이전하는 방법으로 부의 무상이전을 시도하는 것을 방지하고 상속세에 대한 조세법률관계를 조기에 확정하기 위한 정당한 입법목적을 가진 것이나, 상속재산분할심판과 같이 상속에 대한 실체적 분쟁이 계속 중이어서 법정기한 내에 재산분할을 마치기 어려운 부득이한 사정이 있는 경우, 후발적 경정청구 등에 의해 그러한 심판의 결과를 상속세 산정에 추후 반영할 길을 열어두지도 않은 채, 위 기한이 경과하면 일률적으로 배우자 상속공제를 부인함으로써 비례원칙에 위배되어 청구인들의 재산권을 침해하고, 나아가 소송계속 등 부득이한 사유로 법정기한 내에 상속분할을 마치지 못한 상속인들을 그렇지 아니한 자와 동일하게 취급하는 것으로서 그 차별의 합리성이 없으므로 청구인들의 평등권을 침해한다.

2) 이 사건 법률조항으로 인한 기본권 침해에 대하여 구체적으로 어떠한 내용의 구제수단을 마련할 것인가는 기본적으로는 입법재량의 영역에 있는 점, 이 사건 법률조항을 단순위헌 선고하는 경우 특별히 정당한 사유도 없이 재산분할을 미루는 상속인들까지 배우자 상속공제를 여과없이 적용받는 부당한 결과가 발생한다는 점 등을 고려하여 이 사건 법률조항에 대하여는 단순위헌결정 대신 입법자가 2013. 12. 31.을 시한으로 이를 개정할 때까지 잠정적용의 헌법불합치결정을 함이 적절하다.[45]

---

45) 재판관 김종대, 재판관 박한철의 반대의견
만일 이 사건 법률조항과 같이 배우자상속재산분할기한 등에 아무런 제한을 두지 않는다면, 고액의 상속세를 부담하여야 하는 상속인들로서는 조세부담 측면에서 조속히 상속재산을 분할하여야 할 아무런 유인이 없게 되고, 대부분의 상속인들은 상속재산의 분할을 지연함으로써 고액의 상속세 부담을 지연시키려고 할 것이라는 점, 상속인들 간의 상속재산분쟁은 상속인들 간의 내부적 사정에 불과하여 법률이 이를 고려하지 않았다고 하여 이를 과도하다고 보기는 어려운 점, 법정기한내 재산분할신고를 하지 못한 경우에도 5억 원의 상속공제 최소한도가 인정되는 점 등을 종합하면 이 사건 법률조항이 비례원칙에 위배되어 청구인들의 재산권을 침해한다거나 평등권을 침해한다고 볼 수 없다.

### (3) 평 가

배우자 상속재산에 대한 분할신고가 있는 경우에만 배우자 상속공제를 적용하도록 규정한 상황에서 배우자 상속재산분할을 실시하여야 하는 기간, 즉 1년 6개월이 헌법상 용인되는 정도인지의 여부에 대한 판단이 본 결정의 중점이다. 다수의견은 청구인의 주장과 같이 이 기간이 길지 않아, 그에 관한 심판이 진행 중인 것과 같은 특별한 사정이 발생하는 경우 이를 고려할 법적 조치가 마련되어 있지 않는다면 이러한 처지에 놓여 있는 상속인들을 차별하여 평등권을 위반하는 것이라 보았다. 반면 반대의견은 본 법률의 입법 취지상 고의로 상속재산을 분할하는 이들이 발생하는 것을 막기 위한 것이므로 이것이 비례의 원칙에 어긋난 규정이 아니라 보고 있다.

## 4. 초 · 중등교육법 제30조의2 제2항 제2호 등 위헌소원[46)]

### (1) 사건 개요

청구인들은 공립 및 사립 중학교에 재학 중이거나 졸업한 자녀를 두고 있는 부모로서 자녀가 재학 중이던 중학교에 학교운영지원비를 납부하였다. 청구인들은 위와 같이 납부한 학교운영지원비가 의무교육의 무상원칙에 반하는 것이라고 주장하며, 대한민국, 서울특별시, 경기도, 경상북도, 광주광역시, 전라북도를 상대로 부당이득반환청구의 소(서울중앙지방법원 2007가단361392)를 제기하였으나 2009. 6. 17. 청구가 기각되자, 이에 항소하였다(서울중앙지방법원 2009나23053).

청구인들은 위 항소심 계속 중 학교운영지원비를 학교회계 세입항목에 포함시키고 학교운영지원비의 조성 · 운용 및 사용에 관한 사항을 학교운영위원회가 심의하도록 규정하고 있는 구 초 · 중등교육법 제30조의2 제2항 제2호 및 제32조 제1항 제7호에 대하여 위헌법률심판제청을 신

46) 헌재 2012. 8. 23. 2010헌바220.

청하였으나 기각되자(서울중앙지방법원 2009카기10126), 2010. 6. 4. 이 사건 헌법소원심판을 청구하였다.[47)]

### (2) 결정 요지

가. 이 사건 심의조항은 학교운영지원비를 징수할 수 있는 근거가 되는 조항이 아니므로 당해사건의 재판에 적용되는 법률이라 할 수 없다. 따라서 청구인들의 이 사건 심의조항에 대한 심판청구는 재판의 전제성을 갖추지 못하여 부적법하다.

나. 이 사건 세입조항은 '국 · 공립중학교'에만 적용되는 것이지, '사립중학교'에서 징수하는 학교운영지원비에 대해서는 적용되는 것이 아니므로 이에 대한 사립중학교 학부모들의 청구 부분은 재판의 전제성을 갖추지 못하여 부적법하다.

다. 헌법 제31조 제3항에 규정된 의무교육 무상의 원칙에 있어서 무상의 범위는 헌법상 교육의 기회균등을 실현하기 위해 필수불가결한 비용, 즉 모든 학생이 의무교육을 받음에 있어서 경제적인 차별 없이 수학하는 데 반드시 필요한 비용에 한한다고 할 것이며, 수업료나 입학금의 면제, 학교와 교사 등 인적 · 물적 기반 및 그 기반을 유지하기 위한 인건비와 시설유지비, 신규시설투자비 등의 재원마련 및 의무교육의 실질적인 균등보장을 위해 필수불가결한 비용은 무상의 범위에 포함된다.

그런데 학교운영지원비는 그 운영상 교원연구비와 같은 교사의 인건비 일부와 학교회계직원의 인건비 일부 등 의무교육과정의 인적기반을

47) 구 초 · 중등교육법(2000. 1. 28. 법률 제6209호로 개정되고, 2012. 3. 21. 법률 제11384호로 개정되기 전의 것) 제30조의2(학교회계의 설치)

② 학교회계는 다음 각 호의 수입을 세입으로 한다.

2. 제32조 제7호의 학교운영지원비

구 초·중등교육법(1999. 8. 31. 법률 제6007호로 개정되고, 2012. 3. 21. 법률 제11384호로 개정되기 전의 것) 제32조(기능)

① 국·공립학교에 두는 학교운영위원회는 다음 각 호의 사항을 심의한다.

7. 학교운영지원비의 조성·운용 및 사용에 관한 사항

유지하기 위한 비용을 충당하는데 사용되고 있다는 점, 학교회계의 세입상 현재 의무교육기관에서는 국고지원을 받고 있는 입학금, 수업료와 함께 같은 항에 속하여 분류되고 있음에도 불구하고 학교운영지원비에 대해서만 학생과 학부모의 부담으로 남아있다는 점, 학교운영지원비는 기본적으로 학부모의 자율적 협찬금의 외양을 갖고 있음에도 그 조성이나 징수의 자율성이 완전히 보장되지 않아 기본적이고 필수적인 학교 교육에 필요한 비용에 가깝게 운영되고 있다는 점 등을 고려해보면 이 사건 세입조항은 헌법 제31조 제3항에 규정되어 있는 의무교육의 무상원칙에 위배되어 헌법에 위반된다.[48)]

### (3) 평 가

헌법과 교육기본법에서 의무교육으로 규정된 중등교육체제 하의 국·공립중학교에서 학교 운영 지원비를 징수하는 것은 의무교육의 무상원칙에 어긋난다는 취지의 결정이다. 소수의견의 내용과 비교하였을 때, 쟁점은 학교운영지원비의 성격을 어떻게 규정짓느냐가 관건이라 할 수 있다. 다수의견은 그 실제 운영의 차원에서 검토하고 이를 인건비, 수업료, 입학금 등과 동일한 지위를 차지하는 수입으로 보고 있고, 소수의견은 학교 운영상 부족한 부분을 지원하기 위한 학부모들의 자발적 협찬금으로 보고 있다. 전자로 보면 헌법재판소의 의무교육 무상 범위에 대한 이해, 즉 “학교 교육에 필요한 모든 부분을 완전 무상으로 제공하는 것

---

48) 재판관 이동흡의 이 사건 세입조항에 대한 반대의견
이 사건 세입조항은 학교운영지원비 징수의 근거가 되는 조항이 아니어서 당해 사건의 재판에 적용되는 조항이 아니므로, 이 사건 세입조항에 대한 심판청구는 재판의 전제성을 흠결하여 부적법하다.
가사, 이 사건 세입조항에 대하여 재판의 전제성이 인정된다 하더라도, 학교운영지원비는 학교 운영상 부족한 부분을 지원하기 위한 학부모들의 자발적 협찬금에 불과하여 학교운영지원비 자체를 의무교육에 있어서 무상의 범위에 포함되는 ‘의무교육의 실질적인 균등보장을 위해 필수불가결한 비용’으로 보기는 어려우므로, 이 사건 세입조항에서 학교운영지원비를 학부모로부터 징수한다 하더라도 이를 헌법상 의무교육의 무상원칙에 반하는 것으로 볼 수는 없다.

이 바람직한 방향이라고 하겠으나, 교육을 받을 권리와 같은 사회적 기본권을 실현하는 데는 국가의 재정상황 역시 도외시할 수 없으므로, 원칙적으로 헌법상 교육의 기회균등을 실현하기 위해 필수불가결한 비용, 즉 모든 학생이 의무교육을 받음에 있어서 경제적인 차별 없이 수학하는 데 반드시 필요한 비용에 한하는 것"에 따른다고 하더라도, 국고에서 지원되는 수입을 학부모에게 전가시켜 의무교육의 무상성을 훼손하는 결과를 발생시키게 된다.

## 5. 구 변호사법 제90조 제1항 제2호 등 위헌소원[49)]

### (1) 사건 개요

1) 청구인은 1997. 3. 7. 서울지방변호사회 소속 변호사로 등록한 뒤 변호사의 직무를 수행하여 오고 있다.

2) 대한변호사협회장은 대한변호사협회 변호사징계위원회(다음부터 '변협징계위원회'라 한다)에 청구인이 직무수행에 있어서 부적절하고 저속한 언행을 하였음을 징계사유로 하여 2007. 11. 26.에, 또 위력으로 타인의 물품판매 업무를 방해하였음을 징계사유로 하여 2008. 6. 2.에 청구인에 대한 징계개시를 청구하였다. 변협징계위원회는 2008. 8. 13. 청구인에게 구 변호사법 제91조 제2항 제3호의 징계사유가 있다고 인정하여 과태료 500만 원의 징계결정을 하였다.

3) 이에 청구인은 서울행정법원에 위 징계결정의 취소를 구하는 소를 제기(2009구합5039)함과 동시에 징계결정의 근거조항인 구 변호사법 제90조 제1항 제2호 내지 제5호, 제91조 제2항, 제97조 제1항에 대하여 위헌법률심판제청신청(2009아1288)을 하였고, 2010. 11. 5. 위 위헌법률심판제청신청이 기각되자 2010. 11. 30. 이 사건 헌법소원심판을 청구하였

49) 헌재 2012. 11. 29. 2010헌바454.

다.[50)]

### (2) 결정 요지

1) 구 변호사법 제91조 제2항 제3호의 '변호사로서의 품위'란 '기본적 인권의 옹호와 사회정의 실현을 사명으로 하는 법률 전문직인 변호사로서 그 직책을 맡아 수행해 나가기에 손색이 없는 인품'으로 그 의미내용을 합리적으로 파악할 수 있으므로 위 법률조항은 명확성원칙에 위배되지 아니한다.

또한 변호사의 전문성, 공정성, 도덕성에 대한 국민의 신뢰는 직무와 관련이 없는 행위에 의하여서도 형성되는 점, 변호사의 품위유지의무는 직무의 내외를 불문하는 점 등에 비추어 보면 구 변호사법 제91조 제2항 제3호가 직무 외의 행위까지 징계사유로 삼고 있다 하더라도 과잉금지원칙에 위배되지 아니한다.

2) 동일한 징계사유라 하더라도 그 구체적인 발생 경위, 행위의 태양, 의무위반의 정도, 결과의 경중 등이 다를 수 있어서 이를 세분하여 법률에 규정하는 것이 입법기술상 어려울 뿐만 아니라, 법률에서 징계사유와 징계의 종류를 구체적으로 결부시키는 것이 오히려 적정한 징계권 행사를 방해할 우려도 있으므로 징계사유와 징계의 종류를 결부시켜 규정하지 아니한 구 변호사법 제90조 제1항 제2호 내지 제5호는 명확성원

---

50) 구 변호사법

제90조(징계의 종류) ① 변호사에 대한 징계의 종류는 다음 5종으로 한다.

2. 제명

3. 3년 이하의 정직

4. 3천만 원 이하의 과태료

5. 견책

제91조(징계사유) ② 제90조 제1항 제2호 내지 제5호의 규정에 해당하는 징계사유는 다음 각 호와 같다.

3. 직무의 내외를 막론하고 변호사로서의 품위를 손상하는 행위를 한 경우

제97조(징계개시의 청구) ① 대한변호사협회의 장은 변호사가 제91조의 규정에 의한 징계사유에 해당할 때에는 변협징계위원회에 징계개시의 청구를 하여야 한다.

칙에 위배되지 아니한다.

3) 입법연혁에 비추어 보면 구 변호사법 제97조 제1항은 징계개시 신청이나 재청원의 존재 여부와 관계없이 대한변호사협회장이 변협징계위원회에 징계사유가 있는 변호사에 대한 징계개시를 청구하도록 한 것으로서 그 의미내용이 명확하므로 명확성원칙에 위배되지 않는다.

### (3) 평 가

변호사로서의 품위를 손상시킬 경우 징계하겠다는 변호사법 조항의 불확정성을 문제로 하는 결정이다. 청구인은 이 사건 품위손상조항은 '변호사로서의 품위'라는 개념 자체의 내용조차 확정되지 않은 상태에서 변호사로서 지켜야 할 품위의 범위를 직무와 관련되지 않는 것으로까지 지나치게 확대함으로써 무엇이 직무와 관련되지 아니한 경우에 해당하는 것인지 불분명하므로 법률의 명확성원칙에 위배된다고 주장하였고, 다른 전문직역에는 이러한 규제가 없음에도 불구하고 변호사에게만 차별적으로 규정하여 적용하고 있다고 하였다. 헌법재판소는 이러한 주장에 대하여 변호사 제도의 의의와 역할의 중요성을 제대로 이해하지 못한 발로이며, 이 사건 품위손상조항의 입법취지는 법률사무를 독점하여 수행하는 변호사에게 윤리의식을 고취시키고 변호사의 전문성, 공정성에 대한 국민의 신뢰를 확보하여 국민의 기본적 인권을 옹호하고 사회정의를 실현하는 데 있다. 한편 대법원은 이 사건 품위손상조항의 '품위'에 대하여 '기본적 인권을 옹호하고 사회정의를 실현함을 사명으로 하는 법률 전문가로서의 직책을 맡아 수행해 나가기에 손색이 없는 인품'을 말하고, 어떠한 행위가 품위손상행위에 해당하는가는 구체적 상황에 따라 건전한 사회통념에 의하여 판단하여야 할 것이라 하였다. '변호사로서 그 직책을 맡아 수행해 나가기에 손색이 없는 인품'이란 변호사의 전문성, 공정성, 도덕성에 대한 믿음을 줄 수 있는 품성을 의미하는 것으로 볼 수 있는데, 이러한 믿음은 변호사의 직무 외의 행위에 의해서도 형성되므로 직무와 무관한 변호사의 행위라 하더라도 변호사로서의 품위를 손상할 수 있다. 구체적으로 어떠한 행위가 이에 해당하는지는 이 사건 품위손상조항의 수범자인 평균적인 변호사를 기준으로 판단하여야 하는 것이라는 기준을 제시하였다. 법익의 균형성 측면에서도 이 조항으로 인하여 받는 변호사의 불이익에 비하여 법률 독점 직역인 변호사에 대한 징계를 통하여 얻는 공익이 훨씬 크다는 형량의 결과를 도출하였다.

## 6. 구 특정범죄가중처벌 등에 관한 법률 제2조 제1항 등 위헌소원[51)]

### (1) 사건 개요

1) 청구인은 ○○대학교 ○○공학과 교수로서 '2003. 2. 1.경부터 제주도 통합(환경 · 교통 · 재해)영향평가위원회 재해분과심의위원으로 위촉되어 ○○골프장, ㅁㅁ골프장 등의 재해영향평가 심의를 하는 과정에서 재해영향평가 심의위원의 직무와 관련하여, 2006. 12.경 현금 35,000,000원, 2007. 5.경 현금 46,500,000원을 수수하는 등 용역비 명목으로 억대의 금품을 수수하였다'는 구 '특정범죄 가중처벌 등에 관한 법률' 위반죄의 범죄사실로 2010. 11. 25. 1심(제주지방법원 2009고합5)에서 징역 4년에 추징금 1억 5,265만 원을 선고받았으나, 항소하여 2011. 5. 4. 항소심[광주고등법원 (제주)2010노107]에서 ㅁㅁ골프장 관련 금품 수수 등 일부 범죄사실에 대하여 무죄를 선고받았으며, 수뢰액에 관하여는 '용역비 상당액'이 아닌 '용역계약을 체결할 기회 또는 이에 참여하여 그 대금의 일부를 지급받을 수 있는 기회의 제공'으로 보아야 한다고 하여 구 '특정범죄 가중처벌 등에 관한 법률' 위반(뇌물)죄에 대하여 무죄가 선고됨으로써 결국 형법 제129조 제1항만이 적용되어 징역 2년을 선고받았다.

2) 청구인은 항소심 계속 중인 2011. 1. 26. 형법 제129조 제1항과 구

51) 헌재 2012. 12. 27. 2011헌바117.

'특정범죄가중처벌 등에 관한 법률' 제2조 제1항의 '공무원'에 뒤에서 보는 바와 같이 일반 공무원이 아닌 지방자치단체 산하 위원회의 심의위원이 포함된다고 해석하는 한도에서 헌법에 위반된다는 취지 등의 위헌법률심판 제청신청[광주고등법원 (제주)2011초기1]을 하였으나, 같은 법원은 2011. 5. 4. 이를 기각하는 결정을 하였다.

3) 이에 청구인은 2011. 6. 3. 위 법률조항들에 대하여 헌법재판소법 제68조 제2항에 의한 이 사건 헌법소원심판을 청구하였으며, 한편 대법원(2011도6347)은 2011. 9. 29. 청구인의 상고를 기각하여 위 형이 확정되었다.[52]

### (2) 결정 요지

1) 법률의 의미는 결국 개별·구체화된 법률해석에 의해 확인되는 것이므로 법률과 법률의 해석을 구분할 수는 없고, 재판의 전제가 된 법률에 대한 규범통제는 해석에 의해 구체화된 법률의 의미와 내용에 대한 헌법적 통제로서 헌법재판소의 고유권한이며, 헌법 합치적 법률해석의 원칙상 법률조항 중 위헌성이 있는 부분에 한정하여 위헌결정을 하는 것은 입법권에 대한 자제와 존중으로서 당연하고 불가피한 결론이므로, 이러한 한정위헌결정을 구하는 한정위헌청구는 원칙적으로 적법하다고 보아야 한다.

다만, 재판소원을 금지하는 헌법재판소법 제68조 제1항의 취지에 비추어, 개별·구체적 사건에서 단순히 법률조항의 포섭이나 적용의 문제를 다투거나, 의미 있는 헌법문제에 대한 주장 없이 단지 재판결과를 다투는 헌법소원 심판청구는 여전히 허용되지 않는다.

2) 형벌법규는 헌법상 규정된 죄형법정주의원칙상 입법목적이나 입법자의 의도를 감안한 유추해석이 일체 금지되고, 법률조항의 문언의 의

52) 형법(1953. 9. 18. 법률 제293호로 제정된 것) 제129조(수뢰, 사전수뢰) ① 공무원 또는 중재인이 그 직무에 관하여 뇌물을 수수, 요구 또는 약속한 때에는 5년 이하의 징역 또는 10년 이하의 자격정지에 처한다.

미를 엄격하게 해석하여야 하는바, 유추해석을 통하여 형벌법규의 적용범위를 확대하는 것은 '법관에 의한 범죄구성요건의 창설'에 해당하여 죄형법정주의원칙에 위배된다.

형벌법규에 있어 독자적인 공무원 개념을 사용하기 위해서는 법률에 명시하는 것이 일반적 입법례인데, 우리의 경우에는 구 형법의 공무원 개념규정을 형법 제정 당시 두지 않았고, 국가공무원법 · 지방공무원법에 의한 공무원이 아니라고 하더라도 국가나 지방자치단체의 사무에 관여하거나 공공성이 높은 직무를 담당하여 청렴성과 직무의 불가매수성이 요구되는 경우에, 개별 법률에 '공무원 의제' 조항을 두어 공무원과 마찬가지로 뇌물죄로 처벌하거나, 특별규정을 두어 처벌하고 있다. 그런데 국가공무원법 · 지방공무원법에 따른 공무원이 아님에도 법령에 기하여 공무에 종사한다는 이유로 공무원 의제규정이 없는 사인(私人)을 이 사건 법률조항의 '공무원'에 포함된다고 해석하는 것은 처벌의 필요성만을 지나치게 강조하여 범죄와 형벌에 대한 규정이 없음에도 구성요건을 확대한 것으로서 죄형법정주의와 조화될 수 없다.

따라서 이 사건 법률조항의 '공무원'에 국가공무원법 · 지방공무원법에 따른 공무원이 아니고 공무원으로 간주되는 사람도 아닌 제주자치도 위촉위원이 포함된다고 해석하는 것은 법률해석의 한계를 넘은 것으로서 죄형법정주의에 위배된다.[53]

---

53) 재판관 이진성, 재판관 김창종, 재판관 강일원의 반대의견
한정위헌청구를 원칙적으로 적법하다고 하여 받아들이더라도, 심판의 대상범위를 '법원의 해석'으로 한정한 것은 규범통제제도로서 지니는 헌법재판의 객관적 법질서보호라는 특성에 부합하지 않고, 합헌 또는 단순위헌결정을 하게 될 경우 당사자가 청구한 것과 달리 판단하게 되므로 결론에 따라 심판대상이 달라지는 문제점이 있으며, 결국 법원의 재판을 심판대상으로 하는 것으로 재판소원을 금지하는 헌법재판소법 규정에 저촉되어 허용되기 어렵다.
우리 법상 공무원의 개념은 개별 법령의 취지에 따라 다양하게 사용되고 있고, 뇌물죄는 공무집행의 공정과 직무행위의 불가매수성을 보호법익으로 하는 것이므로 비록 국가공무원법 · 지방공무원법상에 따른 공무원이 아니라고 하더라도 법령에 의해 위촉되어 국가 또는 지방자치단체의 공무를 담당하는 경우에는 뇌물죄의 주체인 '공무원'으로 정당하게 해석될 수 있어 죄형법정주의의 명확성원칙에 위배되지 않는다. 이

### (3) 평 가

본 결정 또한 헌법재판소의 법원과의 관계에 있어 상당한 논쟁거리를 제공하였다. 구체적으로, 헌법재판의 권한을 가진 헌법재판소가 법원의 제정법 해석(statutory interpretation) 태도를 평가할 수 있을까의 문제인데, 재판소원이 금지된 현행 제도 하에서 법원의 제정법 해석의 태도를 대상으로 위헌결정의 가능성을 모색하였다는 데 큰 의미가 있다. 이는 다시 말하여, 헌법재판소가 법률에 대한 위헌심사를 하는데 그쳐야 하는 것인지, 법률의 해석에 대하여 위헌심사를 할 수 있는지에 대한 문제이며, 본 결정은 특정 조건에서 후자까지도 가능다고 보았던 것이다.

청구인은 대상 법률 조항에 대하여 법원의 확립된 판례가 존재하는 상태에서 그러한 해석의 적용이 명백하게 예상되므로, 당해 법률을 그러한 태도로 해석하는 한 헌법에 위반된다는 취지의 한정위헌 결정을 내려달라는 청구를 헌법재판소에 제출하였다. 이러한 한정위헌청구에 대하여 종전 선례는 '법' 제41조 제1항의 위헌법률심판제청신청과 제68조 제2항의 헌법소원의 대상은 '법률'이지 '법률의 해석'이 아니므로 법률조항 자체의 위헌판단을 구하는 것이 아니라 '법률조항을 …으로(이라고) 해석하는 한 위헌'이라고 청구하는 소위 한정위헌청구는 원칙적으로 부적법하고, 다만 ① 법률조항 자체의 불명확성을 다투는 것으로 볼 수 있는 경우(헌재 2000. 6. 1. 97헌바74, 공보 46, 448, 449 등), ② 심판대상규정에 대한 일정한 해석이 상당기간에 걸쳐 형성 · 집적되어 법원의 해석에 의하여 구체화 된 심판대상규정이 위헌성을 지닌 경우(헌재 1995. 5. 25. 91헌바20, 판례집 7-1, 615, 626 등), ③ 위 두 가지 경우에 해당되지는 않지만 법률조항 자체에 대한 위헌의 다툼으로 볼 수 있는 경우(헌재 2000. 6. 29. 99헌바66등, 판례집 12-1, 848, 865) 등, 3가지의 경우에는 예외적으로 적법한 청구로 보았다.

---

는 법률조항의 가능한 문언의 의미 내에서 입법자의 입법목적이나 의도를 고려한 해석, 적용으로서 법원의 정당한 법해석 범위를 벗어난 것이 아니므로 죄형법정주의에서 금지하고 있는 유추적용(또는 유추해석)에 해당하지 않는다.

그러나 본 결정에서 헌법재판소는 구체적 규범통제절차에서 제청법원이나 헌법소원청구인이 심판대상 법률조항의 특정한 해석이나 적용부분의 위헌성을 주장하는 한정위헌청구 역시 원칙적으로 적법한 것으로 보아야 할 것이라 하였고, 그 이유로 다음을 제시하였다. 첫째, 규범통제절차에 있어서 한정위헌결정은 법리상 당연하면서도 불가피한 것이고, 따라서 그러한 취지에서 헌법재판소는 한정위헌결정을 계속해 오면서도 제청법원이나 헌법소원청구인은 원칙적으로 한정위헌청구를 할 수 없고, 예외적인 경우에만 한정위헌청구를 할 수 있다고 하는 종래의 선례들은 사리상으로도 합당하지 않은 것이다.

둘째, 제청법원이나 헌법소원청구인이 당해 사건 재판의 근거가 되는 법률조항 그 자체나 그 전체의 위헌성을 주장하지 않고 당해 법률조항의 특정한 해석 가능성이나 적용 가능성에 대하여만 제한적 · 한정적으로 위헌을 주장한다면 헌법재판소로서는 제청법원 등이 주장하는 범위 내에서 위헌여부를 심판하는 것이 원칙이며, 그 이외의 부분까지 위헌여부를 심판하게 된다면 그것은 헌법재판에서 요구되는 직권주의를 감안하더라도, 헌법재판소법상의 신청주의나 적법요건으로서의 재판의 전제성에 위반될 수 있는 것이다. 그러므로 제청법원 등이 하는 한정위헌청구는 자칫 헌법재판소가 소홀히 할 수 있는 당해 법률조항에 대한 한정위헌결정 여부를 헌법재판소로 하여금 주의 깊게 심사하도록 촉구하여 위헌의 범위와 그에 따른 기속력의 범위를 제한적으로 정확하게 한정할 수 있게 할 것이고, 그 결과 규범통제절차에 있어서 위헌여부심판권의 심사지평을 넓힐 수 있게 될 것이어서, 금지되어서는 안 될 뿐만 아니라 오히려 장려되어야 할 것이다.

셋째, 한정위헌청구는 입법권에 대한 자제와 존중의 표현이다. 즉, 헌법재판소를 포함한 모든 국가기관과 국민은 헌법상의 권력분립원리에서 파생된 입법권에 의한 입법을 존중하여야 하는 것인바, 한정위헌청구에 따른 한정위헌결정은 당해 법률조항 중 위헌적인 해석이나 적용부분만을 제거하고 그 이외의 (합헌인) 부분은 최대한 존속시킬 수 있는 것이어서 입법권에 대한 자제와 존중의 결과가 되는 것이고 따라서 헌법질서에도 더욱 부합하게 되는 것이다.

본안에서 헌법재판소는 이 사건 특별법에 청구인과 같은 제주자치도 위촉위원에 대하여는 벌칙적용에 있어서 공무원 의제규정이 없음에도 그가 행하는 직무의 성질과 내용에 비추어 '공무원'에 포함된다고 해석 · 적용하는 것이 죄형법정주의의 명확성의 원칙이나 유추해석금지의 원칙에 위배되어 위헌이라 하여, 결국 법원의 법률해석의 내용을 위헌으로 판단하여 본 결정을 발표하기에 이르렀던 것이다.

## V. 결 어

이상 17개의 주요 판례를 소개하고 분석하였다. 2012년에는 정권이 바뀌었고 그 와중에 소장 및 재판관 선임 문제로 골머리를 앓기도 하였으나, 헌법재판소는 여전히 기본권 보장의 중요 기관으로 자리매김하고 있다. 정치적 견해, 법적 관점에 따라 이들 결정을 평가하는 태도 또한 달라지겠지만, 판례가 계속 쌓여 가면서 헌법재판의 깊이 또한 깊어지고 있음은 부인할 수 없을 것이다. 민주주의와 법치주의에 대한 폭넓은 이해를 바탕으로 헌법적 자유에 대한 근본적 사유를 더욱 성숙하게 수행할 것을 기대한다. 결국 민주주의 국가에서 자유의 문제는 앞으로 헌법재판소가 다루어야 할 모든 사건의 근본 바탕이 될 것이기 때문이다.

[Abstract]

## An Analysis on the Major Constitutional Court Cases in 2012

Cheoljoon Chang*

Like earlier years, we had many cases in the Consitutional Court in 2012. Some of them received attention not only from the academia, but also from the society. Particularly, the jurisdictional conflicts between the Supreme Court and the Constitutional Court became a major focus from jurists. The possibility of constitutional review on a regular court decision will be a critical matter for the stability of the entire judiciary. More academic researches are needed to evaluate the major cases for the development of the Constitutional Court of Korea.

[Key words]
constitutional review, constitutionality of statute, court, constitutional complaint, constitutional court

* J.S.D., Assistant Professor, Dankook University

# 환자의 생명 종결 결정에 관한 헌법적 고찰 : 한국과 미국의 헌법 판례를 중심으로

엄 주 희*



[국문요약]

임종기에 직면한 환자의 죽음을 앞당기거나 치료를 중단하는 행위에 관한 결정, 즉 생명 종결 결정에 관하여 연명치료중단, 의사조력자살, 호스피스 완화의료의 3가지로 분류하여 검토할 수 있다. 본고에서는 연명치료중단, 의사조력자살 그리고 호스피스 완화의료에 관한 미국 연방대법원의 판례와 우리나라의 헌법재판소 판례를 함께 검토하여 환자의 생명 종결 결정의 헌법적 권리에 대해 다음과 같은 결과를 도출하였다.

임종기에 직면한 환자의 연명치료중단의 권리는 생명권의 침해가 아

* 연세대 시간강사, 연세대 법학연구원 전문연구원, 법학박사.
본 논문은 2013. 5. 24. 한국헌법판례연구학회 월례 발표회에서 발제한 발표문을 수정·보완한 것이다.

닌 생명권의 보장으로서 의료진의 설명을 바탕으로 내린 환자의 진지한 의사결정에 의거하여 인정될 수 있는 헌법상 권리이다. 한국과 미국에서 모두 연명치료중단을 헌법상 권리로 인정하는데 이견이 없으며, 죽음이 임박한 환자에 대한 연명치료 중단은 환자 본인이 원치 않는 치료를 거부할 수 있는 치료거부권으로부터 나오는 것이다.

미국 헌법상 적법절차원리, 평등권이나 열거되지 아니한 권리 등의 근거로도 의사조력자살이 인정될 수 없다. 우리 헌법에서도 생명에 대한 개인의 처분권이 인정되지 않으므로 포괄적인 죽음에 대한 자기결정권이 인정될 수 없고 의사조력자살이 허용될 수 없다.

오히려 회복 불가능한 사망의 단계에 진입한 환자의 생명이라도 마지막 삶을 온전히 살아갈 수 있도록 법의 보호를 받도록 하는 것이 생명권을 보호하는 헌법 질서에 부합한다. 호스피스 완화의료는 말기환자의 고통을 완화하기 위하여 의료진으로부터 제공되는 치료로서 의사조력자살과는 명백히 구분되며, 임종기에 삶의 마지막까지 환자가 누릴 수 있는 권리이다.

[핵심어]
연명치료중단, 의사조력자살, 호스피스 완화의료, 생명권, 인간으로서의 존엄과 가치, 자기결정권, 근본적 권리, 적법절차

## Ⅰ. 서 론

우리나라 최초로 연명치료 중단에 대한 인정 여부가 법원에서 다루어진 때는 2008년이었다. 세브란스 병원에서 폐종양 조직검사 중 식물상태에 빠져 인공호흡기로 연명하던 70대 환자의 가족들이 환자에 대한 인공호흡기 등의 연명치료를 중단해 달라는 민사소송과 '연명치료중단에 관한 기준, 절차 및 방법 등에 관한 법률'의 입법부작위 위헌확인에 관한

헌법소원 심판청구를 제기하였던 것이다.[1] 그 후 2009년 5월 21일 대법원이 연명치료중단 청구를 받아들인 원심판결을 유지하는 상고기각 판결을 선고함으로써 2009년 6월23일 환자의 인공호흡기는 제거되었다. 짧은 시간 내에 사망할 것이라는 예상을 깨고 환자는 인공호흡기 제거 이후에도 200일을 더 생존하다가 사망하였다. 이 사건은 연명치료중단에 관한 법안 발의에 큰 영향을 주었고 사회적으로 찬반 여론 간의 논쟁을 촉발시켰다. 이와 같이 2000년대에 들어서야 법원에 연명치료 중단 청구가 제기되었던 것과는 대조적으로 미국은 이미 1975년에 Quinlan 사건[2] 을 필두로 1970년대에 연명치료중단을 쟁점으로 하는 사건들이 각 주(州) 법원에 쇄도했고, 1997년대에는 의사조력자살이 헌법적 권리인지 여부를 다룬 2개의 사건들이 연방대법원에서 다루어졌다.[3]

임종기[4]에 직면한 환자의 죽음을 앞당기거나 치료를 중단하는 행위에 관한 결정, 즉 생명 종결 결정[5]에 관하여는 연명치료중단, 의사조력자살, 호스피스 완화의료의 3가지로 분류하여 검토할 수 있다. 임종기에 직면한 환자에게 생명연장조치를 중단하거나 애초에 시작하지 않고 보류함으로써 과도한 의학적 치료를 그만두는 것을 일컬어 존엄사, 소극적 안락사, 자연사라고 불리는데 이들을 포괄할 수 있는 '연명치료중단'이라는 용어를 사용한다.[6] 연명치료중단과는 달리 적극적 · 자의적 안락사인 의

1) 헌재 2009. 11. 26, 2008헌마385 결정
2) In re Quinlan, 355 A.2D 647 (1976).
3) Washington v. Glucksberg, 521 U.S. 702, 117 S. CT. 2258 (1997), New York State v. Quill, 177 S. CT. 2293 (1997).
4) 임종기(end of life)는 죽어가는 사람 자신이 불치(不治)의 상태를 알게 되는 순간부터, 혹은 죽는 사람의 가족과 진지가 죽음을 받아들이는 순간부터 사망에 이르는 기간을 말한다. Robert J. Kastenbaum, *Death, Society and Human Experience*, 7th ed. (Allyn and Bacon, 2001) pp.156~157.
5) Decision-making at the end of life
6) '존엄사'라는 용어는 특정 형태의 죽음이 존엄한 죽음이라는 가치를 부여하므로 연명치료 중단이라는 가치중립적 용어를 사용하는 것이 바람직하다. 건강한 사람이든 식물상태로 연명하는 환자든 모두 동등한 생명의 가치를 지닌 사람으로서 생명을 존중받아야 하며 살 가치가 없는 생명이 없다. 따라서 연명치료중단으로 사망에 이르

사조력자살은 환자의 자기결정권 행사로서 미국의 연방대법원 판례에서 중대 쟁점이 되었고 오레곤주와 워싱턴주에서는「존엄사법」이라는 명칭으로 입법이 되었다. 호스피스 완화의료는 임종기 의료의 핵심이 되는 중요한 치료이고 의사조력자살을 대체할 수 있는 수단이면서, 의사조력자살이 환자의 생명권 침해가 될 수 있다는 점에서 반대하는 논거를 극복하고 임종기에 환자가 선택할 수 있는 생명 종결 결정 중의 하나로 다루어질수 있다. 미국은 1982년 이래 호스피스 완화의료에 관한 연방 법률을 제정 · 시행하고 사회보험으로서 호스피스 완화의료에 대한 급여를 제공함으로써 호스피스 완화의료가 임종기 환자가 선택할 수 있는 생명 종결 결정의 하나로서 확고히 자리매김하고 있다. 따라서 환자의 생명 종결 결정의 범주는 연명치료중단, 의사조력자살, 호스피스 완화의료로 정리될 수 있다.

본고에서는 연명치료중단, 의사조력자살 그리고 호스피스 완화의료에 관한 미국 연방대법원의 판례와 우리나라의 헌법재판소 판례를 함께 검토하여 이 생명 종결 결정의 헌법적 권리를 구명(究明)하는 기회를 가지고자 한다. 우선 연명치료중단, 의사조력자살, 호스피스 완화의료라는 환자의 생명 종결 결정의 범주를 정리한 후 우리나라와 미국의 판례를 토대로 환자의 생명 종결 결정의 헌법적 권리를 살펴보도록 한다.

---

는 것만이 존엄한 죽음이고 연명치료로 생명을 연장하는 것을 존엄한 죽음이 아니라고 평가할 수는 없기 때문에 존엄사라는 용어를 사용하는 것은 부적합하다. 그리고, 1970년대 후반부터 미국에서는 환자가 의사무능력 상태가 될 때를 대비하여 연명치료의 중단과 보류 등 환자가 원하는 치료의 종류와 치료에 관한 의사결정 대리인을 사전에 문서로 된 사전의료지시서(Advance directives)를 작성하는 것에 관해 규정한 법률을 「자연사법」(Natural Death Act)이라는 명칭으로 제정 · 시행해왔다. 그러므로 자연사는 연명치료중단과 동일한 의미로 사용할 수 있다.

# Ⅱ. 환자의 생명 종결 결정의 범주[7)]

## 1. 연명치료중단

연명치료를 중단한다는 것은 주된 병적 상태를 개선할 수 없는 불가역적 사망의 단계에 접어든 환자에게 죽음의 과정이 진행되는 것을 인위적으로 막아 두었던 것을 중단하는 것이다. 그러므로 연명치료를 중단한다고 해서 사망에 이르는 것이 아니라 원래의 질병의 진행에 의해 사망에 이르는 것이다. 연명치료의 중단은 전문 의료기구들이 생명을 연장하기보다는 오히려 죽어가는 경험을 연장하는 것일 뿐인 상황에서 비상조치로 동원된 의료수단을 철거하고 자연의 섭리에 그 경과를 맡기는 것이다.[8)] 안락사의 유형 중 적극적 안락사는 형법상 처벌 가능하지만, 연명치료중단과 동일한 유형인 소극적 안락사는 형법상 대체로 불가벌적이라고 평가되는 것이 통설이다. '안락사'라는 용어는 사람의 생명을 인위적으로 단축시키는 의미가 포함되어 있고 생명을 경시한다는 논란을 불러일으킬 수 있으므로 소극적 안락사와 구별하여[9)] '연명치료중단'이라는 용어를 사용할 필요가 있다.[10)] 또한 존엄사라는 용어를 사용할 경우에 연명치료중

7) 생명 종결 결정의 3가지 범주와 생명 종결 결정 관련 용어는 엄주희, "환자의 생명 종결 결정에 관한 연구: 입법적 실천 방안을 위한 미국과의 비교법적 모색" (연세대, 박사학위논문, 2013.2), pp.16~38에 상세히 기술되어 있으므로 이 논문에서 발췌·정리하였다.

8) 이길찬, 쉐퍼의 생명윤리(솔로몬, 2011), pp.146~147. 복음주의 신학자인 프란시스 쉐퍼는 1979년 저술한 "Whatever happened to Human Race?" 에서 이러한 연명치료의 중단이 진정한 존엄한 죽음이며 안락사에 대한 조작된 왜곡어법이 아니라고 했다.

9) 대한의사협회에서 2001년 11월에 발표한 의사윤리지침에 의하면 제50조에서 안락사 금지, 제59조에서 의사 조력자살을 금지하고 있고, 제30조 무의미한 치료 중단을 규정함으로써 무의미한 치료중단은 안락사와 구별되는 개념으로 보고 있다.

10) 사회 일반적으로는 안락사라는 용어가 주는 어감은 작위 또는 부작위에 의한 살인행위를 의미하는 것이라는 부정적인 인식이 강하다고 하면서, 불가벌적으로 파악되는 무의미한 연명치료중단이라고 하더라도 의사나 환자가족의 입장에서 상당한 심리적 부담으로 작용하여 연명치료를 계속하게 되는 원인이 되기도 한다는 지적이 있다. 신현호, 삶과 죽음 권리인가 의무인가(육법사, 2006), pp.121~122.

단이 곧 존엄한 죽음이라는 가치를 부여받게 되므로 연명치료를 계속하려는 환자에게 본인의 의사에 반하여 연명치료의 중단을 묵시적으로 강요당할 수 있는 위험이 있기 때문에 존엄사보다는 가치중립적인 연명치료중단이라는 용어가 사용에 적합하다.[11)]

세계의사협회는 2005년 5월 프랑스에서 열린 제170회 위원회에서 '안락사에 관한 선언'을 통해 질병의 말기 단계에서의 연명치료중단은 자연스러운 사망의 과정이라고 정의하면서 안락사와는 다르다는 점을 확인하였다. 이 안락사에 관한 선언은 "안락사는 환자의 삶을 의도적으로 종결하는 행위로서, 이러한 행위는 비록 환자 자신의 요구나 가까운 친족의 요구라 하더라도 비윤리적인 반면, 질병의 말기 단계에서의 자연스러운 사망 과정을 따르려고 하는 환자의 소망을 존중하려는 의료인의 활동을 방해하지 않아야 한다"고 천명하고 있다. 연명치료중단을 안락사와 구별된 개념으로서 질병의 말기 단계에서의 자연스러운 사망과정에 따르는 행위로 평가하고 이를 찬성하고 있는 것이다.[12)]

우리나라에서는 한국보건의료연구원 주최로 사회적 합의체를 결성하여 2009년 10월에 '무의미한 연명치료중단을 위한 사회적 합의안'을 제시하면서 존엄사가 의사조력자살로 비쳐질 수 있기 때문에 존엄사 대신 연명치료중단이라는 용어로 통일하여 부르기로 합의하였다.[13)] 그 후 2013년 7월에는 대통령 소속 국가생명윤리심의위원회에서 연명치료 중단에

---

11) '존엄'이라는 용어는 모든 문명국가에서 최고의 가치로 인정하는 개념이므로, 존엄사라는 용어를 쓰면 이미 당연히 허용되어야 한다는 가치관이 담겨있게 되고 (이석배, "연명치료중단의 기준과 절차-대법원 2009. 5. 21. 선고 2009다17417 판결이 가지는 문제점을 중심으로-", 「형사법연구」 제21권 제2호 (2009) p.149) 존엄사는 안락사를 아름답게 포장한 개념에 지나지 않는다는 (2009.7.8. 천주교 주교회 기자회견) 등의 논거로서 '존엄사' 라는 용어를 반대한다.

12) 세계의사협회(World Medical Association) 홈페이지 (http://www.wma.net/en/30publications/10policies/e13/index.html 검색일: 2013.5.1).

13) "'존엄사, 연명치료중단으로 용어바꿔야' 각계 9개 원칙 합의", 「동아일보」 2009.7.30. 2009년 9월에 대한의사협회, 대한의학회, 대한병원협회의 '연명치료 중지에 관한 지침 제정 특별위원회'에서 발표한 '연명치료중지에 관한 지침'에서도 존엄사, 안락사라는 용어를 피하고 연명치료중단 (또는 중지)이라고 쓰고 있다

관한 입법 권고안을 발표하였다.[14)]

## 2. 의사조력사살

의사조력자살(PAS, Physician Assisted Suicide)이란 적극적 · 자의적 안락사의 한 형태로서 의사의 조력을 받아 환자 스스로 삶을 종결하고 죽음에 이르는 것을 의미하는 것으로, 의사의 조력에는 치명적인 약물을 처방하거나 제공하거나, 자살할 수 있도록 정교한 장치를 만드는 등의 행위를 예를 들 수 있다.[15)] 환자의 자기결정권 행사 여부에 따라 분류하자면 의사조력자살은 자의적 안락사이면서 직접적 안락사의 특징을 가진다. 의사조력자살의 옹호론자들은 안락사가 인위적인 생명의 단축이라는 부정적인 의미를 담고 있어서 안락사라는 용어의 사용을 회피하고 의사조력자살이라는 명칭을 사용하는 경향이 있다.

말기환자의 연명치료를 중단함으로써 존엄하고 자연스럽게 사망에 이르도록 하는 것을 존엄사라고 정의하는 우리나라와는 달리, 미국에서는 대체로 의사조력자살을 존엄사라고 칭한다. 특히 오레곤주(1997년)와 워싱턴주(2008년)의 경우에 「존엄사법」(The Death with dignity Act)이라는 명칭으로 의사조력자살을 규정한 법률이 통과되어, 현재 이 법률들에 의해 의사조력자살이 합법적으로 시행되고 있다. 미국의 경우 '존엄사'라는 용어의 의미는 처음부터 '죽음에 직면한 환자가 품위 있는 죽음을 맞도록 하기 위하여 생명유지조치를 중지한다'는 개념이 아니라 '회복가능성이 없는 말기의 환자가 의사의 조력을 받아 생명을 적극적으로 단축시키는

14) "무의미한 연명치료 중단 제도화 본격화 생명윤리위, 특별법 제정 권고안 마련... 복지부, 하반기 입법안 마련 계획", 「헬스코리아 뉴스」(2013.8.2.)

15) 의사조력자살(PAS)은 의사조력사망(PAD: Physician Assisted Dying)으로 불리기도 한다. 호주의 경우 의사조력자살에 관한 법안의 명칭으로 의사조력사망(PAD) 이라는 용어를 즐겨 사용하는 경향이 있다. 예컨대, 빅토리아주에 2008년도 발의된 의사조력자살에 관한 법안의 명칭은'Medical Treatment (Physician Assisted Dying) Bill 2008' 이다.

의사조력자살'을 의미하는 개념으로 출발한 것이다.[16] 이는 사망이 임박하였을 때 의사의 조력을 받아 평화롭게 삶을 종결하는 것이 존엄하고 인도적인 죽음이라는 관념을 내포하는 것이기도 하다.

스위스에서는 1941년부터 의사조력자살이 합법화되었고, 네덜란드와 룩셈부르크에서도 의사조력자살에 관한 법률이 2002년부터 시행 중이다.[17] 호주의 노던 테리토리주(Northern Territory)에서는 의사조력자살에 관한 법률이 1996년에 제정되었으나 6개월만에 폐기되었다. 세계의사협회는 1992년 9월 스페인에서 열린 제44차 세계 의사 집회에서 '의사조력자살은 고의적이고 의도적으로 한 사람의 생명을 종결시키는 것으로서 비윤리적' 이라고 선언함으로써 공식적으로 의사조력자살을 반대한다.

### 3. 호스피스 완화의료

완화치료 내지 완화의료(palliative care)[18]는 말기환자 뿐 아니라 모든 환자에게 적용될 수 있는 고통 완화와 삶의 질 유지를 위한 치료로서 진통제, 항경련제, 안정 · 진정제의 투여와 구강치료, 피부치료 등을 말한다. 완화의료 중에는 통증 완화의 효과 이외에도 부수적으로 환자를 무의식 상태에 빠뜨리고 죽음을 앞당길 수 있는 위험을 높이는 약제 투여도 포함된다. 통증과 고통의 완화를 위해 처방되는 치료제가 의도하지 않았는데도 죽음을 앞당길 수 있다는 점은 이중효과(double effect) 원리에 의해

---

16) 노동일, "치료거부권, 죽을 권리 및 존엄사에 대한 재검토: 헌법적 관점에서", 「공법학연구」 제10권 제2호 (2009) p.15 ; 김명식, "미국 헌법상 안락사와 존엄사에 관한 연구", 대법원 헌법연구회 · 한국헌법학회 제56회 공동학술대회 〈인간의 존엄 가치와 생명권〉 발표논문 (2009.11.7) pp. 29~30 참조.

17) Economist Intelligence Unit, "The quality of death : Ranking end of life care across the world" (Lien Foundation, 2010), p.18.

18) 'palliative care' 라는 용어는 국내의 문헌과 연구보고에서 완화의료 또는 완화치료로 번역되어 사용된다. 손선영, "호스피스 완화간호와 삶의 질", 「간호학 탐구」 16권 2호(2007) 참조.

정당화된다.[19] 이중효과 원리는 의도한 효과와 의도하지는 않았지만 예견된 효과가 동시에 나타나는 행위를 의미하는 것이다 이중효과의 원리가 성립되기 위해서는 다음의 4가지 조건을 만족시켜야 한다. 첫째, 기본행위 자체가 선해야 하고, 둘째, 행위의 의도가 선해야 하며, 셋째, 나쁜 결과가 좋은 결과의 수단이 되어서는 안 되고, 넷째, 나쁜 결과를 용인할 수 있는 충분한 이유가 있어야 한다.[20] 따라서 고통의 경감을 위해 환자에게 투약한 간접적인 결과로 인해 환자의 생명을 단축시키더라도 이러한 투약행위의 의도가 환자의 죽음이 아니라 고통의 경감이기 때문에 이중효과 원리에 의해 정당화된다.

호스피스 치료는 머지않아 죽음이 예상되는 말기환자를 대상으로 한다. 신체적 통증에 대한 완화의료 이외에 정신적 고통을 덜기 위하여 상담 등을 포함하는 전인적 치료이다. 더 나아가 환자 뿐 아니라 환자 가족까지도 돌봄(care)의 대상으로 한다. 호스피스 치료를 '호스피스 완화의료'(Hospice Palliative Care)라고도 칭한다.

우리나라의 완화의료 전문기관들은 호스피스 완화의료의 정의를 죽음을 앞둔 말기환자와 그의 가족을 사랑으로 돌보는 행위로서, 남은 여생 동안 인간으로서의 존엄성과 높은 삶을 유지할 수 있도록 하며, 사별 후 가족이 가지는 고통과 슬픔을 잘 극복 할 수 있도록 돕는 총체적인 돌봄을 의미한다고 하였다.[21]

---

19) 형법학계에서는 이를 간접적 안락사로 분류하여 불법행위는 아니라고 본다. 의학계에서도 대체로 이중효과의 정당성을 인정한다. 또한 종교계에서도 인정하는 것이 통설이다. '죽음을 앞당길 것이 분명하지만 필요한 진통제를 투여하는 것도 처벌 대상에서 제외된다' 고 한 '네덜란드 가톨릭교회 주교들의 선언, 1991' 참조.

20) 의학 유리학자이지 의사인 라난 길론(Rannan Gillon) 의 "The Principle of double effect and medical ethics" (1986) 으로부터의 정의. (고려대학교 구로병원 완화의료센터 최연선 과장, 생명윤리상담사과정, 성산생명윤리연구소, 2012.9.17. 발표 자료).

21) "국민건강보험공단 일산병원 호스피스 완화의료병동" 안내 책자 참조. 우리나라의 국립암센터의 호스피스 완화의료에 대한 정의(2003)에 따르면 호스피스 완화의료란 ① 완치를 목표로 하는 치료에 반응하지 않으며 ② 병이 점차 진행됨으로써 ③ 수개월 내 사망할 것으로 예상되는 환자와 그 가족들이 질병의 마지막 과정과 사별기간에 접하는 신체적, 정신적, 사회적, 영적문제들을 해소하기 위해 제공되는 전인적인

# Ⅲ. 헌법상 근거

## 1. 우리나라의 경우

우리 헌법재판소 판례에서 환자의 생명 종결 결정의 헌법적 근거를 볼 수 있는 것은 2009년에 선고된 2008헌마385 결정[22], 이른바 '세브란스 병원 사건' 결정이 유일하다. 연명치료중단의 권리에 대해 최초로 헌법적 근거를 제시한 데 의미가 있다. 이 판례에서 의사조력자살에 대해서는 언급하지 않았으나 아래에서 죽음에 관한 자기결정권이 존재할 수 있는지 여부를 검토함으로써 의사조력자살의 권리를 헌법상 권리로 인정할 수 있는지 그 가능성을 살펴보기로 한다.

### (1) 연명치료중단의 권리

#### 1) 헌법재판소의 결정 요지

연명치료중단에 관한 자기결정권의 인정 여부가 문제되는 '죽음에 임박한 환자'란 '의학적으로 환자가 의식의 회복가능성이 없고 생명과 관련된 중요한 생체기능의 상실을 회복할 수 없으며 환자의 신체 상태에 비추어 짧은 시간 내에 사망에 이를 수 있음이 명백한 경우', 즉 '회복 불가능한 사망의 단계'에 이른 경우를 의미한다고 보았다. 이 사건 환자의 경우 '죽음에 임박한 환자'에 해당한다고 볼만한 정황이 있으므로 죽음에 임박한 환자의 기본권으로서 '연명치료중단에 관한 자기결정권'을 주장하면서 그 침해를 이유로 헌법소원을 제기할 자기관련성이 있다고 판시하였다.

'죽음에 임박한 환자'는 전적으로 기계적인 장치에 의존하여 연명할 수밖에 없고, 전혀 회복가능성이 없는 상태에서 결국 신체의 다른 기능까

---

의료를 말한다. 제공되는 서비스에는는 의료, 간호, 사회복지, 영적 상담, 자원봉사, 영양, 약제, 사별 관리 등이 있다.

22) 헌재 2009. 11. 26. 2008헌마385 결정.

지 상실되어 기계적인 장치에 의하여서도 연명할 수 없는 상태에 이르기를 기다리고 있을 뿐이다. 따라서 '죽음에 임박한 환자'에 대한 연명치료는 의학적인 의미에서 치료의 목적을 상실한 신체침해 행위가 계속적으로 이루어지는 것이라 할 수 있고, 이에 관한 규범적인 평가는 죽음의 과정이 시작되는 것을 막는 것이 아니라 자연적으로는 이미 시작된 죽음의 과정에서의 종기를 인위적으로 연장시키는 것으로 볼 수 있다고 평가하였다. 그러므로 비록 연명치료중단에 관한 결정 및 그 실행이 환자의 생명단축을 초래한다 하더라도 이를 생명에 대한 임의적 처분으로서 자살이라고 평가할 수 없고, 오히려 인위적인 신체침해 행위에서 벗어나서 자신의 생명을 자연적인 상태에 맡기고자 하는 것으로서 인간의 존엄과 가치에 부합한다고 보았다. 따라서 환자가 장차 죽음에 임박한 상태에 이를 경우에 대비하여 미리 의료인 등에게 연명치료 거부 또는 중단에 관한 의사를 밝히는 등의 방법으로 죽음에 임박한 상태에서 인간으로서의 존엄과 가치를 지키기 위하여 연명치료의 거부 또는 중단을 결정할 수 있다 할 것이고, 위 결정은 헌법상 기본권인 자기결정권의 한 내용으로서 보장된다고 판시하였다.

2) 생명권과 연명치료중단의 권리

우리 헌법은 제10조에서 "모든 국민은 인간으로서의 존엄과 가치를 가지며, 행복을 추구할 권리를 가진다. 국가는 개인이 가지는 불가침의 기본적 인권을 확인하고 이를 보장할 의무를 진다"고 규정하여, 모든 인간은 존엄권의 주체가 되고 자신의 존엄에 대해 존중을 받을 권리를 가짐을 천명하고 있다. 이에 따라 모든 인간은 자신이 특정한 목적을 위한 수단으로 활용되거나 타인의 결정이나 행위에 이해 침해받지 않을 불가침의 권리를 갖는다. 인간으로서의 존엄과 가치 및 행복추구권을 지향하기 위한 전제조건으로서 개개인은 자신의 존엄에 대하여 스스로 결정할 수 있어야 한다는 점이 가장 핵심적이다. 자기 자신의 법익에 대하여 스스로 결정하고 타인의 부당한 간섭을 받지 않을 자기결정권으로 나타난다. 아울러 이러한 인간존엄의 가장 기초가 되는 것으로서 생명권은 모든 개별 기본권의 전제가 되는 인간으로서의 지위를 유지시켜주는 생물학적 기초가 되며 헌법상 가장 핵심적인 기본권이다. 생명권은 국가에 대한 소극적인 방어권일 뿐만 아니라, 제3자의 그러한 침해에 대하여 국가기관에 형법을 통해 보장하여야할 기본권 보호 의무를 부과한다. 이러한 생명권은 그 내용으로서 국가 또는 제3자의 침해에 대한 시민의 방어권을 의미하고, 또 국가에 대한 보호 요구권이 포함되기는 하지만, 권리주체 본인이 권리의 객체인 생명을 자유로이 처분할 수 있는 권리는 포함되지 않는다. 즉 생명권은 적극적으로 자신의 생명을 처분할 권리를 담고 있지는 않다. 반면, 자신의 의사에 반하는 신체에 대한 침해를 방어할 권리를 가진다. 이에 따라 자신의 의사에 반해 의학적 처치나 치료를 하는데 대해 거부할 수 있으며, 이러한 치료거부권을 행사함으로 인해 생명을 유지하는데 영향을 미친다고 하더라도 치료거부권은 보장받아야 한다.

죽음이 임박한 환자의 연명치료의 중단 요구는 생명의 종결과 직결될 수 있지만 이는 생명권의 포기가 아니라 인간의 존엄성과 자신의 생명·신체에 대한 불가침의 권리인 생명권에 근거하여, 환자 본인이 원치 않는 신체적 침해를 배제하고 존엄하게 삶을 마무리하기 위하여 생애 마지막 기본권을 실현하는 형태라고 보아야 한다. 죽음에 이르는 과정도 삶의 일부분이며, 불치의 질병이나 불치의 신체손상에 의해 서서히 죽음에 이르는 것도 생명 활동의 자연스러운 현상이다. 그러므로 연명치료 중단은 인위적인 생명연장 장치에 의해 생명을 유지하기보다는 자연스러운 죽음을 맞이하는 방법으로서 생명을 지키고자 하는 것이므로, 연명치료중단이 생명권의 침해나 포기가 아닌 것이다. 환자의 의사나 상태와는 상관없이 정부 정책으로 이루어지는 안락사는 국가로부터의 생명권의 제한 내지 생명권의 침해가 될 수 있으므로 받아들일 수 없는 것이지만, 임종기에 의료진의 설명을 듣고 환자의 진지한 의사결정(informed consent)에 기한 연명치료의 중단·보류이거나 뇌사나 임종환자와 같이 죽음에 임박한 상태로 자연사(自然死)의 과정에 있는 환자에게 행해지는 연명치료중단 내지 보류는 삶의 마지막 시기에 인간으로서의 존엄과 가치를 실현하는 방식이며 생명권을 보장하는 것이 된다.[23] 임종기에 죽음에 이르는 자연스러운 과정을 방해받지 않고 본인이 원치 않는 신체적 침해 없이 죽음에 이를 수 있는 것은 생명의 단축이 아니라 생명 활동의 보호이며 인간으로서의 존엄성을 지키는 일이다. 그러므로 연명치료중단은 인위적인 생명연장 장치에 의해 생명을 유지하기보다는 자연스러운 죽음을 맞이하는 방법으로서 생명을 지키고자 하는 것이고, 연명치료중단은 생명권의 침해나 포기가 아닌 생명권의 보장이며 생애 마지막에 본인의 의사에 따라 실현할 수 있는 권리라고 할 수 있을 것이다. 그런데 회복가능성이 없어 치료하는 것이 의학적으로 무의미하더라도 연명치료를 계속함으로써 연명되는 생명이 가치 없다고 말할 수는 없으며 생명권의 보호대상이 되지 않는 것도 아니다. 생명권은 건강한 사람이나 임종기의 환자나 동일하게 보호되어야 하고, 어떤 생명이 다른 생명보다 더 보호받을 가치가 있다는 식으로 생명의 가치를 계량할 수 없다. 생명권에는 연명치료에 의존하여 절대적인 생명의 길이를 연장하는 것을 선호하는 가치와 생명의 절대적인 연명보다는 자연스러운 사망을 선호하는 가치가 모두 생명권의 보호 내용에 속해있다고 보아야 하기 때문이다.[24]

이런 의미에서 헌법재판소의 결정에서 판시한 것과 같이 인간의 존엄과 가치 및 행복추구권으로부터 도출되는 헌법상 기본권인 자기결정권의 한 내용으로서 뿐만 아니라, 생명권으로부터도 직접 연명치료중단의

23) 同旨: 이석배 · 이원상, 연명치료중단에 있어서 환자의 자기결정권과 사전의료지시서에 관한 연구 (한국형사정책연구원, 2010), pp.117~118. 독일과 오스트리아에서는 비록 환자의 결정이 객관적인 관점에서 비합리적이어서 그 결과로 환자가 사망에 이를 위험이 있다 하더라도 의사는 환자의 의사를 존중하여야 하므로, 환자의 치료거부 결정에 반하여 환자를 치료한 경우에는 상해죄에 해당하여 처벌한다. "환자의 의사는 최고의 법률이다" 라는 법언은 환자의 자신에 대한 질병치료의 동의나 거절에 대한 권리로부터 소극적인 죽음에 대한 권리까지 모두 보장된다는 의미이고, 이는 생명권에서 기인하는 것이다.

24) 이런 의미에서 생명권에는 소극적으로 연명치료중단을 통해 자연스러운 사망에 이르는 생명의 자연스러운 쇠퇴과정을 방해받지 않도록 한다는 소극적 의미의 생명권과 생명의 길이의 절대적인 연장을 추구하는 것 내지는 외부의 생명 침해로부터 보호를 청구할 수 있다는 적극적 의미의 생명권으로 나누어 볼 수 있다고 생각된다.

권리를 도출할 수 있다고 판단된다.[25)]

### (2) 죽음에 관한 자기결정권

우리 헌법재판소 판례는 연명치료중단을 생명권의 관점에서 검토하지 않았을 뿐 아니라 '죽음에 관한 자기결정권'의 관점도 검토하지 않았다. 연명치료의 중단을 치료에 관한 의료계약의 중단이라는 관점에서 검토하고, 치료가 생명과 직결되는 경우에만 특별하게 검토해야 한다고 논증함으로써 생명에 관한 자기결정권이 아니라 치료에 관한 자기결정권으로 이해한 것이다.

그러나 죽음은 생명의 부정이라는 점에서 생명권의 관점에서 이해할 수도 있지만 생명과는 독립하여 그 자체로 이해될 수 있고, 이런 관점에서 '죽음에 관한 자기결정권'을 인정할 수 있다는 견해가 있다.[26)] 이 견해는 '죽음에 관한 자기결정권'도 인간의 존엄과 가치에 관한 기본권에 간접적으로 근거하여 헌법 제37조 제1항의 열거되지 않은 개별적 기본권을 직접적 근거로 도출한다. 헌법상 기본권으로서 '죽음에 관한 자기결정권'은 '존엄하게 죽을 권리'로 구체화하여 이미 사망이 임박했음에도 불구하고 생명유지 장치에 의해 고통스럽게 생명을 연장하기보다는 스스로 그 기계적 장치의 제거를 요구하고 죽음을 선택할 수 있게 함으로써 인간으로서의 존엄을 유지하도록 하자는 것이다. 이 죽음에 관한 자기결정권은 생명보호라는 헌법적 가치에 의해 제한될 수 있으므로 엄격한 요건에서만 허용될 수 있다고 주장한다. 핵심요건은 환자 본인의 의사가 존재해야 한다는 것이다. 연명치료의 중단은 생명의 중단이면서 죽음의 개시를 의미하므로 죽음에 관한 자기결정권의 관점에서 논증되어야 한다는 주장이

---

25) 엄주희, "생명권의 헌정사적 발전과정과 최근 동향", 연세법학회 제53회 하계학술대회 (2013.8.24.) p.13.

26) 이준일, "대법원의 존엄사 인정(대판 2009다17417)과 인간의 존엄 및 생명권", 「고시계」 (2009), p.101.

다.[27] 이 죽음에 관한 자기결정권이 인정된다면 연명치료중단뿐 아니라 의사조력자살도 허용될 수 있다는 결론에 도달한다.

생각건대, 생명권이 선험적이고 자연법적 권리로서 헌법에 규정된 모든 기본권의 전제로서 기능하는 기본권 중의 기본권으로서 생명에 관한 개인의 처분권이 인정되지 않는다는 점에서 본다면, 죽음에 관한 자기결정권이라는 것은 생명에 관한 처분권이 허용한다는 의미이고 이를 전제로 생명을 종결할 권리를 포괄적으로 인정된다는 의미가 된다. 그러므로 생명에 대한 처분권이 인정되지 않는 이상 '죽음에 관한 자기결정권'도 인정될 수 없다.

이와는 달리 이미 사망의 단계에 접어들어 회복될 수 없는 환자에게 무의미한 치료의 거부를 허용하는 것은 삶의 마지막 단계인 죽음의 과정에 접어든 상태에서도 치료에 대한 결정권을 유지하여 줌으로써 환자 자신의 인간의 존엄과 가치 및 행복추구권 그리고 생명권을 보호할 수 있는 선택권, 즉 연명치료중단의 자기결정권을 보장하는 것으로 평가될 수 있다.[28] 이는 회복 불가능한 환자에게 '존엄하게 죽을 권리'를 인정하는 것이 아니라 자연사(自然死)의 과정을 거칠 수 있도록 신체의 불필요한 침해를 거부하는 치료거부의 자기결정을 유지하도록 하는 것이다. 생명권은 전(全) 생애에 걸쳐 보호받는 것이고, 생애 마지막 시기라고 하여 경시되거나 보호대상에서 제외되지 않는다. 따라서 회복 불가능한 환자가 연명치료를 중단하거나 보류하는 것은 자살과 같이 생명을 포기하는 것이거나 죽음의 방법과 시간을 적극적으로 선택할 수 있는 '죽음에 관한 자기결정권'을 인정하는 것이 아닌 것이다. 그리고 죽음에 관한 자기결정권이 인정되지 않는 이상, 적극적인 방법으로 생명을 종결하는 의사조력자살도 허용될 수는 없다고 할 것이다.

---

27) 이준일, 앞의 논문, p.102.

28) 노태헌, "연명치료중단의 허부 및 허용요건-대법원 2009. 5. 21.선고 2009다17417 판결-", 대법원 헌법연구회 · 한국헌법학회 제56회 공동학술대회 (2009.11.) p.88.

## 2. 미국의 경우

미국에서 헌법상 보장되는 권리는 미국 헌법전에 명문으로 보장된 기본권과 명문에는 없으나 연방대법원의 판례에 의해 정립된 기본권으로 나누어 볼 수 있다.[29] 미국 연방대법원은 개인의 권리 중에서 헌법상 보호되는 근본적 권리(fundamental rights)가 존재하며, 헌법상 근본적 권리의 경우 사법적 위헌심사 수준 중 엄격심사 기준에 부합하지 않는 한 정부의 행위나 법률이 이 권리를 침해할 수 없다고 하면서 특별히 중요하게 보호하는 권리를 인정하고 있다.[30]

미국에서는 환자의 생명 종결 결정에 관한 권리, 즉 환자가 자신의 죽음의 방법과 시기에 관해 결정하는 데 관련된 권리를 '죽을 권리'(right to die)라고 명명하기도 한다. 학자에 따라서 이 죽을 권리의 종류를 소극적 의미의 죽을 권리인 연명치료를 중단할 수 있는 권리와 적극적이고 넓은 의미의 죽을 권리인 의사조력자살의 두 가지로 논하기도 한다. 연명치료중단의 권리에 대해 연방대법원은 헌법상 기본권으로 인식하고 이익형량의 방식으로 구체적 실현 여부를 판단함으로써, 수정헌법 제14조의 적법절차조항의 헌법상 자유이익에 포섭하는 것으로 이해하고 있다. 연방대법원은 의사조력자살을 포함한 넓은 의미의 '죽을 권리'를 인정하지 않지만 헌법 이론적으로는 이 넓은 의미의 '죽을 권리'에 대한 헌법적 근거로 프라이버시권 등 수정헌법 제14조의 적법절차조항으로부터 도출되는 헌법상 자유권으로 보는 견해, 평등권 보호 조항, 종교와 양심의 자유,

---

29) 미국은 불문헌법으로서 판례가 차지하는 중요성이 매우 높다. Griswold v. Connecticut (381 U.S. 479 (1965) Goldberg 대법관의 찬성의견) 에서와 같이 수정헌법 제9조의 열거되지 않은 권리 조항(헌법에 특정한 권리가 열거되어 있다 하여 이를 시민이 보유하는 그 밖의 권리들을 부인하거나 경시하는 것으로 해석해서는 안된다) 을 프라이버시권과 같은 헌법전에 없는 권리를 보호하기 위한 헌법전상의 정당화를 제공하는데 사용하기도 한다. 석인선, "미국 헌법상 기본적 권리론 (fundamental rights)의 전개와 평가", 「세계헌법연구」 제13권 1호 (2007), pp.292~293.

30) Erwin Chemerinsky, *Constitutional Law : principles and policies*, 4th ed. (N.Y. : Wolters Kluwer Law & Business, 2011), p.812.

그리고 수정헌법 제9조의 열거되지 아니한 권리 등을 제시하는 견해가 있다.

### (1) 연명치료중단의 권리

#### 1) 적법절차 조항에 의한 검토

미국 헌법은 수정헌법 제1조부터 10조의 권리장전에서 구체적인 기본권을 협소하게 보장하고 있고 포괄적인 자유와 권리를 보장하고 있지 않다. 그러나 수정헌법 제14조의 적벌절차 조항을 근거로 실체적 적법절차 법리에 의하여 헌법상 보장되는 기본권을 구체화하고 헌법상 자유를 확대 발전시켜왔다.[31] 1965년 Griswold v. Connecticut[32] 사건에서는 피임기구 사용을 형사 범죄로 규정한 코네티컷주 법률이 헌법상 보호하는 프라이버시권을 침해하고 있기 때문에 실체적 적법절차의 기준을 충족하지 못하므로 위헌이라고 판결함으로써 실체적 적법절차 기준을 원용하여 프라이버시권을 헌법상 근본적 권리로 도출하였다. 헌법상 근본적 권리로 인정되는 경우 정부의 행위나 법률이 개인의 근본적 권리를 침해할 시에는 엄격 심사기준을 통과해야 허용된다. 이후 연방대법원 판결을 통해 프라이버시권의 영역에 결혼, 양육, 가족과의 동거할 권리 등의 사생활에 관한 권리가 포함되는 것으로 해석되고 있다. 환자가 임종기에 연명치료를 중단할 권리는 신체를 침해하는 본인이 원치 않는 치료 행위로부터 벗어나 자연스럽게 죽음을 맞이할 권리이며 적법절차에서 보장하는 개인의 자유권이라고 볼 수 있다. 연방대법원은 Cruzan 사건을 통해 연명치료중단의 권리가 프라이버시권의 영역에 포함되는 헌법상 근본적 권리라고

---

31) 윤명선, 「미국 기본권 연구」(경희대 출판국, 2004), pp.44~46 ; 임지봉, "적법절차조항의 우리헌법에의 도입과 그 운용", 「헌법학연구」 제11권 제3호 (2005.9), p.267. 적법절차 조항에서 적시되는 '자유(liberty)'는 수많은 판결들을 통하여 수정헌법 제1조부터 제10조의 이른바, 권리장전(Bill of Rights) 상의 기본적 자유들과 함께 연방헌법에 명시적으로 규정되지 않은 기본권들을 상징한다. 적법절차조항은 대륙법 체계국가에서 기본권의 제한과 한계를 정하는 원리와 유사하다.

32) Griswold v. Connecticut , 381 U.S. 479 (1965).

명시하지는 않았지만 적법절차에서 보장하는 헌법상 자유이익이 있다고 판단하였다.

① 의사능력 있는 성인의 연명치료중단 권리

미 연방대법원이 말기환자의 연명치료중단의 권리가 헌법적 권리인지 여부를 최초로 다룬 판결은 1990년 Cruzan 사건이었다. 연방대법원은 '원치 않는 치료를 중단할 수 있는 권리', 즉 치료거부권이 적법절차 조항에서 보장된 자유이익이 있다고 함으로써 헌법상 보호되는 권리라고 선언하였다.[33] 연명치료중단의 권리라는 개인적 법익이 헌법상 권리로 인정될 수 있는지, 이를 법률로 제한할 수 있는지 여부는 주 정부의 이익과 개인적 법익을 비교 형량하는 방식으로 결정하였다. 생명 보호, 무고한 제3자의 이익 보호, 자살의 방지, 의료 윤리 보호 등이 전통적으로 개인적 법익 보다 우월한 주 정부의 이익으로 인정된다. 이러한 주 정부의 공익은 연명치료중단의 개인적 법익을 능가하지 못한다고 보았다. 다만 연방대법원은 위 사건에서 개인적 법익에 대한 침해할 수 있는 주의 이익을 심사함에 있어서 어떤 심사 기준을 적용하였는지에 대해서는 언급하지 않았다.

의사능력이 있는 성인은 적법절차 조항에 의하여 의료진의 설명에 근거한 동의 과정(informed consent)을 거쳐 원치 않는 의학적 치료를 거부할 헌법상 자유이익을 가지므로, 이 연명치료중단의 권리는 환자가 연명치료의 종류와 연명치료의 중단 시점을 선택할 수 있는 자기결정권의 형식으로 발현된다.[34] 거부할 수 있는 치료의 범위에는 인공호흡기와 같은

---

33) Cruzan v. Missouri Department of Health, 497 U.S. 261 (1990).

34) 미국 대부분의 주 법원에서 커먼로 상의 설명에 의한 동의권으로부터 연명치료중단에 관한 자기결정권을 도출한다. Storar 사건의 뉴욕주 대법원, Cruzan 사건의 미주리주 항소법원과 Conroy 사건의 뉴저지주 대법원 등에서 커먼로(common law) 상 권리로서 설명에 의한 동의권을 철회하거나 수용할 권리를 근거로 의사능력 있는 성인은 원치 않는 의학적 치료를 거부할 권리가 있다고 보았다. 메사추세츠 대법원은 Saikewicz 사건에서 의학적 치료 거부에 관한 환자의 자기결정권 보다 생명 보호 이익 등의 다른 법익이 우선하지 않으므로 원치 않는 연명치료중단에 관한 자기결정권을 보호되어야 한다고 판시하였다. 캘리포니아주 항소법원은 Bouvia 사건에서 "죽을

특수 연명치료 뿐 아니라 인공 영양과 수분공급과 같은 일반 연명치료가 포함될 수 있다. 따라서 의사능력이 있는 사람이 연명치료 거부의 권리를 실행하는데 있어 의료진의 설명을 듣고 숙고한 후에 결정할 수 있도록 하는 절차와 자신이 원하는 연명치료의 종류를 결정하고 원할 때는 연명치료를 중단할 수 있도록 합리적인 절차가 필요하다. 연명치료중단을 실행하기 위한 절차와 중단할 수 있는 연명치료의 종류나 대상 환자의 범위 등 연명치료중단에 관한 세부사항은 주(州)의 입법 형성의 재량에 위임되어 있기 때문에 주마다 연명치료중단의 절차와 요건을 규정한 법률을 제정하여 실행하고 있다.

② 의사무능력자의 연명치료중단 권리

연명치료중단의 권리는 본인이 그 침해여부를 인식할 수 없다고 해서 박탈되는 것이 아니기 때문에 의사능력이 없는 사람도 연명치료중단의 권리를 가진다. 다만, 의사능력이 있는 환자와 같이 설명에 의한 동의를 하는 방식으로 자기결정권을 실행하기는 불가능하므로 의사능력자와는 다른 절차로 연명치료중단이 가능하다.

첫째로, 대리인을 선임할 수 있게 하여 어떤 특정한 환경에서 대리인이 환자를 대신하여 결정할 수 있도록 할 수 있다. 대리 결정권자는 환자가 의사능력이 있었더라면 표현하였을 것이라고 추정되는 환자의 의사에 최상으로 부합하는 결정을 내리도록 하기 위하여 환자의 의사에 관해 입증 책임이 강화될 수 있다. 대리 결정권자에 의해 환자의 의사가 왜곡되는 것을 방지하기 위한 절차적 안전장치로서 주별로 강화된 증거기준을 적용할 수 있고 이는 절차적 적법절차 원리에 부합한다.[35)]

둘째로 환자가 의사능력이 있을 때에 환자가 의사무능력이 될 경우

---

권리(right to die)는 타인의 권리에 영향을 주지 않는 한 우리 자신의 운명을 통제할 권리의 핵심적인 부분이다. 이 권리는 가능한 한 고통 없이 빨리 삶을 종결하기 위해 의료진을 포함한 타인으로부터 도움을 받을 수 있는 능력을 포함한다." 라고 판시하여 말기환자가 아니라하더라도 의사능력 있는 환자는 연명치료중단에 관한 자기결정권을 가진다고 보았다.

35) Cruzan v. Director, Missouri Department of Health, 497 U.S. 261 (1990).

를 대비하여 자신이 원하는 치료의 종류와 범위를 사전의료지시서와 같은 문서로 남겨두도록 하는 것이다. 환자가 연명치료중단을 원한다는 명백한 증거가 있을 때에만 연명치료를 중단하도록 함으로써 생명권 침해 위험을 방지하고, 개인의 치료거부권과 생명권 보호 이익 사이의 균형을 이루게 할 수 있다.

2) 헌법상 근본적 권리 여부

미국 헌법상 권리에는 근본적 권리로서 정부의 행위나 법률이 개인의 근본적 권리할 침해할 경우에 엄격 심사기준을 통과해야 허용된다고 연방대법원이 인정하는 권리가 존재한다. 예컨대, 프라이버시권(right of privacy)은 미국 헌법에 명문으로 규정되어 있지 않지만 연방대법원이 판례로서 정립한 헌법상 근본적 권리이다. 연방대법원의 판례에서 프라이버시권은 수정헌법 제9조의 헌법에 열거되지 않은 권리 또는 수정헌법 제1조부터 10조까지, 이른바 권리장전(Bill of Rights)에 포함된 개념으로 인정되거나, 수정헌법 제14조 적법절차 조항의 자유(liberty) 개념에 포함된다고 본다. 전자의 예는 피임약이나 피임기구를 사용할 권리를 헌법상 근본적 권리로 선언하여 이들의 사용을 금지한 코네티컷주 법률을 프라이버시권 침해로 위헌 선언한 Griswold v. Connecticut 판결[36]에서, 후자의 예는 임신기간을 제1기부터 제3기까지 나누고 각각의 단계에 따라 임신중절에 대한 규제가 달라진다는 3분리이론을 주창하며 여성의 낙태권을 실체적 적법절차에 의해 보호되는 근본적 권리로 판시한 Roe v. Wade

36) Griswold v. Connecticut, 381 U.S. 479 (1965).
Douglas 대법관의 다수의견은 기혼 부부의 피임은 권리장전 일부 조항의 종합적 해석으로부터 도출되는 프라이버시 영역에 해당된다고 하였다. 코네티컷 주법이 침해한 피임권은 권리장전 채택 이전에 이미 존재하고 있었으며, 그 결과 권리장전에 묵시적으로 포함되어 있었다는 것이다. 이를 권리장전 안에는 특정하게 보장되는 반영권(penumbral rights)이 존재한다고 표현하였다. 이에 반해 Goldberg 대법관은 수정헌법 제14조에서 말하는 자유는 결코 권리장전에 명시된 자유로 제한될 수 없고 혼인과 관련한 프라이버시권도 본질적인 자유로서 여기에 포함된다고 하였다. 이 주장의 근거로 수정헌법 제9조를 제시하였다.

판결[37]을 들 수 있다. 프라이버시권의 내용으로 다른 인종간의 결혼을 할 수 있는 자유[38], 피임의 자유[39], 낙태의 자유[40], 사립학교 선택의 자유[41], 친족과의 동거의 자유[42] 등이 판례로 인정된다. 프라이버시권은 성, 결혼, 가족 생활 등 사적인 자율성(personal autonomy) 내지 개인의 사생활의 일정 영역을 보호하는 기본권이다.

이와 같이 개인의 사적인 자율성의 근본적인 핵심을 보장하고 있는 프라이버시권의 영역에 연명치료중단을 포함할 수 있는지 여부를 살펴보자면, 1975년 Quinlan 사건에서 뉴욕주 대법원이 처음으로 프라이버시권으로부터 환자의 연명치료중단 권리를 인정하였다. 즉 혼인, 출산, 임신중절, 피임, 자녀양육 등의 문제와 마찬가지로 치료 중단에 의한 개인의 죽음의 문제도 타인이나 사회에 별다른 영향을 미치지 않는 지극히 개인적인 것이므로 프라이버시권의 영역에 포섭된다고 보았다.[43] 그 후 1977년 메사추세츠주 대법원의 Saikewicz 사건[44]과 1981년 뉴욕주 대법원의 Fox 사건[45] 등 판례에서 원치 않는 의학적 치료에 의해 신체적 침해를 받지 않을 권리를 프라이버시권으로 포섭함으로써 말기환자의 연명치료중단의 권리를 헌법적 권리로서 확인하였다. 이와 같이 주 대법원의 1970년대부터 1980년대 판결에서는 프라이버시권 영역에 연명치료중단의 권리

37) Roe v. Wade, 410 U.S.113 (1973). Griswold v. Connecticut 판결의 John Harlan, White 대법관도 혼인과 관련한 프라이버시권의 헌법적 근거를 권리장전이나 수정헌법 제9조라고 보지 아니하고 수정헌법 제14조가 직접적으로 보장하고 있다고 주장하였다. 혼인과 관련한 프라이버시권은 질서화된 자유의 개념에 내재되어 있는 본질적 가치이며 이 질서화된 자유는 모든 자유 정부의 시민이 누리는 본질적인 권리들을 포함한다고 보았다.

38) Loving v. Virginia, 388 U.S. 1 (1967).

39) Griswold v. Connecticut, 381 U.S. 479 (1965).

40) Roe v. Wade, 410 U.S.113 (1973).

41) Pierce v. Society of Sisters, 268 U.S. 510 (1925).

42) Moore v. City of East Cleveland, 431 U.S. 494 (1977).

43) In re Quinlan, 355 A.2D 647 (1976).

44) Superintendent of Belchertown State School v. Saikewicz, 370 N.E. 2d 417 (Mass. 1977).

45) In re Eichner, 73 A.D.2d 431, 426 N.Y.S.2d 517 (N.Y. App. Div. 1980).

를 포함하고 있다. 반면, 연방대법원은 연명치료중단의 권리가 프라이버시권으로 포섭되는 것이 아니라, 의사의 연명치료중단 행위가 환자의 고통을 완화하는 치료행위로서 임종기에 환자가 겪는 무의미한 고통을 완화시키고 자연스러운 죽음의 과정을 거칠 수 있도록 것이므로 이 권리는 환자가 원치 않는 치료를 거부할 권리라는 법적 전통으로부터 나오는 헌법상 권리라고 인정하고 있다. 다만 연명치료중단의 권리를 헌법상 권리로 인정을 하였지만 엄격 심사 기준이 적용되는 근본적 권리라고 명시적으로 인정한 것은 아니다.[46)]

#### (2) 의사조력자살의 권리

##### 1) 적법절차 조항에 의한 검토

연명치료중단의 권리는 소극적 권리(negative right) 또는 자유권(liberty right)적 성격을 가지기 때문에 이 자유권보다 우선하는 의무가 있지 않은 한 의사에게 연명치료중단의 권리를 간섭하거나 방해하여서는 안 될 의무를 부여한다. 반면 의사의 조력을 받을 권리는 적극적 권리(positive right)의 성격을 가지기 때문에 환자를 단지 홀로 있게 놔두는 것(let be alone)뿐 아니라 의사에게 환자의 삶의 종결을 달성할 수 있게 도와주어야 할 의무를 부과한다.[47)]

Glucksberg 사건 항소심의 Reinhardt 판사는 판결문에서 모든 사람은 자신의 죽음에 대한 시간과 방법을 정할 수 있다는 헌법적 자유권이 있다고 결론 내렸다. 1973년의 Roe v. Wade 판결에서 낙태를 시행해달라고 의사에게 도움을 구할 수 있는 권리가 낙태를 선택할 수 있는 권리로부터 나오는 것과 마찬가지로 “죽음에 있어서도 의사에게 조력을 받을 권리는

---

46) 연명치료중단의 권리가 헌법상 근본적 권리에 해당되는지 여부와 사법적 위헌 심사수준에 관해서 연방대법원은 언급하지 않음으로 인해, 향후 판례에서 연명치료중단을 포함한 생명 종결 결정에 관해 위헌 심사수준을 달리 판단할 수 있는 가능성을 열어두고 있다.

47) Robert F. Weir, “The Morality of Physician-Assisted Suicide.” 20 Law, Med. & Health Care 116, 121 (1992).

자신의 죽음에 대한 시간과 방법을 정할 수 있는 권리라는 더 근본적인 권리로부터 발생하는 것"이며, "연방대법원이 과거 판례를 통해 중요하고 사적이고 개인적인 결정[48]을 실체법적 자유권으로서 보호하고 있는 것과 마찬가지로 자신의 죽음에 대한 시간과 방법을 결정할 수 있는 적법절차상의 자유권적 이익이 있다"고 판시하였다.[49] 그 논거로서 연방대법원이 전통적으로 사적인 자기결정권을 헌법상 자유권으로 인정해왔던바 자신의 생명을 종결할 권리보다 더 중요하고 사적이며 개인적인 결정은 없으며, 의사들이 말기환자의 죽음을 앞당길 수 있도록 도와주는 행위는 오래전부터 비공식적으로 은밀하게 행해지고 있으며, 미국 사회의 다수가 의사조력자살을 찬성하고 있다는 여론이 있다고 주장하였다. 주 법원 판결로는 2008년 몬타나주 지방법원에서는 프라이버시권을 근거로 환자가 의사조력자살 권리를 가진다고 보았고, 몬타나주 대법원 판결의 보충의견에서도 의사조력자살을 프라이버시권의 한 영역으로 인정한 원심과 의견을 같이 하였다.[50]

이와는 달리 연방대법원은 의사조력자살을 헌법상 권리로 인정하지 않는다. Cruzan 사건의 연방대법원 판결은 연명치료를 포함하여 원하지 않는 의학적 치료를 거부할 권리는 헌법상 권리로 인정되지만 회복 가능성이 없는 환자라도 실체적 적법절차로부터 도출되는 자유의 하나로서 자살할 권리를 가지지는 못한다고 보았고,[51] Glucksberg사건의 연방대법원 판결에서도 환자가 자살하는데 있어서 제3자의 도움을 받을 권리도 없다고 판시하였다.[52] 따라서 환자가 고의적으로 생명을 종결하기 위해 의사로부터 치사량의 약을 처방받는 행위는 헌법상 권리로서 인정되지 않는다. 적법절차 조항에 의해 사적이고 개인적 결정을 할 수 있는 개

48) 예컨대, 결혼의 권리, 자녀의 후견권, 가족의 동거권, 자녀양육문제에 대한 결정권, 출산의 권리, 피임기구 구입과 사용의 권리, 임신중절의 권리 등.

49) Compassion in Dying v. Washington, 79 F.3d 790 (1996).

50) ADV-2007-787 (Mont. Dist. Ct., filed Oct. 18, 2007).

51) Cruzan v. Director, Mo. Dept. of Health 497 US 261 (1990).

52) Washington v. Glucksberg, 521 US 702 (1997).

인의 자기결정권이 모든 영역에 있어서 광범위하게 보장되는 것이 아니고, 어떠한 영역의 개인의 자기결정권이 실체적 적법절차 원리로 헌법상 권리를 도출하기 위해서는 미국의 법적 전통과 역사에서 확인되고 도출될 수 있어야 한다. 의사가 자살을 조력하는 행위는 연명치료중단과는 달리 환자를 죽이려는 동기와 의도가 명확한 살인행위로서 의료 윤리와 법적 전통에서 허용되지 않는다는 것이다.

2) 평등권에 의한 검토

연방 수정헌법 제14조는 "어떠한 주도 주민의 평등권 보호를 침해하는 법률을 제정하거나 집행하여서는 아니 된다."라고 하여 평등보호를 규정하고 있다. 평등보호는 정부가 특정 집단에 대해 차별적인 행위를 하거나 차별적인 법률을 제정할 경우에만 적용된다. 평등권 보호에 근거하여 의사조력자살의 권리를 헌법상 권리로 인정할 수 있는지 여부를 살펴보기 위하여 의사조력자살을 금지하는 것이 말기환자와 일반인을 차별하는 평등권 위반인지 여부, 연명치료중단과 의사조력자살을 차별하는 것이 평등권 위반인지 여부를 검토한다.

① 찬성 논거

평등권에 근거하여 의사조력자살의 헌법적 권리를 인정하는 견해에서는 아래의 2가지 논거를 든다. 첫째로, 정상인은 타인의 도움 없이도 자살을 실행할 수 있는 반면 중증 장애인이나 말기환자는 타인의 도움 없이는 불가능하기 때문에 자살에의 조력을 불법화하는 것이 불평등하다는 점이다. 현재 대부분의 관할권에서 자살을 불법으로 규정하지 않아 처벌하고 있지 않다. 그러므로 정상인은 모두 자살을 선택하는 것이 가능하지만, 중증 장애인이나 말기환자는 자살을 실행하기 위해 반드시 조력을 구해야 하기 때문에 이를 불법화하게 되면 정상인과 차별을 받는 결과가 된다. 즉, 자살 조력을 범죄로 규정하면 자살하려는 사람이 타인의 조력을 요구하는 수단을 선택할 수 있는 행위를 부인당하는 것인데, 질병이나 장애 때문에 애초부터 스스로 죽음을 선택할 수 없는 사람에게는 수단만을 차단당하는 것이 아니라 합법적인 자살의 선택까지도 완전히 박탈당하게 되는 결과가 된다.[53] 자살 조력을 범죄로 규정하는 것은 조력 없이는 자살할 수 없는 신체 장애인과 비장애인과 다르게 취급하는 것이기 때문에 평등권 위반이라는 주장이다.[54]

두 번째 논거는 연명치료중단과 의사조력자살이 본질적으로 동일하다는 것이다. Quill 사건의 항소심[55] 판결은 뉴욕주가 법령과 판례로서 말기환자에게 연명치료중단의 권리는 명백히 인정하면서도 의사조력 자살을 허용하지 않음으로써 이 두 가지 모두가 의료적인 조치에 의해 말기환자에게 사망의 결과를 가져온다는 사실이 동일함에도 불구하고 차별적으로 취급되는 것이라고 보았다. 연명치료중단은 허용하고 의사 조력 자살은 범죄로 취급하는 것은 말기환자라는 동일한 상황에 처한 사람들을 서로 달리 취급함으로써 수정헌법 제14조의 평등보호 조항에 위배되는 차별이라고 본 것이다.[56]

② 반대 논거

평등권에 근거로 의사조력자살의 법제화를 반대하는 입장에서는 두 가지의 논거를 든다. 첫 번째 논거는 장애인과 같이 소외계층이거나 차별을 받는 그룹은 의사조력자살의 법제화에 영향을 받게 될 것이라는 점이

---

53) Pretty v. U.K. 35 E.H.R.R. 1 (2002). 이러한 이유에서 유럽인권재판소(European Court of Human Rights)은 차별을 인정했다. 그러나 이 사건 판결은 말기환자인 Pretty가 심각한 고통과 존엄성이 훼손되는 상태로 죽어가고 있는데도 자신 스스로가 자살을 할 수 없기 때문에 남편에게 조력을 요청했고, 이에 Pretty는 영국에서 자살 조력을 형사처벌하기 때문에 이를 말기환자의 권리를 인권을 침해한 것이라고 제소한 사건인데, 말기환자는 조력자살이 비범죄화 된다면 악용될 위험이 크기 때문에 조력자살을 포괄적으로 금지하는 것이 필수불가결한 안전장치이며, 이러한 법은 합당하고 정당화된다고 판시하였다.

54) 캐나다의 판결에도 이와 같은 취지의 의견을 볼 수 있다. Rodriguez v. British Columbia (Attorney-General) 3 S.C.R. 519, 544 (1993). Lamer C.J.C. 대법관은 반대의견으로서 조력자살의 일괄 금지 조항은 조력 없이는 신체적으로 자살을 실행할 수 없는 사람들을 차별적으로 처우하는 것으로 평등권을 침해한 것이라고 밝혔다.

55) Quill v. Vacco, 80 F. 3d 716 (1996).

56) Quill v. Koppell, 870 F. Supp. 78, 84 (1994) ; Quill v. Vacco, 80 F.3d 716, 729 (1996); Compassion in Dying v. Washington, 850 F. Supp. 1454, 1467 (1994) ; Compassion in Dying v. Washington, 49 F. 3d 586, 597 (1995) Wright. J 판사의 반대의견.

다. 정책 입안자들이나 법원 판결에서도 법제화가 빈곤층 (특히 빈곤층 여성), 유색인종, 소수인종, 정신병 환자들에게 다른 영향을 주게 될 것이라는 점을 지적해왔다.[57] 노인, 빈곤층, 환자나 장애인과 같은 취약층이나 개인적 · 사회적인 지원이 부족하거나 소외된 사람들, 예컨대 독신자나 최근에 사별한 사람, 따돌림 받은 사람들의 자살률이 높다는 통계에 드러나듯이 소외계층은 자살을 실행할 수 있는 더 큰 위험성에 이미 놓여 있기 때문이다.[58] 소외계층은 부적절한 통증 관리를 받게 될 가능성이 높기 때문에 조력 자살을 유일한 선택으로 생각하게 될 수 있다. 1994년에 뉴욕주의 '생명과 법에 관한 특별전문 위원회' 에서 발표한 보고서[59]에서도 아무리 정교하게 가이드라인을 제정한다고 하더라도 의사조력자살은 사회의 모든 부분에 전달되는 서비스에 특징인 사회적 불평등과 왜곡을 통하여 실행될 것이고, 빈곤층, 노인, 소수계층에게 더 큰 위험을 유발하게 될 것이라고 경고하였다. 법률에 의해 의사조력자살이 공식화되면 말기환자들의 의사조력자살 선택을 촉진시킬 수 있다. 장애인들이 고비용이며 시간이 많이 드는 케어를 꺼리는 사회적 압력이 이미 존재하는데, 의사조력자살의 공식화가 이 압력을 더욱 증가시키게 될 것이다. 뿐만 아니라 신체 장애인의 경우 재정적인 압박과 사회적 무관심 때문에 돌봄을 받지 못하여 삶을 계속 살아나가기가 힘들어질 때는, 의사조력자살이 권리가 아닌 사실상 의무가 되어 버리게 되고 그럼으로 인해 사실상의 불평등과 생명권 침해의 문제가 발생하게 될 수 있다.

두 번째 논거는 의사조력자살의 법제화가 차별적인 대우를 형성하게 된다는 점이다. 의사조력자살을 말기환자와 같은 특정한 그룹만으로 제한하게 되면, 그 차별은 평등 보호 기반에서 허용될 수 없는 것이다. 즉

---

57) Compassion in Dying v. Washington, 49 F.3d 586 (1995) 592.

58) 참고로, 우리나라의 경우 2009년도 표준인구 10만명당 평균 자살률이 28.4명으로 OECD국가 (평균 11.2명) 중 가장 높으며, 자살률이 연령이 높아질수록 증가, 80대 이상은 20대 보다 5배 이상 높다

59) New York State Task Force on Life and Law, "When Death is sought : Assisted Suicide and Euthanasia in the Medical Context." p.90.

말기환자에게만 조력자살을 허용한다는 것은 일반 환자의 생명보다 말기환자의 생명이 보호받을 가치가 떨어진다는 것으로 평가한다는 의미가 되므로 평등권 보장이라는 헌법적 원리에 위배된다. 이와 같은 취지의 판결로서 오레곤주의 「존엄사법」의 위헌에 관한 소송에서 1심 재판부는 「존엄사법」은 말기환자가 아닌 사람은 조력 자살을 하지 않도록 생명권을 보호받을 수 있는 이익이 있는 반면 말기환자는 이러한 이익을 가지지 못한다는 것을 의미하기 때문에 오레곤주의 「존엄사법」 이 평등보호 조항을 위반했다고 판결하였다.[60]

③ 정리

자살이라는 행위가 헌법상 권리로 인정되지 않는 이상 자살을 조력받는 행위도 역시 헌법상 기본권으로서 보호받을 수는 없는 것이다. 따라서 조력 없이는 자살을 실행할 수 없는 말기환자나 중증 장애인을 자살하는데 도움이 필요하지 않은 정상인에 비해 차별적 취급을 하여 평등권 위반이라는 주장은 헌법상 권리가 아닌 것을 보장해야 한다는 잘못된 전제를 내포하고 있는 것이다. 즉 의사조력자살을 허용하지 않는 것이 평등권 위반이라는 주장은 잘못된 전제로부터 출발하여 정상인과 말기환자 · 중증 장애인을 비교한 오류가 있다고 판단된다. 또한 연명치료중단과 의사조력자살은 사망이라는 결과에 있어서는 동일할지라도, 실행의 목적과 동기가 전자는 원치 않는 치료를 거부하여 자연스러운 사망의 과정, 생명의 활동에 방해받지 않는 것이고, 후자는 즉각적으로 생명을 종결하는 것[61]이기 때문에 본질적으로 동일하다고 볼 수 없다. 따라서 연명치료중단과 의사조력자살을 본질적으로 동일한 집단을 차별적으로 취급한다고 볼 수 없어 평등권 위반이라고 할 수는 없는 것이다.

3) 종교와 양심의 자유

Cruzan 사건에서 스티븐스(Stevens) 대법관은 종교적인 도그마가 죽

60) Lee v. Oregon, 891. F. Supp. 1429, 1438 (1995) 그러나 항소와 상고가 모두 기각됨. Lee v. Oregon, 107 F.3d 1382, 1392 , Lee v. Harcleroad, 522 U.S. 927 (1997).

61) 즉, 고통을 즉시 제거하기 위해 생명을 종결하는 것

을 권리를 반대하는 주장의 밑바탕에 깔려있다고 지적하였다.[62] 전통적으로 미국 판례에서 양심의 자유를 논거로 낙태의 허용을 찬성하는 것[63]과 같은 논리 구조로, 조력 자살에 관한 논쟁에서도 생명을 종결하려는 개인의 도덕적 결정을 주 정부가 금지한다는 것이 개인의 양심의 자유권을 침해하는지 여부가 문제가 된다.[64] 로날드 드워킨(Ronald Dworkin)[65]과 그랜빌 윌리엄(Glanville Williams)[66]같은 학자들은 법으로 낙태를 금지하는 것은 생명의 존엄성에 관하여 논란이 많은 해석을 내리고 본질적으로 하나의 종교적인 지위를 부여함으로써 개인의 자유를 제한하는 것이라고 주장하며, 이와 마찬가지로 조력 자살 여부에 관한 결정도 본질적으로 양심의 문제라고 주장한다. 왜냐하면 조력자살의 법제화에 반대하는 논거 중 상당수가 생명의 존엄성에 근거를 두고 있는데 이 '생명의 존엄성'이라는 용어가 표면적으로 비종교적인 용어이지만, 현대에 이 용어를 사용함에 있어서도 '자살은 종교적인 죄'라고 하는 신념을 밑바탕에 반영하고 있기 때문에 종교적인 기원이 여전히 존재하고 있다는 것이다. 따라서 타인의 권리를 침해하지 않는 범위에서 자신의 신념을 실천하고자 하는 한 개인에게 일련의 종교적인 가치를 강제하는 것이 될 수 있다. 그러나 이러한 논거에는 생명권 보호라는 분명한 한계점이 있다. 연방대법원도 Glucksberg 사건에서 조력 자살에서의 양심의 자유를 인정하지 않았다.[67]

---

62) Cruzan v. Director, Mo. Dep't of Health (1990) 497 U.S. 261, 355~356 (스티븐스 대법관의 반대의견).

63) 낙태에 관한 판례에서 주로 양심의 자유를 논거로 드는데, Casey 사건에서 스티븐스 대법관은 '임신을 종결하려는 여성의 결정은 바로 양심의 문제'라고 판시하였다. Planned Parenthood of Southeastern Pennsylvania v. Casey (1992) 505 U.S. 833, 916 (Stevens).

64) Compassion in Dying v. Washington (1996) 79 F. 3d 790, 839 (9th Cir. en banc). '헌법적 구조 하에서 어떠한 주 정부나 다수가 한 개인에게 존엄성과 자율성의 핵심이 되는 문제에 관해 그들의 의지를 강요해서는 안 된다'고 판시하였다.

65) Ronald Dworkin, *Life's Dominion : An Argument About Abortion, Euthanasia, and Individual Freedom* (Vintage Books, 1994), p.233.

66) Penney Lewis, *Assisted Dying and Legal Change* (Oxford University Press, 2007), p.32.

67) Washington v. Glucksberg (1997) 521 U.S. 702, 727~728 (랭퀴스트 (Rehnquist) 대법관).

메튜 프레빈(Matthew Previn)은 양심과 종교의 자유를 근거로 조력 자살을 허용해야 한다고 주장한다. 인도주의적인 개념의 생명의 존엄성은 일종의 종교적인 신념이라는 것이다. 인도주의적 개념의 생명의 존엄성에 따라서 생명의 경외는 신으로부터 나오는 것이 아니라, 자유, 이성, 양심과 같은 인간의 독특한 특성에서 나온다고 한다. 자유, 이성, 양심과 같은 생명의 존엄성의 중심점이 되는 능력이 심각하게 침해되는 상황에 있어서는 조력 자살의 허용이 생명의 존엄성의 보호와 부합한다고 주장한다.[68] 즉 이와 같은 생명의 존엄성이라는 신념을 가진 사람이 그 생명을 유지하는 상태가 존엄성에 대한 심각한 위협이라고 느끼는 특수한 상황에서는 조력 자살을 처벌하는 법으로부터 면제될 자격이 주어질 수 있다는 것이다.

4) 열거되지 아니한 권리

연방 수정헌법 제9조가 보장하는 열거되지 아니한 권리는 타인이나 전체로서 사회에게 위해를 끼치지 않는 범위 내에서 자유롭게 행동할 권리이고, 그것들은 공익보호 이외의 이유로 개인의 자유를 제한하려는 국가권력의 부당한 행사로부터 자유로울 권리를 말한다고 해석한다.[69] 수정헌법 제9조에 의하여 열거되지 않은 권리로서 보호될 수 있는지 여부는 다음의 두 가지 질문으로서 확인할 수 있다고 하는데, 첫째로 관련 행위가 실질적으로 사적인가, 둘째로 그 행위가 개인이나 전체 사회를 위협하는 것인가 여부이다. 실체적 적법절차 원리로부터 열거되지 아니한 권리를 주장하기 위해서는 어떤 특정한 권리가 근본적 권리성을 가지는지 혹은 역사와 전통에 그 근거가 존재하는지를 입증해야 하고, 그 권리를 주장하는 개인이 구체적인 권리성을 입증하도록 하는 반면, 수정헌법 제9조에 의하여 권리를 주장할 때에는 정부가 그 권리 행위를 규제하는 법률의 합헌성을 입증하도록 입증책임이 전환된다. 개인의 사적 행위에 대해

68) Penney Lewis, supra note, p.34.

69) 김명식, "미국헌법상 '죽을 권리'의 근거에 관한 일고찰", 「성균관법학」 제16권 제1호 (성균관대학 법학연구소, 2004), p.351.

도덕적 법으로 강제하는 것은 타인과 공동체에 어떤 위험도 가하지 않는 방법으로 행동하는 한 개인의 자유에 대해 규제할 수 없다는 원리에 대한 도전으로서, 그러한 규제는 무효가 된다는 것이다.[70]

의사조력자살을 타인이나 사회에 위해를 가하지 않는 개인의 사적 영역이라고 주장하며 수정헌법 제9조의 분석방법으로서 헌법상 권리로 도출하는 견해가 있다. 이 견해에 의하면 죽음은 개인적인 것이고, 자신의 신체를 통제할 권리만큼 개인적인 권리는 없으며, 말기환자가 의사의 조력을 받아 빨리 그의 고통을 끝내고자 결정하는 것이 타인에게 분명하고 직접적인 위험을 야기하지 않기 때문에 의사조력자살이 수정헌법 제9조의 열거되지 아니한 권리로서 보호될 수 있는 권리라는 것이다.

생각건대, 환자의 생명 종결 결정은 프라이버시권에서 포괄하는 개인적이고 사적인 권리 영역으로 볼 수는 없고 생명 경시 풍조와 같은 사회 공동체에 위해를 가할 수 있는 영역이면서도 생명 보호라는 공익과 이익형량 되어야 하는 점이 있기 때문에 의사조력자살을 수정헌법 제9조에 의해 열거되지 아니한 권리로서 도출할 수는 없다고 생각한다.

### (3) 호스피스 완화의료의 권리

연방대법원에서는 아직 다수의견으로서 호스피스 완화의료의 헌법적 권리에 대해 명시적으로 인정하지는 않았지만, 의사조력자살 사건의 연방대법원 판결의 보충의견으로서 완화의료의 헌법적 근거를 암시하고 있다. 1997년 Vacco v. Quill 판결에서 의사의 치료 동기와 목적이 오직 환자의 고통을 완화하기 위한 것이기 때문에 죽음을 앞당기는 효과를 가진 무통증 치료법과 같은 공격적인 완화의료도 정당화된다고 판시하였다.[71] O'Connor 대법관은 보충의견을 통해 다음과 같이 완화의료를 받을 권리가 헌법적으로 보장된다고 밝혔다. 말기환자는 설령 완화의료로 인해 죽

70) 권혜령, “열거되지 아니한 권리 미국 수정헌법 제9조”, 「법학논집」 제13권 제1호 (이화여대 법학연구소, 2008.9), p.271.

71) Vacco v. Quill 521 U.S 793 (1997), 802.

음이 앞당겨지거나 무의식 상태를 유발하는 지점(terminal sedation)에 이른 다고 하더라도 고통을 완화하기 위하여 자격을 갖춘 의사로부터 완화의료를 제공받을 수 있는 권리가 있고 이러한 치료를 받는데 어떠한 법적인 제재도 없다. 환자는 삶의 마지막 날까지 자신이 겪는 고통으로부터 완화의료를 받을 헌법적 권리가 있다고 하였다.[72] Washington v. Glucksberg 판결의 보충의견에서도 완화의료를 받을 권리가 헌법상 보호되는 권리라고 선언하고 있다.[73] 공격적인 완화의료를 의사조력자살과는 구분하여, 완화의료의 정당성을 인정하고 이를 헌법적으로 보장되는 권리로 보고 있는 것이다.

## Ⅳ. 결 론

임종기에 직면한 환자의 연명치료중단의 권리는 우리 헌법상 인간의 존엄과 가치 및 행복추구권에서 도출되는 자기결정권의 한 내용으로서의 권리일 뿐만 아니라 생명권으로부터 도출되는 헌법상 권리이다. 미국에서도 1990년대부터 일찌감치 연명치료중단의 권리를 적법절차원리로부터 도출되는 헌법상 자유이익이라고 하여 헌법상 권리로 인정하였다. 임종기에 직면한 환자의 연명치료중단의 권리는 생명권의 침해가 아닌 생명권의 보장으로서 의료진의 설명을 바탕으로 내린 환자의 진지한 의사결정에 의거하여 인정될 수 있는 헌법상 권리이다. 한국과 미국에서 모두 연명치료중단을 헌법상 권리로 인정하고 있으며, 회복 불가능한 사망의 단계에 있는 환자의 연명치료중단은 환자 본인이 원치 않는 치료를 거부할 수 있는 치료거부권으로부터 나오는 것이다.

---

72) 117 S. Ct. 2303. (1997).

73) Washington v. Glucksberg 521 U.S. 702 (1997), 736-8, 789, 791-2.
의사가 통증 완화를 제공할 권리를 헌법적 권리로 해석하는 견해는 다음 문헌을 참조. Larry I. Palmer, *Endings and Beginnings : Law, Medicine, and Society in Assisted Life and Death* (Wesport, CT: Praeger, 2000), p.93 이하.

환자의 생명 종결 결정은 프라이버시권에서 포괄하는 개인적이고 사적인 권리 영역으로 볼 수는 없고 생명 경시 풍조에 영향을 줄 수 있고 사회 공동체에 위해를 가할 수 있는 사건이기 때문에 의사조력자살을 수정헌법 제9조에 의해 열거되지 아니한 권리로서 도출할 수는 없다고 판단된다. 또한 자살이라는 행위가 헌법상 권리로 인정되지 않는 이상 자살을 조력 받는 행위도 역시 헌법상 기본권으로서 보호받을 수는 없는 것이므로 조력 없이는 자살을 실행할 수 없는 말기환자나 중증 장애인을 자살하는데 도움이 필요하지 않은 정상인에 비해 차별적 취급을 하여 평등권 위반이라는 주장은 헌법상 권리가 아닌 것을 보장해야 한다는 잘못된 전제를 내포하고 있는 것이다. 또한 연명치료중단과 의사조력자살은 결과는 동일할지라도 그 실행의 목적과 동기가 본질적으로 다르기 때문에 이 둘을 달리 취급하는 것이 평등권의 침해라고 보기 어렵다. 미국 헌법 상 적법절차원리, 평등권이나 열거되지 아니한 권리 등의 근거로도 의사조력자살이 인정될 수 없다. 우리 헌법에서도 생명에 대한 개인의 처분권이 인정되지 않으므로 포괄적인 죽음에 대한 자기결정권이 인정될 수 없고 의사조력자살이 허용될 수 없다.

오히려 회복 불가능한 사망의 단계에 진입한 환자의 생명이라도 마지막 삶을 온전히 살아갈 수 있도록 법의 보호를 받도록 하는 것이 생명권을 보호하는 헌법 질서에 부합한다. 그러므로 호스피스 완화의료는 연방대법원 판결에서 보여주듯이, 임종기에 고통을 완화하기 위하여 의료진으로부터 제공되는 치료로서 의사조력자살과는 명백히 구분되는 환자의 권리이므로 말기 환자는 삶의 마지막 날까지 자신이 겪는 고통으로부터 완화의료를 받을 권리가 있다.

[참고 문헌]

권혜령, "열거되지 아니한 권리 미국 수정헌법 제9조", 「법학논집」 제13권 제1호 (이화여대 법학연구소, 2008.9)

김명식, "미국헌법상 '죽을 권리'의 근거에 관한 일고찰", 「성균관법학」 제16권 제1호 (성균관대학 법학연구소, 2004)

_____, "미국 헌법상 안락사와 존엄사에 관한 연구", 대법원 헌법연구회 · 한국헌법학회 제56회 공동학술대회 (2009.11.7)

노동일, "치료거부권, 죽을 권리 및 존엄사에 대한 재검토: 헌법적 관점에서", 「공법학연구」 제10권 제2호 (2009)

노태헌, "연명치료중단의 허부 및 허용요건-대법원 2009.5.21.선고 2009다17417 판결-", 대법원 헌법연구회 · 한국헌법학회 제56회 공동학술대회 (2009.11.)

석인선, "미국 헌법상 기본적 권리론 (fundamental rights)의 전개와 평가",「세계헌법연구」 제13권 1호 (2007)

손선영, "호스피스 완화간호와 삶의 질", 「간호학 탐구」 16권 2호 (2007)

엄주희, "환자의 생명 종결 결정에 관한 연구: 입법적 실천 방안을 위한 미국과의 비교법적 모색" (연세대, 박사학위논문, 2013.2)

_____, "생명권의 헌정사적 발전과정과 최근 동향", 연세법학회 제53회 하계학술대회 (2013.8.24.)

윤명선, 미국 기본권 연구, 경희대 출판국, 2004

이길찬, 쉐퍼의 생명윤리, 솔로몬, 2011

이석배 · 이원상, 연명치료중단에 있어서 환자의 자기결정권과 사전의료지시서에 관한 연구, 한국형사정책연구원, 2010

이준일, "대법원의 존엄사 인정(대판 2009다17417)과 인간의 존엄 및 생명권", 「고시계」 (2009)

임지봉, "적법절차조항의 우리헌법에의 도입과 그 운용", 「헌법학연구」 제11권 제3호 (2005.9)

Economist Intelligence Unit, "The quality of death : Ranking end of life care across the world", Lien Foundation, 2010

Erwin Chemerinsky, *Constitutional Law : principles and policies*, 4th ed., N.Y.: Wolters Kluwer Law & Business, 2011

Larry I. Palmer, *Endings and Beginnings : Law, Medicine, and Society in Assisted Life and Death*, Wesport, CT: Praeger, 2000

New York State Task Force on Life and Law, "When Death is sought: Assisted Suicide and Euthanasia in the Medical Context"

Ronald Dworkin, *Life's Dominion : An Argument About Abortion, Euthanasia, and Individual Freedom*, Vintage Books, 1994

Robert J. Kastenbaum, *Death, Society and Human Experience*, 7th ed., Allyn and Bacon, 2001

[Abstract]

A Study on Decision-making at the End of Life through Constitutional Cases of the United States and Korea

Ju Hee Eom *

A constitutional analysis on decision-making at the end of life can be summarized into forgoing (withholding or withdrawing) life-sustaining treatment, physician-assisted suicide and hospice palliative care. After studying constitutional cases of the United States and Korea about forgoing (withholding or withdrawing) life-sustaining treatment, physician-assisted suicide and hospice palliative care, I came to the conclusion as the followings about constitutional rights of decision-making at the end of life.

* Ph.D in law/ Lecturer, Yonsei University / Special researcher, Yonsei Institute for legal studies.

The right of withholding or withdrawing of life-sustaining treatment for terminally ill is not the violation of right to life, but protection of the right to life and constitutional right which is based on the right not to be damaged involuntarily. It is acknowledged as a constitutional right both in the United States and Korea.

The right of physician-assisted suicide(PAS) is not acknowledged as a constitutional right neither from due process clause nor the right to equality nor the right to prohibit the disparagement of other right and liberty only because of enumeration under the constitutional system of the United States. The comprehensive right of self determination for death (right to die) and PAS cannot be acknowledged as a constitutional right because nobody hold dealing right to life under the constitutional system of Korea as well. It is rather consistent with the constitutional order defending right of life that the terminally ill should be protected legally for leading his own life to the end.

As the care to alleviate pain and suffering provided by medical team as ruled by the supreme court, Hospice palliative care is the right for the terminally ill totally different from PAS.

[Key words]
withholding or withdrawing of life-sustaining treatment, forgoing treatment, physician-assisted suicide, hospice palliative care, dignity of man, right to life, right of self determination, fundamental rights, due process clause

# 군 징계권, 수사권, 사법권에 대한 헌법적 검토

이 세 주*



[국문요약]

우리 헌법은 국가의 존립과 국민의 생명을 위한 국가방위의 임무와 국방의 의무를 제5조와 제39조에서 규정하고 있다. 군 조직과 군사법제도의 특수성 때문에 헌법에서 직접 유일한 특별법원인 군사법원에 대해서 제110조에서 규정하고 있다. 군의 임무와 사명 그리고 군 조직의 특수성과 관련하여, 이러한 내용들을 구체적으로 담고 있는 대표적인 개별 법률들 중 하나가 군인사법과 군사법원법이라고 할 수 있다. 군인사법은 국가공무원법에 대한 특례로서, 군이 수행하는 직무와 신분 및 근무조건의 특수성을 고려하여 군인의 임용, 복무, 교육, 사기 및 신분보장 그리고 징계 등에 대하여 규정하고 있다. 이와 더불어, 군사법원법은 헌법 제110

* 연세대학교 법과대학 강사, 법학박사.

조에 따라 군사재판을 관할할 군사법원의 조직, 권한, 재판관의 자격 및 심판절차와 군검찰의 조직, 권한 및 수사절차 등을 규정하고 있다. 하지만 군인사법상을 근거로 한, 특히 병에 대한 징계처분 중, 영창처분은 일정한 장소에 구금되는 것을 내용으로 하는 징계처분이다. 이러한 군의 징계권에는 헌법적으로 문제가 될 소지가 많다. 또한 군 조직에만 인정되고 있는 독자적인 수사조직과 사법조직 또한 헌법적으로 검토되어야 할 부분들이 존재한다. 헌법상 재판을 받을 권리의 보장을 목적으로, 특히 군사법원의 조직과 구성 그리고 관할관 제도와 심판관 제도 등에 대한 헌법적 검토가 필요하다. 이 글에서는 군 징계권, 수사권 그리고 사법권에 대한 전반적인 헌법적 검토를 통해, 효과적인 기본권 보장과 헌법원리 실현을 위한 좀 더 발전적인 논의와 문제의식을 제공하고자 한다.

[핵심어]
군인사법, 징계영창제도, 재판을 받을 권리, 군사법제도, 군사법원

## Ⅰ. 머리말

우리나라의 중앙행정기관 중, 국방에 관련된 "군정(軍政) 및 군령(軍令)"[1]과 기타 군사에 관한 사무를 관장하는 중앙행정기관이 국방부(國防部)이다. 우리 헌법 제66조와 제74조에 따라 군의 최고 통수권자는 행정부의 수반이며, 국가의 원수인 '대통령'이다. 또한 헌법 제5조 제1항에 따라 대한민국은 국제평화의 유지에 노력하고 침략전쟁을 부인한다. 이와 더불어, 같은 조 제2항에서는 국가안전보장과 국토방위의 의무 그리고 국민의 생명과 재산 보호를 사명으로 하고 있는 국군은 그 정치적 중립성이 준수된다고 규정하고 있다.[2] 국가의 존립과 직접적으로 관련된 가장

1) 성낙인, 헌법학, 법문사, 2012, 1115쪽.
2) 비교헌법적으로 살펴보면, 독일 기본법(Grundgesetz)에서는 군의 임무와 의무 등과 관

중요한 내용인 "국가안전보장"과 "국토방위"는 우리 군의 최고의 임무이며, 또한 "국민의 생명과 재산의 보호"를 위해서도 중요한 사항이므로 우리 헌법에서도 명시적으로 규정하고 있다.[3)]

다른 중앙행정기관과 마찬가지로, 국방부도 국가공무원법에 대한 특례를 규정함을 목적으로 하는 '군인사법'[4)]의 관련 규정들에 따라 군행정조직 내부의 질서유지 등을 목적으로 하는 군인 공무원에 대한 징계권이 존재한다. 특히, 군인사법 제56조 이하에서는 군조직의 특성상 징계처분 대상자를 중심으로 '장교, 준사관 및 부사관'에 대한 징계처분과 '병'에 대한 징계처분으로 각각 나누어 규정하고 있다.

그러나 이러한 일반적인 징계권과 비교해서, 다른 중앙행정기관과 달리 유일하게 국방부만이 갖는 권한과 조직이 바로 군내 자체 '수사권과 군수사기관' 그리고 '사법권과 군사법원' 조직이다. 이는 헌법 제110조 제1항 및 제3항과 더불어 특히, 군사법원의 조직과 권한 및 재판관의 자격

---

련하여 다음과 같은 주요 내용들을 규정하고 있다. 예를 들어, **독일 기본법 제65a조** ① 연방국방부장관은 군대의 명령권과 지휘권을 가진다.

**제87a조** ① 연방은 방위목적으로 군대를 편성한다. 군대의 병력 수 및 조직의 개요는 예산안에 나타나야 한다. ② 기본법이 명시적으로 허용하는 경우에 한하여 방위 이외의 목적으로 군대를 투입할 수 있다. ③ 군대는 방위사태나 긴장상태 시 방위임무를 달성하기 위하여 필요한 경우 민간인의 재산을 보호하고 교통을 통제할 권한을 가진다. 그 외에도 방위사태나 긴장상태 시 민간인 재산의 보호는 경찰조치를 지원할 목적으로 군대에 이양될 수 있다. 이 경우 군대는 관할관청과 협력한다. ④ 연방 또는 주의 존립 또는 자유민주주의적 기본질서에 대한 절박한 위험을 방어하기 위하여 연방정부는 헌법 제91조 제2항의 전제조건이 존재하고 경찰력 및 연방 국경수비병력이 충분하지 아니할 경우 민간인의 재산을 보호하고 조직적이고 군대식으로 무장한 폭도와 전투하기 위하여 경찰 및 연방국경수비대를 지원할 목적으로 군대를 투입할 수 있다. 연방의회 또는 연방참사원의 요구가 있을 때에는 군대의 투입을 중지하여야 한다.

**제115b조** 방위사태가 공포되면 군대에 대한 명령권 및 지휘권은 연방수상이 갖는다.

3) 전종익, "헌법 제5조 제1항 '침략적 전쟁 부인'의 의미", 「헌법논총」 제15집, 2004, 549쪽; 한수웅, 헌법학, 법문사, 2012, 345쪽.

4) **군인사법 제1조(목적)** 이 법은 군인의 책임 및 직무의 중요성과 신분 및 근무조건의 특수성을 고려하여 그 임용, 복무, 교육훈련, 사기 및 신분보장 등에 관하여 「국가공무원법」에 대한 특례를 규정함을 목적으로 한다.

등에 대하여 구체적으로 정하고 있는 '군사법원법'[5]의 각 관련 규정들에 따라 군사법경찰관, 군검찰관 그리고 군판사로 구성된다. 이러한 군 수사권과 사법권 각각의 업무를 담당하는 구체적인 군내 조직인 헌병, 군검찰 그리고 군사법원 조직을 갖고 있다.[6]

중앙행정기관의 하나인 국방부 내에 자체 군수사기관과 군사법기관이 조직 및 운영되는 근거와 그 권한에 대하여 우리 헌법과 관련 법률에서는 구체적으로 어떤 내용을 규정하고 있는지 의문이 제기된다. 이와 더불어 특히, 군 수사권과 사법권 및 군사법제도의 특수성 등과 관련하여 문제되었던 우리 헌법재판소의 지난 결정들[7]도 함께 살펴볼 필요가 있다. 이러한 내용들을 중심으로 군 징계권, 수사권 그리고 사법권에 대한 헌법적인 검토와 고찰을 해보고자 한다.

## Ⅱ. 군 징계권, 수사권, 사법권의 내용

### 1. 군 징계권의 내용

군 징계권은 군인의 책임 및 직무의 중요성과 신분 및 근무조건의 특

---

5) **군사법원법 제1조(목적)** 이 법은 「대한민국헌법」 제110조에 따라 군사재판을 관할할 군사법원의 조직, 권한, 재판관의 자격 및 심판절차와 군검찰의 조직, 권한 및 수사절차를 정함을 목적으로 한다.

6) 참고로, 군에는 일반적인 군수사기관인 헌병과 함께 군사보안과 관련된 군사법경찰 업무를 담당하는 '기무부대'가 있다. 군사보안과 방첩 및 기타 군사에 관한 기밀업무와 정보수집 등이 주요업무이며, 이러한 군사보안 등과 관련된 범죄를 담당하는 수사기관으로써 국방부 직할부대인 기무사령부 예하 기무부대가 군의 각 군 장관급 부대에 설치되어 있다. 이 글에서는 기무부대의 수사권 및 조직의 특성과 내용 등에 대해서는 다루지 않는다.

7) 예를 들어, 특히 헌재 1996. 10. 31. 93헌바25, 판례집 8-2, 443쪽(군사법원법 제6조 등 위헌소원); 2003. 11. 27. 2002헌마193, 판례집 15-2(하), 311쪽(군사법원법 제242조 제1항 위헌소원); 2009. 7. 30. 2008헌바162, 판례집 21-2(상), 280쪽(군사법원법 제2조 제2항 위헌소원) 등.

수성을 고려하여 그 임용, 복무, 교육훈련, 사기 및 신분보장 등에 관하여 '국가공무원법'에 대한 특례를 규정함을 목적으로 하는 군인사법 제10장 '징계'(제56조-제61조)[8]에서 규정하고 있다. 주요 내용들에 대해서 간략하게 살펴보면, 군인사법 제57조[9] 제1항과 제2항에서 징계처분의 대상

---

8) **군인사법 제56조(징계 사유)** 제58조에 따른 징계권자는 군인이 다음 각 호의 어느 하나에 해당하는 경우에는 제59조에 따른 징계위원회에 징계의결을 요구하고, 그 징계의결의 결과에 따라 징계처분을 하여야 한다.

1. 이 법 또는 이 법에 따른 명령을 위반한 경우
2. 품위를 손상하는 행위를 한 경우
3. 직무상의 의무를 위반하거나 직무를 게을리한 경우

**제58조(징계권자)** ① 국방부장관과 각급 부대 또는 기관의 장은 군인인 소속 부하나 그의 감독을 받는 군인에 대하여 다음 각 호의 구분에 따라 징계권을 가진다.

1. 장관급 장교에 대한 징계: 국방부장관, 합참의장 및 참모총장
2. 장관급 장교 외의 장교, 준사관, 부사관 및 병에 대한 징계: 사단장(여단장을 포함한다), 전단사령관, 비행단장 및 그와 같은 급 이상의 부대 또는 기관의 장
3. 장관급 장교 외의 장교 및 준사관에 대한 경징계와 부사관 및 병에 대한 징계: 연대장, 함정장(艦艇長), 전대장(戰隊長) 및 이에 준하는 부대 또는 기관의 장
4. 부사관에 대한 경징계와 병에 대한 징계: 대대장 및 이에 준하는 부대 또는 기관의 장
5. 병에 대한 징계: 중대장 및 이에 준하는 부대 또는 기관의 장

9) **군인사법 제57조(징계의 종류)** ① 장교, 준사관 및 부사관에 대한 징계처분은 중징계(重懲戒)와 경징계(輕懲戒)로 나눈다. 이 경우 중징계는 파면 · 해임 · 강등(降等) 또는 정직(停職)으로 하며, 경징계는 감봉 · 근신 또는 견책(譴責)으로 하되 징계의 종류에 따른 구체적인 내용은 다음 각 호와 같다.

1. 파면이나 해임은 장교 · 준사관 또는 부사관의 신분을 박탈하는 것을 말한다.
2. 강등은 해당 계급에서 1계급 낮추는 것을 말한다. 다만, 장교에서 준사관으로 강등시키거나 부사관에서 병으로는 강등시키지 못한다.
3. 정직은 그 직책은 유지하나 직무에 종사하지 못하고 일정한 장소에서 근신하게 하는 것을 말하며, 그 기간은 1개월 이상 3개월 이하로 한다. 정직기간에는 보수의 3분의 2에 해당하는 금액을 감액(減額)한다.
4. 감봉은 보수의 3분의 1에 해당하는 금액을 감액하는 것을 말하며, 그 기간은 1개월 이상 3개월 이하로 한다.
5. 근신은 평상 근무 후 징계권자가 지정한 영내(營內)의 일정한 장소에서 비행(非行)을 반성하게 하는 것을 말하며, 그 기간은 10일 이내로 한다.
6. 견책은 비행을 규명하여 앞으로 비행을 저지르지 아니하도록 훈계하는 것을 말한다.

② 병에 대한 징계처분은 강등, 영창(營倉), 휴가 제한 및 근신으로 구분하되 징계의 종류에 따른 구체적인 내용은 다음 각 호와 같다.

자와 종류를 규정하고 있다. 즉, 제1항에서는 '장교, 준사관 및 부사관'으로 정하고 있으며, 징계처분은 중징계(重懲戒)와 경징계(輕懲戒)로 나누는데, 중징계는 파면, 해임, 강등 또는 정직으로 하고, 경징계는 감봉, 근신 또는 견책으로 하고 있다. 제2항에서는 징계대상자를 '병'으로 하고 있으며, 징계처분은 병의 계급적, 임무적 특성상 강등, 영창(營倉), 휴가제한 및 근신으로 정하고 있다.

이 중 특이한 점은 행정적 징계벌인 일반적인 징계처분과는 달리, 제2항에서 병에 대한 징계처분으로 '영창'(營倉)을 규정하고 있다. 징계영창제도와 그 처분은 일반공무원을 대상으로 하는 징계처분에는 없는 내용이며, 병에게만 적용되는 징계처분이다.[10] 군인사법에서 규정하고 있는 영창이라는 것은 징계대상자인 병을 해당 부대나 함정(艦艇) 내의 영창, 그 밖의 구금장소(拘禁場所)에 감금하는 것을 말한다. 병에 대한 징계권자는 중대장 및 이에 준하는 부대 또는 기관의 장이며, 강등처분에서와 같은 상급부대장의 승인도 필요치 않는다. 이러한 징계영창처분의 구금기간은 15일 이내이다.

병에 대한 강한 징계제도의 필요성과 더불어, 그 중 징계영창제도 유지의 필요성 또한 주장되고 있다.[11] 그 주요 내용은 우선, 형사처벌을 최소화하여 형사범과 전과자 양산을 방지하는데 기여하고, 구타 등의 단순형사범을 신속하게 처리함으로써 자살이나 무장탈영 등의 군 관련 대형

---

1. 강등은 해당 계급에서 1계급 낮추는 것을 말한다.
2. 영창은 부대나 함정(艦艇) 내의 영창, 그 밖의 구금장소(拘禁場所)에 감금하는 것을 말하며, 그 기간은 15일 이내로 한다.
3. 휴가 제한은 휴가일수를 제한하는 것을 말하며, 그 기간은 1회에 5일 이내로 하고 복무기간 중 총 제한일수는 15일을 초과하지 못한다.
4. 근신은 훈련이나 교육의 경우를 제외하고는 평상 근무에 복무하는 것을 금하고 일정한 장소에서 비행을 반성하게 하는 것을 말하며, 그 기간은 15일 이내로 한다.

10) 한인섭, "시민적 정치적 권리에 관한 국제규약과 군장병 인권", 「법학」 제48권 제4호, 2007, 42쪽.

11) 이러한 내용에 대한 소개로는 예를 들어, 송광섭, "징계영장처분의 문제점과 인권개선방안", 「피해자학연구」 제12권 제1호, 2004, 107쪽; 이만종, "군 징계 영창제도 개선에 대한 법적고찰", 「한국경찰연구」 제8권 제3호, 2009, 127쪽.

사고들을 사전에 예방할 수 있으며, 해당 부대의 강력한 전투력과 군기 유지 등을 위해 하급부대 지휘관이 행사할 수 있는 불가피한 조치라는 점 등을 언급할 수 있다.

### 2. 군 수사권과 사법권의 내용

우리 헌법 제110조 제1항에서는 군사재판을 담당하는 특별법원으로 군사법원을 규정하고 있다. 현행 군사법원법에서는 군사재판의 조직, 권한, 재판관의 자격 및 심판절차와 군검찰의 조직, 권한 및 수사절차를 정하고 있다.[12] 전시상황 또는 계엄상황 등의 예외적인 경우를 제외한다면, 군사법원법의 관련 규정에 따라 군사법원은 '보통군사법원'과 '고등군사법원'으로 심급을 나눠 설치되며, 군검찰은 '보통검찰부'와 '고등검찰부'로 나눠 설치된다.

일반적으로 각 군 편제상 장관급(將官級) 부대에 보통군사법원과 보통검찰부가 각각 설치되어 있다. 고등군사법원은 국방부에 설치되며, 고등검찰부는 국방부 및 각 군 본부에 각각 설치되어 있다. 군사법원은 현역 군인인 군판사와 심판관으로 구성되며, 헌법 제110조 제2항에 따라 군사법원 상고심은 최종적으로 대법원에서 관할한다. 군사법원과 군검찰을 구성하는 군판사와 군검찰관은 소속 군법무관 중, 각 군 참모총장이 임명

---

12) **군사법원법 제2조(신분적 재판권)** ① 군사법원은 다음 각 호의 어느 하나에 해당하는 사람이 범한 죄에 대하여 재판권을 가진다.

1. 「군형법」 제1조 제1항부터 제4항까지에 규정된 사람
2. 국군부대가 관리하고 있는 포로

② 군사법원은 제1항 제1호에 해당하는 사람이 그 신분취득 전에 범한 죄에 대하여 재판권을 가진다.

③ 군사법원은 공소(公訴)가 제기된 사건에 대하여 군사법원이 재판권을 가지지 아니하게 되었거나 재판권을 가지지 아니하였음이 밝혀진 경우에는 결정으로 사건을 재판권이 있는 같은 심급의 법원으로 이송하되, 고등군사법원에 계속(繫屬)된 사건 중 단독판사가 심판할 사건에 대한 항소사건은 지방법원 항소부로 이송(移送)한다. 이 경우 이송 전에 한 소송행위는 이송 후에도 그 효력에 영향이 없다. [전문개정 2009.12.29]

한다. 군사법경찰관은 일반적으로 헌병과(憲兵科) 장교, 준사관, 부사관 및 군무원과 검찰수사관이 담당한다(군사법원법 제43조).[13] 이렇듯 군사법원과 군검찰은 군조직과 임무수행의 특수성에 따라 설치 및 운영되는 특징을 갖는다.

군사법원법 관련 규정 중, 특이한 점은 '관할관'과 '심판관' 제도라고 할 수 있다. 우선 관할관 제도에 대해서 살펴보면, 군사법원법 제7조와 제8조에서는 관할관에 대한 내용과 권한 등에 관하여 규정하고 있다.[14] 기본적으로 보통군사법원이 설치되어 있는 해당 부대의 장 또는 책임지휘관이 관할관이 되며, 국방부에 설치되어 있는 고등군사법원의 경우에는 국방부장관이 관할관이다. 관할관의 업무와 권한은 해당 군사법원의 행정사무를 관장하는 등의 업무와 더불어 군사법원을 구성하는 군판사와 심판관을 임명 및 경질할 수 있다. 또한 관할관은 해당 군사법원의 판결에 대해 형법 제51조 각 호의 사항을 참작하여 형이 과중하다고 인정할만한 사유가 있을 때에, 이른바 '판결에 대한 관할관의 확인조치'를 통해 형을 감경할 수 있는 권한을 갖는다(군사법원법 제379조).[15]

---

13) 경우에 따라서는 기무부대 소속 군인과 국가정보원 직원도 군사법경찰관으로서 범죄를 수사할 수 있다(군사법원법 제43조).

14) **군사법원법 제7조(군사법원 관할관)** ① 군사법원에 관할관을 둔다.

② 고등군사법원의 관할관은 국방부장관으로 한다.

③ 보통군사법원의 관할관은 그 설치되는 부대와 지역의 사령관, 장 또는 책임지휘관으로 한다. 다만, 국방부 보통군사법원의 관할관은 고등군사법원의 관할관이 겸임한다.

**제8조(관할관의 권한)** ① 고등군사법원의 관할관은 그 군사법원의 행정사무를 관장하고, 국방부직할통합부대와 각 군 본부 보통군사법원의 행정사무를 지휘 · 감독한다.

② 보통군사법원의 관할관은 그 군사법원의 행정사무를 관장한다.

③ 각 군 본부 보통군사법원의 관할관은 예하부대 보통군사법원의 행정사무를 지휘 · 감독한다.

15) 참고로, 해당 부대 군사법원의 판결에 대한 관할관의 감형의 정도와 내용은 과거 자의적 혹은 은혜적인 것으로까지 비유되며 이루어지던 관행과는 달리, 판결에 대한 관할관의 확인조치는 오늘날 상당히 제한적 혹은 합리적으로 시행되고 있는 경향이 짙게 나타난다. 하지만 법원의 판결에 대한 관할관의 감형 권한은 관련 법률인 군사법원법에 여전히 존재하고 있다.

이어서 심판관 제도에 대해서 살펴보면, 군사법원법 제22조와 제24조에서 규정하고 있다.[16] 일반적으로 3명의 재판관으로 구성되는 보통군사법원의 경우, 재판관은 2명의 군판사와 1명의 심판관으로 하며, 군사법원의 재판장은 선임(先任) 재판관이 된다. 재판관은 관할관이 지정하는데, 특히 심판관은 일반적으로 보통군사법원이 설치된 해당 부대의 고위급 장교 중, 법에 관한 소양이 있고 재판관으로서의 인격과 학식 등을 두루 충분히 갖춘 사람을 관할관이 판단하여 직접 임명한다. 고등군사법원의 경우, 관할관인 국방부 장관이 3명의 군판사를 재판관으로 지정하며, 관할관이 지정한 사건의 경우에는 군판사 3명과 심판관 2명을 재판관으로 시성한다. 이렇게 구성된 각 군사법원 재판관의 계급은 피고인보다 동급(同級) 이상이여야 하지만, 군판사인 재판관은 그러하지 아니하다.

---

16) **군사법원법 제21조(재판관의 독립)** ① 군사법원의 재판관은 헌법과 법률에 의하여 그 양심에 따라 독립하여 심판한다.

② 재판관, 검찰관 및 변호인은 재판에 관한 직무상의 행위로 인하여 징계나 그 밖의 어떠한 불리한 처분도 받지 아니한다.

**제22조(군사법원의 구성)** ① 보통군사법원은 재판관 1명 또는 3명으로 구성한다.

② 고등군사법원은 재판관 3명 또는 5명으로 구성한다.

③ 재판관은 군판사와 심판관으로 하고, 재판장은 선임(先任)재판관이 된다.

**제24조(심판관의 임명과 자격)** ① 심판관은 다음 각 호의 자격을 갖춘 장교 중에서 관할관이 임명한다.

1. 법에 관한 소양이 있는 사람
2. 재판관으로서의 인격과 학식이 충분한 사람

② 관할관의 부하가 아닌 장교를 심판관으로 할 때에는 해당 군 참모총장이 임명한다.

**제25조(재판관의 지정)** 재판관은 관할관이 지정한다.

**제26조(보통군사법원의 재판관)** ① 보통군사법원에서는 군판사 2명과 심판관 1명을 재판관으로 한다. 다만, 약식절차에서는 군판사 1명을 재판관으로 한다.

② 관할관은 군판사인 재판관 중 1명을 주심군판사로 지정한다.

**제27조(고등군사법원의 재판관)** ① 고등군사법원에서는 군판사 3명을 재판관으로 한다. 다만, 관할관이 지정한 사건의 경우 군판사 3명과 심판관 2명을 재판관으로 한다.

② 관할관은 군판사인 재판관 중 1명을 주심군판사로 지정한다.

**제28조(재판관의 계급)** ① 재판관은 피고인보다 동급(同級) 이상인 사람이어야 한다. 다만, 군판사인 재판관은 그러하지 아니하다.

# Ⅲ. 군 징계권, 수사권, 사법권의 헌법적 검토

## 1. 징계영창제도의 필요성과 징계형벌화 현상

국방부가 작성한 자료인 "2005~2010년 군 입창자 통계" 내용의 분석에 대한 지난 언론보도를 살펴보면,[17] 2005년부터 2010년까지 우리나라 육·해·공군과 해병대 및 전·의경의 징계처분에 의한 징계입창자 수는 "2005년 1만482명, 2006년 1만596명, 2007년 9347명, 2008년 9396명, 2009년 1만1893명, 2010년 1만2430명"이다. 참고로, 지난 2010년에는 육군은 1만1091명이 그리고 전·의경은 17명이 징계에 의한 징계영창처분을 받았다. 2012년 국방부가 국회 국방위원회에 제출한 자료에 대한 언론보도 내용을 살펴보면,[18] 2011년에는 1만3163명(육군 1만2822명, 해군 312명, 공군 29명)이 징계영창처분을 받았으며, 2012년 상반기 기준 징계입창자 수는 6023명이다. 징계처분에 의한 군 입창자 통계자료에서 알 수 있듯이, 2005년 이후 부터 매년 약 1만 명이 넘는 사병들이 징계영창처분을 받고 있다. 현재까지도 지속적으로 문제가 제기되었던 징계영창처분 절차의

17) 2011년 8월 7일 '군인권센터'가 정보공개청구를 통해 입수한 국방부 제출자료인 "2005~2010년 군 입창자 통계"이며, 이를 바탕으로 한 언론보도 내용이다. 국민일보, 2011.08.07자; 세계일보, 2011. 8. 7.자.

〈2005~2012년 군 입창자 통계〉

(대상자:육군 · 해군 · 공군 · 해병대 · (전의경) / 단위:명)

| 년도 | 2005년 | 2006년 | 2007년 | 2008년 | 2009년 | 2010년 | 2011년 | 2012년 (상반기) |
|---|---|---|---|---|---|---|---|---|
| 입창자 | 1만482 | 1만596 | 9,347 | 9,396 | 1만1,893 | 1만2,430 | 1만3,163 (전의경 제외) | 약 6,023 (전의경 제외) |

〈출처: 군인권센터, 국방부 국회제출자료〉

18) 국방부가 2012년 10월 4일 국회 국방위원회 소속 새누리당 유기준 의원실에 제출한 육·해·공군 부대 징계영창처분 자료이며, 이를 바탕으로 한 언론보도 내용이다. 국민일보, 2012. 10. 4자; 연합뉴스 2012. 10. 4자.

개선을 위해 2006년 도입된 '인권담당 군법무관' 제도(군인사법 제59조의2)로 인해 비록 그 수가 다소 감소하였으나, 2009년부터는 다시 증가하는 양상을 보이고 있다. 즉, 비교적 최근인 "2007년부터 2010년까지 43,066명이 넘는 군인들이 사법절차를 밟지 않고 그들의 지휘관의 명령에 의해 영창처분을 받았다".[19]

군인사법 제57조 제2항에는 병에 대한 징계처분의 한 종류로써 '영창' 처분을 규정하고 있다. 행정상 징계처분에 의해 일정기간 인신을 구속하는 것을 내용과 목적으로 하는 군 징계처분에 대한 헌법적 검토가 필요하다. 앞서 군 징계영창제도 유지의 필요성과 효과에 대해 살펴본 바와 같이, 징계영창제도 유지가 필요하다고 주장하는 의견도 있다. 우선, 군에서 발생하는 구타와 폭행은 이미 현행법에서 명시적으로 규정하고 있는 범죄이다. 현행법에서 명시적으로 규정하고 있는 범죄행위라는 이해와 이에 따른 문제해결 및 사안의 심각성에 대한 고려가 선행되어야 할 것이다. 병에 대한 형사처벌과 관련한 형사사건은 일반적으로 가혹행위, 폭행 또는 군무이탈 그리고 기타 군관련 범죄가 대부분이다. 주로 고참병의 일방적 가혹행위나 폭행 또는 병사들간 집단폭행 등은 형법과 군형법에서 규정하고 있는 범죄이다.[20] 이를 징계를 통해 해결하고자 하는 시도는 지극히 내부적이고 표면적인 이유에 불과해 보이며, 해당 범죄의 당사자인 폭행 가해자와 피해자를 모두 해당 징계권자의 판단과 처분에 맡길 수 있다는 법적 근거와 정당성을 크게 찾을 수 없다. 즉, 형사처분에 대한 징계처분화 현상이 발생하는 것이고, 이는 범죄행위에 대한 지휘관의 사적형벌이라는 인식이 점차 확대되어 가고, 결국 징계처벌이 형사처벌을 대신 또는 우선하는 현상이 군조직 내부에서 발생한다. 징계처분의 대상자인 병의 입장에서 살펴보면, 이는 결국 법률의 규정과 내용보다는 징계권자인 해당 부대 지휘관의 판단과 결정이 우선하는 것이다. 오로지 이러한 관점으로 징계사안과 징계처분을 이해하여 전과자 양산을 방지하겠

19) 군인권센터, 국제연합 보편적정례검토 제출자료, 2012, 5쪽 참조.

20) 최정학, "군 영창제도의 법적 문제점", 「공익과 인권」 제1권 제1호, 2004, 70-71쪽.

다는 접근방법은 옳지 않다.[21)]

만일 징계영창제도를 폐지한다면, 과연 우리 군의 군기가 문란해지고 군기유지와 군 지휘권 확립에 현저한 어려움을 초래하는지 의문이며, 또한 이로 인해 각급 부대 지휘관이 해당 병사의 통제와 임무수행이 어려워지는지도 의문이다. 우리나라 군대의 군기유지와 지휘권의 확립은 강력한 징계영창처분의 실제 집행 가능여부와 제도의 존재유무에 달려 있는 것이 아닐 것이다. 병역의 의무의 이행이라는 직무의 특성상 병은 작전과 훈련 속에서 훨씬 많은 신체적 위험에 노출되어 있으며, 자신의 생명과 직결된 책임과 의무가 부여된다. 이를 더 이상 신성한 국방의 의무라는 이유로, 그리고 군대는 강력한 지휘권과 상명하복이 핵심이라는 이유로 모든 것을 당연히 감수해야 하는 것으로 단순하게 이해할 것이 아니다. 생명을 걸고 국토방위에 헌신하는 이들에 대해 헌법에서 직접 규정하고, 그 침해를 엄격하게 제한하는 중요한 기본권을 전시가 아닌 최소한 평시에는 적극 보장해야 할 것이다.

## 2. 징계처분에 의한 인신구속의 위헌적 요소 검토[22)]

### (1) 신체의 자유와 행정상 인신구속

신체의 자유는 우리 헌법 제10조가 담고 있는 최고의 헌법이념인 인간의 존엄과 가치를 구현하기 위한 기본적인 자유로서, 인권과 자유의 보

---

21) 이와 더불어, 이러한 구타 등의 단순 형사범을 신속히 처리함으로써, 과연 어떤 방법과 효과로 자살이나 무장탈영 등의 대형사고 예방에 기여할 수 있는지도 의문이다. 군 대형사고의 원인이 주로 병영생활 중에 발생한 구타와 가혹행위에 기인한다면, 그 원인해결을 위한 효과적인 대안으로서 징계영창제도가 꼭 필요할 수도 있을 것이다. 하지만 이는 구타와 가혹행위 등의 단순 형사범의 신속한 처리에 의해서가 아니라, 복무부적응의 직접적인 원인과 배경에서 발견되는 문제점들의 신속한 처리가 우선해야 한다는 시각에서 접근해야 한다.

22) 징계처분에 의한 인신구속의 위헌적 요소의 검토에 대해서는 특히, 이세주, “징계처분에 의한 인신구속의 헌법적 검토”, 「헌법학연구」 제18권 제3호, 2012, 375쪽 이하 참조.

장을 위한 핵심적인 내용이며[23] 모든 기본권 보장의 전제조건이기도 하다.[24] 따라서 신체의 자유에 대한 제한의 경우에는 그에 상응하는 중대한 공익상의 요청과 더불어, 엄격하고 명확한 근거와 절차가 반드시 필요하다. 신체의 자유의 제한을 위해 요구되는 중대한 공익과 엄격하고 명확한 제한의 근거와 절차는 정치적, 사회적, 경제적 상황 등을 이유로 변경될 수 없으며, 개별 법률의 차원이 아닌 헌법에서 명시적으로 보호하는 공익과 그 이념을 근거로 비로소 제한이 가능하다.[25] 이러한 신체의 자유에 대한 가장 큰 제한은 특히, 형사절차에서의 체포와 구속에서 나타난다.[26] 헌법 제12조 제3항에서 직접 규정하고 있듯이, 체포, 구속, 압수, 수색은 적법할 절차에 따라 검사의 신청에 의하여 법관이 발부한 영장이 제시되어야 한다. 이러한 영장주의가 적용되는 인신구속은 신체의 자유가 제한되는 전형적인 형태이다. 구속의 사유는 주거부정, 증거인멸 및 도주의 우려이며, 이를 통해 형사절차 진행의 확보를 그 목적으로 한다.

우리 헌법과 형사소송법에서 정하고 있는 체포와 구속에 의한 인신구속 이외에, 행정상 관련 개별법률에서 정하는 일정한 목적을 달성하기 위한 이른바, '행정상 인신구속'이 존재한다.[27] 이는 형사절차 진행과정에서 행해지는 체포 또는 구속과 비교해서, 목적과 절차 그리고 실제 그 집행에 있어서는 다소 큰 차이가 있지만, 인신의 구속의 측면에서는 동일한 효과를 갖는다. 즉, 검사의 신청에 의해 법관이 발부한 영장에 의하지 않고, 각 관련 해당 개별 법률에 근거한 구체적 목적을 달성하기 위해 행정상 인신을 구속할 수 있게 된다.[28] 이러한 행정상의 인신구속의 근거와

23) 정종섭, 한국헌법론, 박영사, 2011, 484쪽; 한수웅, 앞의 책, 606쪽.

24) 헌재 1992. 4. 14. 90헌마82, 판례집 4, 206쪽; 1992. 12. 24. 92헌가8, 판례집 4, 874쪽; 2003. 11. 27. 2002헌마193, 판례집 15-2(하), 320쪽.

25) 한수웅, 앞의 책, 613쪽.

26) 하명호, "행정상 인신구속과 구속적부심사제도의 도입에 관하여", 「헌법논총」 제16집, 2005, 553쪽.

27) 하명호, 앞의 글, 553쪽.

28) 특히, 하명호, 앞의 글, 562-563쪽. 이러한 내용을 담고 있는 각 관련 개별 법률로는 예를 들어, 강제출국 대상 외국인 용의자의 보호조치(출입국관리법 제51조, 제52조),

절차는 경찰과 검찰의 수사기관이나 법원에 의하지 않고, 해당 사무를 관할하는 행정기관이 직접 행하며, 각 관련 개별 법률에서 정하고 있는 사회방위, 치료, 예방과 방지 등의 목적을 갖는다(예를 들어, 출입국관리법, 감염병의 예방 및 관리에 관한 법률, 결핵예방법 등).[29]

이러한 개별 법률에서 규정하고 있는 행정상의 인신구속과 달리, 군인사법상 병에 대한 징계영창처분은 그 목적과 성질이 다르다. 징계영창제도는 최대의 징벌적 효과를 거두고자 징계에 의해 병의 인신을 일정기간 감금하는 것이다.[30] 좀 더 실질적인 징계영창제도의 운영과 절차에 측면에서도 몇 가지 문제점이 발견된다. 우선 군인사법에서도 정하고 있는 구금장소는 일반적으로 해당 부대 관할 헌병대 내에 설치되어 있는 수용시설인 영창이다. 이 곳은 군 수사기관인 헌병대에서 군 형사범의 구속미결수와 기결수를 수용하는 시설이다. 다시 말해, 징계처분에 의한 징계입창자는 실질적으로 구속피의자와 함께 수용시설에 구금된다. 징계입창자와 구속피의자는 각각 구금의 성질과 내용 및 근거에 차이만 있을 뿐, 일정한 구금장소에 일정기간 인신을 구속시키는 효과는 같으며, 결국 행정상 징계처분에 의해 형사 구속피의자와 동일한 구금상태에 있게 된다.[31] 즉, 군인사법에 따른 영창처분을 내용으로 징계에 의한 인신의 구속은 개인의 본질적 자유의 내용에 대한 심각한 제한이다.

---

감염병 전파 방지와 예방을 위해 감염병병원체 감염의심환자의 입원 또는 격리(감염병의 예방 및 관리에 관한 법률 제47조, 제49조), 결핵환자 동거자 또는 제3자에게 전염시킬 우려가 있거나 이를 예방하기 위한 결핵환자의 입원명령(결핵예방법 제15조), 인체면역결핍바이러스의 전염방지를 위한 치료권고에 응하지 않는 감염인의 강제치료 및 보호조치(후천성면역결핍증 예방법 제14조, 제15조), 마약류 중독자의 치료보호(마약류 관리에 관한 법률 제40조) 그리고 정신보건법상 자신 또는 타인을 해할 위험이 큰 정신질환자의 강제입원조치(정신보건법 제24조, 제25조, 제26조) 등이 있다.

29) 하명호, 앞의 글, 556쪽.

30) 송광섭, 앞의 글, 96쪽.

31) 송광섭, 앞의 글, 96쪽; 이만종, 앞의 글(주 11), 131쪽; 한인섭, 앞의 글, 42-43쪽.

### (2) 군의 특수성과 지휘권의 확립

군사(軍事)에 관련한 여러 법률문제에서 대표적인 고려사항 또는 정당화 사항은 '군의 특수성', '군기유지' 그리고 '군 지휘권 확립'이다.[32] 군 조직과 업무의 특수성, 군기유지의 필요성, 군 지휘권 확립의 절대성 측면에서 살펴보았을 때, 군의 특수성과 그 목적의 달성이라는 이유만으로 군대 조직 내 인신구속을 직접적인 내용으로 하는 징계처분이 반드시 필요한지, 또한 그것을 정당화할 수 있는지에 대한 의문이 제기된다.

일반적으로 법정형의 종류와 범위를 정하는 것이 기본적으로 입법자의 권한이며, 형벌은 죄질과 책임에 상응하도록 적절한 비례성이 지켜져야 한다.[33] 그러나 단순한 명령위반, 근무태만, 품위유지위반 등과 같은 징계사유를 근거로, 형벌과 형사절차의 효과를 갖는 병의 인신구속을 내용으로 하는 징계처분이 현실적으로 군인사법상 해당 규정을 근거로 가능하다. 징계영창처분이 군기유지와 군 지휘권 확립 및 해당 병의 반성과 계도를 목적으로 한다고 하더라도, 그 목적을 달성하기 위한 수단으로서 징계영창처분의 내용과 절차는 적합하지 않다. 또한 장교, 준사관 또는 부사관이 수행하는 업무의 내용과 성질을 일반적으로 병이 수행하는 그것과 비교했을 때, 인신구속이라는 징계에까지 이르게 할 만한 주요 군사업무를 수행하는지도 의문이다. 징계의 종류로써 인신구속이 가능하도록 법률에 규정하고, 이를 근거로 실제 집행하는 것이 합리적인지는 더욱 의문이다. 또한 군인사법 관련 규정은 이러한 내용과 성질을 가지는 징계영창제도가 징계권자의 처분에 의해 가능하도록 하여, 우리 헌법에서 정하는 체포와 구속의 근거와 절차에 대한 법적 명확성 그리고 신체의 자유 및 인간의 존엄과 가치 보장을 위한 이념에도 위배된다. 징계영창제도

---

32) 우리 헌법재판소의 군사에 관련한 여러 결정에서 이 점을 지속적으로 설명하고 강조한다. 예를 들어, 헌재 1996. 10. 31. 93헌바25, 판례집 8-2, 452-453쪽; 2002. 11. 28. 2002헌바45, 판례집 14-2, 710쪽; 2003. 11. 27. 2002헌마193, 판례집 15-2(하), 323쪽; 2007. 11. 29. 2006헌가13, 판례집 19-2, 540-543쪽; 2009. 7. 30. 2008헌바162, 판례집 21-2(상), 289-290쪽.

33) 헌재 2007. 11. 29. 2006헌가13, 판례집 19-2, 540-543쪽.

는 이러한 이유로 징계의 처분과 목적의 비례관계에 현저한 불균형으로 인한 과중한 형벌적 의미를 갖으며, 병에 대한 인신의 구속을 통해 개인의 기본적 자유의 본질적인 내용은 물론 인간의 존엄과 가치의 존중과 보호를 침해하고 있다. 이렇듯 개인의 기본권에 대한 중대한 제한을 정당화시킬 수 있는 근거가 명확히 제시되어야 함에도 불구하고, 군인사법상 병에 대한 징계영창처분의 근거들은 인신구속과 기본권 제한을 정당화시킬 수 있는 이유가 되지 못한다.

### (3) 징계처분규정의 형평성과 이중처벌금지

앞에서도 살펴보았듯이, 군인사법 제57조 제2항의 병에 대한 징계처분으로 강등, 영창, 휴가제한 및 근신으로 각각 정하고 있다. 병에 대한 가장 엄한 징계처분은 1계급 '강등'이다. 하지만 병의 측면에서 봤을 때, '강등'처분 보다는 '영창'처분이 실질적으로 더욱 엄한 징계처분이다. '장교, 준사관 및 부사관'에 비해, '병'은 우선 일정한 단기 의무복무기간 동안 입대일을 기점으로 기간의 경과에 따라 진급하며, 행정업무와 정책결정에 대한 권한과 자격이 없이 단순 보조 및 관리업무가 일반적이며, 원하는 보직, 근무지역, 부대 및 병과와 주특기를 원칙적으로 자유롭게 선택할 수 없고, 개인 능력과 전공에 따라 선택 가능한 주특기와 보직은 단순 기술직이 대부분이며, 일정한 지역을 관할하는 해당 부대 내에서 통제된 집단적 병영생활을 하며, 해당 관할지역 근무지를 자유롭게 벗어나지 못하는 등의 특성과 차이점을 가지므로, 병이 수행하는 임무의 내용과 성격은 크게 다르다.

의무와 복종 그리고 제한과 통제가 더 강조되는 이러한 상황 속에서 병에 대한 징계처분 중, 강등처분은 실제 그 의미와 실효성이 그리 크지 않으며, 오히려 징계영창처분이 실질적으로 가장 엄한 징계처분이라고 할 수 있다.[34] 최대 15일간 영창이라는 군 구금시설에 감금되어야 하며,

---

34) 송광섭, 앞의 글, 97쪽, 107쪽; 한인섭, 앞의 글, 41쪽.

영창처분을 받은 경우에는 병역법 제18조 제3항에 의해 그 영창처분일수는 현역 복무기간에 산입되지 않는다.[35] 따라서 해당 법규정에서 의도하듯, 영창처분일수만큼 현역 복무기간이 더 늘어나는 셈이다. 여러 징계처분의 내용 중, 특히 징계영창처분에만 이러한 실질적으로 이중처벌적 요소와 효과를 부과한 것도, 결국 징계영창처분이 실제 가장 엄한 징계라는 반증이다. 이런 점에서 병에 대한 징계처분의 엄격함을 기준으로 하는 해당 법률의 규정 내용의 실제 해석과 집행상의 형평성은 상당히 결여되어 있다.

징계영창처분의 효과는 인신구속이라는 형벌적 효과와 내용을 갖고 있다. 이와 더불어 징계영창처분으로 병의 전체 의무복무기간이 영창처분일수만큼 더 늘어나게 됨으로써, 결국 연장된 복무일수도 다분히 일종의 징벌적 성격을 갖는 것으로 이해하고 처분한다. 따라서 징계처분으로 인한 인신구속과 더불어 복무기간 연장이라는 징벌적 처분이 동시에 발생하므로, 이는 동일사안에 대한 이중처벌금지 원칙에 위배된다.[36] 현재 많은 조치들을 통해 구금시설과 징계입장차들의 처우가 개선되었다 하더라도, 과거 군 영창에서 실제 자행되었던 많은 비인권적 가혹행위들과 이러한 이유들로 인해 병에게 가장 혹독한 처벌이라는 상징성에는 아직도 큰 인식의 변화가 없다.[37] 이는 결국 행정상 징계에 의해 인신을 구속할 수 있게 한 군인사법 등의 해당 규정들을 제거하지 않고서는 개선되기 힘

---

35) **병역법 제18조(현역의 복무)** ① 현역은 입영한 날부터 군부대에서 복무한다. 다만, 국방부장관이 허가한 사람은 군부대 밖에서 거주할 수 있다.
② 현역병(지원에 의하지 아니하고 임용된 하사를 포함한다. 이하 같다)의 복무기간은 다음과 같다.
1. 육군: 2년
2. 해군: 2년 2개월. 다만, 해병은 2년으로 한다.
3. 공군: 2년 4개월
③ 현역병이 징역·금고·구류의 형이나 영창처분을 받은 경우 또는 복무를 이탈한 경우에는 그 형의 집행일수, 영창처분일수 또는 복무이탈일수는 현역 복무기간에 산입(算入)하지 아니한다.

36) 송광섭, 앞의 글, 109쪽; 이만종, 앞의 글(주 11), 132쪽; 한인섭, 앞의 글, 42쪽.

37) 최정학, 앞의 글, 67쪽.

들 것이다.

### (4) 인신구속과 적법절차의 보장

적법절차원칙은 기본권에 대한 자의적 침해를 방지하며, 법치국가원리의 구체적인 실현원리로서 신체의 자유에 국한되어 적용되는 것이 아니라, 모든 기본권의 제한에 적용된다.[38] 적법절차원칙은 법률이 정한 형식적 절차와 실체적 내용이 모두 합리성과 정당성을 갖추어야 한다는 실질적 의미를 지니고 있다. 정당한 법률에서 규정하고 있는 정당한 절차에 의해서만 비로소 모든 공권력에 의한 기본권 제한이 유효하다.[39] 따라서 적법절차원칙의 의미는 그 절차가 법률로 정해져 있어야 하며, 적용되는 해당 법률 내용이 정당성과 합리성을 갖추어야 하므로 과잉금지원칙과 기본권의 본질적 내용 침해금지원칙에 어긋나서는 안된다.[40]

우리 헌법 제12조는 직접 신체의 자유에 대한 보장과 더불어 그 제한에 대한 엄격한 기준을 제시하고 있다.[41] 이 기준과 내용은 체포, 구속, 압수, 수색, 심문과 처벌, 보안처분, 강제노역 등의 형사소송법의 개념들에 대한 헌법적 수용이며, 특히 형사소송절차와 관련시켜 적용함에 있어서는 형사소송절차의 전반을 기본권 보장의 측면에서 규율해야 한다는 기본원리를 천명하고 있는 것이다.[42] 이러한 적법절차원칙에서 도출할 수

---

38) 전광석, 한국헌법론, 집현재, 2011, 276쪽. 헌재 1992. 11. 12. 91헌가2, 판례집 4, 722쪽.

39) 헌재 1992. 12. 24. 92헌가8, 판례집 4, 876-877쪽; 1993. 7. 29. 90헌바35, 판례집 5-2, 30쪽; 1998. 5. 28. 96헌바4, 판례집 10-1, 617-618쪽; 1998. 7. 16. 97헌바22, 판례집 10-2, 218쪽, 225-226쪽; 2001. 11. 29. 2001헌바41, 판례집 13-2, 703-704쪽; 2007. 10. 4. 2006헌바91, 판례집 19-2, 408쪽; 2009. 6. 25. 2007헌마451, 판례집 21-1(하), 883쪽. 예를 들어, "적법절차가 무시되는 조치라면 추구하는 목적과 관계없이 공권력의 남용이요, 자의밖에는 될 수 없으며 합헌화될 수 없다." 헌재 1993. 7. 29. 89헌마31, 판례집 5-2, 119쪽.

40) 전광석, 앞의 책, 276쪽; 정종섭, 앞의 책, 490-491쪽. 헌재 1998. 7. 16. 97헌바22, 판례집 10-2, 225-226쪽.

41) 전광석, 앞의 책, 269쪽.

42) 헌재 1992. 12. 24. 92헌가8, 판례집 4, 876-877쪽; 1996. 12. 26. 94헌바1, 판례집 8-2, 819쪽; 1994. 12. 29. 94헌마201, 판례집 6-2, 528쪽; 1997. 3. 27. 96헌가11, 판

있는 가장 중요한 절차적 요청 중, "당사자에 대한 적절한 고지(告知)", 자기방어를 위해 "당사자에게 의견 및 자료 제출의 기회를 부여" 등을 중요한 내용이라고 할 수 있다.[43] 그러나 이 원칙이 각각의 구체적 사안에 적합한 요구절차와 요구정도를 일률적으로 규정하기는 어렵고, 특히 "규율되는 사항의 성질, 관련 당사자의 사익(私益), 절차의 이행으로 제고될 가치, 국가작용의 효율성, 절차에 소요되는 비용, 불복의 기회 등"의 다양한 여러 요소들을 형량하여 개별적으로 판단해야 할 것이다.[44] 이러한 적법절차원칙의 내용을 살펴봤을 때, 군인사법상의 병에 대한 징계영창처분은 해당 규정의 표현과 내용은 법률에 의한 징계처분이지만, 실질적인 싱계처분의 집행과 효과는 일정한 구금장소에 인신의 구속과 동일하다. 이는 헌법에서 규정하고 있는 인신구속에 대한 적법절차원칙에 위배되는 법률규정이라고 할 수 있다.[45]

### (5) 이른바, 인권담당 군법무관 제도

군인사법 제59조의2[46]와 제60조(항고)에서는 징계처분을 받은 병이

---

례집 9-1, 259쪽; 1998. 7. 16. 97헌바22, 판례집 10-2, 225-226쪽.

43) 헌재 2003. 7. 24. 2001헌가25, 판례집 15-2(상), 18쪽.

44) 전광석, 앞의 책, 276쪽. 헌재 2003. 7. 24. 2001헌가25, 판례집 15-2(상), 18쪽; 2008. 12. 26. 2008헌마419, 판례집 20-2(하), 985-986쪽.

45) 이만종, 앞의 글(주 11), 132쪽.

46) **군인사법 제59조의2(영창의 절차 등)** 〈2006년 4월 28일 본조신설, 2011년 5월 24일 전문개정〉

① 영창은 휴가 제한이나 근신 등으로 직무 수행의 의무를 이행하게 하는 것이 불가능하고, 복무규율을 유지하기 위하여 신체 구금이 필요한 경우에만 처분하여야 한다.

② 영창은 징계위원회의 의결을 거쳐 병의 인권보호를 담당하는 군법무관(이하 "인권담당 군법무관"이라 한다)의 적법성 심사를 거친 후에 징계권자가 처분한다. 다만, 해외 순방 중인 함정에 있거나 그 밖에 대통령령으로 정하는 긴급한 사유로 인권담당 군법무관의 적법성 심사를 받을 수 없는 경우에는 그러하지 아니하다.

③ 인권담당 군법무관은 징계 사유, 징계 절차 및 징계 정도의 적정성 등 영창처분의 적법성에 관한 심사를 하고 그 의견을 징계권자에게 통보하여야 한다.

④ 인권담당 군법무관은 국방부와 그 직할 부대 또는 기관의 경우에는 국방부장관

'인권담당 군법무관'의 도움을 받아 차상급 부대 또는 기관의 장에게 항고할 수 있도록 규정하고 있다.[47] 특히, 인권담당 군법무관 제도는 군 징계영창제도에 대한 문제점을 개선하고, 징계처분 과정에서 병의 인권을 보호하고자 2006년 신설되었다. 이는 과거부터 제기되었던 병의 징계영창처분에 반인권적 요소가 다분히 존재하고 있음을 반증하는 것이기도 하다. 병에 대한 징계시 엄격한 위계질서와 상명하복으로 특징되는 군대조직과 문화 그리고 앞에서도 살펴본 병의 통제된 집단적 병영생활과 임무수행의 특성과 상황 속에서, 이러한 징계에 대한 충분한 고지와 교육 및 항고절차에 따른 일반적인 자기방어와 자유로운 의견제시 가능성과 실효성의 충분한 확보를 기대하기란 현실적으로 어렵다.[48] 객관적이고 공정한 상황 속에서 자기방어와 자기변호 기회 또는 이른바 인권담당 군법무관의 충분한 조력을 자유롭고, 신속하고, 제한 없이 받을 수 있는 기회 등의 보장에는 분명 현실적 한계가 존재한다. 관련 법령에 항고에 대한 내용과 절차를 명시적으로 규정하고 있음에도 불구하고, 병에 대한 징계위원회의 실제 개최여부의 문제부터, 정식 징계절차에서 서면이나 구술

---

이 그 소속 군법무관 중에서 임명 하고, 각군의 경우에는 참모총장이 그 소속 군법무관 중에서 임명한다.

⑤ 제3항에 따른 심사의견을 통보받은 징계권자는 그 의견을 존중하여야 한다. 이 경우 징계위원회의 징계의결 사유가 제56조에 따른 징계사유에 해당되지 아니한다는 의견인 경우에는 해당 영창처분을 하여서는 아니 되고, 징계 대상자에게 진술할 기회를 주지 아니한 경우 등 절차에 중대한 흠이 있다고 인정한 의견인 경우에는 다시 징계위원회에 회부(回附)할 수 있다.

⑥ 징계권자는 영창을 집행한 때부터 48시간 이내에 영창처분을 받은 사람의 법정대리인, 배우자, 직계친족, 형제자매 중 영창처분을 받은 사람이 지정한 사람에게 징계사건명, 집행 일시, 집행 장소, 징계 사실의 요지, 징계 사유 및 징계처분의 효과를 알려야 한다. 다만, 영창처분을 받은 사람이 통지를 원하지 아니하는 경우에는 그러하지 아니하다.

47) 또한 군인 징계령(2007. 11. 23.시행)에서도 징계위원회 구성, 진술권, 자료열람권, 인권담당법무관의 적법성심사, 항고제기, 항고대리인 선임 등의 내용들을 규정하고 있다.

48) 예를 들어, 송광섭, 앞의 글, 99쪽; 이만종, 앞의 글(주 11), 124쪽, 128-130쪽; 최정학, 앞의 글, 75쪽.

로 자기에게 유리한 사실을 진술하거나 필요한 증거를 제출할 수 있는 청문 등문의 기회가 실질적으로 보장되지 않았다면 적법절차원칙에 위반된다.[49]

가장 큰 문제점으로 지적할 수 있는 것은 '인권담당 군법무관'에 의한 적법성 심사결과와 의견의 구속력, 그리고 징계권자인 해당 지휘관과 인권담당 군법무관의 최종 징계처분 권한 관계이다. 이와 더불어 적법절차보장의 중대한 위반사실이 있는 징계절차의 효력과 이러한 절차상 중대한 하자가 있음에도 불구하고 다시 징계위원회의 심의를 거치는, 즉 재징계회부의 가능성 등도 문제이다. 그동안 징계영창처분의 개선을 위한 여러 가지 대안들은 표면적인 의미만을 가질 뿐, 결국 법률의 근거를 통해 징계처분에 의한 인신구속이 계속해서 가능하므로 근본적인 문제개선과 대안제시를 기대하기란 어렵다.

### (6) 징계구속과 형사구속

마지막으로 검토할 수 있는 부분은 징계구속의 형사구속화 현상이라고 할 수 있다. 확정 된 징계영창처분의 실제 집행과정에서 다음과 같은 부수적 위험성이 발생할 가능성이 있다. 특히, 병사간 폭행 및 가혹행위 등에 대한 징계로서 가해자가 징계영창처분을 받고 구금되는 경우, 구금시설인 영창을 관리하는 군 수사기관에서 이러한 징계내용을 토대로 직접 형사사건화 시킬 가능성이 있다. 즉, 폭행과 가혹행위에 대한 징계사안의 심각성에 따라 징계입창자는 형사사건의 구속피의자 신분이 될 수 있다.

이럴 경우 군사법경찰관 수사과정에서 최대 10일간, 그리고 군검찰 수사과정에서 최대 20일간 구속수사를 받으며, 이러한 구속상태는 징계처분에 의한 구금이 아닌 구속수사에 의한 구금상태이므로 해당 징계처

---

49) 헌재 1990. 11. 19. 90헌가48, 판례집 2, 399-400쪽; 1994. 7. 29. 93헌가3등, 판례집 6-2, 11쪽. 이러한 정상적인 징계위원회의 실제 개최여부와 관련한 문제제기에 대해서는 예를 들어, 최정학, 앞의 글, 73쪽.

분의 집행은 중지된다. 만일 해당 사건 구속피의자에 대한 군검찰의 불기소 석방 결정 후, 해당 구속피의자는 구속장소였던 영창에서 석방되는 것이 아니라, 구속수감부터 석방일까지 중지되었던 잔여 징계영창처분 일수만큼 계속 구금상태로 머물게 된다. 구속피의자 신분이던 당사자가 다시 징계입창자 신분으로 되돌아 오게 된다. 형사벌과 징계벌은 그 목적과 내용이 다르므로 병과(倂科)되어질 수 있으며, 이것이 같은 사안에 대한 이중처벌금지원칙의 위반은 아니다.[50] 하지만 구속수감과 징계영창처분은 당사자의 신분의 변화에도 불구하고, 그 내용과 효과는 달라지지 않은 실질적 구속상태가 동일한 장소에서 계속될 뿐이다. 이러한 점에서 결국 징계구속과 형사구속의 효과는 동일하게 나타나는 모순과 위험이 존재한다.

### 3. 재판을 받을 권리와 군사법제도

앞서 살펴본 군 징계권과 관련된 내용에 대한 헌법적 검토에 이이서, 군사법제도와 군사법원에 대해서도 헌법적으로 검토되어야 할 부분이 있다.

우선, 우리 헌법 제27조 제1항에서는 "모든 국민은 헌법과 법률이 정한 법관에 의하여 법률에 의한 재판을 받을 권리를 가진다"고 하여 재판을 받을 권리를 보장하고 있다. 같은 조 제3항에서는 신속한 공개재판을 받을 권리를 보장하고 있다. 헌법과 법률이 정한 법관에 의한 재판을 받을 권리를 가지므로, 헌법에서 뿐만이 아니라 법률의 내용에 명시적으로 규정한 자격과 절차 등에 따라 임명된 법관(헌법 제104조, 법원조직법 제42조)[51]의 신분상, 직무상, 관할상의 독립성과 중립성 보장을 통해 사법기

50) 김동희, 행정법 Ⅱ, 박영사, 2012, 180쪽; 허영, 한국헌법론, 박영사, 2012, 369쪽; 홍정선, 행정법원론(하), 박영사, 2012, 346-347쪽.

51) **법원조직법 제41조(법관의 임명)** ① 대법원장은 국회의 동의를 얻어 대통령이 임명한다.
② 대법관은 대법원장의 제청으로 국회의 동의를 얻어 대통령이 임명한다.
③ 판사는 인사위원회의 심의를 거치고 대법관회의의 동의를 받아 대법원장이 임

능의 이행을 위한 독립성과 중립성이 보장되어야 한다(헌법 제101조, 제103조, 제106조).[52] 사법의 본질은 "법 또는 권리에 관한 다툼이 있거나 법이 침해된 경우에 독립적인 법원이 원칙적으로 직접 조사한 증거를 통한 객관적 사실인정을 바탕으로 법을 해석 · 적용하여 유권적인 판단을 내리는 작용"이다.[53] 재판을 받을 권리는 일반법원에서 헌법과 법률이 정한 법관에 의하여 적법절차에 따라 이러한 내용의 공정한 재판을 받을 권리를 의미하며,[54] 일반적으로 재판이라 함은 "구체적 사건에 관하여 사실의 확정과 그에 대한 법률의 해석 작용을 그 본질적인 내용으로 하는 일련의 과정"이다.[55] 따라서 헌법 제27조 제1항에서 규정하는 재판을 받을 권리는 법관에 의하지 않고서는 민사, 형사, 행정, 선거, 가사사건 등에 관한 재판은 물론, 이에 따라 어떠한 처벌도 받지 않을 권리를 보장한 것이라 할 수 있다.[56] 헌법 제101조 제1항과 제103조에 따라 사법권은 법관으로 구

---

명한다.

**제42조(임용자격)** ① 대법원장과 대법관은 20년 이상 다음 각 호의 직에 있던 45세 이상의 사람 중에서 임용한다. 〈개정 2011. 7. 18〉

1. 판사 · 검사 · 변호사
2. 변호사의 자격이 있는 자로서 국가기관, 지방자치단체, 「공공기관의 운영에 관한 법률」 제4조에 따른 공공기관, 그 밖의 법인에서 법률에 관한 사무에 종사한 자
3. 변호사의 자격이 있는 자로서 공인된 대학의 법률학 조교수이상의 직에 있던 자

② 판사는 10년 이상 제1항 각 호의 직에 있던 사람 중에서 임용한다. 〈개정 2011. 7. 18〉

③ 제1항 각호에 규정한 2이상의 직에 재직한 자에 대하여는 그 연수를 통산한다.
[전문개정 1994. 7. 27] [시행일 : 2013. 1. 1.] 제42조 제1항, 제42조 제2항

52) 정종섭, 앞의 책, 793-794쪽; 한수웅, 앞의 책, 887쪽. 헌재 1995. 9. 28. 92헌가11, 판례집 7-2, 278쪽; 2009. 10. 29. 2008헌바101, 판례집 21-2(하), 224쪽; 2012. 5. 31. 2010헌바128, 공보 제188호, 1017쪽.

53) 헌재 1996. 1. 25. 95헌가5, 판례집 8-1, 18-19쪽; 2000. 6. 1. 98헌바8, 판례집 12-1, 601쪽; 2001. 3. 15. 2001헌가1등, 판례집 13-1, 462쪽.

54) 헌재 1996. 1. 25. 95헌가5, 판례집 8-1, 14쪽; 2001. 8. 30. 99헌마496, 판례집 13-2, 244쪽; 2008. 1. 10. 2007헌마1468, 판례집 20-1(상), 31쪽; 2012. 5. 31. 2010헌바128, 공보 제188호, 1017쪽.

55) 헌재 1995. 9. 28. 92헌가11, 판례집 7-2, 278쪽; 2009. 10. 29. 2008헌바101, 판례집 21-2(하), 225쪽.

56) 헌재 1998. 5. 28. 96헌바4, 판례집 10-1, 618쪽; 2003. 1. 30. 2001헌바95, 판례집 15-

성된 법원에 속하며, 법관은 헌법과 법률에 의하여 독립하여 재판한다. 그리고 입법자는 사법권에 해당하는 본질적인 내용들을 다른 국가기관의 조직이나 권한에 위임할 수 없다.[57]

이러한 일반적인 재판을 받을 권리 및 일반법원의 내용과 비교해서, 우리 헌법 제110조에서는 유일한 특별법원인 군사법원을 둘 수 있는 헌법적 근거를 제시하고 있다.[58] 헌법에서 직접 특별법원의 설치에 대해 명시적으로 규정하는 경우를 제외하고, 그 외에 어떠한 형태와 명칭으로든 특별법원은 허용되지 않는다.[59] 우리 헌법은 특별법원인 군사법원을 설치하고, 군사법원은 그 조직, 권한 및 재판관의 자격을 일반법원과는 다르게 정할 수 있다.[60] 즉, 헌법과 법률을 근거로 특별법원인 군사법원을 설치함에 있어서 "군사재판의 특수성을 고려하여 조직, 권한 및 재판관의 자격 등에 관한 사항을 일반법원과 달리 정하는 것은 헌법상 허용"된다.[61] 군 조직에 헌법을 근거로 한 특별법원인 군사법원이 존재한다고 하여, 군인의 신분을 갖고 있는 사람에게 헌법 제27조에서 보장하는 일반법원에서 재판을 받을 권리가 부인되거나 또는 다른 새로운 내용을 갖는 것은 아니다.[62] 특히, 군사재판의 특수성을 고려하여 군사법원의 조직과 권한 및 재판관의 자격을 일반법원과 달리 정하는 것은 헌법상 허용되나, 아무런 한계 없이 전적으로 입법자의 자의에 맡겨진 것은 아니다. 이 경우에도 헌법상 보장되는 재판을 받을 권리의 본질적인 내용들이 제한되

---

1, 76쪽.

57) 한수웅, "헌법 제27조의 재판청구권", 「헌법논총」 제10집, 1999, 344쪽, 346-347쪽.

58) 양건, 헌법강의, 법문사, 2012, 1046쪽; 전광석, 앞의 책, 433쪽.

59) 김철수, 헌법학(중), 박영사, 2010, 941쪽; 전광석, 앞의 책, 645쪽; 허영, 앞의 책, 1056쪽.

60) 양건, 앞의 책, 659쪽; 장영수, 헌법학, 홍문사, 2012, 882쪽, 1226쪽; 전광석, 앞의 책, 645쪽; 허영, 앞의 책, 385쪽. 헌재 2009. 7. 30. 2008헌바162, 판례집 21-2(상), 289-290쪽.

61) 헌재 1992. 6. 26. 90헌바25, 판례집 4, 451-452쪽.

62) 전광석, 앞의 책, 433쪽. 헌재 1996. 10. 31. 93헌바25, 판례집 8-2, 452쪽, 454쪽; 2009. 7. 30. 2008헌바162, 판례집 21-2(상), 288쪽.

거나 침해되어서는 안된다.[63] 즉, 법관의 독립성과 중립성이 보장되어야 하며,[64] 가장 기본적인 사법절차의 재판관할이 보장되어 있어야 하고,[65] 재판이 사실 확정과 법률의 해석적용을 본질로 하고 있으므로, 법관에 의하여 사실적 측면과 법률적 측면의 적어도 한 차례의 심리 · 검토의 기회는 보장되어야 한다.[66] 그리고 심급제의 원칙적 폐지 또는 상고심을 대법원으로 하는 상소절차의 보장 등의 내용들이 제한되어서는 안 된다.[67] 재판을 받을 권리의 보장에 대한 기본적 내용을 토대로 하여 이러한 군사법원과 군사법제도를 살펴보면, 우선 헌법과 군사법원법의 관련 규정들에 따라,[68] 보통군사법원과 고등군사법원에 이어 대법원을 최종심으로 하고 있고, 군사법원을 구성하는 재판관의 재판상 독립과 신분을 보장하고 있으며, 그리고 군사법원 재판관은 일반법원을 구성하는 법관과 동등한 자격을 가진 군판사를 포함시켜 구성하고 있다.[69]

---

63) 전광석, 앞의 책, 433쪽; 허영, 앞의 책, 1056쪽. 헌재 1992. 6. 26. 90헌바25, 판례집 4, 349-350쪽; 1996. 10. 31. 93헌바25, 판례집 8-2, 452쪽; 2009. 7. 30. 2008헌바162, 판례집 21-2(상), 287-288쪽.

64) 헌재 1992. 6. 26. 90헌바25, 판례집 4, 452쪽; 1995. 9. 28. 92헌가11, 판례집 7-2, 278쪽.

65) 헌재 2000. 6. 1. 98헌바8, 판례집 12-1, 601쪽; 2001. 3. 15. 2001헌가1등, 판례집 13-1, 462쪽.

66) 헌재 1992. 6. 26. 90헌바25, 판례집 4, 349-350쪽; 1995. 9. 28. 92헌가11, 판례집 7-2, 278쪽; 2000. 6. 29. 99헌바66등, 판례집 12-1, 867쪽.

67) 한수웅, 앞의 책, 889-890쪽; 허영, 앞의 책, 387쪽. 헌재 1995. 9. 28. 92헌가11, 판례집 7-2, 279쪽; 2009. 7. 30. 2008헌바162, 판례집 21-2(상), 289-290쪽.

68) 특히, 각주 14)와 16)에서 언급한 군사법원법 관련규정들 참조.

69) 이러한 군사법제도와 군사법원의 기본적인 내용을 바탕으로 제기되었던 많은 군사법제도의 운영과 군사법원의 구성과 관련된 여러 문제점들을 개선 및 보완하고자, 이전부터 군사법제도와 군사법원에 대한 개선 및 개혁안이 제기되었다. 군사법제도 개선을 위한 개혁안 추진 과정과 구체적 내용들에 대해서는 예를 들어, 김현주, "군 사법제도 개선의 핵심 쟁점에 대한 연구", 「형사정책」 제20권 제1호, 2008, 33쪽; 송기춘, "군사재판에 관한 헌법학적 연구", 「공법연구」 제33집 제3호, 2005, 273쪽; 오윤성, "군 사법제도 개선 방향에 대한 고찰", 「한국경찰학회보」 제9호, 2009, 79쪽; 이만종, "군사법제도 개혁방안에 관한 고찰", 「법과 정책연구」 제6권 제1호, 2006, 311쪽.

## 4. 군사재판의 특수성과 군사법제도의 헌법적 검토

### (1) 군사법원과 군사재판의 특수성

군사법원은 상고심을 제외하고는, 국가 사법조직과 독립된 조직형태로 운영되는 특징을 갖는다. 특히, 법률의 자격과 절차에 따른 법관의 자격이 있는 군판사와 더불어, 이러한 법관의 자격이 없는 현역 군인인 심판관과 관할관이 재판과정과 판결에 직접 영향을 끼칠 수 있는 특징 또한 갖고 있다. 따라서 비록 국가 사법조직에 직접적으로 속하지 않더라도, 분명 사법기관으로서의 기능을 수행하고 행사하기 위해서는 사법조직이 갖는 기본 조건들을 충족해야 할 것이다.[70] 우선 특별법원인 군사법원은 다른 일반법원과 마찬가지로 설치와 구성 및 권한에 대한 내용은 헌법과 법률에 명시적으로 근거해야 하고, 공정한 재판을 위한 절차가 보장되어 있어야 하며 그리고 법관의 신분상, 직무상 독립성과 중립성이 보장되어야 한다.

우리 헌법재판소는 '군사법원법 제6조 등 위헌소원' 결정[71]과 '군사법원법 제242조 제1항 등 위헌소원' 결정[72] 그리고 '군사법원법 제2조 제2항 위헌소원' 결정[73]에서 군사법원 설치를 위한 주요내용으로 군사법제도 및 군사재판의 특수성에 대해서 설명했다. 그 내용을 종합해 보면, 즉 국가안전보장과 국토방위를 임무로 하는 전투집단인 군에서 군기유지와 군지휘명령권 확립은 군대조직의 유지와 운용에 필수적인 것으로서, 이 점을 우선 고려해야 된다는 점에 군사법체계의 특수성이 있다. 군사범죄는 군조직과 군기를 일거에 붕괴시키므로, 집단주의적 사고와 위계적 구조의 특징을 갖는 군조직은 전시나 평시를 불문하고 지휘권 확립과 승리의 보장에 장애가 되는 행위를 범죄로 엄벌하는 법체계를 갖는 특수성 또한

---

70) 한수웅, 앞의 책, 1311-1312쪽.

71) 헌재 1996. 10. 31. 93헌바25, 판례집 8-2, 452-453쪽.

72) 헌재 2003. 11. 27. 2002헌마193, 판례집 15-2(하), 323-324쪽.

73) 헌재 2009. 7. 30. 2008헌바162, 판례집 21-2(상), 286-287쪽, 289쪽.

갖는다. 군은 임무의 특성상 전시와 평시 구분 없이 작전계획과 상황변화에 따라 항시 내기 빛 자수 이농하고, 집단적 병영생활과 일정한 작전위수구역의 제한을 받으며, 근무하는 생활공간적 제약과 더불어 주로 벽오지에 복무하므로 신속한 군사재판을 위해 군사법원을 군부대에 설치할 필요가 있다.[74)]

이와 더불어, 군사법원법에서 규정하고 있는 관할관 제도와 심판관 제도에 대해서도 설명하는데, 즉 군 지휘권 확립과 군사범죄를 정확히 심리, 판단하기 위해 관할관인 지휘관이 군판사와 재판관 인사권을 갖고, 군사전문가인 일반장교를 군사재판에 참여시킬 필요가 있으며, 군사법체제의 전시운영을 위해서 평시에도 미리 조직되고 운영되어야 한다고 말한다. 이러한 이유로 특별법원인 군사법원과 더불어 관할관 및 심판관 제도는 "군대조직 및 군사재판의 특수성을 고려하고, 군사재판을 신속, 정확하게 하여 군기를 유지하고 군지휘권을 확립하기 위한 것으로서 필요하고 합리적 이유가 있다"고 설명한다.

또한 군사법원의 상고심은 대법원이 관할하고, 법관의 신분상, 직무상 독립과 중립은 보장되어 있으며, 군사법원은 일반법원의 판사와 동등한 자격을 가진 군판사를 포함시켜 구성하고 있다고 헌법재판소는 설명한다. 그리고 군검찰관과 군판사에 대한 임명권과 지정권을 갖는 관할관 제도에 대해서도, 이는 군사법원의 헌법적 한계를 일탈한 것이 아니며, 사법권과 재판의 독립을 침해하지 않고, 위임입법의 한계를 일탈하거나 기본권의 본질적인 내용에 대한 침해가 아니라고 설명한다.[75)] 이렇듯 그 주요 내용에 대하여 간략하게 살펴본 군사법제도와 군사재판의 특수성

---

74) 참고로, "이와 같은 군대의 특수성으로 인하여 일단 군인신분을 취득한 군인이 군대 외부의 일반법원에서 재판을 받는 것은 군대 조직의 효율적인 운영을 저해한다고 할 것이다. 또한, 현실적으로도 군인이 수감 중인 상태에서 일반법원의 재판을 받기 위해서는 동행 · 감시자, 차량 등의 지원이 필요하므로 상당한 비용 · 인력 및 시간이 소요되고, 일반법원의 재판 일정을 군대사정에 맞추어 조정하도록 하지 않으면 훈련 등의 일정에 차질이 생기게 된다". 헌재 2009. 7. 30. 2008헌바162, 판례집 21-2(상), 289쪽.

75) 헌재 1996. 10. 31. 93헌바25, 판례집 8-2, 454쪽.

그리고 군사법원과 관할관 및 심판관 제도에 대한 우리 헌법재판소의 기본입장과 설명은 지금도 유지되는 것으로 보여진다.

### (2) 중앙행정기관인 국방부 내 군사법조직과 군사재판

헌법과 법률의 근거로 중앙행정기관인 국방부 내에 일반적인 국가사법조직과는 별도로 군사재판을 관할하는 사법기관인 군사법원이 설치되어 있다.[76] 헌법적 내용과 위임을 기초로 군사법원법에서는 관련 내용에 대해서 규정하고 있다. 이제 헌법에서 규정하고 있는 특별법원인 군사법원의 독립적인 사법권 존재의 근거와 조건 그리고 구성과 절차에 대한 검토가 필요하다. 이 중 사법권의 독립과 관련하여 가장 핵심적인 내용으로 언급할 수 있는 것은, 군사법원에서의 재판을 받을 권리의 보장과 실현 그리고 군사법원법 관련 규정에 따른 심판관 제도와 관할관 제도이다. 앞서 군 수사권과 사법권의 개괄적인 내용에서 보았듯이, 군사법원의 구성과 선고에 이르기까지의 과정을 살펴보면, 특히 헌법 제27조 제1항에서 규정하고 있는 재판을 받을 권리의 보장을 위한 내용을 침해한다는 점을 알 수 있다. 이러한 점은 군사법원법에서 규정하고 있는 심판관 제도와 관할관 제도의 운영과 기능에서 주로 나타난다.

사법부의 가장 중요한 속성은 공정하고 독립적인 제3자의 지위에서 법적 분쟁을 해결하는 것이다. 법적 분쟁해결의 기준은 헌법 또는 법률이며, 해당 분쟁의 직접 당사자가 아닌 독립성과 중립성이 보장된 법관에 의해 최종 심판되어야 하고,[77] 법관은 헌법과 법률에 의하여 그 양심에 따라 독립하여 공정하게 재판한다(헌법 제103조). 따라서 다른 국가권력으로부터 분리된 사법부의 구성과 조직 및 권한과 운영에 대한 중요한 원칙

---

76) 참고로, 군사법원의 설치와 군사재판에 관하여, "입법론적으로 프랑스나 독일과 같이 평상시에는 군사법원제도를 폐지하고, 민간법원에서 이를 재판해야 한다"는 의견도 있다. 예를 들어, 김철수, 앞의 책, 942쪽.

77) 장영수, 앞의 책, 876쪽; 전광석, 앞의 책, 424쪽.

이 사법부의 독립이라고 할 수 있다.[78] 이러한 사법권 독립의 원칙, 즉 법원의 독립과 법관의 독립 원칙[79]과 관련하여, 군사법원 조직의 구성과 절차에 대한 내용을 살펴볼 필요가 있다. 이를 위해서, 우선 군내 군사법원 설치여부와 군사법원 구성과 관련된 관할관 제도의 내용에 대한 검토가 필요하다. 일반법원과 달리 군사법원이 군부대에 설치되는 것이 헌법에 위반되지는 않는다. 이 점은 헌법재판소가 군사법원법에 관련한 여러 결정에서 설명한 군조직과 임무수행의 특수성 또는 군사재판의 특수성의 측면에서 검토했을 때,[80] 군사법원을 군부대에 설치할 필요가 있다.[81]

### (3) 관할관의 확인조치권과 감형권

일반적으로 해당 군부대의 최고지휘관인 관할관이 갖는 군사법원 구성 권한에 대해서는 헌법적 검토가 필요하다. 관할관은 군검찰관과 군판사에 대한 임명권, 지정권, 지휘권을 갖고 있다. 앞서 살펴본 군사법원법 관련규정에 따라, 군 수사기관인 헌병뿐만이 아니라 군검찰의 직속상관인 해당 부대 지휘관은 소속 검찰관과 소관 군검찰사무를 지휘, 감독한다. 이와 더불어, 해당 군사법원의 행정사무를 지휘, 감독하는 관할관은 군사법원의 심판관 임명권과 재판관 지정권을 갖는다.

헌법재판소가 관할관 제도와 관련된 여러 결정에서 언급했듯이,[82] 군 지휘권 확립과 군사범죄를 정확히 심리, 판단하기 위해 관할관인 지휘관이 재판관 인사권을 갖고, 군사전문가인 장교를 군사재판에 참여시키며, 군사법체제의 전시운영을 위해서 평시에도 미리 조직되고 운영되어야 하

---

78) 전광석, 앞의 책, 645쪽; 한수웅, 앞의 글, 343쪽.

79) 한수웅, 앞의 책, 1295-1298쪽

80) 특히, 헌재 1996. 10. 31. 93헌바25, 판례집 8-2, 452-453쪽; 2003. 11. 27. 2002헌마193, 판례집 15-2(하), 323-324쪽; 2009. 7. 30. 2008헌바162, 판례집 21-2(상), 286-287쪽, 289쪽.

81) 전광석, 앞의 책, 646쪽.

82) 헌재 1996. 10. 31. 93헌바25, 판례집 8-2, 452-453쪽; 2003. 11. 27. 2002헌마193, 판례집 15-2(하), 323-324쪽; 2009. 7. 30. 2008헌바162, 판례집 21-2(상), 286-287쪽, 289쪽.

므로, 군검찰과 군사법원을 총괄 지휘, 감독하는 관할관 제도는 군조직과 군사재판의 특수성상 신속, 정확한 군사재판으로 지휘권 확립과 군기유지를 위해 합리적인 이유가 있다는 점에서 헌법에 위반된다고는 할 수 없다.[83] 그러나 해당 부대 지휘관인 관할관이 군사법원의 판결에 대한 최종 확인조치와 더불어 그 형량이 과중하다고 인정하여 감형까지 할 수 있는 권한을 갖는 것은 사법권 독립에 대한 심각한 제한이다.[84] 해당 부대 수사기관인 헌병과 군검찰 그리고 군사법원을 총괄 관리하는 지휘관인 관할관이 법원 판결의 최종 확인결정 및 감형 권한까지 갖는다는 것은 사법권 독립의 원칙에도 부합하지 않는다. 관할관에 의한 군사법원의 구성에서부터 군사법원 판결의 확인 및 감형에 이르기까지 과정과 문제점을 살펴보기 위해서는 심판관에 대한 검토도 함께 필요하다.

#### (4) 심판관과 관할관에 대한 고찰

관할관과 심판관은 법관의 자격을 갖춘 전문법조인이 아니므로, 일반적으로 군검찰관과 군판사의 당해 사건들에 대한 평가와 결정 내용에 대해서 부대 지휘관의 특별참모인 법무참모의 의견과 결정을 보고 받는다. 다른 군사관련업무에 대한 지휘 및 명령 또는 관리업무와 비교해서, 부대 지휘관인 관할관은 상대적으로 전문적이고 법리적인 해석과 판단에 따른 수사지휘 또는 심판업무를 관리하고 수행하는데 분명 한계가 존재한다.

실제 공판과정에서도 재판장인 심판관은 일반적으로 해당 부대 고위급 장교이다. 따라서 관련 사건과 해당 법률에 대한 정확하고 전문적인 법리적 이해와 해석을 갖추고 소송법에 근거한 소송 진행을 통해 최종 판결을 내리지 못한다. 일반적으로 군판사의 판결에 대한 의견과 결정에 별다른 큰 이의를 제기하지 않으며, 군판사의 내용 보고 및 양형의 이유와

83) 전광석, 앞의 책, 646쪽.
84) 전광석, 앞의 책, 646쪽.

결정을 토대로 재판장인 심판관이 형량을 선고하는 것이 일반적이라고 할 수 있다. 따라서 군사법원의 구성에 있어서 법조인 자격이 없는 해당 부대 고위급 장교인 심판관이 반드시 군사법원의 구성부분이여야 하며, 또한 군사재판의 재판장으로서 소송진행과 최종판결을 해야만 하는 필요성과 당위성은 큰 설득력이 없다. 전시 또는 계엄과 같은 예외적인 경우를 제외한다면, 오늘날 군내 군사법원 조직과 업무를 위한 전문 법조인력의 확보가 어렵지 않는 상황에서, 헌법과 법률에서 정한 자격과 요건을 갖춘 법관의 자격이 없는 해당 부대 일반 고위급 장교가 계속해서 군사재판의 재판장이어야 한다는 점은 논란의 여지가 있으며,[85] 조속히 개선되어야만 한다.

마찬가지로 관할관 또한 법관의 자격이 없는 해당 부대 지휘관으로서, 이미 법원에서 선고한 내용에 대해 감경할 수 있는 관할관 확인조치권(군사법원법 제379조)을 갖는 것은 권력분립원리와 공정한 재판을 받을 권리에 대한 모순적인 내용임은 분명하다.[86] 다시 말해서, 결국 군검찰 수사에 관련된 모든 사항에 대한 최종 지휘권자 및 결정권자도 해당 부대 지휘관이며, 군사법원의 구성과 판결에 대한 최종 지정권자 및 결정권자 또한 해당 부대 지휘관이다. 이 점에서 재판을 받을 권리의 보장에 대한 중대한 제한이 발생한다. 따라서 재판의 구성과 결과에까지 관련 규정에 따라 실질적인 영향력을 행사할 수 있는 관할관 제도와 심판관 제도는 폐지되어야 한다. 적어도 군사법원에서 내린 지난 수많은 판결들은 지금까지 법관이 자격이 없는 심판관이 관할관의 지정으로 재판장이 되어 군사재판이 진행하고 최종선고를 하였으며, 법관이 자격이 없는 관할관 또한 군사법원에서 최종 선고한 판결 내용에 대해 감형을 해왔으며, 앞으로도 그러할 것이다.

---

85) 양건, 앞의 책, 659쪽; 장영수, 앞의 책, 1226쪽.

86) 양건, 앞의 책, 659쪽; 전광석, 앞의 책, 646쪽.

### (5) 군검찰과 군사법원의 동질성

군검찰 또는 군사법원이 설치되어 있는 해당 부대의 군 수사업무 및 사법업무의 지휘체계를 살펴보면, 지휘관의 참모들 중 한명인 법무참모가 군수사 및 군사법업무의 내용을 총괄 관리 및 보고한다.[87] 해당 부대 지휘관의 특별참모인 법무참모는 해당 부대 군검찰 또는 군사법원의 업무를 모두 총괄하는 부서인 법무참모부(법무부)의 장이다.[88] 해당 부대 법무부는 군 수사권과 사법권 또는 군 수사조직과 사법조직의 구조와 업무 내용상 군검찰관과 군판사가 혼재되어 있으며, 검찰부와 군사법원 양 조직간의 군법무관 상호 보직 이동이 이루어지는 수사사법조직이다. 이러한 군내 검찰조직과 법원조직의 물적, 인적 동질성이 나타나는 특성은 법원의 중립성 및 독립성을 제한할 가능성이 크다. 각 조직 구성원의 전문성이 결여될 수 있다는 염려와 더불어, 군사법원과 군사재판이 공정성을 잃게 될 가능성이 크다.[89] 이 점은 앞서 살펴본 관할관 및 심판관 제도의 문제점과 함께, 나아가 군사법원과 군사법제도 자체에 대한 국민적 신뢰를 잃게 될 가장 큰 문제점이 존재한다.

## Ⅳ. 맺는말 – 인권보장과 사법정의의 실현

앞서 군의 특수성 그리고 군사법제도와 군사재판의 특수성 부분에서 살펴보았던 '군사법원법 제6조 등 위헌소원' 사건 약 10년 뒤인 2002년에 제기된 '군사법원법 제242조 제1항 등 위헌소원' 사건에서 우리 헌법재판

87) 참고로, 군 고등검찰부와 고등군사법원이 설치되어 있는 국방부에는 관할관인 국방부장관의 군수사업무 및 군사법업무를 총괄 보좌하는 법무관리관실이 있으며, 군 법무병과의 수장격인 국방부 법무관리관은 국방부장관의 법무참모로 이해할 수 있다.

88) 참고로, 일반적으로 장관급 부대인 여단과 사단의 경우에는 법무부에 군검찰이 설치되어 있으며, 그 이상의 상급부대의 법무부에는 군검찰과 군사법원이 설치되어 있다.

89) 송기춘, 앞의 글, 285쪽.

소는 군의 특수성 강조로 인한 인권보장과 사법정의 실현의 문제점도 또한 직접 거론하였다. 즉, "군사법제도의 운영상 핵심적인 과제는 국민 일반에게 보장되는 평등한 법적 보호를, 군의 특수성을 반영하여, 군인에 대한 관계에서 어떻게 합리적으로 조화시킬 것인가 하는 것이다. 지금까지의 군의 자율성과 특수성을 강조하는 논리에 지배된 나머지 군사법제도상의 인권보장과 사법정의 실현을 확보하려는 노력이 상대적으로 부족하였다고 볼 수 있다. 군사법제도의 특수성을 전혀 부인하기는 어렵다고 하더라도 민주화의 진전과 함께 현저히 고양된 국민 일반과 군인들의 권리의식에 맞추어 이제는 그 특수성에 대한 지나친 경도에서 탈피하여 군사법제도에 있어서도 인권보장과 사법정의의 실현이라는 헌법적 가치의 구현에 더욱 노력하여야 할 시점이 도래하였다".[90]

이러한 헌법재판소의 군사법제도에 대한 이해와 설명은 군 사법권에만 국한시킬 것이 아니라, 병에 대한 군 징계권부터 군사법제도 전반에 대해 인권보장과 사법정의 실현이라는 목표의식을 갖고 고찰되어야 할 것이다. 국방의 의무, 병역의 의무 또는 군대의 특성과 군의 특수성이라는 명분과 이유가 더 이상 인권과 사법정의에 우선하거나 또는 우선되어야만 하는 이해와 설득력은 이제 더 이상 받아들이기 힘들다. 병에 대한 처우개선과 반인권적 관행을 위한 검토와 노력이 계속되는 것도 이를 반증한다. 이로부터 다시 약 10년이 지난 오늘, 모든 국민들의 인식뿐만이 아니라, 군 내에서도 군 징계제도와 사법제도에서 인권보장과 사법정의 실현의 목표를 위한 이해와 제도들이 더욱 성장하고 정착되었기를 조심스럽게 예상해 본다.

---

90) 헌재 2003. 11. 27. 2002헌마193, 판례집 15-2(하), 323-324쪽.

[참고문헌]

군인권센터, 국제연합 보편적정례검토 제출자료, 2012
김동희, 행정법 Ⅱ, 박영사, 2012
김철수, 헌법학(중), 박영사, 2010
김현주, "군 사법제도 개선의 핵심 쟁점에 대한 연구", 「형사정책」 제20권 제1호, 2008
송기춘, "군사재판에 관한 헌법학적 연구", 공법연구 제33집 제3호, 2005
송광섭, "징계영장처분의 문제점과 인권개선방안", 「피해자학연구」 제12권 제1호, 2004
양건, 헌법강의, 법문사, 2012
오윤성, "군 사법제도 개선 방향에 대한 고찰", 「한국경찰학회보」 제9호, 2009
이만종, "군사법제도 개혁방안에 관한 고찰", 「법과 정책연구」 제6권 제1호, 2006
이만종, "군 징계 영창제도 개선에 대한 법적고찰", 「한국경찰연구」 제8권 제3호, 2009
이세주, "징계처분에 의한 인신구속의 헌법적 검토", 「헌법학연구」 제18권 제3호, 2012
장영수, 헌법학, 홍문사, 2012
전광석, 한국헌법론, 집현재, 2011
전종익, "헌법 제5조 제1항 '침략적 전쟁 부인'의 의미", 「헌법논총」 제15집, 2004
정종섭, 한국헌법론, 박영사, 2011
최정학, "군 영창제도의 법적 문제점", 「공익과 인권」 제1권 제1호, 2004
하명호, "행정상 인신구속과 구속적부심사제도의 도입에 관하여", 「헌법논총」 제16집, 2005
한수웅, "헌법 제27조의 재판청구권", 「헌법논총」 제10집, 1999
한수웅, 헌법학, 법문사, 2012

한인섭, "시민적 정치적 권리에 관한 국제규약과 군장병 인권", 「법학」 제48권 제4호, 서울대학교, 2007
허영, 한국헌법론, 박영사, 2012
홍정선, 행정법원론(하), 박영사, 2012

[Zusammenfassung]

Eine verfassungsrechtliche Untersuchung über die Haft durch Disziplinargewalt und die Gewährleistung des Rechts auf ein faires Verfahren und Militärjustiz

Se-Joo Lee*

Die koreanisceh Verfassung regelt im Art. 5 die Garantie der nationalen Sicherheit und die Verteidigung des nationalen Territoriums. Das ist die höchsten Pflichten der nationalen Streitkräfte. Art. 39 Koreanische Verfassung schreibt die Pflicht der Landesverteidigung, die Verpflichtung der Bürger und den Wehrdienst auf alle männlichen Bürger der Republik Korea. Artikel 110 in der koreanischen Verfassung sieht vor, dass Kriegsgericht sein gegründet als spezielle Gerichte. Obwohl das Militär Kriegsgerichte Sondergerichte sind, sollten sie auch sein organisiert auf den gleichen verfassungsrechtlichen Prinzipien wie die der Zivilgerichte. Das koreanisches Gesetz über 'Military Personnel Management' enthält die konkreten Dienstordnungen, die grundsätzlichen Dientverhältninsse und deren Verantwortung. Art 57. Abs. 2 dieses Gesetztes schreibt insbesondere die Möglichkeit von Haft durch

* Juristische Fakultät an der Yonsei Uni., Dozent, Dr. jur.

Disziplinargewalt und −massnahme gegen Sodat vor. Die Möglichkeit und Durchsetzung von Haft durch Disziplinargewalt und −massnahme stellen eine grundrechtliche Beeinträchtigung gemaß Art. 12 Koreanische Verfassung. Die Unabhängigkeit der Justiz wurde in der Regel mit Schwierigkeiten in ihrer Institutionalisierung konfrontiert in Militärjustiz. Die Spezialität der Streitkräfte hat eine Priorität, nicht in der Norm und Theorie, sondern in der Tat und Praxis.

[Schlagwörter]
Gesetz über 'Military Personnel Management', Möglichkeit von Haft durch Disziplinargewalt, Rehct auf ein faires Verfahren, Militärjustiz, Wehrstrafgericht

# 인터넷 실명제의 도입과 헌법재판소 결정

김 현 귀*



[국문요약]

이 연구의 목적은 인터넷 실명제가 도입되고 발전하다가, 헌법재판소의 위헌결정으로 폐지되는 과정을 연혁적으로 관조해 봄으로써, 헌법

* 헌법재판소 헌법재판연구원 책임연구관

재판소 결정문에서 행간의 의미를 찾아보려는 것이다. 2004년 공직선거법 개정으로 처음 등장했던 인터넷 실명제는 인터넷 역기능에 대한 효율적인 규제수단으로 주목받고, 정보통신망법을 통해 인터넷 전반에 걸쳐 시행되기에 이른다. 그러나 국민의 표현의 자유가 위축되고 개인정보자기결정권이 침해되는 여러 부작용들이 발생하고 결국은 2012년 8월 헌법재판소로부터 위헌결정을 받는다. 헌법재판소가 위헌결정을 내리게 되기까지 전후에 있었던 일련의 사건들과 선판결들을 검토해보면, 판결문에서 침해되었다고 언급한 기본권 중에서 주로 인터넷 실명제를 위헌으로 이끈 것은 표현의 자유나 익명표현의 자유가 아니라 개인정보보호였다는 것을 알 수 있다.

[핵심어]
인터넷 실명제, 표현의 자유, 익명표현의 자유, 개인정보보호, 개인정보자기결정권

## Ⅰ. 서 론

21세기 들어 IT강국이 된 대한민국에서 인터넷상 표현의 자유와 규제의 흐름은 기본적으로 두 가지가 있다고 할 수 있다. 먼저 인터넷이 표현촉진적 매체로서 보다 자율적으로 규제되어야 한다는 흐름이 있다. 한편, 인터넷은 위험하므로 이를 규제해야 한다는 흐름이 있다. 전자를 대변하는 것은 2002년 '불온통신사건'[1)]이라고 할 수 있다. 헌법재판소는 불온통신사건에서 인터넷은 "표현촉진적 매체"임을 확인하였고, 이에 관한 규제에 있어서 자율성을 강조하였다. 이후 이 판결은 인터넷상 표현의 자유를 강조하기 위해 항상 거론되는 선판례가 되었다. 한편, 후자의 흐름

1) 헌재 2002. 6. 27. 99헌마480.

을 대변하는 것으로 2005년에 있었던 이른바 '개똥녀 사건'을 들 수 있다. 이는 해외 언론에까지 소개되었고,[2] '개똥녀'는 시사용어가 되었다. 이 사건은 한국사회가 정보통신기술은 세계적이지만, 프라이버시에 대한 이해와 인터넷을 이용수준은 아직 후진적인 사례로 언급되었다. 그 이후에도 인터넷의 위험성과 역기능을 대변하는 사례로서 종종 언급되고 있다.

이런 '불온통신사건'과 '개똥녀 사건' 등으로 대변될 수 있는 인터넷 규제에 관한 두 흐름은 헌법재판소 안에서도 발견할 수 있다. 어떤 때는 위헌 결정으로 혹은 합헌 결정으로, 그리고 소수의견과 다수의견으로, 두 흐름이 상존하고 있음을 확인할 수 있다. 그런데, 2012년 8월 정보통신망이용촉진 및 정보보호에 관한 법률(이하 '정보통신망법')에서 규정한 인터넷 실명제에 대한 위헌확인청구에 대해 헌법재판소는 전원 합의된 의견으로 인용 결정을 내린다.[3] 불과 2년 전인 2010년 공직선거법에서 규정한 인터넷 실명제에 대한 위헌확인청구에 대해 기각 결정을 내렸던 헌법재판소[4]가 이렇게 전원 합의된 의견으로 위헌 결정을 내렸다는 것은 이례적이라고 할 수 있다. 왜 이렇게 이례적인 결정을 내리게 되었는지, 그 사이에 무슨 일이 있었던 것인지, 그 이유를 알기 위해서는 논리적인 접근보다는 역사적이고 통시적인 관점에서 접근하는 것이 더 적합할 것으로 보인다. 그래서 인터넷 실명제가 처음 도입된 후부터 2012년 8월에 정보통신망법의 위헌결정이 있기까지의 일들을 되도록 냉정하고 담담하게 통시적으로 정리해 보고자 한다.

---

2) Krim, Jonathan, Subway Fracas Escalates Into Test Of the internet's Power to Shame, Washingtonpost.com, July 7, 2005.

3) 헌재 2012. 8. 23. 2010헌마47, 252(병합).

4) 헌재 2010. 2. 25. 2005헌마324, 2009헌바31(병합). (기각 7 : 인용 2).

## Ⅱ. 인터넷 실명제의 의의

### 1. 인터넷 실명제의 개념

'인터넷 실명제'는 인터넷 이용에 앞서 이용자에게 주민등록번호, 핸드폰 번호, 신용카드, 기타 개인정보 등을 이용하여 실명인증하는 방법으로 신원을 확인하는 절차를 의무화하고, 이를 거치지 않으면 인터넷 게시판 등을 이용할 수 없도록 기술적 조치를 취할 의무를 인터넷 웹사이트 운영자에게 부과하면서, 이를 위반할 경우에는 시정명령 및 제제조치를 가하는 제도이다. 즉, 인터넷 이용자의 실명 및 본인여부를 확인하는 것을 강제하는 제도이다.

### 2. 인터넷 실명제의 종류

한편, 게시판에 글을 올리거나 댓글을 쓴 사람의 실명이 직접 드러나는 경우는 '실명노출실명제', ID 등 실명이 직접 드러나지 않지만 게시판 운영자가 실명을 직접 확인하도록 한 것을 '실명확인제', 그리고 본인여부만 확인하는 것을 '본인확인제', 그리고 일정 규모 이상의 사이트에 대해서만 이를 적용하기 때문에 '제한적 본인확인제'라고 부르는 경우도 있다.[5] 실제로 '실명노출실명제'는 2004년 '공직선거및선거부정방지법'에서 규정한 적은 있으나 실제로 적용된 적이 없었고, 그 이후 공직선거법상 인터넷 실명제를 '실명확인제', 그리고 정보통신망법상 인터넷 실명제를 '본인확인제' 또는 '제한적 본인확인제'로 부르기도 한다. 인터넷 실명제를 요구하는 기간에 따라서, 예를 들어, 선거기간과 같이 한정된 기간 동안에만 실시하도록 하는 것을 '한시적 실명제', 그런 기한 없이 늘 실시하

---

5) 황창근, "정보통신망법상 본인확인제에 대한 공법적 고찰", 「세계헌법연구」 14권 2호 (2008); 김송옥, "인터넷실명제 판례평석", 법학의 새로운 흐름, [중앙대학교 법학관 6층 교수회의실], 2012년 11월 17일.

도록 하는 것을 상시적 실명제로 구별하기도 한다.[6)]

### 3. 공직선거법상 인터넷 실명제와 정보통신망법상 인터넷 실명제의 차이

논의의 대상은 되는 것은 공직선거법상 인터넷 실명제와 정보통신망법상 인터넷 실명제, 이 두 가지이다. 공직선거법상 인터넷 실명제와 정보통신망법상 인터넷 실명제의 자세한 내용에 관해서는 이하에서 연혁적으로 법 개정 내용을 훑어보면 더 잘 이해할 수 있을 것이다. 요약하여 이 둘 사이의 제일 큰 차이점이라고 할 수 있는 것들을 정리하면, 다음과 같다.

#### (1) 적용기간의 차이

첫째는 그 적용기간이 한시적이냐 아니면 상시적이냐 이다. 공직선거법은 선거기간이라는 한시적인 기간에만 인터넷 실명제를 요구하고 있어서 '한시적 실명제'라고 할 수 있고, 정보통신망법은 기간에 구애됨이 없이 인터넷 실명제를 요구하고 있어서 '상시적 실명제'라고 할 수 있다.

#### (2) 적용대상이 되는 표현의 내용

둘째는 실명제가 선거에 입후보한 후보자의 지지나 반대라는 특정 내용의 의사표현[7)]을 위한 조건으로서 요구되느냐 아니면 내용과 관련 없이 인터넷 웹사이트의 전반적인 이용의 조건으로 요구되느냐의 차이이다. 공직선거법상 인터넷 실명제가 게시글을 게시할 때 실명확인을 요구하고, 정보통신망법은 웹사이트 이용 전에 본인여부를 확인하게 하는 등의 차이가 있다고 하지만, 이는 규제범위에 따라 인터넷 이용자의 실명

---

6) 김유향, 심우민, "인터넷 실명제 위헌결정과 향후 과제", 「이슈와 논점」 524호 (2012. 9. 4).

7) 글은 물론 문자, 음성, 이미지, 동영상 등의 정보를 모두 포함한다(공직선거법 86조의 6 제1항).

및 본인여부를 확인하는 방식 및 방법에서 발생하는 차이일 뿐, 그렇게 주목할 만한 차이라고 보기는 어렵다.

### (3) 적용대상이 되는 인터넷 사이트의 종류

셋째는 '인터넷언론사'의 게시판에 한해 적용되느냐 그와 관계없이 일정 규모 이상의 이용자가 사용하는 웹사이트면 모두 다 적용되느냐의 차이이다. 공직선거법에서 말하는 '인터넷언론사'는 신문법상 '인터넷신문사업자' 및 포털과 같이 언론 기사를 매개하여 언론기능을 수행하는 인터넷 홈페이지를 말한다(공직선거법 제8조의5).[8] 공직선거법은 이들 인터넷언론사에 대해 특별히 선거운동을 위한 광고 및 방송연설 및 후보자 대담 · 토론회 등을 허용하는 대신 '인터넷선거보도심의위원회'에서 이를 심의하고 규제하도록 하면서, 이와 병행하여 인터넷 실명제를 통해 이들 사이트 이용자에 대한 실명확인 의무를 부과하고 있는 것이다. 반면, 정보통신망법은 인터넷 사이트의 업태나 종류에 상관없이 정보통신망법상 정보통신서비스 제공자이기만 하면 되고, 오직 하루에 그 사이트를 방문하는 이용자 수가 10만 이상이기만 하면 그 규제대상에 포함시키고 있다(정보통신망법 제44조의5).

### (4) 제도의 목적

이런 차이들에서 간취할 수 있는 가장 중요한 차이는 각 인터넷 실명

---

8) 공직선거법 제8조의5(인터넷선거보도심의위원회) ①중앙선거관리위원회는 인터넷언론사[「신문 등의 진흥에 관한 법률」 제2조(정의)제4호에 따른 인터넷신문사업자 그 밖에 정치 · 경제 · 사회 · 문화 · 시사 등에 관한 보도 · 논평 · 여론 및 정보 등을 전파할 목적으로 취재 · 편 · 집 · 집필한 기사를 인터넷을 통하여 보도 · 제공하거나 매개하는 인터넷홈페이지를 경영 · 관리하는 자와 이와 유사한 언론의 기능을 행하는 인터넷홈페이지를 경영 · 관리하는 자를 말한다. 이하 같다]의 인터넷홈페이지에 게재된 선거보도[사설 · 논평 · 사진 · 방송 · 동영상 기타 선거에 관한 내용을 포함한다. 이하 이 조 및 제8조의6(인터넷언론사의 정정보도 등)에서 같다]의 공정성을 유지하기 위하여 인터넷선거보도심의위원회를 설치 · 운영하여야 한다. 〈개정 2005. 8. 4, 2009. 7. 31〉

제가 규정된 법률의 목적과 관련된다. 즉, 공직선거법상 인터넷 실명제는 인터넷신문사가 매개하는 정보의 언론성, 특히 선거기간에 그것이 미칠 영향력에 따른 책임이라는 관점에서 시작된 규제라고 할 수 있다. 한편, 정보통신망법상 인터넷 실명제는 인터넷 자체가 가지고 있는 역기능적 측면과 쉽게 확산가능하다는 위험성을 그 규제의 목적으로 삼고 있다.

## Ⅲ. 공직선거법상 인터넷 실명제의 도입과 헌법재판소 결정

인터넷 포털의 미디어로서 영향력이 기존 매스미디어인 신문 및 방송의 영향력을 크게 웃돌기 시작하자, 언론학계에서는 이들 포털의 언론으로서 책임에 대한 문제가 제기되기 시작한다. 소위 '포털의 언론성'에 대한 논의이다.[9] 포털 뉴스서비스와 언론의 수익구조가 유사하고, 의제설정 기능 등을 하고 있었기 때문이다. 지금이야 2009년 미디어법 개정으로 함께 통과된 '신문 등의 진흥에 관한 법률'과 '언론중재 및 피해구제 등에 관한 법률'(이하 '언론중재법')에서부터 이미 이들 포털을 '인터넷뉴스서비스'라고 규정하고 규제범위에 포함시키고 있지만, 2005년 '신문등의자유와기능보장에관한법률'[10]과 언론중재법[11]이 처음 제정되었던 시기에는 '인터넷신문사'만 이들 미디어 규제법에 포함되었고, 인터넷 포털은

9) 포털의 언론성 논쟁과 관련해서는 임종수, "미디어로서 포털: 포털, 저널리즘, 변화", 한국언론학회 학술대회(2004); 황용석, "포털저널리즘에 관한 이론적 고찰 -포털뉴스의 언론적 특성과 그 영향-", 「언론중재」 25권 4호(2005); 최민재, 김위근, "포털 사이트 뉴스서비스의 의제설정 기능에 관한 연구", 「한국언론학보」 50권 4호(2006); 황용석 외 3인, "한국사회에서 포탈뉴스에 대한 규제 담론에 대한 고찰", 「언론과 법」 6권 2호(2007); 황성기, "뉴스매개자로서의 포털 뉴스서비스의 언론성 및 법적 책임 범위에 관한 연구", 「사이버커뮤니케이션학보」 21호(2007) 등 참조.

10) 신문등의자유와기능보장에관한법률 [시행 2005. 7. 28] [법률 제7369호, 2005. 1. 27, 전부개정].

11) 언론중재및피해구제등에관한법률 [시행 2005. 7. 28] [법률 제7370호, 2005. 1. 27, 제정].

규제의 범위에 포함되지 않았었다. 다만, 공직선거법에서만 '인터넷언론사'라는 개념으로 이들 포털을 언론사의 범위에 포함시켰다(공직선거법 제82조의5).[12] 이런 전후 사정을 보면, 2004년 이후에 공직선거법에서 규정한 인터넷 실명제를 포함한 인터넷 포털에 대한 규제들은 포털의 언론성에 대한 논쟁과 무관하지 않다고 할 수 있다.

### 1. 2004년 총선과 2005. 8. 4. 공직선거법 개정

인터넷언론사는 공직선거법에 의거해 게시판 이용자들의 실명확인을 하고 이를 관리할 의무를 지게 된다. 이 규정은 2004. 3. 12에 개정된 '공직선거및선거부정방지법'에 처음 도입되었다. 당시 2004년 국회의원 총선거에 적용될 예정이었으나 기술적인 이유들로 인해 시행되지는 못하였다. 그 사이 2005. 8. 4에 해당 법률은 '공직선거법'으로 개정되었다. 당시 개정된 내용은 다음과 같다. 2005년 8월 4일의 개정법률은 2006. 5. 31에 실시된 지방선거에 실제로 적용되었다.

| 공직선거및선거부정방지법 [시행2004. 3. 12]<br>[법률 제7189호, 2004. 3. 12, 일부개정] | 공직선거법 [시행2005. 8. 4]<br>[법률 제7681호, 2005. 8. 4, 일부개정] |
|---|---|
| 제82조의6(인터넷언론사 게시판 · 대화방 등의 실명확인) ① 인터넷언론사는 당해 인터넷사이트의 게시판 · 대화방 등에 선거에 관한 의견을 게시할 수 있도록 하는 경우에는 의견게시를 하고자 하는 자가 기입하는 성명과 주민등록번호의 일치여부를 확인한 후 일치하는 경우에 한하여 의견게시를 할 수 있도록 하는 기술적 조치를 하여야 한다. | 제82조의6(인터넷언론사 게시판 · 대화방 등의 실명확인) ① 인터넷언론사는 선거운동기간 중 당해 인터넷홈페이지의 게시판 · 대화방 등에 정당 · 후보자에 대한 지지 · 반대의 글을 게시할 수 있도록 하는 경우에는 행정자치부장관이 제공하는 실명인증방법으로 실명을 확인받도록 하는 기술적 조치를 하여야 한다. |

12) 실제 규제대상이 되는 인터넷언론사의 기준은 인터넷선거보도심의위원회 훈령 '주요심의대상 인터넷언론사의 관리 등에 관한 규정'에서 아래와 같이 정하고 있다. 그리고 이 기준에 따라 인터넷언론사로 분류되는 인터넷홈페이지는 공직선거법 제8조의5 제6항의 규정에 따라 인터넷선거보도심의위원회 홈페이지에 게시되고 있다.

| | |
|---|---|
| ② 정당 · 후보자 및 예비후보자는 자신의 명의로 개설 · 운영하는 인터넷 홈페이지의 게시판 · 대화방 등에 선거에 관한 의견을 게시할 수 있도록 하는 경우에는 제1항의 규정에 의한 기술적 조치를 할 수 있다. | ② 정당 · 후보자는 자신의 명의로 개설 · 운영하는 인터넷홈페이지의 게시판 · 대화방 등에 정당 · 후보자에 대한 지지 · 반대의 글을 게시할 수 있도록 하는 경우에는 제1항의 규정에 따른 기술적 조치를 할 수 있다. |
| ③ 행정자치부장관은 제1항의 규정에 의한 기술적 조치를 하고자 하는 인터넷언론사 · 정당 · 후보자 또는 예비후보자에게 제1항 및 제2항의 게시판 · 대화방 등에 의견게시를 하고자 하는 자가 기입하는 성명과 주민등록번호의 일치여부를 주민등록전산자료에 의하여 확인하여 줄 수 있다. | ③ 행정자치부장관은 제1항 및 제2항의 규정에 따라 제공한 실명인증자료를 실명인증을 받은 자 및 인터넷홈페이지별로 관리하여야 하며, 중앙선거관리위원회가 그 실명인증자료의 제출을 요구하는 경우에는 지체 없이 이에 따라야 한다. |
| ④ 신용정보의이용및보호에관한법률 제2조(정의)제4호의 규정에 의한 신용정보업자는 제1항의 규정에 의한 기술적 조치를 하고자 하는 인터넷언론사 · 정당 · 후보자 또는 예비후보자에게 제1항 및 제2항의 게시판 · 대화방 등에 의견게시를 하고자 하는 자가 기입하는 성명과 주민등록번호의 일치여부를 확인하여 줄 수 있다. | |
| 〈신설〉 | ④ 인터넷언론사는 제1항의 규정에 따라 실명인증을 받은 자가 글을 게시한 경우 당해 인터넷홈페이지의 게시판 · 대화방 등에 "실명인증" 표시가 나타나도록 하는 기술적 조치를 하여야 한다. |
| 〈신설〉 | ⑤ 인터넷언론사는 당해 인터넷홈페이지의 게시판 · 대화방 등에서 글을 게시하고자 하는 자에게 주민등록번호를 기재할 것을 요구하여서는 아니된다 |
| ⑤ 인터넷언론사는 당해 인터넷사이트의 게시판 · 대화방 등에 의견게시자가 허무인 또는 타인의 명의를 이용한 것이 확인된 때에는 즉시 그 허무인 또는 타인 명의의 아이디(이용자식별부호를 말한다. 이하 이 항에서 같다)로는 의견게시를 할 수 없도록 하여야 하며, 그 아이디로 게시된 의 | ⑥ 인터넷언론사는 당해 인터넷홈페이지의 게시판 · 대화방 등에 "실명인증"의 표시가 없는 정당이나 후보자에 대한 지지 · 반대의 글이 게시된 경우에는 지체 없이 이를 삭제하여야 한다. |

| | |
|---|---|
| 견을 삭제하여야 한다. | ⑦ 인터넷언론사는 정당 · 후보자 및 각급 선거관리위원회가 제6항의 규정에 따른 글을 삭제하도록 요구한 경우에는 지체 없이 이에 따라야 한다. |
| 제261조 (과태료의 부과 · 징수등) ① 제82조의6(인터넷언론사 게시판 · 대화방 등의 실명확인)제1항의 규정을 위반하여 기술적 조치를 하지 아니한 자는 1천만원 이하의 과태료에 처한다.<br>〈이하 생략〉 | 〈좌동〉 |
| 〈신설〉 | ② 다음 각 호의 어느 하나에 해당하는 행위를 한 자는 300만원 이하의 과태료에 처한다.<br>3. 제82조의6(인터넷언론사 게시판 · 대화방 등의 실명확인)제6항의 규정을 위반하여 실명인증의 표시가 없는 글을 삭제하지 아니한 자 |

주요 변동사항을 보면, 먼저 실명제 적용대상이 되는 표현이 "선거에 관한 의견"에서 "정당 · 후보자에 대한 지지 · 반대의 글"로 구체화되었고, 적용기간에 제한이 없던 것이 "선거운동기간 중"으로 한정되어 이전보다는 명확하게 규정하려고 노력한 것으로 보여 진다.

둘째, 실명인증방법에 관해 보면, 게시판 등 이용자가 직접 성명과 주민등록번호를 입력하면 이를 행정자치부 장관이나 '신용정보의이용및보호에관한법률'(이하 신용정보법)의 신용정보업자가 확인하는 방식에서 행정자치부장관이 제공하는 실명인증방법으로 변화되었다. 전자의 방법은 개인정보자기결정권을 침해할 여지가 크기 때문인지, 2005년 개정법에는 5항에서 이용자에게 직접 주민등록번호를 입력하도록 요구하는 것을 금지시켰다. 또 인터넷언론사 등에게 실명확인을 해주는 기관도 공공기관인 행정자치부장관으로만 축소되었다. 그리고 행정자치부 장관은 실명인증을 해준 경우에 실명인증을 받은 자와 인터넷 홈페이지에 관한 기록을 관리할 의무가 있으며, 중앙선거관리위원회가 이에 대한 자료를 요구하는 경우에는 이를 제공하게 되어 있다. 실명인증방법에 있어서 2005년 개정 공직선거법은 개인정보 보호라는 차원에서 이에 대한 보완장치들을 많이 마련한 것으로 보인다.

셋째, 실명확인이 되지 않은 정치적 표현들에 관한 조치들에 관해 보면, 2004년 공직선거법에서는 실명인증이 되는 경우에 한해서만 게시판 이용이 가능하도록 했기 때문에 원천적으로 실명확인이 되지 않은 경우는 발생하지 않는다. 다만, 허무인 또는 타인의 명의를 도용하는 경우가 발생할 수 있는 데 이런 상황이 발생하지 않도록 조치할 의무를 인터넷언론사에게 부과하고 있었다. 그러나 2005년 공직선거법의 규정들을 보면 실명인증이 되지 않으면 글을 원천적으로 쓰지 못하게 하도록 인터넷언론사에 의무를 부과하는 것은 아닌 듯하다(1항). 다만, "실명인증" 표시가 보이도록 기술적 조치를 취하게 하고, 이 표시가 없는 정치적 표현에 대해서는 지체없이 삭제하도록 의무를 부과하고 있으며(6항), 정당, 후보자 및 각급 선거관리위원회가 이런 글들에 대해 삭제를 요청하는 경우에도 그에 따르도록 의무를 부과하고 있다(7항). 2004년의 방법이 선거에 관한 의견이라는 모호한 표현으로 국민의 정치적 표현을 실명제가 아니면 불가능하도록 전면적이고 원천적으로 봉쇄했다면, 2005년 선거법에서는 인터넷언론사에게 정당 및 후보자에 대한 지지 또는 반대의 글이 실명인증을 받지 않고 게시가 된 경우를 찾아서 삭제하도록 의무를 부과하는 앞의 방법보다는 조금 소극적으로 개정되었다고 할 수 있다.

마지막으로 위 인터넷언론사의 기술적 조치 의무들에 관한 처벌 규정을 살펴보면, 인터넷언론사가 위의 실명확인을 위한 기술적 조치를 하지 않았을 경우에는 1천만원 이하의 과태료를 받게 된다(제261조 1항). 2005년 선거법부터는 "실명인증" 표시에 관한 기술적 조치 및 그에 관한 삭제의무를 인터넷언론사가 수행하지 않을 경우에 300만원 이하의 과태료에 처하도록 과태료 규정이 추가되었다(동조 2항 3호).

## 2. 헌재 2007. 12. 27. 2004헌마218 결정과 공직선거법 개정

2004년 총선과 관련해서 한 후보자가 이 사건 실명확인조항 부분에 대해 위헌확인 헌법소원을 제기한 바 있다. 그러나 당시 공직선거법상 실명확인제는 기술적인 미비 등으로 인하여 실제로 시행되지도 못한 채 개정되어 청구인들에게 주관적 권리보호의 이익이 인정되지 않았고, 해당 조항은 위와 같이 많은 부분 개정되어서 당시 2004년의 실명확인조항의 위헌 여부에 대하여 객관적인 헌법질서의 수호 · 유지를 위하여 헌법적 해명을 할 필요가 없다고 판단하여 구체적인 내용에 대해 판단하지 아니하고 각하하였다.[13)]

이후 두 차례 개정이 더 이뤄진다. 2008. 2. 29 공직선거법에서는 기존의 행정자치부 장관이 제공하는 실명인증방법 뿐 아니라 신용정보업자가 제공하는 실명인증방법 추가되었다. 2004년 공직선거법과 같이 실명인증기관으로 신용정보업자도 추가된 것이다. 뿐만 아니라, 정보통신망법 제44조의5 본인확인조치를 한 경우에는 실명확인을 위한 기술적 조치를 한 것으로 갈음한다는 내용이 추가되었다.[14)] 이 정보통신망법 제44조

13) 헌재 2007. 12. 27. 2004헌마218, 공보 제135호, 93, 96-96.; 헌법재판소는 ① 실명확인 기간과 관련하여, '선거운동기간 중'에만 하도록 그 기간을 축소하고, ② 실명확인 요건과 관련하여, '정당 · 후보자에 대한 지지 · 반대의 글을 발표할 수 있도록 하는 경우'에만 실명확인 조치를 하도록 하게 바뀐 점, ③ 실명확인 방법과 관련하여, 일률적으로 행정자치부장관의 실명인증방법을 이용하도록 하면서, 그러한 실명인증방법의 제공이 행정자치부장관의 재량사항인 것으로 해석될 여지를 없앤 점, 그리고 ④ 인터넷언론사가 글을 게시하고자 하는 자에게 주민등록번호를 기재할 것을 요구하여서는 아니 된다고 규정하게 된 점을 들어 2005년 공직선거법 개정으로 이 제도에 중대한 변화가 있었다고 평가한다.

14) **공직선거법 [시행 2008. 2. 29] [법률 제8879호, 2008. 2. 29, 일부개정]** 제82조의6(인터넷언론사 게시판 · 대화방 등의 실명확인) ① 인터넷언론사는 선거운동기간 중 당해 인터넷홈페이지의 게시판 · 대화방 등에 정당 · 후보자에 대한 지지 · 반대의 글을 게시할 수 있도록 하는 경우에는 행정안전부장관 <u>또는 「신용정보의 이용 및 보호에 관한 법률」 제2조제4호에 따른 신용정보업자(이하 이 조에서 "신용정보업자"라 한다)가</u> 제공하는 실명인증방법으로 실명을 확인받도록 하는 기술적 조치를 하여야 한다. <u>다만, 인터넷언론사가 「정보통신망 이용촉진 및 정보보호 등에 관한 법률」</u> 제

의5에 대해서는 뒤에서 따로 자세히 다루겠다.

2010년에는 정당 · 후보자에 대한 지지 · 반대의 "글"을 "문자 · 음성 · 화상 또는 동영상 등의 정보(이하 이 조에서 "정보등"이라 한다)"으로 개정했다.[15] 게시판에는 글만이 아니라 영상, 이미지, 음성 등 멀티미디어 수단 등이 활용되기 때문에 "변화된 정치 · 선거환경을 제대로 반영"하기 위해 이와 같이 개정한 것으로 보인다.

## 3. 2008년 총선과 헌법재판소 2010. 2. 25. 2008헌마324 결정

### (1) 소의 제기

2004년과는 달리 2008년 총선에서는 인터넷실명제가 실제로 실시되었다. 당시 실명인증을 받지 못해 글을 올리지 못한 이용자와 실명확인의 기술적 조치를 취하지 않아서 과태료 처분을 받은 인터넷언론사가 공직선거법 제82조의6 등에 대해 각각 위헌확인을 구하는 헌법소원과 헌법재판소법 제68조 2항의 규범소원을 제기했다. 당시 적용된 법률은 2008. 8.

---

44조의5에 따른 본인확인조치를 한 경우에는 그 실명을 확인받도록 하는 기술적 조치를 한 것으로 본다.
② 〈생략〉
③ 행정안전부장관 및 신용정보업자는 제1항 및 제2항의 규정에 따라 제공한 실명인증자료를 실명인증을 받은 자 및 인터넷홈페이지별로 관리하여야 하며, 중앙선거관리위원회가 그 실명인증자료의 제출을 요구하는 경우에는 지체 없이 이에 따라야 한다.〈이하 생략〉

15) **공직선거법 [시행 2010. 1. 25] [법률 제9974호, 2010. 1. 25, 일부개정]** 제82조의6(인터넷언론사 게시판 · 대화방 등의 실명확인) ① 인터넷언론사는 선거운동기간 중 당해 인터넷홈페이지의 게시판 · 대화방 등에 정당 · 후보자에 대한 지지 · 반대의 문자 · 음성 · 화상 또는 동영상 등의 정보(이하 이 조에서 "정보등"이라 한다)를 게시할 수 있도록 하는 경우에는 행정안전부장관 또는 「신용정보의 이용 및 보호에 관한 법률」 제2조제4호에 따른 신용정보업자(이하 이 조에서 "신용정보업자"라 한다)가 제공하는 실명인증방법으로 실명을 확인받도록 하는 기술적 조치를 하여야 한다. 다만, 인터넷언론사가 「정보통신망 이용촉진 및 정보보호 등에 관한 법률」 제44조의5에 따른 본인확인조치를 한 경우에는 그 실명을 확인받도록 하는 기술적 조치를 한 것으로 본다.

4. 개정된 공직선거법이다.

### (2) 헌법재판소의 판단

헌법재판소 다수견해[16)]는 먼저 인터넷 실명제를 규정한 공직선거법 규정이 명확성원칙을 위배했는지 여부를 심사하고, 인터넷언론사의 범위와 '지지 · 반대의 글'의 의미에 관해 헌법이 요구하는 명확성 원칙에 위배되지 않는다고 판단했다. 둘째로, 사전검열금지원칙을 위배했는지 여부를 심사하면서, 이용자가 스스로 판단해서 정당 및 후보자에 대한 지지나 반대의 글을 쓰는 경우라면 "실명확인"표시가 나타나게 게시하면 되고 그렇지 않다고 판단되면 실명확인 절차를 거치지 아니하고 게시하는 것이 가능하기 때문에 이것은 사전검열에 해당하지 않는다고 판단한다.

이 사건에서 쟁점이 된 기본권은 '익명표현의 자유'라는 것이다. 익명표현의 자유란 자신의 신원을 누구에게도 밝히지 아니한 채 익명 또는 가명으로 자신의 사상이나 견해를 표명하고 전파할 자유를 말한다. 헌법재판소는 일단 이것이 헌법 제21조에서 보장하고 있는 표현의 자유, 즉 '자유로운' 표명과 전파의 자유의 보호영역에 포함된다고 봤다.[17)] 그러나 익명표현의 자유라고 해도 제한될 수 있기 때문에 공직선거법상 인터넷 실명제가 과잉금지에 위배되는지 여부를 판단한다.

헌법재판소 다수견해는 실명확인 기간을 '선거운동기간 중'으로 한정하였고 '정당 · 후보자에 대한 지지 · 반대의 글'로 한정하였고, 이용자의 실명이 표출되게 하지 않고 다만 '실명확인'표시만 나타나도록 한 점을 들어 이것이 과잉금지원칙에 위배되지 않는다고 판단하였다. 한편, 2인의 재판관은 인터넷언론사의 범위가 지나치게 모호하고 광범위하며, '정당 · 후보자에 대한 지지 · 반대의 글'이라는 규제대상의 범위도 모호하여 지나치게 광범위하다고 판단한다. 더구나 기술적 편리성에 치우쳐

---

16) 헌재 2010. 2. 25. 2005헌마324, 2009헌바31(병합).

17) 헌재 2010. 2. 25. 2005헌마324, 2009헌바31(병합).

국민을 잠재적 범죄자로 취급하고, 익명에 의한 표현 자체를 제한하는 것은 최소침해성을 위반한다고 보아 위헌이라는 반대의견을 냈다.

## Ⅳ. 정보통신망법상 인터넷 실명제의 도입과 헌법재판소 결정

2005년에는 이른 바 '개똥녀 사건'이 있었다. 이는 해외 언론에까지 소개되었다.[18] 지하철에서 개똥을 치우지 않은 여성의 사진이 인터넷에 공개되고, 이후 인터넷 상에서 그녀에 대한 신상털기가 자행됨으로써 집단적으로 사이버 테러가 가해진 이 사건은 한국사회가 정보통신기술은 세계적이지만, 프라이버시에 대한 이해와 인터넷을 이용수준은 아직 후진적인 사례로 언급되었다. 그 이후에도 인터넷의 위험성과 역기능을 대변하는 사례로서 이를 규제하기 위한 입법안들에서 종종 이 사건이 언급되고 있는데, 무엇보다 이 사건은 공직선거법상의 인터넷 실명제를 보다 상시적으로 확대하자는 논거로 활용되었다.[19] 그리고 이렇게 제안된 정보통신망법 개정안들은 2006. 12. 22 국회에서 대안의결되고, 2007. 1. 26 공포된다.[20] 그리고 이런 입법과정에서 확인할 수 있는 것은 공직선거법상 인터넷 실명제가 인터넷의 언론으로서 영향력이 공직선거에 미치는 영향력을 통제하기 위해 도입되었다면, 정보통신망법상 인터넷 실명제는 인

18) Krim, Jonathan, Subway Fracas Escalates Into Test Of the internet's Power to Shame, Washingtonpost.com, July 7, 2005.

19) "2005년에 들어와서 소위 '개똥녀 사건'과 '연예인 X-파일 사건'등 사이버폭력의 심각성을 보여주는 일련의 사건들을 계기로 인터넷 익명성의 문제가 재부각되면서 인터넷 실명제 또는 제한적 본인확인제도를 법률로써 도입하고자 하는 법안이 국회와 행정부에서 각각 발의되었음." 국회 과학기술정보통신위원회, 정보통신망이용자 실명확인 등에 관한 법률안 검토보고서(이상배의원 대표발의), 2006. 11.

20) 정보통신망 이용촉진 및 정보보호 등에 관한 법률 [시행 2007.7.27.] [법률 제8289호, 2007. 1. 26., 일부개정]; 이 개정 법률을 통해 정보통신망법에 '인터넷 실명제' 이외에도 '불법정보의 유통 금지', '임시조치제도' 등도 신설된다.

터넷에서 일상적으로 자행되는 언어폭력과 인터넷의 역기능으로 인한 피해를 예방하기 위해 도입되었다는 점이다.

### 1. 2007. 1. 26. 개정 정보통신망법 제44조의5

2007년 1월 26일 정보통신망법이 개정되어 일정 조건을 충족하는 일일평균 이용자 수가 10만 명 이상이 되는 정보통신서비스제공자에게는 선거에 상관없이 인터넷실명제를 요구하게 된다.

> 정보통신망 이용촉진 및 정보보호 등에 관한 법률 [시행 2007. 7. 27] [법률 제8289호, 2007. 1. 26, 일부개정]
>
> 제44조의5 (게시판이용자의 본인확인) ① 다음 각 호의 어느 하나에 해당하는 자가 게시판을 설치 · 운영하려는 경우에는 그 게시판이용자의 본인 확인을 위한 방법 및 절차의 마련 등 대통령령이 정하는 필요한 조치(이하 "본인확인조치"라 한다)를 하여야 한다.
>
> 1. 국가기관, 지방자치단체, 「정부투자기관 관리기본법」제2조의 규정에 따른 정부투자기관, 「정부산하기관 관리기본법」의 적용을 받는 정부산하기관, 「지방공기업법」에 따른 지방공사 및 지방공단(이하 '공공기관등'이라 한다)
> 2. 정보통신서비스제공자로서 제공하는 정보통신서비스의 유형별 일일평균 이용자수 10만명 이상으로서 대통령령이 정하는 기준에 해당되는 자
>
> ② 정보통신부장관은 제1항제2호의 규정에 따른 기준에 해당되는 정보통신서비스제공자가 본인확인조치를 하지 않은 경우 본인확인조치를 하도록 명령할 수 있다.
>
> ③ 정부는 제1항의 규정에 따른 본인확인을 위하여 안전하고 신뢰할 수 있는 시스템을 개발하기 위한 시책을 마련하여야 한다.
>
> ④ 공공기관등 및 정보통신서비스제공자가 선량한 관리자의 주의로써 제1항의 규정에 따른 본인확인조치를 한 경우에는 이용자의 명의가 제3자에 의하여

부정사용됨에 따라 발생한 손해에 대한 배상책임을 줄이거나 면제받을 수 있다.
[본조신설 2007. 1. 26]

당시 대통령령은 정보통신망법이 위와 같이 개정되고 시행된 뒤인 2008년 2월에 전면개정이 된다. 여기서 먼저 주목이 되는 점은 전에는 찾아 볼 수 없었던 '포털서비스', '인터넷언론서비스', '전문손수제작물매개서비스'와 같은 용어가 등장한다는 것이다. 특히 여기서 주목을 끄는 것은 '인터넷언론서비스'라는 개념의 등장이다. 당시 시행령은 인터넷언론서비스를 "「언론중재 및 피해구제 등에 관한 법률」 제2조제1호에 따른 언론을 정보통신망을 이용하여 제공하는 서비스"라고 규정하여 이것이 뉴스서비스를 제공하는 포털사이트를 말하고 있음을 확실히 하고 있다. 따라서 이 때 이미 공직선거법과는 상관없이 일반적으로 일일평균 이용자수가 20만 명 이상인 포털 뉴스서비스의 게시판에는 반드시 본인확인조치가 취해지도록 규제가 되고 있었다.

정보통신망 이용촉진 및 정보보호 등에 관한 법률 시행령 [시행 2008. 2. 29] [대통령령 제20668호, 2008. 2. 29, 전부개정]
제30조(정보통신서비스 제공자 중 본인확인조치의무자의 범위) ① 법 제44조의5 제1항 제2호에서 "대통령령이 정하는 기준에 해당하는 자"란 다음 각 호의 어느 하나에 해당하는 자를 말한다.
1. 전년도말 기준 직전 3개월간의 **포털서비스(다른 인터넷주소 · 정보 등의 검색과 전자우편 · 커뮤니티 등을 제공하는 서비스)** 일일평균 이용자수가 30만명 이상인 정보통신서비스제공자
2. 전년도말 기준 직전 3개월간의 **인터넷언론서비스(「언론중재 및 피해구제 등에 관한 법률」 제2조제1호에 따른 언론을 정보통신망을 이용하여 제공하는 서비스)** 일일평균 이용자수가 20만명 이상인 정보통신서비스제공자

> 3. 전년도말 기준 직전 3개월간의 **전문손수제작물매개서비스(이용자가 직접 만든 디지털콘텐츠를 전문적으로 매개하는 서비스)** 일일평균 이용자수가 30만명 이상인 정보통신서비스제공자

또 "전문손수제작물매개서비스"라는 개념도 등장하는데, 이는 흔히 UCC라고 말하는 제작물을 매개하는 서비스도 포함하는 것으로 보인다. 앞에서 인터넷언론사에서 대체로 제외되는 것으로 보이는 다른 특정의 목적을 가지고 만들어진 '싸이월드'나 '판도라 TV', '디시인사이드'와 같은 인터넷 홈페이지가 여기에 포함될 수 있는 것으로 파악된다. 이로써 인터넷실명제는 더 이상 공직선거법만의 규제가 아니라 정보통신망법상의 인터넷 일반에 적용되는 규제로 바뀌었다 할 수 있다.

### 2. 2009. 1. 28. 정보통신망법 시행령 개정

정보통신망법상 인터넷실명제가 실시되는 범위에 있어서 주목해야 할 부분도 있다. 일일평균 10만 명 이상이 이용하는 정보통신서비스 중에서도 포털서비스, 인터넷언론서비스 그리고 전문손수제작물매개서비스로 그 범위가 한정되어 있었다는 것이다. 그리고 언론보도와 별로 관련이 없는 일반적인 포털서비스와 전문손수제작물매개서비스 같은 경우에는 직전 3개월간의 일일평균 이용자수가 30만이 넘는 경우에만 한정하였고, 언론보도를 매개하는 인터넷언론서비스의 경우에는 그 보다 조금 강화된 기준인 20만명이 넘는 경우에 한정했다. 포털서비스와 인터넷언론서비스는 겹치게 될 여지가 크다. 게다가 언론중재법상 언론보도를 매개하는 경우에는 더 엄격하게 규제해야 할 필요성도 있어서 그렇게 달리 규정한 것으로 볼 수 있다.

그런데 이 시행령은 이후 2009. 1. 28 개정되어 인터넷실명제가 적용되는 정보통신서비스 제공자의 범위가 확장된다. 어떤 정보통신서비스인지 가리지 않게 되었고, 오직 기준 직전 3개월간의 일일평균 이용자수가

10만 명 이상인 정보통신서비스제공자라면 인터넷실명제를 실시해야 하는 상황이 되었다. 과거 유형별로 이용자수에 따른 차별적인 기준은 사라졌고, 일률적으로 정보통신서비스 제공자(ISP)에 대한 규제가 강화되었다.

| 정보통신망 이용촉진 및 정보보호 등에 관한 법률 시행령 [시행2009. 1. 28] [대통령령 제21278호, 2009. 1. 28, 일부개정]<br>제30조(정보통신서비스 제공자 중 본인확인조치의무자의 범위) ① 법 제44조의5 제1항 제2호에서 "대통령령으로 정하는 기준에 해당되는 자"란 전년도 말 기준 직전 3개월간의 일일평균 이용자수가 10만명 이상인 정보통신서비스 제공자를 말한다. |
|---|

인터넷실명제의 상시적 확대적용으로 하루 평균 이용자수가 10만 이상인 인터넷 사이트의 ISP들은 회원의 본인여부를 확인하기 위해 주민등록번호 등 회원들의 개인정보를 수집, 보관, 이용할 수밖에 없는 상황이 되었다. 여기에는 인터넷신문이나 포털은 물론이거니와 인터넷 쇼핑몰이나 유통업체, 통신사나 은행과 같이 많은 회원정보를 보유하고 있는 사이트들은 물론 '디시인사이드' 같이 이용자가 많은 UCC 인터넷 게시판들도 포함된다.

| 2008년도 본인확인조치의무자 선정결과<br>(적용기간 : 2008. 4. 1. ~ 2009. 3. 31) | 2010년도 본인확인조치의무자 선정결과<br>(적용기간 : 2010. 4. 1. ~ 2011. 3. 31) |
|---|---|
| 총 37개 사이트<br>포 털 (16곳) naver, daum, cyworld, nate, kr.yahoo, empas, paran, sayclub, hanafos, freechal, dreamwiz, buddybuddy, chol, kr.msn, korea, megapass<br>인터넷언론 (15곳) joins, chosun, imbc, kbs, sbs, moneytoday, mk, donga, hankooki, sportsseoul, stoo,hankyung, dailyseop, khan, | 총 167개 사이트<br>교육 〈1개〉 한국교육방송공사(ebsi.co.kr)<br>금융 〈8개〉 ㈜국민은행, 하나은행, 농협, 동양종합금융증권㈜, ㈜신한은행, 한국경제TV, ㈜팍스넷, 롯데카드㈜<br>미디어(인터넷언론 포함) 〈42개〉 ㈜아시아경제신문, 마이데일리㈜, ㈜서울신문사, ㈜헤럴드미디어, ㈜디지틀조선일보, 이데일 |

hani

UCC (6곳) pandora.tv, tistory, dcinside, mncast, egloos, mgoon

리㈜, 조인스닷컴㈜, ㈜아이뉴스24, ㈜인터넷한국일보, 문화일보, ㈜동아닷컴, ㈜뉴스엔미디어, 머니투데이, 파이낸셜뉴스, 매경인터넷㈜, ㈜메가뉴스, ㈜에스비에스아이, 전자신문, ㈜스포츠서울미디어, ㈜프레시안, ㈜한경닷컴, 미디어오늘, ㈜경향닷컴, 뉴데일리㈜, 국민일보, ㈜내일신문, 한국방송공사, 한국교육방송공사(ebs.co.kr), 세계닷컴, ㈜연합뉴스, 한겨레엔㈜, 굿데이이엔에스, ㈜와이티엔, 한국재경신문㈜, 아이엠비씨, 소비자가만드는신문, (재)기독교방송, ㈜블로터앤미디어, ㈜디지털타임스, 메디컬투데이, ㈜오마이뉴스, 투데이코리아

비즈니스 〈9개〉 삼성전자, ㈜이지원, ㈜굿스플로, 롯데쇼핑㈜, ㈜에스케이텔레콤, ㈜엘지텔레콤, ㈜케이티프리텔, LG전자㈜), ㈜롯데닷컴

생활/레저 〈11개〉 ㈜파슬미디어, ㈜사람인HR, 닥터아파트㈜, 인크루트㈜, ㈜잡코리아, ㈜커리어넷, 보배네트웍스, ㈜아르바이트천국, ㈜잡코리아(albamon.com), 부동산114㈜, ㈜이지에이치엘디

쇼핑/경매 〈33개〉 ㈜인터파크지마켓, ㈜농수산홈쇼핑, ㈜옥션, ㈜알라딘커뮤니케이션, ㈜에스케이텔레콤, ㈜트라이씨클, ㈜인터파크INT, ㈜원어데이, ㈜씨제이홈쇼핑, ㈜트라이씨클, ㈜롯데닷컴, ㈜텐바이텐, ㈜신세계, ㈜위즈위드, GS홈표핑, 케이티커머스㈜, ㈜롯데홈쇼핑, 대상FNF㈜, ㈜현대홈쇼핑, ㈜한국문화진흥, 예스이십사㈜, ㈜천삼백케이, ㈜디앤샵, 씨제이제일제당㈜, ㈜다나와, OTTO쇼핑리미티드㈜, 에이알디홀딩스㈜, ㈜베스트바이어, 에누리닷컴㈜, ㈜호텔롯데 롯데면세점, ㈜교보문고, ㈜난다, 애경산업㈜

엔터테인먼트 〈28개〉 ㈜네오위즈게임즈, CJ CGV㈜, ㈜열심히커뮤니케이션, ㈜나우콤, ㈜파이미디어, ㈜엔씨소프트, SK마

| | |
|---|---|
| | 케팅앤컴퍼니㈜, ㈜엠군미디어, GS칼텍스(kixx.co.kr), 엠넷미디어㈜, ㈜넥슨, ㈜넷포인트엔터프라이즈, 씨제이인터넷㈜, 뽐뿌, 엔에이치엔㈜, ㈜엠게임, ㈜그래텍, ㈜디오데오, SK마케팅앤컴퍼니㈜(okcashbag.com), ㈜휴먼웍스, 로엔엔터테인먼트, 롯데시네마㈜, ㈜판도라TV, ㈜아이팝 미디어, ㈜나우콤, 풀빵닷컴㈜, ㈜맥스무비, ㈜플레이포럼<br>인터넷서비스 〈18개〉 ㈜다음커뮤니케이션, ㈜웹플러스, SK커뮤니케이션즈㈜(egloos.com), ㈜에이치씨비즈온, 심플렉스인디넷㈜, ㈜미디어플러스, ㈜위자드웍스, ㈜케이티에스컨텐츠, ㈜나우콤, ㈜에프앤커머스, ㈜선한아이디, ㈜파일찜커뮤니케이션즈, 우리개발, ㈜하이브, ㈜에이치제이커뮤니케이션, ㈜와이즈휴먼네트웍스, 하이디스크, ㈜프루나닷컴 |

## 3. 개인정보 대량유출 사건들과 그 여파

대형 포털사이트나 인터넷신문 및 인터넷 쇼핑몰과 같이 주로 인터넷 환경에서 영업을 하는 업체들의 경우는 그간의 경험으로 개인정보보호에 관하여 어느 정도 인식하고 있었다고 해도, 주로 오프라인에서 회원정보를 관리했던 유통업체나 금융 및 통신업체들과 같은 업체들은 단지 인터넷 사이트 평균 이용자수가 10만이 넘어서 정보통신망법상 인터넷실명제를 적용받게 된 경우에는 개인정보보호에 관해 어떤 대비를 해야 하는지 비교적 인식하기가 쉽지 않았다.[21)]

21) 한국인터넷진흥원 홈페이지에 개시된 본인확인조치의무자 선정결과를 보면, 정보통신망법 시행령이 개정되기 이전인 2008년에는 총 37개 사이트가 적용대상이었고 이 중 대부분이 인터넷 포털 사이트나 인터넷 언론사 또는 UCC 사이트였다. 이후 시행령이 개정되어 하루 이용자수 10만 명 이상이 되는 사이트들이 모두 인터넷실명제의 적용대상이 되면서, 2010년에는 총167개 사이트가 본인확인조치의무자로 선정되었고 이 중 쇼핑이나 생활, 레저, 비즈니스, 일반 언론사 및 엔터테인먼트 사이트 등이 다

이런 상황 속에서 대형 개인정보유출사고들이 빈발하게 되는데, 그 규모는 전 국민의 개인정보가 유출되었다고 해도 과언은 아니었다. 2010년 이후 발생한 큰 개인정보 유출사건들만 나열하면 다음과 같다.

- 2010년 3월 신세계몰, 820만 명 개인정보 유출
- 2011년 4월 8일 현대캐피탈 해킹 사건, 175만 명 개인정보 유출
- 2011년 7월 26일 SK커뮤니케이션즈 네이트 및 싸이월드, 3,500만 명 개인정보 유출[22)]
- 2011년 11월 넥슨 1,320만 명 개인정보 유출
- 2012년 5월 EBS 400만 명 개인정보 유출
- 2012년 7월 KT 휴대전화 가입자 870만 명 개인정보 유출

인터넷 실명제로 인하여 ISP들이 이용자의 주민등록번호를 수집할 수밖에 없는 구조에서 이와 같은 개인정보 대량유출 사고가 빈발하자, 분위기는 바뀐다. 정보통신망법의 인터넷실명제를 폐지해야 한다는 목소리가 커지기 시작한다. 이는 인터넷 실명제 그 자체가 가지는 개인정보자기결정권의 침해 위험성에 대한 지적이었다.[23)] 더구나 인터넷상 회원제 서비스를 운영하지만 정보보안에 대한 전문성이 부족한, 예를 들어 백화점 같은 유통업체들을 중심으로 회원들의 본인여부를 확인할 것을 강제하는 정보통신망법상 규제로 인한 운영의 어려움을 호소하기 시작하였다. 더구나 업계에서는 국내 기업의 역차별 문제가 붉어졌다. 이런 인터넷 실명제는 외국에 서버를 둔 ISP들에게는 적용이 되지 않는 규제였고, 페이스북, 트위터 같은 외국의 SNS가 확대되어 국내 인터넷 서비스 시장을 잠식해 들어왔기 때문이다. 결국 이 인터넷 실명제의 주무기관인 방송통신위원회는 국가경쟁력 제고를 위해 정보통신망법상 인터넷 실명제를 재검

---

수 포함되게 되었다.

22) 이는 SK커뮤니케이션즈에 대한 네티즌들의 집단 손해배상소송으로 이어졌다. 서울중앙지법 2012.11.23. 2011가합90267 판결.

23) 심우민, "네이트 해킹사고와 포털의 개인정보보호", 「이슈와 논점」 282호, 2011.8.9.

토해야 한다는 의견을 내놓기에 이른다.[24)]

## 4. 2012년 2월 17일 정보통신망법 개정

국회는 이에 대해 나름대로 해결책을 마련한다. 2012년 2월17일 정보통신망법 제23조의2를 개정한다. 이로 인해 권고사항이었던 주민등록번호 외의 회원가입 방법이 의무화 되었고, 주민등록번호를 수집·이용하는 것은 원칙적으로 금지된다. 정보통신망법상 본인확인기관이거나 다른 법령에 따라 그 이용이 허용되는 경우, 아니면 방송통신위원회가 주민등록번호 이용을 허가하고 고시한 경우에만 예외적으로 주민등록번호의 수집 및 이용이 허용된다.

| 정보통신망 이용촉진 및 정보보호 등에 관한 법률<br>[시행 2009.9.16] [법률 제11048호, 2011. 9.15, 전부개정] | 정보통신망 이용촉진 및 정보보호 등에 관한 법률<br>[시행 2012.8.18] [법률 제11322호, 2012.2.17, 전부개정] |
|---|---|
| 제23조의2(주민등록번호 외의 회원가입 방법) ① 정보통신서비스 제공자로서 제공하는 정보통신서비스의 유형별 일일 평균 이용자 수가 대통령령으로 정하는 기준에 해당하는 자는 이용자가 정보통신망을 통하여 회원으로 가입할 경우에 주민등록번호를 사용하지 아니하고도 회원으로 가입할 수 있는 방법(이하 "대체수단"이라 한다)을 제공하여야 한다. | 제23조의2(주민등록번호의 사용 제한) ① 정보통신서비스 제공자는 다음 각 호의 어느 하나에 해당하는 경우를 제외하고는 이용자의 주민등록번호를 수집·이용할 수 없다.<br>1. 제23조의3에 따라 본인확인기관으로 지정받은 경우<br>2. 법령에서 이용자의 주민등록번호 수집·이용을 허용하는 경우<br>3. 영업상 목적을 위하여 이용자의 주민등록번호 수집·이용이 불가피한 정보통신서비스 제공자로서 방송통신위원회가 고시하는 경우 |
| ② 제1항에 해당하는 정보통신서비스 제공자는 주민등록번호를 사용하는 회원가입 방법을 따로 제공하여 이용자가 회원가입 | ② 제1항 제2호 또는 제3호에 따라 주민등록번호를 수집·이용할 수 있는 경우에도 이용자의 주민등록번호를 사용하지 아니 |

24) 방송통신위원회, 2012년 방송통신 핵심과제, 2011. 12. 29. 업무보고자료, 22.

| 방법을 선택하게 할 수 있다. | 하고 본인을 확인하는 방법(이하 "대체수단"이라 한다)을 제공하여야 한다. |
|---|---|

이는 본인확인시스템, 즉 인터넷실명제는 유지하면서 주민등록번호의 이용을 억제하는 방향으로 개정이 이뤄진 것이다. 그러나 주민등록번호 이외에 본인확인을 위한 시스템이 충분히 갖춰지지 않은 상황에서 굳이 본인확인을 할 것을 강제하면서, 본인확인에 가장 유용한 수단인 주민등록번호를 이용하지 못하게 법으로 금지하는 것만으로 무엇을 기대할 수 있을지 의문이라 하지 않을 수 없었다.[25] 무엇보다 이렇게 개정된 정보통신망법상 인터넷실명제는 그 개정 법률이 시행 된지 며칠 안 되어 헌법재판소로부터 위헌결정을 받게 된다.

## 5. 헌법재판소 2012. 8. 23. 2010헌마47, 252(병합) 결정

### (1) 소의 제기

정보통신망법상 인터넷실명제의 시행령상 적용기준이 강화되기 전해인 2008년 11월, 정부는 정보통신망법에 있는 "유형별로" 일일 이용자 "10만 명 이상"이라는 기준마저 삭제하는 정보통신망법 전부개정안을 국회에 제출한다.[26] 정부는 개정안을 제안한 이유는 "인터넷 역기능 문제를 예방하고 사후구제에 필요한 조치를 할 수 있는 근거를 마련"하기 위해서라고 했다. 그러나 2009년 11월 국가인권위원회는 이 정부 개정안에 대해 인터넷실명제는 익명표현의 자유를 침해하고 이에 대한 최소한의 기준들마저 시행령에 위임하는 위 개정안은 법률유보 및 포괄위임금지원칙

25) 同旨 심우민, "인터넷상 주민등록번호 수집중단정책의 현황과 평가", 「이슈와 논점」 373호, 2012. 1. 31.: 정책적으로 주민등록번호 이용을 최소화한다고 하더라도 정보통신망법이 본인확인을 의무화하고 있는 이상, 주민등록번호와 같은 개인정보의 이용과 수집은 불가피하다고 지적한다.

26) "정보통신망 이용촉진 및 정보보호 등에 관한 법률 전부개정 법률안", [2008. 11. 28 정부제출, 의안번호 1802396, 임기만료 폐기].

에 위반되기 때문에 개정에 반대한다는 의견을 표한다.[27] 그리고 이듬해인 2010년 정보통신망법상 인터넷실명제의 규제 대상이 되었던 인터넷신문사, '미디어 오늘'과 여러 네티즌들이 정보통신망법상 인터넷실명제 규정이 청구인들의 기본권을 침해한다고 헌법소원을 제기한다.

### (2) 헌법재판소의 판단

2012년 8월 23일 헌법재판소는 재판관 전원일치로 이 사건 결정에서 정보통신망법상 인터넷실명제는 인터넷 게시판 이용자의 표현의 자유, 개인정보자기결정권을 침해하고 정보통신서비스 제공자의 언론의 자유를 침해한다고 판단한다.[28] 헌법재판소는 전세계적인 인터넷망에 비해 다른 외국에서는 찾아보기 힘든 국가규제로서 인터넷실명제로 거둘 수 있는 공익은 불분명할 뿐 아니라 매우 협소한 수준에서 달성되고 있다고 본다.

반면, 이로 인해 인터넷 게시판 이용자의 익명표현의 자유는 매우 광범위하게 침해되고 있을 뿐 아니라 외국인이나 주민등록번호가 없는 재외국민의 경우에는 인터넷 게시판 이용 자체가 봉쇄되어 표현의 자유가 사실상 박탈되고 있다고 봤다. 그리고 본인확인조치를 하지 않을 경우 과태료가 부과되는 등, 직접적인 규제 대상이 되고 있는 정보통신서비스 제공자의 경우에도 인터넷 게시판 운영 등을 통해 자유롭게 여론을 형성하고 전파하는 이들 ISP의 언론의 자유가 심대하게 제약되고 있다고 판단한다. 이와 더불어 정보통신망법상 본인확인정보 보관의무로 인해 이용자의 개인정보가 외부로 유출될 가능성이 증대됨으로 인해 개인정보자기결정권 역시 중대하게 제약되고 있음을 확인한다.

결국, 헌법재판소는 정보통신망법상 인터넷 실명제는 침해의 최소성

27) 국가인권위원회, 「정보통신망 이용촉진 및 정보보호 등에 관한 법률 전부개정안」 제115조(게시판 이용자의 본인 확인) 제1항 제2호에 대한 의견, 2009. 11. 19. 상임위원회 결정.

28) 헌법재판소 2012. 8. 23. 2010헌마47, 252(병합), 공보 191호, 1631-1639.

및 법익균형성을 갖추지 못하여 과잉금지원칙을 위반했고 청구인들의 기본권을 침해하고 있으므로 위헌이라고 판단한다. 헌법재판소 위헌결정으로 정보통신망법상 인터넷 실명제는 그 근거규정을 상실한다.

#### (3) 결정 이후의 상황

이 결정 이전인 2011년부터 이미 중앙선거관리위원회는 공직선거법상 인터넷 실명제를 폐지할 것을 입법의견으로 내놓고 있었다. 그리고 정보통신망법상 인터넷 실명제 위헌 결정 직후에도 같은 내용의 의견서를 제출한다.[29] 그 이유는 선거운동이 상시화되고 있음에도 불구하고 인터넷 실명제를 선거운동기간에만 요구하는 것이 의미가 없기 때문이고 상시적 인터넷 실명제는 위헌이라는 헌법재판소의 결정에 따른 것이라는 취지였다.

## Ⅴ. 2012년 인터넷 실명제 위헌결정의 의미

### 1. 인터넷 실명제의 목적과 위헌 결정이 있기까지

인터넷 실명제의 목적은 나쁘게 말하면 "의사표현의 통제"이고,[30] 좋게 말하면 인터넷을 악용한 피해가 발생하지 않도록 예방하고 확산되는 것을 막기 위한 규제이다.[31] 그리고 헌법재판소는 일관되게 이 제도가 가

29) 중앙선거관리위원회, 공직선거법 개정의견, 2012년 8월 29일(의안번호 ZZ19014); 그리고 이 위헌결정의 여파로 공직선거법상 인터넷실명제에 대해서도 재검토해야 한다는 의견들도 개진되고 있다. 이상경, "인터넷 언론의 선거보도 및 인터넷 실명제의 헌법적 평가", 「언론과 법」 11권 2호(2012), 1면 이하.

30) 황성기, "인터넷 실명제에 관한 헌법학적 연구", 「법학논총」 (한양대학교 법학연구소) 25집 1호 (2008), 11면.

31) 강경근, "인터넷 實名制 - 公共, 民間 나누어 個別法에서 具體的 制度化", 인터넷실명제 민·당·정 간담회, [국회 의원회관 104호실], 2005년 8월 26일; 황창근, 앞의 글, 319면.

지고 있는 목적의 정당성을 부정하지 않는다. '인터넷 실명제'는 기본적으로 표현의 내용과는 관계없이 ISP에게 본인확인에 관한 일정한 기술적 조치를 요구하는 '내용중립적인 규제'이다. 물론 그것이 표현의 익명성을 해치는 규제수단이기는 하지만, 익명성의 가치에 대한 판단은 논란의 여지가 크다. 익명성이 표현의 자유를 신장시키는 면이 있지만, 동시에 익명성에 숨어서 이루어지는 무분별한 비난과 모욕, 소위 '신상털기' 등으로부터 다른 인터넷 이용자의 인격권을 보호하는 것도 그로인해 위축되는 비난 대상이 되는 자의 표현의 자유를 보호하는 것이 되기 때문이다.[32)]

나름대로 그 목적의 합리성을 평가할만한 이 제도는, 그러나 ISP에게 인터넷 이용자들의 개인정보를 수집, 보관하도록 함으로써 또 다른 위험요소를 품고 있었다. 2010년 익명표현의 자유에 관한 결정에서 합헌결정을 받았지만, 결국 이런 위험은 관리되지 못하고 몇 차례 대형 개인정보 유출사건들로 이어졌다. 더불어 국가경쟁력이라는 차원에서 외국 인터넷 업체에 대한 국내 인터넷 업체의 경쟁력을 떨어뜨림으로써 '규제완화'의 대상으로 이미 상당히 재검토되고 있던 차였다.[33)] 2010년 이후 붉어진 이런 일련의 사태 속에서 헌법재판소가 이 '인터넷 실명제'를 위헌으로 결정함으로써 이에 대한 정책적 판단이 일단락된 것이다.

결정문을 보면, '인터넷 실명제'가 위헌이 된 이유는 기본적으로 불분명하고 과도광범위한 규정으로 인터넷 이용자의 '익명표현의 자유'를 과잉금지원칙에 위배하여 침해했다는 것이다. 그렇지만, 그 밖에도 외국인 및 재외국민의 인터넷 이용을 봉쇄하고, 외국 SNS 사이트와 국내 사이트 사이의 경쟁력에도 문제가 있으며, 개인정보자기결정권에 대한 제한 역시 중대하다고 봄으로써 위헌 결정을 내린다. 이는 법익균형성 판

32) Danielle Keats Citron, 김상현 옮김, "정보시대의 인권", Saul X. Levmore, Martha Craven Nussbaum 編, 불편한 인터넷, 에이콘, 2012; Daniel J. Solove, 이승훈 옮김, 인터넷 세상과 평판의 미래, 비지니스맵 2008. 참조.

33) 방송통신위원회, 2012년 방송통신 핵심과제, 2011. 12. 29. 업무보고자료, 22.

단에서 언급된 이 논거들은 과거 '익명표현의 자유'만 문제시 했던 2010년 공직선거법상 인터넷 실명제 사건[34]의 소수의견과 다른 점이다. 그리고 2010년의 소수의견 중 익명표현의 자유에 관한 부분과 위헌결정이 난 2012년의 법정의견 중 익명표현의 자유에 관한 판단 사이에는 크게 의미 있는 차이를 발견하기 어렵다. 결국 2010년과 2012년 사이에 있었던 '인터넷 실명제' 정책의 개인정보보호 측면에서의 시행착오는 결정적으로 과거에는 정당화되었던 '인터넷 실명제'를 위헌이라고 판단하게 만들었다고 볼 수 있다. 인터넷 실명제는 헌법재판소의 위헌 결정이 있기 전에 이미 정책적으로 그리고 사회인식상 폐지수순을 밟고 있었다고 평가할 수 있는 것이다.

## 2. 인터넷 실명제와 익명표현의 자유

실제로 많은 논자들이 인터넷 실명제로 제한되는 기본권을 표현의 자유, 특히 익명표현의 자유로 봤다. 비교법적인 관점에서 미국의 McIntyre 사건[35]을 인용하며 실명표현의 강제는 명백히 '내용규제'라는 미연방대법원의 입장을 소개하면서 익명성의 가치를 논증하기도 하고,[36] 정치영역에 있어서 익명표현이 가지는 가치를 강조하기도 했다.[37] 무엇보다 헌법재판소도 2012년 정보통신망법상 인터넷 실명제 위헌결정에서 인터넷 실명제로 인터넷 이용자의 익명표현의 자유가 침해되었다고 확인했다.

그러나 정보통신망법상 인터넷 실명제가 목적하는 바가 인터넷의 익

---

34) 헌재 2010. 2. 25. 2008헌마324 등 결정.

35) McIntyre v. Ohio Elections Commission, 514 U.S. 334 (1995).

36) 문재완, "익명 표현의 자유에 관한 연구", 「언론과 법」 4권 2호(2005); 박경신, "'인터넷 실명제'의 위헌성", 「헌법학연구」 15권 3호(2009), 81-89면; 황성기, 앞의 글, 12-16면; 김송옥, 앞의 글 참조.

37) 조소영, "인터넷 선거운동 법제화의 현실검토와 헌법적 범주에서의 새로운 법제화를 위한 연구", 「공법학연구」 9권 4호(2008), 244-253면 참조.

명성을 악용한 명예훼손, 욕설 · 비방, 인신공격, 거짓여론의 형성 등의 역기능 예방 등에 있다면,[38] 이는 인터넷으로 침해받는 개인의 프라이버시를 보호하기 위한 제도라고 할 수 있다. 더 나아가, 이런 인터넷의 역기능을 방지해야 하는 이유를 피해자들의 "표현의 자율성"을 방어하는 데에서 찾기도 한다.[39] 즉, 표현의 자유도 개인의 자율성 및 인간으로서 존엄성이 존중되는 전제하에서 보장되기에 이런 규제는 표현의 자유 보호를 위해서도 필요하다고 할 수 있다. 그리고 사실 명예훼손, 욕설 · 비방, 협박 등과 같은 것은 표현의 자유의 보호범위에 든다고 말하기도 어려운 것이라 할 수 있다.[40] 무엇보다 이 인터넷 실명제가 타겟으로 삼고 있는 것은 익명성을 악용하는 이런 저질 표현들이다. 그리고 이런 표현들을 규제하는 것은 누구나 필요하다고 납득할 수 있다. 때문에 이런 논의의 틀 속에서는 익명성의 가치나 익명표현의 자유의 가치를 논증하기란 쉽지 않다. 이런 논의의 틀 속에서 표현의 자유를 주장하는 것은 마치 표현의 자유의 보호범위에 든다고 말하기 어려운 저질 표현도 표현의 자유로 보호되어야 한다고 주장하는 것으로 비춰지기 때문이다. 더구나 미국의 Cohen 사건[41]이 확인하고 있는 것처럼 저질 표현과 정치적 표현은 서로 구별하기 힘들다.[42]

McIntyre 사건도 문서에 실명을 표기하도록 강제하는 것에 대해서 그것이 내용규제라고 확인했던 것이기 때문에, 본인확인제의 사례에 바로 유추하기에는 무리가 있다.[43] 더구나 이렇게 인용된 사건들은 선거와 관

38) 강경근, 앞의 글.

39) Citron, 앞의 글, 83면.

40) Sunstein, Cass R., Democracy and the problem of free speech, New York: The Free Press, 1995.

41) Cohen v. California, 403 U.S. 15 (1971).

42) Deigh, John, 김상현 옮김, "욕설: 코엔 대 캘리포니아 소송", Saul X. Levmore, Martha Craven Nussbaum 편, 불편한 인터넷, 11장, 에이콘, 2012, 307-334 참조.

43) 김송옥, 앞의 글 참조; 김송옥 박사는 대신에 호별방문 선거운동을 하기 위해서는 사적등록 후 표현행위를 하도록 하는 경우에도 내용중립적인 규제로 볼 수 없다는 입장을 전개한 스트라톤시 조례 사건(Watchtower Bible and Track Society of New York,

련된 정치적 표현행위와 관련되어 있었기 때문에 공직선거법상 인터넷 실명제의 경우 같이 명백히 선거와 관련된 정치적 표현행위와 관련된 사안인 경우에 유추하여 논거로 사용될 여지는 크지만, 정보통신망법상 인터넷 실명제의 경우에는 정치적 표현만 관련된 것이 아니기 때문에 유추할 수 있는 여지는 그만큼 적어진다.

생각건대 정보통신망법상 인터넷 실명제 위헌 결정에서 표현의 자유 관점, 특히 익명표현의 자유에 큰 의의를 두기는 어렵다고 본다. 비록 2012년 헌법재판소 결정이 인터넷 실명제가 익명표현의 자유를 침해하고 있다고 인정하고는 있지만, 그 논거들을 보면 2010년 공직선거법상 인터넷 실명제 합헌결정에서 익명표현의 자유에 대한 소수의견의 입장과 큰 차이가 없다. 2010년의 소수의견이 2012년에 다수의견이 될 만큼 법리적으로 다른 사정이 있었다고 할 수 있을까? 따라서 정보통신망법상 인터넷 실명제가 익명표현의 자유를 침해한다는 논증이 큰 설득력을 가지고 있는 것 같지 않다.

### 3. 인터넷 실명제와 개인정보보호

개인정보보호라는 관점에서 인터넷 실명제를 바라보면, 이야기가 좀 달라지는 것 같다. 인터넷 실명제가 인터넷의 익명성을 악용한 몇몇 개인들의 프라이버시나 표현의 자율성 기반을 보호하기 위한 제도라면, 이를 위해 인터넷 이용자 전체가 자신의 개인정보를 제공하고 실명 혹은 본인인증을 받도록 강제하는 것은 모든 국민의 개인정보자기결정권을 희생시킬 것을 강제하는 제도이다. 즉, 소수의 피해자인 몇몇 개인의 소중한 프라이버시 혹은 인간으로서 존엄성을 지키기 위해, 국민 대부분의 개인정보자기결정권을 희생시키는 구조의 제도라 할 수 있다.

우선, 미시적인 관점에서 개인의 자율성을 훼손하는 침해행위로부

---

INC. v. Village of Stratton, 536 U.S. 150 (2002))을 소개한다.

터 보호되어야 할 공익에 비하면 개인정보자기결정권의 가치는 작아 보일 수 있다. 그러나 거시적으로 봤을 때, 인터넷 실명제는 소수의 존엄성을 보호하기 위해, 작지만 인터넷 이용자 거의 대부분의 작은 이익, 즉 개인정보자기결정권을 희생시키고 있다. 공리적으로 봤을 때, 이는 상식에 벗어나는 방법이 될 수도 있다. 무엇보다 정보통신망법의 제정과 시행령 개정이 국민 모두가 소수의 명예와 프라이버시 보호를 위해 자신의 개인정보를 포기할 것을 합의했던 것이라고 볼 여지가 있을까?

더 나아가, 개인정보가 명예 및 프라이버시의 이익에 비해 일률적으로 작은 가치를 가진다고 판단하기도 어렵다. 인터넷 익명성을 악용하여 신상털기를 하고, 욕설과 비방을 하고, 허위사실을 유포함으로써 개인이 입는 명예 및 프라이버시의 침해는 개인의 자율성, 즉 헌법 제10조 전문이 보장하는 인간으로서 존엄과 가치를 훼손하는 매우 중대한 기본권 침해에 해당한다. 한편, 개인정보, 그 중에서도 개인의 신원을 확인하는데 사용하는 이름, 주민등록번호, 전화번호, 주소와 같은 개인정보는 헌법재판소가 확인한 개인정보자기결정권으로 보호대상이 되지만, 일정한 공익을 위해 국가가 제한할 수 있는 것들이라 할 수 있다.[44] 따라서 일응 개인의 자율성 및 인간의 존엄성 보호를 위해 국민 대부분의 개인정보를 희생시키는 것이 납득될 여지는 있다.

그러나 완전히 내밀한 사적인 비밀이나 민감한 정보가 아니더라도 개인정보는 그것이 사용되는 맥락에 따라서는 매우 민감한 정보가 될 수 있다. 예를 들어, 수사기관이 전기통신사업법에서 규정하는 통신자료를 제공할 것을 요구하는 경우는 비록 그것이 성명, 주민번호, 아이디 등의 인적사항에 관한 정보에 불과하더라도 민감해질 수 있다. 요즘과 같이 빅데이터 시대에는 다른 정보들과 조합을 하면 상당히 민감한 개인정보들을 생산할 수도 있다.[45] 따라서 이렇게 개인정보의 희생이 때로는 인간으

44) 헌재 2005. 5. 26. 99헌마513, 2004헌마190(병합).

45) Mayer-Schönberger, Viktor, Kenneth Cukier, 이지연 옮김, (데이터는 알고 있다) 빅 데이터가 만드는 세상, 21세기북스, 2013.

로서 존엄과 가치를 훼손하는 중대한 침해에 다다를 수 있다는 점에서 일률적으로 그 가치를 형량하기는 어렵다고 할 수 있다.

게다가, ISP에게 광범위하게 개인정보 수집 의무화하고 그로 인해 발생하는 사고의 책임, 가령 개인정보 대량 유출사고의 책임은 고스란히 ISP의 몫이 된다.[46] 즉, 인터넷 실명제를 통해 국가는 국민의 개인정보를 희생시키고 있으면서 개인정보보호를 위한 최소한의 어떤 보장도 하고 있지 않다는 말이 된다. 이런 상황 하에서 인터넷 실명제는, 그리고 그로 인해 부과되는 법적인 의무 및 강제는 상식적으로 정당화되기 어렵다.

결국 개인의 명예 및 프라이버시 보호를 위해 국민 대부분, 즉 인터넷 이용자 대부분의 개인정보를 희생시키는 것이 과연 합리적인 방법인지 문제를 제기하지 아니할 수 없다. 방법이 적절했다고 하더라도, 과연 최소한의 침해를 유발하는 수단이라고 판단하기는 쉽지 않다. 부가하여, 여기서 새삼 확인할 수 있는 것은 익명표현의 자유도 결국은 익명성이 개인정보보호를 전제로 한다는 점에서 이와 같은 논의에서 크게 벗어나는 않는다는 것이다. 다만, 그것을 개인정보보호가 아닌 표현의 자유의 가치를 들어 주장하고 있다는 점에서 차이가 있을 뿐이다. 생각건대 이 차이는 인터넷 실명제를 둘러싼 공방에서 상당히 다른 논증의 방향과 난이도를 가져다 준 것으로 보인다.

## Ⅵ. 결 론

헌법재판소 재판관 사이에도 일부 재판관은 인터넷은 표현촉진적 매체로서 이를 통한 표현의 자유에 관한 규제는 자율성이 존중되어야 한다

46) 이와 같은 맥락에서 이른바, '회피연아사건'에서는 전기통신사업법에 근거해서 '통신자료' 등 개인정보를 수사기관에 제공한 ISP에 대해 손해배상 판결이 나오기도 했다. 서울고법 2012. 10. 18. 2011나19012. 한편, 전기통신사업법에 근거해 통신자료를 제공한 행위에 대해 헌법재판소는 공권력 행사가 아니라는 결정을 내린바 있다. 헌재 2012. 8. 23. 2010헌마439.

는 경향을 보일 수 있고, 또 일부 재판관은 그럼에도 불구하고 인터넷이 가지고 있는 위험성과 그 역기능을 우려하는 경향을 보일 수 있다. 최소한 이렇게 두 흐름으로 다양한 스펙트럼을 보일 법한 것이 현실임에도 불구하고 정보통신망법상 인터넷 실명제 사건에서는 전원이 일치된 의견으로 해당 제도가 위헌이라는 의견을 낸 이유는 이런 대립접점이 존재하는 표현의 자유가 아닌 다른 이유가 있었던 것으로 보인다. 더구나 익명표현의 자유에 관해 이미 2년 전에 헌법재판소가 보인 입장이 그렇게 짧은 기간 동안에 바뀌었다고 보기도 어렵다. 헌법재판소 결정문에서 익명표현의 자유를 침해되는 기본권으로 파악했음에도 불구하고 그 보다는 개인정보보호라는 측면이 표현의 자유보다 더 크게 작용했던 것으로 판단된다.

이러한 사실은 앞으로 인터넷 규제에 관한 논의에서 중요한 시사점을 던져준다. 첫째는 인터넷 규제에 관한 논의에서 개인정보보호는 표현의 자유만큼 매우 중요한 의제라는 점이고, 둘째는 개인정보보호가 항상 표현의 자유와 상충하지만은 않는다는 점이다. 그리고 셋째는 이용자의 개인정보보호가 표현의 자유 주장이 서로 경합할 수도 있다는 점이다. 다시 말하면, 이용자의 자유는 표현의 자유에만 잇는 것이 아니라 개인정보보호라는 측면에서도 구성되는 것이 더 적합할 경우도 있다는 것이고 이 2012년 정보통신망법상 인터넷 실명제 사건은 그 대표적인 사례라고 평가할 수 있다.

## [참고문헌]


강경근, "인터넷 實名制 - 公共, 民間 나누어 個別法에서 具體的 制度化", 인터넷실명제 민 · 당 · 정 간담회, [국회 의원회관 104호실], 2005년 8월 26일.

김송옥, "인터넷실명제 판례평석", 법학의 새로운 흐름, [중앙대학교 법학관 6층 교수회의실], 2012년 11월 17일.

문재완, "익명 표현의 자유에 관한 연구", 「언론과 법」 4권 2호(2005)

박경신, "'인터넷 실명제'의 위헌성", 「헌법학연구」 15권 3호(2009)

심우민, "네이트 해킹사고와 포털의 개인정보보호", 「이슈와 논점」 282호, 2011.8.9.

심우민, "인터넷상 주민등록번호 수집중단정책의 현황과 평가", 「이슈와 논점」 373호, 2012. 1. 31.

심우민, 김유향, "인터넷 실명제 위헌결정과 향후 과제", 「이슈와 논점」 524호(2012. 9. 4).

이상경, "인터넷 언론의 선거보도 및 인터넷 실명제의 헌법적 평가", 「언론과 법」 11권 2호(2012).

임종수, "미디어로서 포털: 포털, 저널리즘, 변화", 한국언론학회 학술대회(2004)

조소영, "인터넷 선거운동 법제화의 현실검토와 헌법적 범주에서의 새로운 법제화를 위한 연구", 「공법학연구」 9권 4호(2008), 244-253면 참조.

최민재, 김위근, "포털 사이트 뉴스서비스의 의제설정 기능에 관한 연구", 한국언론학보 50권 4호(2006)

황성기, "뉴스매개자로서의 포털 뉴스서비스의 언론성 및 법적 책임범위에 관한 연구", 「사이버커뮤니케이션학보」 21호(2007)

황성기, "인터넷 실명제에 관한 헌법학적 연구", 「법학논총」 (한양대학교 법학연구소) 25집 1호(2008).

황용석, "포털저널리즘에 관한 이론적 고찰 -포털뉴스의 언론적 특성과 그

영향-", 「언론중재」 25권 4호(2005)
황용석 외 3인, "한국사회에서 포탈뉴스에 대한 규제 담론에 대한 고찰", 「언론과 법」 6권 2호(2007)
황창근, "정보통신망법상 본인확인제에 대한 공법적 고찰", 「세계헌법연구」 14권 2호(2008)
Citron, Danielle Keats, 김상현 옮김, "정보시대의 인권", Saul X. Levmore, Martha Craven Nussbaum 編, 불편한 인터넷, 에이콘, 2012.
Deigh, John, 김상현 옮김, "욕설: 코엔 대 캘리포니아 소송", Saul X. Levmore, Martha Craven Nussbaum 편, 불편한 인터넷, 11장, 에이콘, 2012.
Mayer-Schönberger, Viktor, Kenneth Cukier, 이지연 옮김, (데이터는 알고 있다) 빅 데이터가 만드는 세상, 21세기북스, 2013.
Solove, Daniel J., 이승훈 옮김, 인터넷 세상과 평판의 미래, 비지니스맵 2008.
Sunstein, Cass R., Democracy and the problem of free speech, New York: The Free Press, 1995.

[기사]

Krim, Jonathan, Subway Fracas Escalates Into Test Of the internet's Power to Shame, Washingtonpost.com, July 7, 2005.

[정부문서]

국회 과학기술정보통신위원회, 정보통신망이용자 실명확인 등에 관한 법률안 검토보고서(이상배의원 대표발의), 2006. 11.
국가인권위원회, 「정보통신망 이용촉진 및 정보보호 등에 관한 법률 전부개정안」 제115조(게시판 이용자의 본인 확인) 제1항 제2호에 대한 의견, 2009. 11. 19. 상임위원회 결정.
방송통신위원회, 2012년 방송통신 핵심과제, 2011. 12. 29. 업무보고자료, 22.

중앙선거관리위원회, 공직선거법 개정의견, 2012년 8월 29일(의안번호 ZZ19014).

[Abstract]

## The History of the Internet Real Name System in Korea

Kim, Hyungui*

The meaning of decision which abolish the internet real name system can be revealed by describing the history of the system. First, the real name system was introduced by 'the public official election act' amended in 2004. After that, it has being applied to the whole internet sphere of Korea by 'the act on promotion of information and communications network utilization and information protection,' because it has been received attention as an effective regulation tool to the internet malfunction. However the real name system caused side effects, chilling the freedom of expression and undermining information privacy, finally the constitutional court declared the regulation based on the latter law unconstitutional in August 2012. In this case, we can find out in the surrounding context what fundamental rights mainly lead the regulation to the decision on unconstitutionality. It was not the freedom of expression or the rights to speak anonymously but the information privacy.

[Key words]
the internet real name system, the freedom of expression, the right to speak anonymously, personal information protection, information privacy

* Research Officer at Constitutional Research Institute, Ph.D. in Law

# 헌재 2010. 11. 25. 2009헌라12 결정에 대한 헌법소송법적 문제점*

박 경 철**



* 이 논문은 2010. 11. 25. 선고된, 헌법재판소의 2009헌라12 결정에 대한 평석으로서 이 사건에서의 권한침해확인결정의 기속력의 의미에 관해서는 2012년 5월에 출간된 「공법학연구」 제13권 제2호에 "입법절차의 하자를 이유로 하는 권한침해확인결정의 심판대상과 기속력의 내용-헌법재판소의 2009헌라8 · 9 · 10(병합) 결정과 2009헌라12 결정과 관련하여-"라는 논문의 내용을 바탕으로 수정, 보완하였다.

** 강원대학교 법학전문대학원 부교수

[국문요약]

이 논문은 2010. 11. 25.에 선고된 헌법재판소의 2009헌라12결정에 나타난 문제점과 재판관들의 견해를 분석한 논문이다.

2009헌라12 결정은 입법절차의 하자를 원인으로 한 권한쟁의심판사건에서 헌법재판소가 피청구인의 위법한 의사진행으로 인하여 청구인의 심의표결권한이 침해되었음을 인정하는 판결(권한침해확인결정)을 하면서도 피청구인의 법률안가결선포행위에 대한 무효확인청구를 기각하는 결정에 근거하여 피청구인이 청구인의 심의표결권한을 침해하여 이루어진 법률안가결선포행위를 취소하고 새로운 입법절차를 진행하지 아니하는 부작위에 의하여 자신의 법률안심의표결권한이 침해되었다고 주장하면서 제기된 권한쟁의심판사건에 관한 것이다. 이결정에서 각하의견을 제시한 4인의 재판관은 권한쟁의심판절차에서 권한침해확인결정과 권한침해처분 무효확인 내지 취소결정을 분리하고 있는 헌법재판소법 제66조의 취지에 비추어볼 때 권한침해확인결정의 기속력으로부터 피청구인에게 위헌 · 위법상태제거의무가 발생하지 않는다고 주장한다. 반면에 인용의견을 제시한 4인의 재판관은 헌법재판소 결정의 실효성을 확보하기 위해서 권한침해확인결정의 기속력으로 위헌상태제거의무와 더불어 침해된 청구인의 권한을 회복시켜야 할 의무가 피청구인에게 발생한다고 주장한다. 1인의 재판관은 헌법재판소 결정의 실효성을 위하여 권한침해확인결정의 기속력으로 위헌 · 위법상태제거의무가 발생함을 인정하면서도 입법절차의 하자를 원인으로 하는 권한쟁의심판은 국회의원과 국회의장간의 권한분쟁이므로 입법기관의 권위와 입법형성권을 존중하여 입법절차의 하자는 국회 스스로 해결하여야 한다는 점에서 피청구인에게 권한침해확인결정의 기속력에 따른 위헌 · 위법상태제거의무의 이행을 헌법재판소가 강제할 수 없다고 한다.

국가기관 상호간의 권한쟁의심판제도는 기본적으로 헌법적 권능질서를 수호하기 위한 객관적 쟁송제도로서의 성격을 가지며, 헌법재판소법 제66조에서 명시적으로 권한침해확인결정과 권한침해처분 무효확인 내지 취소결정을 분리하면서 전자는 필요적인 것으로 규정하고 후자는 임의적인 것으로 규정하고 있는 점, 그리고 헌법재판소법 제67조 제1항에서는 권한쟁의심판의 모든 결정에 기속력을 인정하고 있어 권한침해확인결정과 권한침해처분 무효확인청구에 대한 기각의견에도 기속력이 인정된다는 점에서 인용의견이나 기각의견은 타당하지 않다고 판단된다.

[핵심어]
권한쟁의심판제도, 국회의 자율권, 기속력, 결과제거의무, 사법적 지제

## Ⅰ. 사건의 개요

민주당, 창조한국당 또는 민주노동당 소속의 제18대 국회의원들은, 2009. 7. 22. 15 : 35경 개의된 제283회 국회임시회 제2차 본회의에서 국회의장으로부터 사회권을 위임받은 국회부의장이, 신문 등의 자유와 기능보장에 관한 법률 전부개정법률안(이하 '신문법안'이라 한다), 방송법 일부개정법률안(이하 '방송법안'이라 한다), 인터넷멀티미디어 방송사업법 일부개정법률안, 금융지주회사법 일부개정법률안의 의결절차에서 헌법과 국회법에 위반하여 절차를 진행하여 국회의원으로서의 자신들의 위 각 법률안에 대한 질의권 등을 포함하는 심의 · 표결권을 침해하였으며, 따라서 자신들의 심의 · 표결권을 침해하면서 이루어진 위 각 법률안에 대한 가결선포행위가 무효임을 주장하는 권한쟁의심판을 국회의장을 상대로 하여 청구하였다(2009헌라8 · 9 · 10(병합)사건, 이하 '2009헌라8 사건'이라 한다).

이에 대하여 헌법재판소는 신문법안 가결선포행위로 인한 권한침해확인청구에 대해서는 입법절차의 각 단계마다 국회의장의 위법한 개별적 의사진행행위로 인한 청구인 권한의 침해를 인정한 재판관의 수를 합하여 관여 재판관 9인 중 7인의 찬성으로 피청구인의 신문법안 가결선포행

위가 청구인들의 심의 · 표결권을 침해하였다는 권한침해확인결정을 하였다.[1] 또한 방송법안가결선포행위로 인한 심의 · 표결권의 침해 여부에 대한 청구에서도 헌법재판소는 관여 재판관 9인 중 6인의 찬성으로 방송법안가결선포행위가 청구인들의 심의 · 표결권을 침해하였다는 권한침해확인결정을 하였다.[2]

그런데 신문법안가결선포행위 무효확인청구에 대해서는 법률안가결선포행위 무효확인결정을 하지 않아야 할 특별한 사정이 없으므로 무효확인결정을 하여야 한다는 견해가 3인(조대현, 송두환, 김희옥 재판관), 국회의원과 국회의장간의 권한쟁의심판에서는 피청구인의 정치적 형성권 내지 국회의 입법에 관한 자율권을 존중하는 의미에서 헌법재판소가 권한침해확인결정만 하고 권한침해로 인하여 야기된 위헌 · 위법상태의 시정은 피청구인에게 맡겨두는 것이 바람직하다는 이유로 무효확인청구를 기각하여야 한다는 견해가 2인(이강국, 이공현 재판관), 권한침해 없음을 이유로 기각하여야 한다는 견해가 2인(민형기, 목영준 재판관), 헌법규정을 위반하였다고 할 하자가 없음을 이유로 기각하여야 한다는 견해가 1인(이동흡 재판관), 국회의 자율권과 심판정족수의 차이를 고려하여 기각하여야 한다는 견해가 1인(김종대 재판관), 관여 재판관 9인 중에서 6인이 신문법안 가결선포행위에 대한 청구인들의 무효확인청구를 기각하여야 한

1) 헌재 2009. 10. 29. 2009헌라8 · 9 · 10(병합), 판례집 21-2(하), 14, 64면 참조. 자세히 보면 3인의 재판관(김종대, 김희옥, 송두환 재판관)은 심의절차에 있어 제안취지설명절차부분이 국회법 제93조에 위배되었음을 이유로, 6인의 재판관(김종대, 김희옥, 송두환, 이강국, 이동흡, 조대현 재판관)은 심의절차에 있어 질의 · 토론 절차부분이 국회법 제93조에 위배되었음을 이유로, 5인의 재판관(김희옥, 송두환, 이강국, 이공현, 조대현 재판관)은 표결절차에 있어 헌법 제49조 및 국회법 제109조에 위배되었음을 이유로 청구인들의 심의 · 표결권이 침해되었다는 의견을 제시하였다.

2) 헌재 2009. 10. 29. 2009헌라8 · 9 · 10(병합), 판례집 21-2(하), 14, 74면 참조. 자세히 보면 4인의 재판관(김종대, 송두환, 이동흡, 조대현 재판관)은 질의 · 토론절차부분이 국회법 제93조에 위배됨을 이유로, 5인의 재판관(김종대, 목영준, 민형기, 송두환, 조대현 재판관)은 표결절차에서 국회법 제92조에 위배되어 청구인들의 심의 · 표결권이 침해되었다는 의견을 제시하였다.

다는 의견을 제시하여 기각하는 결정을 하였다.[3] 한편 방송법안가결선포행위에 관한 무효확인청구에 대해서는 무효확인결정을 하여야 한다는 견해가 2인(조대현, 송두환 재판관), 권한침해 없음을 이유로 기각하여야 한다는 견해가 3인(이강국, 김희옥, 이공현 재판관), 헌법규정을 위반하였다고 할 하자가 없음을 이유로 기각하여야 한다는 견해가 3인(이동흡, 민형기, 목영준 재판관), 국회의 자율권과 심판정족수의 차이를 고려하여 기각하여야 한다는 견해가 1인(김종대 재판관)으로, 모두 7인의 재판관이 기각의견을 제시하여 방송법안가결선포행위 무효확인청구를 기각하는 결정을 하였다.[4]

헌법재판소의 2009헌라8 결정이 있은 후인 2009. 11. 6. 2009헌라8 사건의 청구인들 중 박주선 외 11인은 '신문법 폐지법률안'과 '신문 등의 자유와 독립성 보장에 관한 법률안' 및 '방송법 폐지법률안'과 '방송매체의 자유와 독립성 보장 등에 관한 법률안'을 발의하였다.[5] 그러나 위 법률안들이 2009. 12. 18. 현재 소관 상임위원회인 국회 문화체육관광방송통신위원회(이하 '문방위'라 한다)에 의안상정이 이루어지지 않은 상태로 문방위에 계류되어 있자 2009헌라8 사건의 청구인들은, 헌법재판소가 2009헌라8 결정의 주문 제2항에서 피청구인의 신문법안 및 방송법안 가결선포행위가 청구인들의 이 사건 각 법률안 심의 · 표결권을 침해한 것이라고 인정한 이상, 위 주문의 기속력에 따라 국회의장은 청구인들에게 청구인들이 발의한 위 법률안들에 대한 심의 · 표결권을 행사할 수 있는 조치를 취하여야 함에도 불구하고 피청구인이 아무런 조치를 취하지 않은 부작위로 청구인들의 이 사건 각 법률안 심의 · 표결권이 침해당하였다고 주장하면서 이 사건 권한침해확인의 권한쟁의심판(2009헌라12 사건)을 청구하였다.

3) 헌재 2009. 10. 29. 2009헌라8 · 9 · 10(병합), 판례집 21-2(하), 14, 88면 참조.
4) 헌재 2009. 10. 29. 2009헌라8 · 9 · 10(병합), 판례집 21-2(하), 14, 88면 참조.
5) 헌법재판소의 2009헌라8 결정 선고 이후(2009. 10. 29.), 심판대상이 되었던 방송법 일부개정법률은 2009. 11. 1., 신문 등의 자유와 기능보장에 관한 법률은 2010. 2. 1. 각각 시행되었다.

## Ⅱ. 결정의 요지

2009헌라12 사건에 대한 헌법재판소 재판관의 의견은, 4인의 재판관은 각하의견을, 4인의 재판관은 인용의견을, 1인의 재판관은 기각의견을 제시하여 어느 의견도 독자적으로는 법 제23조 제2항이 정한 권한쟁의심판의 심판정족수를 충족하지 못하였지만, 각하의견은 종전 권한침해확인결정의 기속력으로 피청구인이 구체적으로 특정한 조치를 취할 의무를 부담한다고는 볼 수 없어 이 사건 심판청구를 받아들일 수 없다는 기각의견의 결론 부분에 한하여 기각의견과 견해를 같이 하는 것으로 볼 수 있음을 이유로 청구기각결정을 하고 있다.

### 1. 각하의견

이공현, 민형기, 이동흡, 목영준 재판관은, 현행 헌법재판소법 제66조에 의하면 권한의 존부 및 범위에 관한 판단(같은 조 제1항)과 피청구인의 처분의 효력에 관한 판단(같은 조 제2항)이 이원적으로 가능한 구조하에서는 권한침해확인결정의 기속력은 장래에 어떤 처분을 행할 때 그 결정의 내용을 존중하고 동일한 사정 하에서 동일한 내용의 행위를 하여서는 아니되는 의무를 부과하는 것에 그치고, 적극적인 재처분 의무나 결과제거 의무를 포함하는 것은 아니므로 헌법재판소가 권한쟁의심판에서 청구인의 권한이 피청구인에 의하여 침해되었음을 확인하는 것에 그치고 피청구인의 행위를 취소하거나 무효임을 확인하는 결정을 하지 않는 2009헌라8 등 사건에 대한 결정으로부터 피청구인에게 종전 권한침해행위에 내재하는 위헌 · 위법성을 제거할 적극적 조치를 취할 법적 의무가 발생한다고 볼 수 없으므로, 그러한 의무가 발생함을 전제로 피청구인의 부작위를 문제 삼는 청구인들의 이 사건 심판청구는 부적법하므로 각하

하여야 한다고 주장한다.[6)]

## 2. 기각의견

김종대 재판관은, 권한쟁의심판사건의 당사자인 국회의장 등을 포함한 모든 국가기관과 지방자치단체는 헌법재판소의 권한쟁의심판사건에 관한 결정에 기속되는바(법 제67조 제1항), 헌법이 헌법재판소에 국가기관 상호간의 권한쟁의심판을 관장하게 하고 있고, 권한쟁의심판의 제도적 취지가 국가기능의 원활한 수행 등을 통한 헌법의 규범적 효력을 보호하기 위한 것이며, 헌법재판소는 헌법문제를 유권적으로 해결함으로써 국가작용의 합헌적 행사를 통제한다는 점 등을 종합하면, 위 권한침해확인결정의 기속력을 직접 받는 피청구인은 결정을 존중하고 이에 따라 헌법재판소가 결정에서 명시한 위헌 · 위법성을 제거할 헌법상의 의무를 부담한다고 한다.[7)]

다만 김종대 재판관은, 국회나 국회의장을 상대로 국회의 입법과정에서의 의사절차의 하자를 다투는 이 사건과 같은 특수한 유형의 권한쟁의심판에 있어서는 그 결정의 기속력에도 일정한 한계가 있어 '권한침해확인결정의 기속력 실현의 한 방법으로서 구체적으로 심판대상이 된 각 법률안 가결선포행위를 취소하는 등 재입법을 위한 특정한 작위의무를 이행하지 않았음을 이유로 하는 부작위의 위법확인을 구하는 것도 의사절차의 하자로 인한 권한침해확인결정의 기속력의 한계를 벗어나 부당하며,[8)] 또한 청구인들이 2009헌라8 사건에 대한 권한침해확인결정의 기속력으로 피청구인에게 이 사건 각 법률안 가결선포행위의 위헌 · 위법성을 제거할 의무가 있다는 확인을 구하는 취지라면, 그러한 의무는 종전 권한침해확인결정의 기속력에 의하여 이미 발생한 것이므로 이 사건 권한

6) 헌재 2010. 11. 25. 2009헌라12, 판례집 22-2(하), 320, 330면 참조.

7) 헌재 2010. 11. 25. 2009헌라12, 판례집 22-2(하), 320, 332면 이하 참조.

8) 헌재 2010. 11. 25. 2009헌라12, 판례집 22-2(하), 320, 333면 이하 참조.

쟁의심판청구를 통하여 거듭 구할 필요성이 없으므로 기각하여야 한다는 의견을 주장하고 있다.[9]

## 3. 인용의견

### (1) 재판관 조대현, 김희옥, 송두환의 인용의견

조대현, 김희옥, 송두환 재판관은, 헌법재판소가 권한쟁의심판에 의하여 국회의 입법절차가 위법하게 진행되어 일부 국회의원의 심의 · 표결권이 침해되었다고 확인하는 결정을 하면, 그 결정이 확인결정이어서 국회의 심의 · 표결행위나 법률안 가결선포행위를 직접 소멸시키는 형성적 효력이 없다고 하더라도, 심의 · 표결절차의 위법성과 국회의원들의 권한이 침해된 사실을 확인한 이상 그 한도에서는 기속력을 가지는 것이고, 그 기속력은 헌법재판소의 권한침해확인결정에 의하여 확인된 위헌 · 위법성을 시정하여 침해된 권한을 회복시키라는 것이고 하면서, 권한침해확인결정의 기속력에 의하여 국회와 국회의원들은 위법하게 진행된 심의 · 표결절차의 위법성을 제거하고 침해된 국회의원의 심의 · 표결권을 회복시켜줄 의무를 부담하게 된다고 한다.[10] 따라서 헌법재판소가 2009헌라8결정에서 국회의원인 청구인들의 심의 · 표결권이 침해되었음을 확인한 이상, 그 결정의 기속력에 의하여 국회는 신문법안과 방송법안에 대한 심의 · 표결절차 중 위법한 사항을 시정하여 '청구인들의 침해된 심의 · 표결권한을 회복시켜줄 의무'를 부담하며, 이를 실현하기 위해서 국회가 신문법안과 방송법안을 다시 적법하게 심의 · 표결하여야 함으로 청구인의 청구를 인용하여야 한다고 주장한다.[11]

---

9) 헌재 2010. 11. 25. 2009헌라12, 판례집 22-2(하), 320, 333면 이하 참조.

10) 헌재 2010. 11. 25. 2009헌라12, 판례집 22-2(하), 320, 334면 이하 참조.

11) 헌재 2010. 11. 25. 2009헌라12, 판례집 22-2(하), 320, 335면 참조.

### (2) 이강국 재판관의 인용의견

이강국재판관은, 권한쟁의심판은 본래 헌법질서를 보호하기 위한 것으로 객관적 쟁송으로서의 성격을 갖지만 주관적 쟁송으로서의 성격도 아울러 가지고 있음을 전제로 하면서 법 제66조 제1항에 의한 권한침해확인 결정의 기속력은 모든 국가기관으로 하여금 헌법재판소의 판단에 저촉되는 다른 판단이나 행위를 할 수 없게 하고, 헌법재판소의 결정 내용을 자신의 판단 및 조치의 기초로 삼도록 하는 것이며, 특히 피청구인에게는 위헌 · 위법성이 확인된 행위를 반복하여서는 안 될 뿐만 아니라 나아가 헌법재판소가 별도로 취소 또는 무효확인결정을 하지 않더라도 법적 · 사실적으로 가능한 범위 내에서 자신이 야기한 위헌 · 위법 상태를 제거하여 합헌 · 합법 상태를 회복하여야 할 의무를 부여하는 것을 내용으로 함으로 인용결정을 하여야 한다고 주장한다.[12)]

## Ⅲ. 문제의 제기

이 사건에서의 인용의견과 기각의견은 권한침해확인결정의 기속력으로 피청구인에게 위헌 · 위법상태제거의무가 발생함을 전제로 하고 있는데, 이와 같은 주장은 권한침해확인결정과 권한침해처분의 무효확인 내지 취소결정을 분리하면서 전자는 필요적 결정으로 후자는 임의적 결정으로 규정하고 있는 법 제66조에 반하는 문제점이 있다. 또한 인용의견은 공통적으로 권한쟁의심판제도의 법적 성격에서 주관적 쟁송제도로서의 성격이 있음을 인정하면서 권한침해확인결정의 기속력의 내용으로 위헌 · 위법상태제거의무를 넘어 피청구인에게 청구인의 침해된 권한을 회복하여야 할 의무가 있음을 주장하고 있는데, 이런 주장이 권한쟁의심판제도의 객관적 쟁송제도로서의 성격에 부합하는지 하는 의문이 있다.

12) 헌재 2010. 11. 25. 2009헌라12, 판례집 22-2(하), 320, 337면 참조.

그리고 이 사건 결정에서 나타난 각 재판관의 의견을 개별적으로 살펴보면 인용의견을 제시한 조대현, 김희옥, 송두환 재판관의 견해에는 2009헌라8 결정에서 다른 재판관들이 주장한 결정이유를 오해한 측면이 있고, 이강국 재판관이 각하의견을 비판하면서 제시한 논거들에도 논리적으로나 2009헌라8 결정에서 이강국 재판관이 제시한 의견과 조화되지 아니하는 측면이 있을 뿐만 아니라 현행 권한쟁의심판제도의 성격과 기능 그리고 현행 헌법재판소법의 해석과 관련하여 수용하기 힘든 문제점이 있다고 판단되며, 국가기관 상호간의 권한쟁의심판사건에서 사법소극주의로 일관하는 김종대 재판관의 견해는 권한쟁의심판제도의 기능과 헌법재판소법의 명문의 규정에 반하는 문제점이 있다고 판단된다. 그리고 각하의견을 제시한 이공현 재판관의 견해도 선행결정인 2009헌라8 결정에서 주장된 이공현 재판관의 견해와 관련하여 비판의 소지가 있다고 판단된다.

아래에서는 먼저 헌법재판소의 결정에 인정되는 기속력의 의미와 내용을 살펴본다. 이어서 권한쟁의심판절차에서의 헌법재판소의 결정형식에 관한 현행 헌법재판소법의 규정을 검토하여 기속력의 내용으로 인정되는 위헌 · 위법상태제거의무가 헌법재판소의 어떤 결정에서 발생하는지를 살펴본다. 또한 권한침해확인결정의 기속력으로 위헌 · 위법상태제거의무가 인정된다고 하더라도 이를 이유로 피청구인에게 침해된 청구인의 권한을 회복시켜야 할 의무까지 발생하는지 여부를 검토한다. 그리고 마지막으로 이 사건 결정에 나타난 각 재판관의 견해의 문제점들을 검토하기로 한다.

## Ⅳ. 헌법재판소 결정의 기속력

### 1. 기속력의 개념

현행 법 제39조에서는 헌법재판소 결정의 일반적 효력으로서 '헌법재판소는 이미 심판을 거친 동일한 사건에 대해서는 다시 심판할 수 없다'(일사부재리원칙)고 규정하여 헌법재판소 결정의 일반적 효력으로서 기판력을 규정하고 있으면서도 현행 법 제67조 제1항에서는 헌법재판소의 권한쟁의심판의 결정에 대해서 모든 국가기관과 지방자치단체를 기속하는 기속력을 인정하고 있다. 기판력은 모든 종국결정에 인정되지만, 기속력은 법률에 명문의 규정이 있는 결정형식에만 인정된다. 이런 점에서 기속력은 기판력처럼 소송법상의 일반적 제도는 아니고, 헌법재판의 실효성을 확보하기 위하여 법률에 의하여 특별히 헌법재판에 인정된 특수한 효력으로 이해하는 것이 타당하다.[13)]

그리고 기판력은 확정판결이 내려진 시점에서 제시된 종국판단이 당사자와 법원을 구속하여 당사자나 법원이 이미 행해진 법원의 판단내용과 모순 · 저촉되는 주장과 판단을 행할 수 없게 하는 절차법적 효력을 의미한다.[14)] 반면에 기속력은 상호독립적인 다른 국가기관 상호간의 모순되는 판단이나 결정을 방지하기 위하여 인정되는 측면도 있지만 궁극적으로 최고의 헌법해석기관인 헌법재판소의 결정의 실효성을 담보하여 합헌

---

13) 같은 취지: 전정환 · 문광삼 · 남복현, 헌법재판소결정의 효력에 관한 연구(헌법재판연구 제7권), 1996. 5, 헌법재판소, 49면(전정환 집필부분); 정종섭, 헌법소송법, 박영사, 2010, 182면; 허영, 헌법소송법, 박영사, 2012, 174면; 조재현, "권한쟁의심판에서 결정의 범위와 기속력에 관한 연구", 「헌법학연구」 제18권 제1호, 2012. 3, 433면 참조. 그러나 기속력이 헌법재판에만 특유한 효력은 아니다. 행정소송법 제30조와 제38조에 의하여 행정소송의 하나인 항고소송에서의 법원의 인용판결에도 기속력이 인정되고 있다. 기속력이 인정되는 경우에 관하여 자세한 것은 황도수, "헌법재판소 결정의 기속력", 헌법의 규범력과 법질서(정천 허영박사 정년기념논문집), 2002. 5, 768면.

14) 최희수, "헌법재판소결정의 중요이유의 기속력에 관한 연구", 「공법연구」 제33집 제1호, 2004. 11, 447면 참조.

적 헌법질서를 형성하기 위한 것일 뿐만 아니라, 기속력은 당해 소송절차나 그와 관련된 후행절차와 관련하여 비로소 문제되는 것이 아니라 소송절차와 무관하게 헌법재판소 결정이 실효성을 갖기 위하여 인정되는 것이라는 점에서 법률에 의하여 인정되는 실체법적 효력이라고 이해하는 것이 타당하다.[15] 또한 기판력이 과거의 행위를 놓고 전소와의 관계에서 후소에 대해서 효력을 미치는데 반하여, 기속력은 미래의 행위에 대하여 미친다는 점에서 구별된다.[16] 그리고 위에서 언급한 기판력과 기속력의 차이점과 헌법재판소법에서 양자를 별개로 규정하고 있는 점에 비추어볼 때 기속력이 인정되는 헌법재판소의 결정에는 기판력과 더불어 기속력을 가지게 된다.[17]

## 2. 기속력의 내용

기속력은 모든 국가기관이 헌법재판소의 결정에서 문제된 사안에서뿐만 아니라 동일한 사정하에서 동일한 이유에 근거한 동일내용의 공권력행사 또는 불행사를 금지한다는 것이다.[18] 즉 기속력은 피청구인 포함한 모든 국가기관이나 지방자치단체 등이 헌법재판소의 결정을 준수할 의무가 있음을 의미하는 것으로 그에 따라 소극적 측면에서는 피청구인 포함한 모든 국가기관 등은 향후 헌법재판소의 결정에서 문제된 사안과 동일한 사안에서 동일한 사정하에서 동일한 이유에 근거하여 동일한 내

15) 유사한 취지: 정종섭, 앞의 책, 182면. 반면에 상호독립적인 다른 국가기관이 상호모순되는 판단결정을 방지하기 위한 절차적 효력이라고 봄이 타당하다는 견해도 있다. 황도수, 앞의 논문 768면.

16) 정종섭, 앞의 책, 182면 참조.

17) 유사한 취지: 최희수, 앞의 논문, 448면 이하 참조. 기속력을 헌법재판소 결정의 일반적 효력으로 규정하고 있는 독일에서 기속력과 기판력의 관계에 관한 논의에 관한 자세한 것은 최희수, 앞의 논문, 448면 이하 참조.

18) 유사한 취지: 황도수, 앞의 논문, 778면; 전정환 · 문광삼 · 남복현, 앞의 책, 152면(남복현 집필부분).

용의 처분이나 부작위를 반복하여서는 아니될 의무를 지게 되며,[19] 또한 적극적 측면에서는 피청구인은 피청구인의 위헌 · 위법한 처분에 의하여 초래된 사실상태를 제거해야 하는 적극적인 작위의무를 지게 된다.[20]

헌법재판소의 결정의 기속력에 위반하는 국가기관 또는 지방자치단체의 행위는 무효이며, 본안판단할 것도 없이 기속력에 의하여 효력을 가지

---

19) 유사한 취지: 정종섭, 앞의 책, 182면; 헌법재판소, 헌법재판실무제요 제1개정증보판, 헌법재판소, 2008, 83면; 황도수, 앞의 논문, 778면; 전정환 · 문광삼 · 남복현, 앞의 책, 52면(전정환 집필부분), 152면(남복현 집필부분) 참조. 다만 남복현 교수는 기속력의 핵심을 다른 국가기관에 의한 동일 당사자에게의 동일조치의 반복을 방지하는 효력이라고 하여 기속력을 반복금지에 주안점을 두고 있다. 반면에 황도수 교수는 기속력의 주안점을 모순금지에 두고 있다. 황도수, 앞의 논문, 789면 참조. 같은 취지: 정종섭, 앞의 책, 182면. 황도수 교수는 기속력의 내용으로서 결정준수의무의 핵심을 모순금지로 보면서 모순판단금지라는 용어를 사용하고 있는데, 이는 황교수가 기속력을 절차법적 효력으로 이해하는 입장과 관련되는데 주로 법원이나 헌법재판소의 입장에서 기속력을 이해하는 태도가 아닌가 판단된다. 그러나 기속력은 기본적으로 헌법재판소의 결정을 당해절차의 당사자나 관여자가 아닌 다른 국가기관으로 하여금 준수하게 하는데 그 목적이 있으므로 헌법재판의 대상이 된 위헌적 행위와 동일한 행위를 동일한 사정에서 동일한 사유에 근거하여 반복하는 것을 금지 내지 방지하기 위한 것이라고 판단된다. 즉 국가기관으로 하여금 헌법재판소의 결정에 위배되는 행동을 다시 반복해서는 아니된다는 의미로 이해하는 것이 타당하다고 판단된다. 기속력을 헌법재판소의 결정에 모순되는 행동을 금지하는 의미로 이해하는 경우 국가기관에 대한 헌법재판소의 결정에의 구속의 범위가 확장될 뿐만 아니라 명확하지 못한 측면이 있어 기속력을 통하여 다른 국가기관의 권한행사를 지나치게 제한하는 문제가 발생할 수 있다.

20) 김하열, "권한쟁의심판의 발전과 과제", 「헌법논총」 제19집, 헌법재판소, 2008, 472면; 정종섭, 앞의 책, 182면 참조; 한수웅, 헌법학, 법문사, 2011, 1409면; 허영, 앞의 책, 337면; 헌법재판소, 앞의 책, 353면. 한편 기속력 일반에 관한 설명에서는 결정준수의무와 반복금지의무만을 기속력의 내용으로 설명하는 견해도 있다. 한수웅, 같은 책, 1320면; 허영, 앞의 책, 175면; 헌법재판소, 앞의 책, 83면 참조. 항고소송의 인용판결에 기속력을 인정하고 있는 행정소송법 제30조와 제38조의 해석에서도 기속력의 내용으로 결정준수의무와 반복금지의무외에 결과제거의무 내지 원상회복의무를 인정하는 것이 학계의 통설이다. 김남진 · 김연태, 행정법 Ⅰ, 법문사, 2011, 814면; 홍정선, 행정법원론(상), 박영사, 2011, 1014면; 이일세, 행정쟁송법, 대양프리컴, 2011, 239면; 박정훈, "취소소송의 소송물", 「행정소송의 구조와 기능」, 박영사, 2006, 366면 참조. 반면에 기속력의 내용을 결정준수의무 내지 반복금지의무에 국한하고, 결과제거의무는 실체법상의 결과제거청구권에서 도출하는 견해로 김성수, 일반행정법, 홍문사, 2010, 742, 894면 참조.

지 못한다고 할 것이다.[21] 기판력 위반의 국가기관 등의 행위에 대해서는 부적법 각하결정을 하여야 하지만, 기속력 위반의 국가기관 등의 행위에 대해서는 각하결정뿐만 아니라 본안판단이 행해져야 하는 경우도 있다.[22]

## Ⅴ. 권한쟁의심판절차에서 인용 결정형식과 위헌 · 위법상태제거의무

### 1. 서 설

4인의 인용의견과 1인이 기각의견은 모두 권한침해확인결정의 기속력의 내용으로서 위헌 · 위법상태제거의무 내지 청구인의 침해된 권한 회복의무를 인정하고 있는데, 이와 같은 주장은 권한침해확인결정과 권한침해처분 무효확인결정 내지 취소결정을 분리하고 있는 법 제66조의 입법취지와 권한쟁의심판절차에서의 결정에 기속력을 인정하고 있는 법 제67조 제1항을 고려하여 수긍하기 힘든 점이 있다.

아래에서는 권한침해확인결정과 권한침해처분 무효확인결정 내지 취소결정을 분리하고 있는 현행 법 제66조의 입법취지를 살펴보고, 권한침해확인결정의 기속력의 내용으로 위헌 · 위법상태제거의무가 인정될 수 있는지 여부를 살펴본다. 이어서 법 제67조 제1항에 따라 기속력이 인정되는 권한쟁의심판절차에서 결정의 유형에 관하여 살펴본다.

### 2. 법 제66조의 입법취지

권한쟁의심판절차에서 헌법재판소의 결정형식과 관련하여 법 제66조 제1항에서는 '헌법재판소는 심판의 대상이 된 국가기관 또는 지방자

21) 정종섭, 앞의 책, 183면 참조.
22) 최희수, 앞의 논문, 447면 참조.

치단체의 권한의 존부 또는 범위에 관하여 판단한다.'고 규정하고 있고, 제2항에서는 '제1항의 경우에 헌법재판소는 권한침해의 원인이 된 피청구인의 처분을 취소하거나 그 무효를 확인할 수 있'다고 규정하고 있다. 제66조 제1항과 제2항의 표현에 비추어보면 제66조 제1항은, 헌법재판소는 1차적으로 국가기관 등의 권한의 존부 또는 그 범위에 관하여 반드시 판단하여야 하며. 이를 통해서 피청구인의 처분이나 부작위로 청구인의 권한이 침해되었는지 여부에 대해서도 필요적으로 판단하여야 함을 의미하며, 동조 제2항은, 권한침해가 있음을 헌법재판소가 확인한 경우에도 사안의 성격에 따라 권한침해처분의 무효확인 내지 취소의 결정을 하지 아니할 수 있음을 의미하는 것이다. 그렇지만 학계에서 일반적으로 주장되는 것처럼 법 제66조 제2항의 문언에 따라 무효확인 내지 취소결정을 임의적 · 부가적 결정으로만 이해하는 것[23]은 적절하지 않다고 판단된다. 즉 법 제66조 제2항은 피청구인의 처분으로 청구인의 권한을 침해한 것으로 인정된다고 하여 바로 피청구인의 처분을 실효시킬 수 없는 사정, 예를 들어 다수의 국가기관이 관여하면서 여러 과정을 거쳐서 진행되는 입법과정에서 소수의 국회의원의 권한이 경미하게 침해된 경우 또는 행정소송법에서의 사정판결의 법리가 준용되어야 할 예외적인 경우에는 권한침해처분의 효력을 실효시키지 아니하고 존속 · 유지시킬 수 있음을 나타낸다고 할 수 있다.[24]

---

23) 양건 · 김문현 · 남복현, 헌법재판소법 개정방향에 관한 용역연구보고서(헌법재판연구 제10권), 1999. 12., 헌법재판소, 330면; 한수웅, 앞의 책, 1406면; 헌법재판소, 앞의 책, 351면; 김하열, 앞의 논문, 468면 참조; 허영, 앞의 책, 335면 참고. 한편 광범위한 정치적 형성권을 가지는 국가기관 상호간의 권한쟁의심판에서는 법 제66조 제1항의 권한침해 여부만 확인하고, 권한침해로 인하여 야기된 위헌 · 위법상태의 시정은 피청구인에게 맡겨두는 것이 바람직하다는 관점에서 법 제66조 제2항의 무효확인결정은 헌법재판소의 재량에 따른 부가적 결정으로 이해하는 견해도 있다. 헌재 2009. 10. 29. 2009헌라8 · 9 · 10(병합), 판례집 21-2(하), 14, 79면 이하(이강국, 이공현, 김종대 재판관의 견해) 참조.

24) 유사한 취지: 헌재 1997. 7. 16. 96헌라2, 판례집 9-2, 154, 174면(김용준, 김문희, 이영모 재판관의 견해) 참조; 헌재 2009. 10. 29. 2009헌라8 · 9 · 10(병합), 판례집 21-2(하), 14, 82면 이하 참조. 같은 취지: 헌재 2010. 12. 28. 2008헌라7, 판례집 22-

권한침해처분에 대한 무효확인 내지 취소결정을 일반적으로 인정되는 임의적 · 부가적 결정형식으로 이해하든, 예외적으로만 하지 않을 수 있는 결정형식으로 인정되든, 헌법재판소가 권한쟁의심판사건에서 피청구인의 처분으로 청구인의 권한이 침해되었음을 확인하는 결정을 하면서도 권한침해처분의 무효확인청구 내지 취소청구를 기각하는 결정을 하는 경우 헌법재판소의 태도는 청구인의 권한을 침해하는 피청구기관의 처분의 효력을 유지시키는 것이 바람직하다고 판단한 결과라고 할 것이다. 따라서 헌법재판소가 입법절차의 하자로 인한 권한쟁의심판절차에서 국회의원의 권한이 침해되었음을 인정하면서도 법률안가결선포행위 무효확인청구를 기각하는 결정을 한 경우에는 입법절차의 일부를 이루는 피청구인의 의사진행이 위헌, 위법하다고 하더라도 이를 통해서 이루어진 피청구인의 법률안가결선포행위를 헌법적으로 용인하겠다는 취지라고 할 것이다. 그러므로 헌법재판소가 권한침해확인결정만 하고 권한침해처분의 무효확인 내지 취소 결정을 하지 아니한 경우에는 권한침해확인결정의 기속력으로 권한침해처분으로 야기된 위헌 · 위법상태를 제거할 의무가 발생하는 것은 아니라고 할 것이다. 법 제66조 제1항과 제2항의 규정에 비추어볼 때 권한쟁의심판사건에서 피청구인의 위헌 · 위법상태제거의무는 헌법재판소가 권한침해처분에 대해서 무효확인 내지 취소의 결정을 한 때에만 인정된다고 할 것이다.

### 3. 권한쟁의심판절차에서 기속력있는 결정의 범위

현행 법 제67조 제1항에서는 "헌법재판소의 권한쟁의심판의 결정은 모든 국가기관과 지방자치단체를 기속한다."라고 규정하고 있는데, 현행 헌법재판소법은 위헌법률심판절차에서는 법률의 위헌결정에 대해서만,

---

2(하), 567, 592면 이하 참조(민형기 재판관의 견해). 자세한 것은 박경철, "입법절차의 하자와 법률의 효력", 헌법재판연구원, 헌법재판 주요선례연구 Ⅰ, 2012, 371면 이하 참조.

그리고 헌법소원심판절차에서는 인용결정에 대해서만 기속력(법 제47조 제1항, 제75조 제1항)을 인정하는 것과는 달리 권한쟁의심판절차에서 기속력이 인정되는 결정유형에 대해서 어떠한 제한을 두고 있지 아니 하다. 이런 점에 비추어볼 때 권한쟁의심판절차에서는 종국결정이기만 하면 헌법재판소의 인용결정인 권한침해확인결정, 권한의 존부와 범위확인에 관한 결정, 권한침해처분 무효확인결정 내지 취소결정뿐만 아니라 기각결정과 각하결정에 대해서도 기속력이 인정되는 것으로 이해하는 것이 타당하다.[25] 이는 동일한 행정처분이 헌법재판소의 권한쟁의심판과 법원의 행정소송에 동시에 또는 시차를 두고 심판 대상으로 되는 경우에 헌법재판소의 결정이 법원의 재판에 우선함을 명문화하는 것이라는 견해가 있다.[26]

권한쟁의심판절차에서의 모든 종국결정에 기속력을 인정하고 있는 법 제67조 제1항의 취지에 비추어볼 때 헌법재판소가 권한침해확인청구에 대해서만 인용결정을 하고 권한침해처분의 무효확인 내지 취소의 청구를 기각하는 결정을 한 경우 권한침해확인결정에도 기속력이 발생하지만 무효확인청구를 기각하는 결정에도 기속력이 발생한다는 점에서 피청구인에게 위헌 · 위법상태를 제거할 의무를 인정한 법적 근거도 없다고 할 것이다.

## 4. 결 어

현행 법 제61조 제2항에 의하면 헌법이 부여한 권한이 침해된 경우뿐만 아니라 법률이 부여한 권한이 침해된 경우에도 권한침해확인결정을 하여야 하는데, 경미한 법률위반의 경우에도 권한침해확인결정의 기속

25) 같은 취지: 황도수, 앞의 논문, 775면.

26) 황도수, 앞의 논문, 775면 이하 참조. 다만 행정소송을 담당하는 법원은 헌법재판소의 기각결정의 기속력에도 불구하고 다른 위법사유를 근거로 행정소송을 인용하는 재판을 선고할 수 있다.

력에 따라 항상 위헌 · 위법상태제거의무가 있고 따라서 입법절차를 다시 밟아야 한다고 하는 것은 불합리하고, 경미한 하자이더라도 이에 관한 여야간에 합의가 성립되지 아니하는 경우에는 국회의사진행의 파행과 헌법재판소에의 권한쟁의심판을 청구하게 될 것인데 이는 정치의 불안정화와 권한쟁의심판제도의 정치적 남용을 헌법재판소가 자초하게 될 것이다. 법 제66조에서 권한쟁의심판절차에서의 결정형식을 권한침해확인결정과 권한침해처분에 대한 무효확인 내지 취소 결정을 분리하고 있는 취지, 법 제67조 제1항의 내용을 고려할 때 권한침해확인결정으로부터 피청구인에게 위헌 · 위법상태제거의무를 도출할 수 없다고 할 것이다.

## Ⅵ. 권한쟁의심판제도의 법적 성격과 피청구인의 권한회복의무

### 1. 서 설

이강국 재판관은 권한침해확인결정의 기속력의 내용으로 위헌 · 위법상태제거의무를 인정해야 한다는 논거로서 '권한쟁의심판은 본래 헌법질서를 보호하기 위한 것으로 객관적 쟁송으로서의 성격을 갖지만, 청구사유를 규정한 현행 법 제61조 제2항과 권한쟁의심판에서의 헌법재판소의 결정형식으로서 무효와 취소를 규정한 법 제66조 제2항의 취지에 비추어볼 때 권한쟁의심판이 객관적 권한질서의 확인을 넘어 침해된 권한의 구제라고 하는 주관적 쟁송으로서의 성격도 아울러 가지고 있음을 전제로 하고 있다.[27] 또한 인용의견을 제시한 3인이 재판관의 견해에도 권

27) 헌재 2009. 10. 29. 2009헌라8, 판례집 21-21(하), 336면, 338면 참조. 한편 피청구인의 처분이 헌법이나 법률에 위반하여 청구인의 권한을 침해한 경우 헌법재판소는 원칙적으로 피청구인의 처분에 대하여 취소 내지 무효확인의 결정을 하여야 한다는 것을 논증하기 위하여 현행 헌법상의 권한쟁의심판제도의 객관적 쟁송제도로서의 성격과 주관적인 쟁송제도로서의 성격을 동시에 지니고 있다는 견해로는 헌재 2009. 10. 29.

한침해확인결정의 기속력에 따라 피청구인에게 '침해된 국회의원의 심의 · 표결권을 회복시켜줄 의무를 부담'[28]한다고 주장하는데, 이런 주장 역시 권한쟁의심판제도가 주관적 쟁송제도로서의 성격을 가지고 있음을 전제로 하는 주장으로 이해된다.

이런 점에서 권한쟁의심판제도에 주관적 쟁송제도로 평가할 수 있는 요소가 무엇인지 살펴보고, 이와 같은 요소를 근거로 하여 권한쟁의심판제도를 주관적 쟁송제도로 평가하는 것이 타당한 것인지를 살펴본다. 이를 바탕으로 권한침해확인결정의 기속력의 내용으로 피청구인에게 청구인의 침해된 주관적 권한을 회복시켜야 할 의무가 있는지 여부를 검토한다.

## 2. 권한쟁의심판제도의 주관적 쟁송적 요소

현행 권한쟁의심판제도가 주관적 쟁송제도로서의 성격을 가지고 있다는 견해는 이강국 재판관이 지적하고 있듯이 청구사유에 관한 법 제61조 제2항의 표현과 법 제66조 제2항의 무효확인 내지 취소의 결정형식에 근거를 두고 있다. 즉 법 제61조 제2항은 '피청구인의 처분 또는 부작위가 헌법 또는 법률에 의하여 부여받은 청구인의 권한을 침해하였거나 침해할 현저한 위험이 있는 경우'에만 권한쟁의심판을 청구할 수 있다고 규정하여 청구사유를 국가기관 또는 지방자치단체의 주관적 권한이익이 침해된 때로 제한하고 있고, 또한 권한쟁의심판에서 헌법재판소가 권한침해확인결정에 그치지 아니하고 더 나아가 법 제66조 제2항 전문에서 '헌법재판소는 권한침해의 원인이 된 피청구인의 처분을 취소하거나 그 무효를 확인'할 수 있다고 규정하여 청구인의 침해된 권한을 회복시키고자 하고 있음을 논거로 하고 있다.[29]

---

2009헌라8 · 9 · 10(병합), 판례집 21-2(하), 14, 84면 이하 참조(김희옥 재판관의 견해).

28) 헌재 2009. 10. 29. 2009헌라8, 판례집 21-21(하), 336면, 334면.

29) 같은 취지: 김하열, 앞의 논문, 425면 이하; 이성환, "권한쟁의심판에서 당사자능력

## 3. 권한쟁의심판제도의 법적 성격

주관적 쟁송제도라는 것은 소송당사자의 주관적 권리를 구제하기 위한 소송제도라는 의미인데, 권한쟁의심판제도에서 문제되는 권한이란 개인의 주관적 권리가 아니라 국가나 지방자치단체 등의 기관이 공익실현을 위하여 헌법과 법률에 의하여 부여받아 국민이나 기타 국가기관에게 일정한 권리의무를 설정할 수 있는 행위를 법적으로 유효하게 할 수 있는 능력 또는 그 범위를 의미하며, 그 귀속주체는 이를 임의로 처분하거나 포기할 수 없다. 이런 점에서 권한을 권리보유자가 임의로 처분할 수 있는 주관적 권리로 이해하는 것은 부적절하다. 더군다나 독일의 경우와 달리 우리 헌법과 법 제61조 제2항에서는 '권리'가 아니라 '권한'이 침해되었거나 침해될 위험이 있을 것을 명시하고 있다.

그리고 국가기관 등의 권한은 적극적 권능으로서의 의미를 가지지만, 또 한편으로는 헌법이나 법률에 규정된 권한행사요건에 해당하면 이를 행사하여야 하는 직무이기도 하다. 또한 국가기관의 권한은 개인의 주관적 권리와 달리 헌법과 법률에 의하여 국가기관에게 부여된 권한은 국민전체의 이익을 위하여 행사하여야 할 公務(Amt)로서의 성격도 가진다.[30] 더군다나 국가기관의 권한은 법치국가원칙에 따라 헌법과 법률에 의하여 부여된 것으로 권력분립원칙이 추구하는 국가기관 상호간의 견제와 균형을 실현하기 위한 수단으로서 각 국가기관에 분배된 독자적인 활동 및 결정영역을 의미한다. 따라서 국가기관의 권한이 다른 국가기관에 의하여 침해되었음을 이유로 제기되는 권한쟁의심판제도는 국가기관이

---

과 당사자적격", 「공법연구」 제33집 제2호, 2005, 193면 이하; 최갑선, "독일과 한국에서의 권한쟁의심판절차", 「헌법논총」 제7집(헌법재판소, 1996), 413면 이하; 박승호, "권한쟁의심판 - 독일의 기관쟁의를 중심으로 -", 「공법연구」 제26집 제1호(1998), 372면 이하 참조.

30) 유사한 취지: 헌재 2007. 10. 25, 2006헌라5, 판례집 19-2, 443면 이하(이공현 재판관의 견해); 헌재 2008. 1. 17, 2005헌라10, 판례집 20-1(상), 77면 이하 참조(이공현 재판관의 견해).

나 그 담당자의 주관적 권리를 구제하는 것이 주된 목적이 아니라 헌법이 예정하는 객관적인 권능질서를 수호하기 위한 제도로 평가하는 것이 타당하다고 할 것이다.[31] 특히 국가기관 상호간의 권한쟁의심판은 국가라는 하나의 권리주체 내부의 기관간의 소송이라는 점에서 독립된 법주체 상호간의 소송이 아니라는 점에서 주관적 쟁송으로서의 성격을 인정하기 어렵다.[32]

또한 권한쟁의심판제도에 존재하는 주관적 쟁송제도로서의 요소는 국가기관 상호간의 권한분쟁을 사법적 절차에 따라 해결하기 위한 수단으로서 분쟁당사자가 권한쟁의심판을 청구하도록 하는 권한쟁의심판제도를 도입하였기 때문에 이의 남용을 막고 또 헌법재판소 결정의 실효성을 확보하기 위한 것으로 이해하는 것이 타당하다.[33] 즉 현실적으로 국가기관의 권한남용으로 다른 국가기관의 권한이 침해된 경우 권한이 침해된 국가기관으로 하여금 소송을 제기하게 하는 것이 국가기관의 권한남용으로 인한 정치적 분쟁을 사법적으로 해결하는 방법이자 국가기관의 권한남용으로 인한 헌법질서의 침해행위 내지 파괴행위를 그때그때 헌법재판소의 재판을 통하여 통제할 수 있기 때문에 법 제61조 제1항에서는 해당 국가기관 또는 지방자치단체로 하여금 권한쟁의심판을 청구할 수

---

31) 개인의 주관적 권리와 국가기관의 권한의 구분과 권한쟁의심판제도의 법적 성격에 관하여 자세한 것은 명재진, "독일에 있어서 기관쟁송의 연혁과 본질", 「사법행정」, 1997. 12, 169면; 허영, 앞의 책, 298면; 헌법재판소, 앞의 책, 324면 이하; 이덕연, "조약비준에 대한 국회 동의관련 개별국회의원의 권한쟁의심판청구인적격(헌재결 2007. 7. 26. 2005헌라8)", 「헌법판례연구」 제9권, 2008. 82면; 김학성, "권한쟁의심판의 문제점과 권한쟁의심판과 행정소송과의 관할권 경합", 「강원법학」 제33권, 2011. 6., 88면; 한수웅, 앞의 책, 1388면 참조; 이승우, 헌법학, 두남, 2009, 1171면 참조.

32) 국가기관 상호간의 권한쟁의심판과 달리, 국가기관과 지방자치단체간의 권한쟁의심판과 지방자치단체 상호간의 권한쟁의심판의 경우 지방자치단체는 헌법에 의하여 자치권이 보장되는 독립된 법인격이라는 점에서 이와 같은 유형의 권한쟁의심판제도는 국가와 지방자치단체간의 헌법적 권한배분질서를 수호한다는 의미뿐만 아니라 지방자치단체의 권한 내지 권리를 구제하기 위한 의미도 아울러 가진다고 할 수 있다.

33) 유사한 취지: 헌법재판소, 앞의 책, 325면.

있도록 규정하면서도 법 제61조 제2항은 국가기관이나 지방자치단체의 권한쟁의심판청구의 남용을 통제하기 위한 적법요건을 규정한 것에 불과한 것이므로 이를 이유로 국가기관이나 지방자치단체의 권한을 회복하기 위한 주관적 쟁송제도로서의 성격을 인정하는 것은 타당하지 않은 주장이라고 판단된다. 그리고 연방최고기관간의 권한분쟁에서 연방헌법재판소로 하여금 피청구인의 처분이 기본법에 위반되는지 여부만을 판단하도록 규정하고 있는 독일의 기관쟁의제도[34]와 달리 현행 헌법재판소법에 규정된 권한쟁의심판절차에서 헌법재판소는 권한침해확인에 그치지 않고 더 나아가 권한을 침해하는 피청구인의 처분의 효력을 실효시키도록 규정하고 있는 점에서 우리의 권한쟁의심판제도는 독일의 기관쟁의제도보다 더 주관화된 소송이라고 평가할 수 있다. 그렇지만 권한쟁의심판절차에서 권한을 침해하는 피청구인의 처분에 대해서는 원칙적으로 취소 내지 무효확인의 결정을 하여야 하는 것은 헌법에 규정된 권능질서를 수호하기 위한 권한쟁의심판제도의 기능을 실현하기 위하여 당연히 요청되는 것이므로 이를 인정하고 있다고 하여 권한쟁의심판제도에 주관적 쟁송으로서의 성격이 있음을 인정해야 할 이유는 아니라고 판단된다.

권한쟁의심판제도의 주관적 쟁송으로서의 성격을 강조할 때에는 헌법재판소가 분쟁당사자의 신청이 없는 경우에도 법 제66조 제2항의 무효확인 내지 취소결정을 할 수 있다고 이해하는 것은 적절하지 않다고 판단된다. 그런데 이강국 재판관도 주장하고 있듯이 법 제66조 제2항 전문에 의한 처분의 취소 또는 무효확인의 결정은 당사자의 청구가 있는 경우에만 가능한 것이 아니고 권한침해확인결정을 전제로 권능질서의 확립을

---

34) 우리나라의 국가기관 상호간의 권한쟁의심판제도에 해당하는 것이 독일의 기관쟁의제도(Organstreit)이다. 독일 연방헌법재판소법 제67조에 의하면 독일연방헌법재판소는 기관쟁의심판절차에서는 쟁의대상이 된 피청구인의 처분이나 부작위가 기본법에 위배되는지 여부의 확인과 그 근거가 된 기본법규정을 명시하여야 하며, 부가적으로 연방헌법재판소는 결정주문에 피청구인의 처분이나 부작위의 기본법위배여부의 확인을 좌우하는 기본법규정의 해석을 위해 중요한 법적 문제에 대해서도 결정할 수 있도록 규정하고 있다.

위하여 필요하다고 판단하는 경우에 헌법재판소가 재량으로 직권으로 선고할 수 있는 것[35]으로 이해된다. 또한 헌법재판소법에서는 권한쟁의심판절차에서는 원칙적으로 권한쟁의의 심판은 구두변론에 의하도록 규정하고 있지만(법 제30조 제1항) 헌법재판소는 사건의 심리를 위하여 필요하다고 인정하는 경우에는 직권으로 증거조사를 할 수 있고(법 제31조 제1항), 권한쟁의심판의 청구를 받았을 때에는 청구인의 신청이 없다고 하더라도 직권으로 필요하다고 판단하면 종국결정의 선고 시까지 심판 대상이 된 피청구인의 처분의 효력을 정지하는 결정을 할 수 있다(법 제65조). 또한 권한쟁의심판을 비롯한 헌법재판은 객관적인 헌법질서를 수호 · 유지하기 위한 재판제도라는 특성 때문에 일반재판과 달리 헌법재판소의 직권에 의한 심리가 요구되는 정도가 크며 따라서 당사자가 주장하지 아니한 사실도 직권으로 수집하여 재판의 기초로 삼아야 할 때가 많다.[36] 또한 헌법재판소는 위헌법률심판절차와 헌법소원심판에서와 마찬가지로 심판대상의 선정이나 청구인의 처분이나 부작위의 위헌, 위법성을 청구인이 주장하는 법적 관점에서만 아니라 모든 헌법적인 관점에서 심사할 수 있다고 할 것이다.[37] 이처럼 권한쟁의심판절차 일반에 직권주의가 널리 인정되고 있는 현행 법제에서는 국가기관간의 권한쟁의심판에 주관적 쟁송으로서의 성격을 인정하는 것은 타당하지 않다고 판단된다.

국가기관 상호간의 권한쟁의심판제도가 국가라고 하는 하나의 권리주체 내부의 자기소송으로서 기관소송의 성격을 가지고 있는 점, 국가기관 상호간의 권한쟁의심판제도의 목적과 심판대상인 권한의 성격, 그리고 국가기관 상호간의 권한쟁의심판제도의 기능을 고려할 때 국가기관 상호간의 권한쟁의심판제도는 객관적 쟁송절차로서의 성격을 띤다고 할

---

35) 헌재 2009. 10. 29. 2009헌라8, 21-21(하), 337면 참조(이강국 재판관의 견해). 같은 취지: 김하열, 앞의 논문, 468면; 허영. 앞의 책, 335면; 헌법재판소, 앞의 책, 351면 참조.

36) 헌법재판소, 앞의 책, 59면

37) 헌재 1996. 12. 26. 96헌가18, 판례집 8-2, 680, 690; 헌재 2000. 4. 27. 98헌가16등, 판례집 12-1, 427, 445; 헌재 1989. 9. 4, 88헌마22, 판례집 1, 176면 이하.

것이다.

## 4. 결 어

권한쟁의심판의 헌법적 권능질서를 수호하기 위한 객관적 쟁송절차로서의 성격과 법치국가원리에 근거하여 권한쟁의심판절차에서의 인용결정의 기속력으로 위헌·위법으로 확인된 국가작용의 효력을 상실시켜야 할 작위의무와 위헌·위법으로 인정된 피청구인의 처분에 의하여 초래된 결과를 제거할 작위의무가 도출될 수 있음이 인정된다. 하지만 이를 넘어서 청구인의 침해된 권한을 회복하여야 할 적극적 작위의무까지 도출하는 것은 곤란하다고 판단된다. 일반적으로 권한침해처분에 대한 헌법재판소의 무효확인 내지 취소의 결정으로 처분의 효력을 실효시킴으로써 위헌·위법상태의 제거와 더불어 청구인의 권한은 회복될 것이다. 그렇기 때문에 권한쟁의심판제도가 청구인의 권한을 구제하는 측면이 있다고 하더라도 이는 헌법재판소의 무효확인 내지 취소의 결정에 의한 위헌·위법상태의 제거에 따른 반사적 효과로 이해하는 것이 타당하다.[38]

그리고 입법절차의 하자로 인한 권한쟁의심판절차에서는 헌법재판소가 국회의장의 법률안가결선포행위에 대해서 법 제66조 제2항의 무효확인결정을 하면 국회의원의 심의·표결권을 침해하면서 이루어진 법률안가결선포행위의 효력이 실효됨으로써 국회의장의 위법한 의사진행으로 인한 위헌·위법상태는 제거된다. 하지만 이로써 이미 침해된 국회의원의 심의·표결권이 회복되는 것은 아니다. 이공현, 민형기, 이동흡, 목영준 재판관이 주장하는 것처럼 입법절차에서의 심의·표결권의 침해상태는 입법절차의 종료와 함께 더 이상 존재하지 아니하므로 피청구인의 위헌·위법의 처분으로 형성된 사실적 상태는 없다고 할 것이다.[39] 따라

38) 박경철, "입법절차의 하자를 이유로 하는 권한침해확인결정의 심판대상과 기속력의 내용", 「공법학연구」 제13권 제2호, 2012. 5., 243면 이하 참조.
39) 헌재 2010. 11. 25. 2009헌라12, 판례집 22-2(하), 331면 참조.

서 특별히 피청구인에게 위헌 · 위법상태제거의무를 인정할 실익도 없다고 할 것이다. 청구인의 침해된 심의 · 표결권한을 회복시키기 위하여 피청구인이나 국회가 헌법재판소의 무효확인결정의 기속력에 따라 반드시 새로운 입법절차를 진행하여야 한다고 하는 것은 객관적 쟁송절차로서의 권한쟁의심판제도의 법적 성격에 부합하지 아니하고 또한 국회의 정치적 형성권을 간과한 측면이 있다. 왜냐하면 헌법재판소가 국회의장의 법률안가결선포행위에 대해서 무효확인결정을 하게 되면 국회는 관련 법률안을 다시 절차를 밟아 재심의할 수도 있고, 가결선포된 법률안 폐지 법률안을 상정하여 심의할 수도 있지만, 입법 자체를 포기할 수도 있기 때문이다.

## Ⅶ. 개별 재판관 견해의 문제점

### 1. 조대현, 김희옥, 송두환 재판관의 인용의견의 문제점

조대현, 김희옥, 송두환 재판관은, 헌법재판소는 2009헌라8 사건에 대한 결정에서 신문법안과 방송법안에 대한 가결선포행위의 무효확인청구를 기각하였지만, 그 결정이 권한침해확인결정의 기속력을 실효시키거나 배제하는 것이 아닐 뿐만 아니라 2009헌라8결정에서 신문법안과 방송법안에 대한 가결선포행위의 무효확인청구를 기각한 것은 위법한 심의 · 표결절차를 시정하는 구체적인 절차와 방법은 국회의 자율에 맡기는 것이 바람직하다고 보아 국회의 가결선포행위를 헌법재판소의 결정에 의하여 실효시키지 아니한다는 것일 뿐이므로 국회가 신문법안과 방송법안에 대한 심의 · 표결절차의 위법성을 시정하지 않거나 국회의원들의 침해된 심의 · 표결권한을 회복시키지 않아도 무방하다는 취지가 아니라고 한다.[40] 하지만 이와 같은 이유로 무효확인청구를 기각하여야 한다는 의견을 제시한 재판관은 신문법안가결선포행위의 경우에는 이강국, 이공현, 김종대 재판관에 국한되며, 방송법안 가결선포행위의 경우에는 김종대 재판관 1인에 불과하다. 따라서 결정이유에 기속력을 인정한다고 하더라도 헌법재판소의 2006헌마1098 · 1116 · 1117(병합) 결정의 취지에 따르면 국회의 자율 내지 정치적 형성권을 존중하여 무효확인결정을 기각하여야 한다는 견해를 주장한 재판관은 모두 5인의 재판관에 이르지 못하였기 때문에 기속력이 발생하지 않고, 따라서 국회 내지 국회의원 스스로 위법상태를 시정하여야 할 의무가 발생한다고 할 수 없다.

## 2. 이강국 재판관의 인용의견의 문제점

### (1) 국가기관간의 권한쟁의심판에서 사법자제와 권한쟁의심판제도의 기능

이강국 재판관은 권한침해처분이 헌법에 위반되어 그 하자가 중대하고, 피청구인의 정치적 형성권을 존중할 필요가 없거나 피청구인에게 다른 정치적 형성방법을 기대할 수 없는 경우를 제외하고서는 "국가기관 상호간의 권한쟁의에 있어서 헌법재판소는 피청구인의 정치적 형성권을 존중해야 하고,[41] 둘째, 피청구인에게 여러 가지의 형성가능성이 존재하는 경우에는 헌법재판소에 의한 취소 또는 무효확인 결정과 같은 독자적인 형성행위에 의해서는 궁극적으로 합헌적인 상태를 회복할 수 없기 때문에[42] 원칙적으로 심판대상인 피청구인의 처분의 위헌 · 위법만을 확인하여야 하는 것이지, 거기서 더 나아가 처분의 취소나 무효확인과 같은

---

40) 헌재 2010. 11. 25. 2009헌라12, 판례집 22-2(하), 320, 335면 참조.

41) 같은 취지의 주장: 한수웅, "국회의장과 의원 간 권한쟁의심판의 결정 내용 및 효력", 법률신문, 2011. 5. 2., Ⅱ 참조; 한수웅, 앞의 책, 1407면 이하 참조.

42) 같은 취지의 주장: 한수웅, "국회의장과 의원 간 권한쟁의심판의 결정 내용 및 효력", 법률신문, 2011. 5. 2., Ⅱ 참조; 한수웅, 앞의 책, 1407면 이하 참조.

형성적 결정을 하는 것은 자제해야 한다고 한다.[43)]

생각건대 국회의 정치적 형성권은 존중되어야 하지만, 이는 합헌적인 법률제정을 전제로 하는 것이지 위헌적인 절차를 거쳐 제정되거나 법률의 내용이 헌법에 위반되는 경우에까지 국회의 정치적 형성권 내지 국회의 자율을 존중하여야 하는 것은 아니다. 국회의 정치적 형성권을 존중하여 국회의 입법행위에 대해서 위헌 결정하여서는 아니된다면 위헌법률심사절차에서 법률에 대해서 위헌결정을 하는 것도 부적절한 것으로 보는 것이 논리적일 것이다. 위헌법률심사절차에서는 법률의 내용까지 심사하여 법률에 대해서 위헌결정을 할 수 있으면서 권한쟁의심판절차에서 의회민주주의의 본질에 어긋나는 절차를 거쳐 제정된 입법행위를 무효화할 수 없다고 주장하는 것은 일관성이 없는 주장이며, 무엇보다도 정치적 분쟁을 사법적으로 해결하여 국가권력의 남용을 막고 소수파를 보호하고자 하는 국가기관간의 권한쟁의심판제도의 존립이유를 부정하는 문제점이 있다. 정치적 분쟁을 사법적으로 해결하고자 하는 권한쟁의심판절차에서 피청구기관의 정치적 형성권을 이유로 권한침해확인결정만 하여야 한다는 견해는 권한쟁의심판제도의 기능을 형해화시킬 것이다.

또한 피청구인에게 다양한 정치적 형성가능성이 있는 경우에 헌법재판소는 취소 또는 무효확인결정을 하더라도 궁극적으로 합헌적인 상태를 회복할 수 없기 때문에 취소결정 등을 하여서는 아니된다는 이강국 재판관의 주장은 헌법재판소의 사법기관으로서의 특성과 정치적 분쟁을 사법적으로 해결하기 위한 권한쟁의심판제도의 본질적 기능을 간과한 주장이라고 할 것이다. 왜냐하면 헌법재판소는 사법기관으로서 구체적인 '당해사건'에서 헌법과 법률이 부여하는 청구인과 피청구인의 권한의 유무와 범위를 심사하여 권한의 침해가 있는지 여부를 심사하여 헌법적 권능질서를 수호하는 데에 목적이 있지, 취소 등의 결정이후 당사자의 행동이나 정치상황 등을 예측하여 궁극적으로 합헌적인 상태를 실현하는데 있는

43) 헌재 2010. 11. 25. 2009헌라12, 판례집 22-2(하), 320, 337면 이하 참조.

것이 아니기 때문이다. 이는 헌법재판소의 위헌결정으로 법률의 효력이 상실하는 위헌법률심판절차에서도 마찬가지이다. 즉 헌법재판소가 위헌법률심판절차에서 법률에 대하여 위헌결정을 하더라도 단지 위헌적인 법률이 법질서에서 제거되는 것에 불과하고 새로운 법률을 마련할 것인지 여부와 어떠한 내용의 새로운 법률을 마련할 것인지 하는 것은 전적으로 입법기관에 부여되어 있다는 점에서 헌법재판소가 궁극적으로 합헌적 상태를 회복하는 것은 아니다. 이는 헌법재판작용의 사법기능으로서의 성격에 따른 불가피한 결과이다.

### (2) 주관적 쟁송제도로서의 성격과 권한침해처분의 무효확인 내지 취소결정의 관련성

이강국 재판관은, 취소나 무효확인 결정이 부가되지 아니한 권한침해확인 결정의 기속력이 피청구인에 대해서까지도 단순히 반복금지의 효력만이 있을 뿐이고 위헌 · 위법상태제거의무를 인정하지 않는다면 그것은 주관적 권한구제수단으로서는 아무런 의미가 없게 되고, 권한쟁의심판제도를 유명무실하게 만들 위험이 있다고 주장한다.[44] 그렇지만 권한쟁의심판에 대해서 주관적 권한구제를 위한 주관적 쟁송으로서의 성격을 인정하는 입장에서는 헌법재판소가 구체적 사건에서 피청구인의 처분으로 인한 권한침해를 인정하는 경우 원칙적으로 특별한 사유가 없으면 제66조 제2항의 무효확인 내지 취소의 결정을 하여야 하는 것으로 이해하는 것이 논리적이다. 왜냐하면 권한쟁의심판에 주관적 쟁송으로서의 성격이 있음을 긍정하는 입장에서는 소송당사자의 권리(권한)의무관계를 명확히 하기 위하여 소송에서 이를 분명히 하여야 하기 때문이다. 구체적 사건에서 헌법재판소가 권한침해확인결정만 하고 무효확인청구를 기각하는 결정을 하였다면 이는 헌법재판소가 당해 사건에서 권한침해처분의 효력을 상실시켜야 당위성 내지 주관적 권한구제의 필요성을 인정하지

44) 헌재 2010. 11. 25. 2009헌라12, 판례집 22-2(하), 320, 338면 참조.

않은 것이라고 할 것이고, 따라서 결과제거의무를 인정할 수 없다고 하는 것이 논리적일 것이다. 그러므로 권한쟁의심판에서 주관적 쟁송제도로서의 성격도 인정하는 입장에서 헌법재판소가 제66조 제2항에 따른 무효확인결정을 하지 않았음에도 불구하고 주관적 권한구제를 위하여 제66조 제1항의 권한침해확인결정의 기속력으로 결과제거의무를 인정해야 한다는 것은 논리적으로 모순이라고 판단된다.

### (3) 항고소송과 권한쟁의심판절차에서의 결정형식의 차이

이강국재판관은, 권한쟁의심판에 준용되는 행정소송법 제30조[45]와 같은 법 제38조의 취지를 종합해 보면, 항고소송의 인용판결이 확정되면 행정청은 판결의 기속력에 의하여 위법처분으로 인한 법적 상태를 제거할 원상회복의무가 있는 것으로 이해되고 있는바, 이러한 해석은 권한쟁의심판절차에서도 참고 되어야 한다고 주장한다.[46] 그런데 항고소송에서는 처분의 위법성확인과 그 처분의 효력상실을 위한 취소 내지 무효확인재판을 분리하고 있지 않고 일원화되어 있지만 권한쟁의심판에서는 양자를 분리하여 판단하도록 규정하고 있다는 점에서 항고소송의 일종인 취소소송에서의 법원의 인용재판의 기속력을 권한쟁의심판사건에서의 헌법재판소의 권한침해확인결정에 그대로 준용할 수 있는지 의문이다.

또한 행정법학에서도 항고소송의 인용판결의 기속력에 따른 위법처분으로 인한 법적 상태를 제거할 원상회복의무 내지 결과제거의무는 위법처분으로 야기된 법적 상태가 존재할 경우에만 가능하다.[47] 하지만 입

---

45) 제30조 (취소판결 등의 기속력) ① 처분등을 취소하는 확정판결은 그 사건에 관하여 당사자인 행정청과 그 밖의 관계행정청을 기속한다. ② 판결에 의하여 취소되는 처분이 당사자의 신청을 거부하는 것을 내용으로 하는 경우에는 그 처분을 행한 행정청은 판결의 취지에 따라 다시 이전의 신청에 대한 처분을 하여야 한다. ③ 제2항의 규정은 신청에 따른 처분이 절차의 위법을 이유로 취소되는 경우에 준용한다.

46) 헌재 2010. 11. 25. 2009헌라12, 판례집 22-2(하), 320, 339면 참조.

47) 행정법학에서 취소판결의 기속력으로서 결과제거의무가 인정되는 사례로 자동차 압류처분이 취소되면 행정청은 그 자동차를 원고에게 반환해야할 의무가 발생하는 경우를 들고 있다. 김남진 · 김연태, 앞의 책, 814면 참조.

법절차의 하자로 청구인인 국회의원의 심의 · 표결권이 침해되었다고 하더라도 문제가 된 당해 법률안이 법률로 성립되면 그에 흡수되어 버리고 위법처분으로 야기된 청구인의 권한침해이외의 새로운 권리침해상태가 존재하는 것은 아니라고 할 것이다.

### (4) 독일 입법례와의 차이

이강국 재판관은, 비교법적으로 독일의 권한쟁의심판절차에서는 피청구인의 행위가 기본법에 위배되는지 여부만을 심판할 뿐(연방헌법재판소법 제67조 제1항) 처분의 취소나 무효확인결정을 할 수 없도록 되어 있음에도, 권한침해확인 결정의 기속력과 법치주의원칙에 의하여 피청구인에게 위헌 · 위법상태제거의무를 인정하고 있음을 이유로 각하의견은 타당하지 않다고 주장한다.[48)]

하지만 이런 주장은 독일의 법제와 우리의 법제를 혼동하고 있다는 문제점이 있다. 이강국재판관이 지적하는 것처럼 독일의 경우에는 연방과 주, 주 상호간, 그리고 주 내부의 권한분쟁사건과 달리 연방국가기관 상호간의 권한쟁의의 경우 연방헌법재판소는 피청구인의 행위가 기본법에 위배되는지 여부만을 심판할 수 있을 뿐이고, 처분의 취소나 무효확인결정을 할 수 없도록 규정되어 있다(연방헌법재판소법 제67조 제1항). 반면에 우리나라의 경우에는 입법자가 헌법재판소법을 제정하면서 헌법재판소로 하여금 처분의 취소나 무효확인결정을 할 수 있도록 규정하고 있다. 독일의 입법례를 알고 있는 상황에서 독일과 달리 이와 같은 규정을 둔 입법자의 의도는 권한침해처분의 효력의 유지 여부를 헌법재판소의 판단으로 결정하고자 했다고 해석된다. 또한 독일의 경우에는 헌재결정의 기속력이 일반심판절차에서 규정되어 모든 헌법재판소 결정의 원칙적 효력으로 규정되어 있지만, 우리나라의 경우에는 위헌법률심판절차와 헌법소원심판절차, 그리고 권한쟁의심판절차에 관한 개별심판절차에서 그

---

48) 헌재 2010. 11. 25. 2009헌라12, 판례집 22-2(하), 320, 339면.

때마다 기속력에 관한 규정을 두고 있다. 이것은 우리나라의 경우 기속력의 구체적 내용이 심판절차마다 달라질 수 있음을 암시하는 것이다. 또한 독일의 경우 헌법적 분쟁만을 청구이유로 하고 있으나 법 제61조 제2항에서는 청구사유를 헌법적 분쟁뿐만 아니라 법률적 분쟁도 포함시키고 있을 뿐만 아니라 현행 헌법재판소법과 행정소송법은 권한분쟁에 관한한 헌법재판소에게 원칙적이고 포괄적인 권한을 부여하고 있다. 마지막으로 독일의 경우에는 입법절차에 하자있는 법률의 위헌무효 여부를 용이하게 다툴 수 있는 추상적 규범통제제도가 있기 때문에 기관쟁의심판에서는 법률안가결선포행위에 대한 위헌확인에 그치더라도 헌법질서의 수호에 흠결이 없게 되지만, 추상적 규범통제제도가 없는 우리나라에서는 입법절차의 하자를 이유로 하는 권한쟁의심판에서 헌법재판소가 권한침해확인에 그치고 국회의장의 법률안가결선포행위에 대한 무효확인 내지 취소의 결정을 하지 않는 경우 헌법질서의 수호 · 유지에 사각지대가 생기게 된다는 문제점이 발생하게 된다.[49] 이런 점에서 독일의 이론을 맹목적으로 적용하는 것은 타당하지 않다. 그렇기 때문에 국가기관 상호간의 권한쟁의에 대해서 독일의 예에 따라서 헌법재판소는 권한침해확인결정만 가능하다는 주장은 법 제66조 제2항에 위반되는 주장이다.

## 3. 김종대 재판관의 기각의견의 문제점

### (1) 법 제64조 제3호 소정의「처분」과 법 제66조 제2항 소정의「처분」의 개념

김종대 재판관은 국회나 국회의장을 상대로 국회의 입법과정에서의 의사절차의 하자를 다투는 이 사건과 같은 특수한 유형의 권한쟁의심판에 있어서는 비록 헌법재판소가 이를 심판의 대상으로 삼기 위해 법 제64조 제3호 소정의「처분」의 일종으로 보았다 하더라도「처분」은 본래 행정

49) 자세한 것은 박승호, 앞의 논문, 20면 참조.

행위의 범주에 속하는 개념일 뿐 입법행위를 포함하는 개념이 아니므로 「입법관련 행위」를 위 법 제66조 제2항 소정의 무효확인 또는 취소의 대상인 「처분」으로 보아 「입법관련 행위」에 대해서도 위 법조항을 확대적용하려는 것은 문리상으로 무리가 있다는 견해를 주장하고 있다.[50)]

하지만 헌법 제111조 제1항 제4호는 물론이고 법 제61조 제1항과 제2항은 권한쟁의심판의 대상이 되는 공권력작용을 행정작용으로 국한하고 있지 아니하며, 법 제61조 제2항에서는 처분을 부작위에 대응하는 개념으로 규정하고 있는 것이다. 즉 권한쟁의심판절차에서 처분이라는 것은 국가기관이나 지방자치단체의 적극적 권한행사를 의미하는 것이다. 이렇게 이해할 때 처분에는 행정작용뿐만 아니라 입법작용도 당연히 포함되는 것으로 이해하는 것이 타당하다.[51)] 더군다나 김종대 재판관은 입법관련행위가 법 제66조 제1항의 권한침해확인청구의 경우에는 심판대상이 됨을 인정하면서도 동법 동조 제2항의 무효확인 내지 취소청구의 경우에는 심판대상이 되지 아니한다고 주장하는데, 이는 매우 자의적이고 자가당착적 주장이라고 판단된다.

#### (2) 권한쟁의심판절차에서의 인용정족수와 위헌법률심판절차에서의 인용정족수의 차이

김종대 재판관은, 법률안 가결선포행위를 무효확인하거나 취소할 경우 그것은 실질적으로 해당 법률 전체의 효력을 무효화하는 결과를 초래하는데, 이것은 권한쟁의심판의 인용정족수와 법률의 위헌결정에 필요한 정족수와 비교할 때 권한쟁의심판을 인정한 당초 목적에서 벗어날 뿐만 아니라, 법률의 위헌결정에 필요한 정족수를 규정한 헌법 제113조 제1항의 취지에도 반하는 부당한 결과를 초래하므로 국회나 국회의장 등을 상대로 제기되는 「입법관련 행위」를 대상으로 하는 권한쟁의심판에 있어서

50) 헌재 2010. 11. 25. 2009헌라12, 판례집 22-2(하), 320, 332면 이하 참조.

51) 허영, 앞의 책, 321면; 정종섭, 앞의 책, 528면; 헌법재판소, 앞의 책, 343면 참조.

는 헌법재판소는 권한침해확인결정을 하는 것 외에 처분의 무효확인이나 취소를 선언할 수 없다고 주장한다.[52]

생각건대 법률의 위헌성은 법률의 내용이 헌법에 위반하는 경우뿐만 아니라 입법과정이 헌법에 위반하는 경우에 발생하게 되는데, 전자의 문제는 주로 위헌법률심판제도를 통하여 시정되지만, 후자의 문제는 이 사건처럼 입법과정에 준수되어야 할 절차를 준수하지 않음으로써 국가기관 상호간에 분쟁이 발생하여 권한쟁의심판이 청구된 경우 이를 통하여 시정되게 된다. 따라서 위헌법률심판제도에 의하여 법률의 위헌성이 인정되어 무효화되는 것과 권한쟁의심판제도에 의하여 법률안 심의 · 표결과정에 위법성이 인정되어 결국 법률이 무효화되는 것은 각각 별개의 제도에 따른 결과일 뿐이다. 따라서 재판관은 각 제도의 취지에 따라 헌법과 헌법재판소법에 근거하여 재판을 하면 되는 것이다. 만약 권한쟁의심판사건에서 법률의 무효를 초래하는 법률안가결선포행위 무효확인청구를 인용하는데 필요한 의결수가 위헌법률심판절차에서 법률의 위헌성을 인정하는데 필요한 인용의결수보다 적다는 것이 헌법이론적으로 문제가 된다면 법률개정을 촉구하든 위헌으로 선언하면 되는 것이고, 법률이 개정되거나 위헌으로 결정되지 아니한 이상 헌법재판소 재판관은 법률을 준수하여야 하는 것이다.[53] 그런 판단은 유보한 채 재판관이 각각 별개의 제도인 위헌법률심판절차에서의 인용의결수를 이유로 권한쟁의심판사건에서 법률안가결선포행위의 무효확인청구를 기각한 것은 누구보다도 헌법과 법률을 준수하여야 할 재판관의 자세가 아니다.

특히 이 사건의 전제가 된 2009헌라8 사건에서는 피청구인의 권한의

52) 헌재 2010. 11. 25. 2009헌라12, 판례집 22-2(하), 320, 332면 이하 참조.

53) 반대 견해: 차진아, "권한쟁의심판과 위헌법률심판의 충돌에 관한 고찰", 「헌법학연구」 제15권 제1호, 2009. 3, 416면. 권한쟁의심판절차에서 법률제정행위에 대하여 무효확인결정을 할 때에는 위헌법률심판과 실질적으로 중첩되는 경우이기 때문에, 재판관 6인 이상의 찬성이 필요한 것으로 해석하여야 한다고 한다. 그러나 이런 주장은 권한쟁의심판제도의 취지를 간과하고 있고, 법 제23조 제2항의 규정에도 반한다는 문제점이 있다.

근거법률의 위헌성을 인정할 수 있는가 하는 문제, 즉 권한쟁의심판사건에 부수된 위헌법률심사가 아니라 입법행위가 이루어지는 과정에서의 권한침해가 있는지 여부와 이로 인하여 국회의 입법행위가 무효인지 여부가 문제되는 사안이라는 점에서 위헌법률심판절차가 아니라 권한쟁의심판절차로서의 성격을 가지고 있음이 자명한데, 이러한 경우까지 위헌법률심판절차에서 법률의 위헌결정에 필요한 인용정족수가 필요하다는 주장은 설득력이 없다고 판단된다. 현행 헌법은 위헌법률심판과 탄핵심판, 헌법소원심판의 달리 권한쟁의심판의 인용의결수에 관하여 명시적으로 규정하지 않고 법률에 위임하고 있는데, 입법자는 헌법재판의 심리는 재판관 7인 이상의 출석으로 하도록 규정하고 있고(법 제23조 제1항), 법률의 위헌결정과 탄핵결정, 정당해산결정 또는 헌법소원에 관한 인용결정, 그리고 종전에 헌법재판소가 판시한 헌법 또는 법률의 해석적용에 관한 의견을 변경하는 경우에만 재판관 6인 이상의 찬성 있어야 하고 그렇지 않은 경우에는 종국심리에 관여한 재판관 과반수의 찬성으로 사건에 관하여 결정하도록 규정하고 있다(법 제23조 제2항). 이것은 입법자가 의도했든 의도하지 않았든 국회에서의 입법과정이 의회민주주의원리에 따라 충실하게 운영되지 못하는 경우 이를 엄격히 통제하여 '절차로서의 민주주의'를 실현하기 위한 것으로 해석하는 것이 헌법재판소법의 객관적 뜻이라고 할 것이다. 이런 점에서 권한쟁의심판절차에서 의회주의원칙에 위배되는 절차로 제정된 법률이 무효화되는 것이 법률의 내용이 위헌으로 판단되어 무효화되는 경우보다 용이하게 된다하더라도 이는 절차로서의 민주주의를 실현하기 위한 것으로 이해된다. 이런 점에 비추어본다면 '피청구인의 법률안가결선포행위는 일련의 '법률제정행위'의 한 부분일 뿐이고 '법률제정행위' 또는 그 결과인 '법률' 자체는 아니며, 입법과정에서 '심의 · 표결권의 침해'라는 상황이 있었다고 하여 그러한 침해상태를 제거하기 위하여 반드시 법률 자체의 폐기로 이어져야 한다고 단정할 수 없다'는 김종대 재판관의 주장[54]은 입법과정에 준수되어야 할 여러 절차들이 의회민주주의원칙을 실현하기 위한 것으로 서로 불가분의 관련성을 가지고 있음을 간과하고 있으며, 절차로서의 민주주의에 대한 이해부족을 나타내고 있다고 평가할 수 있다.[55]

### (3) 권한쟁의심판제도의 기능과 국회의 자율권 내지 국회의 입법형성권의 존중

일반적인 경우에는 헌법재판소의 권한침해확인결정의 기속력의 내용으로 위헌 · 위법상태제거의무를 인정하면서도 입법절차의 하자를 이유로 하는 권한쟁의심판에 있어서는 헌법재판소는 권한침해확인결정을 하는 것 외에 더 나아가 처분의 무효확인이나 취소를 선언할 수 없을 뿐만 아니라, 권한침해확인결정에 근거하여 종전 사건의 청구인인 국회의원이 국회의장의 부작위에 대하여 청구한 권한침해확인청구에서도 '입법절차의 하자를 원인으로 하는 권한침해확인결정의 기속력의 한계'를 주장하면서 국회의장에게 작위의무를 인정할 수 없다고 하는 김종대 재판관의 주장은, 권한쟁의심판제도 자체가 국가기관 상호간의 정치적 분쟁을 사법적으로 해결하기 위한 헌법재판절차라는 권한쟁의심판제도의 본질적 기능 내지 제도의 존재이유를 부정하는 것이며, 특히 국회의장의 위법한 의사진행에 대한 국회의원의 청구를 일관되게 배척(기각)하는 입장이라는 점에서 사법소극주의라는 미명하에 의회 다수파의 불법적인 의사진행을 정당화시키고 법 제66조 제2항의 규정을 형해화시키고 있으며, 그로 말미암아 소수보호를 통한 국가권력의 통제라는 권한쟁의심판제도의 기능에 역행하는 태도라는 문제점이 있다. 결국 김종대 재판관의 주장은 우리나라 의회정치의 현실에서는 의회 다수파에게 어떤 절차를 거

54) 헌재 2009. 10. 29. 2009헌라8, 판례집 제21권 2집 하, 80면 참조.

55) 자세한 것은, 박경철, "입법절차의 위법과 법률안가결선포행위의 효력", 「공법연구」 제38집 제2호, 2009. 12. 314면 이하 참조. 유사한 취지: 김하열, 앞의 논문, 475면 참조.

치든지 일단 의안에 대해서 국회의장이 가결선포행위만 하면 그 효력은 유지된다는 것으로 이해되어 의회 다수파와 소수파간에 의견이 대립되는 사안에서 의회다수파의 불법적인 의사진행을 조장하거나 최소한 묵인함으로써 결국 실력만능주의를 초래할 위험성이 있는 주장이라고 평가할 수 있다.

### 4. 이공현 재판관의 각하견해의 문제점

법 제66조 제1항과 제2항의 관계에 비추어볼 때 권한쟁의심판절차에서 권한침해확인결정의 기속력으로 위헌 · 위법상태제거의무를 인정할 수 없다는 이공현 재판관의 견해는 이 사건 자체에 대한 결정으로는 헌법재판소법의 규정에는 부합하는 타당한 결론이라고 생각한다. 하지만, 이공현 재판관이 이 사건의 전제된 선행결정인 2009헌라8 결정에서는, 법 제66조 제2항은 처분의 취소, 무효확인을 할 것인지 여부는 헌법재판소의 재량으로 규정하고 있고, 국가기관 상호간의 권한쟁의심판 결과 드러난 위헌 · 위법 상태를 제거함에 있어서 피청구인에게 여러 가지 정치적 형성의 여지가 있는 경우에는, 헌법재판소로서는 피청구인의 정치적 형성권을 가급적 존중하여야 하므로, 국회에서의 입법절차의 하자로 말미암아 자신의 심의 · 표결권이 침해되었다고 주장하는 유형의 권한쟁의심판에 있어서도 국회의 자율권 내지 입법형성권 존중을 하여 헌법재판소는 권한침해확인결정만을 하여야 하고, 권한침해처분 무효확인 내지 취소결정을 하여서는 아니 되고 처분의 효력은 당사자의 자율에 맡겨야 된다고 하여 법률안가결선포행위 무효확인청구를 기각하였야 한다는 의견[56]을 제시하였음에도 불구하고 이 사건 결정에서는 헌법재판소법의 규정을 근거로 하여 피청구인에게 권한침해확인결정의 기속력으로 위헌 · 위법 상태제거의무를 인정할 수 없다고 한 것은 이강국 재판관이 지적한 것처

---

56) 헌재 2009. 10. 29. 2009헌라8 · 9 · 10(병합), 판례집 21-2(하), 14, 79면 이하 참조.

럼 결국 헌법재판소는 법적 구속력이 없는 권고적 재판을 한 것에 지나지 않게 되어 권한쟁의심판제도를 유명무실하게 만들 며, 김종대 재판관의 견해와 마찬가지로 정치적 분쟁을 사법적으로 해결하지 못하고 분쟁을 장기화할 뿐만 아니라 실력만능주의 내지 다수파만능주의를 야기할 위험을 내포하고 있다.

## Ⅷ. 결 론

이 사건 결정에서 문제되는 권한침해확인결정의 기속력의 내용으로 위헌 · 위법상태제거의무 내지 더 나아가 침해된 청구인의 권한을 회복시켜야 할 작위의무를 인정할 수 있는지 여부는 권한쟁의심판제도의 법적 성격 그리고 법 제66조 제1항과 제2항의 관계 내지 법 제66조 제2항의 권한침해처분 무효확인결정의 법적 성격과 법 제67조 제1항의 기속력이 인정되는 헌법재판소 결정의 범위를 어떻게 이해하여야 하는가와 관련된 문제이다. 그리고 이 문제는 무엇보다도 권한쟁의심판제도의 기능 즉 정치적 분쟁을 헌법의 해석, 적용을 통하여 사법적으로 해결함으로써 정치적 평화 담보 기능과 소수보호를 통한 다수의 권력남용의 통제기능이 실현될 수 있도록 해결되어야 한다. 이런 관점에서 볼 때 권한침해확인결정과 권한침해처분 무효확인 내지 취소결정을 분리하고 있는 법 제66조와 권한쟁의심판절차에서의 헌법재판소의 모든 종국결정에 기속력을 인정하는 법 제67조 제1항 그리고 권한쟁의심판제도의 본질적 기능과 객관적 쟁송제도로서의 성격에 비추어볼 때 권한침해확인결정이 기속력으로 소급적인 결과제거의무 내지 침해된 청구인권한회복의무를 인정하는 것은 타당하지 않다고 판단된다.

뿐만 아니라 헌법재판소가 국가기관 상호간의 권한분쟁에서 특히 이 사건에서 문제되는 국회의원과 국회의장간의 권한쟁의심판절차에서 무효확인 내지 취소의 결정을 하여야 할 때 그런 결정을 하지 않고서는 권한침해확인결정의 기속력으로 소급적인 결과제거의무를 인정하려는 재판관의 견해와 '입법절차의 하자를 원인으로 하는 권한침해확인결정의 기속력의 한계'를 주장하는 재판관의 견해는, 헌법재판소가 자신이 해야 할 책무를 피청구인에게 다시 미룸으로써 분쟁을 장기화하는 결과를 초래하는 문제점이 있다. 이를 통하여 국회의원의 심의·표결권을 침해하면서 가결선포된 법률안은 대통령에 의하여 공포되어 효력을 발생하여 기성의 법률관계를 형성하게 되어 더욱더 취소 내지 무효확인할 수 없는 상태를 초래하고, 이로 인하여 또 다시 여당과 야당간의 정치적 논쟁과 대립을 초래하게 된다. 설혹 헌법재판소가 이 사건 청구를 인용하여 권한침해확인결정의 기속력으로 결과제거의무를 인정하여 법 제66조 제2항 후문에 따라 피청구인이 결정취지에 따른 처분을 하여야 할 의무를 지게 한다고 하더라도 피청구인이 이를 이행하지 아니하는 경우 정치적 분쟁은 불필요하게 장기화되는 문제점이 있다.

헌법재판소가 헌법의 명문의 규정이나 헌법의 기본원리에 위배되는 국회의장의 위헌, 위법한 의사진행에 대해서 법 제66조 제2항에 의하여 법률안가결선포행위 무효확인결정을 하면 입법절차의 하자로 인한 분쟁은 종국적으로 해결된다는 점에서 국가기관 상호간의 권한쟁의심판에서 헌법재판소는 권한침해처분 무효확인 내지 취소의 결정을 회피만 할 것이 아니라 권한쟁의심판제도의 본질적 기능을 고려하여 권한침해처분의 효력이 상실되는 합리적이고 구체적인 기준을 제시하는 노력을 경주하는 것이 바람직하다고 판단된다.

## [참고문헌]

김남진·김연태, 행정법 Ⅰ, 법문사, 2011.

김하열, "권한쟁의심판의 발전과 과제", 「헌법논총」 제19집, 헌법재판소, 2008.

김학성, "권한쟁의심판의 문제점과 권한쟁의심판과 행정소송과의 관할권 경합", 강원법학 제33권, 2011. 6.

명재진, "독일에 있어서 기관쟁송의 연혁과 본질", 「사법행정」, 1997. 12.

박경철, "입법절차의 하자와 법률의 효력", 헌법재판연구원, 헌법재판 주요 선례연구 Ⅰ, 2012.

박경철, "입법절차의 하자를 이유로 하는 권한침해확인결정의 심판대상과 기속력의 내용", 「공법학연구」 제13권 제2호, 2012. 5.

박경철, "입법절차의 위법과 법률안가결선포행위의 효력", 공법연구 제38집 제2호, 2009, 12.

박승호, "권한쟁의심판- 독일의 기관쟁의를 중심으로-", 「공법연구」 제26집 제1호, 1998.

박정훈, "취소소송의 소송물", 행정소송의 구조와 기능, 박영사, 2006.

양건 · 김문현 · 남복현, 헌법재판소법 개정방향에 관한 용역연구보고서(헌법재판연구 제10권), 1999. 12.

이덕연, "조약비준에 대한 국회 동의관련 개별국회의원의 권한쟁의심판청구인적격(헌재결 2007. 7. 26. 2005헌라8)", 「헌법판례연구」 제9권, 2008.

이성환, "권한쟁의심판에서 당사자능력과 당사자적격", 「공법연구」 제33집 제2호, 2005.

이승우, 헌법학, 두남, 2009.

이일세, 행정쟁송법, 대양프리컴, 2011.

전정환 · 문광삼 · 남복현, 헌법재판소결정의 효력에 관한 연구(헌법재판연구 제7권), 헌법재판소, 1996. 5.

정종섭, 헌법소송법, 박영사, 2010.

조재현, "권한쟁의심판에서 결정의 범위와 기속력에 관한 연구", 「헌법학연구」 제18권 제1호, 2012. 3.

차진아, "권한쟁의심판과 위헌법률심판의 충돌에 관한 고찰", 「헌법학연구」 제15권 제1호, 2009. 3.

최갑선, "독일과 한국에서의 권한쟁의심판절차", 「헌법논총」 제7집, 헌법재판소, 1996.

최희수, “헌법재판소결정의 중요이유의 기속력에 관한 연구”, 「공법연구」 제33집 제1호, 2004. 11.

한수웅, 헌법학, 법문사, 2011.

한수웅, “국회의장과 의원 간 권한쟁의심판의 결정 내용 및 효력”, 법률신문, 2011. 5. 2.

허영, 헌법소송법, 박영사, 2012.

헌법재판소, 헌법재판실무제요 제1개정증보판, 헌법재판소, 2008.

홍정선, 행정법원론(상), 박영사, 2011.

황도수, “헌법재판소 결정의 기속력”, 헌법의 규범력과 법질서(정천 허영박사 정년기념논문집), 2002. 5.

[Zusammenfassung]

## Zur verfassungsprozeßrechtlichen Problematik der Entscheidung von 2009Hun-Ra12
## Zur Bindungswirkung der Entscheidung von Verfassungsgerichtshof im Kompetenzstreitsverfahren

Dr. jur Gyung-Chul Park*

In dieser Artikel handelt es sich um die verfassungsprozeßrechtliche Problemtik der Entscheidung, die die Verfassungsgericht am 2010. 11. 25 erkannt hat.

Es geht um die Bindungswirkung der Feststellungsentscheidung in Kompetenzstreitsverfahren. In Entscheidung von 2009Hun-Ra12 haben fünf Richter von neun die Folgenbeseitigungspflicht als Inhalt der Bindungswirkung

* Professor, Law School Kangwon National University

der Feststellungsentscheidung angenommen. Und vier Richter davon haben die Wiederherstellungspflicht der angriffenen Kompetenz des Antragstellers als Inhalt der Bindungswirkung der Feststellungsentscheidung angenommen.

Diese Auffassung ist mit Art. 66 Verfassungsgerichtsgesetz(VerfGG), darin ist bestimmt, dass Verfassungsgericht die Entscheidung darüber, ob der Antragsgegner hat die Kompetenz des Antragstellers, machen muss(Abs. 1), und Verfassungsgericht die Entscheidung darüber, ob die Handel der Antraggegners ist nichtig oder aufgehoben, machen kann(Abs. 2) hat nicht zu vereinbaren. Und diese Auffassung ist auch mit Art. 67 Abs. 1 VerfGG, darin ist bestimmt, dass alle Endentscheidung von Verfassungsgericht in Kompetenzstreitsverfahren hat die Bindungswirkung, nicht zu vereinbaren.

Ich denke, die Folgenbeseitigungspflicht kann aus der Bindungswirkung der Aufhebungs- oder Nichtigerklärungsentscheidung nach Ausweis der Art. 66 und Art. 67 Abs. 1 VerfGG angenommen werden und um die Rückabwicklungspflicht von Antraggegner der angriffenen Kompetenz des Antragstellers als Inhalt der Bindungswirkung der Feststellungsentscheidung oder der Aufhebungs- oder Nichtigerklärungsentscheidung anzunehmen ist mit dem Rechtscharakter des Kompetenzstreitsverfahrens nicht zu vereinbaren.

[Schlagwörter]

Kompetenzstreitsverfahren, Bindungswirkung, richterliche Zurückhalten, Folgenbeseitigungspflicht, Parlamentsautonomie.

# 대의제도 및 대의의 '본질개념'을 중심으로 해서 본 '현상학과 Leibholz의 헌법학방법론'*
## - 우리(공법학자)의 입장에서 주목해야 하는 시사점과 단서

Phänomenology und Methoden der Verfassungsrechtswissenschaft von Leibholz unter der Berücksichtigung der Wesensbegriffe: Repräsentativsystem und Repräsentation - Hinweise und Anhaltspunkte für die Koreanischen Öffentlichrechtswissenschaftler)

이 덕 연**



## Ⅰ. 역자 해제

G. Leibholz(1901－1982)는 Berlin대학교에서 '통합론'(Integrationslehre)의 대가인 R. Smend의 Lehrstuhl에서 Habilitation과정을 마치고, 그 이듬해인 1929년에 Greiswald대학에서 교수생활을 시작하였다. 유태인 출신인 점 때문에 여러 가지 우여곡절을 겪은 끝에 1931년에 Göttingen대학 법과대하 교수로서 취임하여 1938년 8월 까지 재직하였다.[1] 유태인들에 대한 극악한 박해가 시작된 이른바 'Reichskristallnacht'(1938년 11월 9/10일) 직전

---

* G. Leibholz, Die Repräsentation in der Demokratie, Walter de Gruyter, 1973, S. 13-24; Methodische Grundlagen

** 연세대학교 법학전문대학원 교수

1) 이에 관해서는 M. H. Wiegandt, "Gerhard Leibholz(1901-1982) - Ein deutscher Staatsrechtslehrer des 20. Jahrhunderts", JuS 2001, 1157면 참조.

인 1938년 9월에 영국으로 탈출하여 1950년까지 Oxford에서 신산(辛酸)의 망명생활을 하였다. 종전 후 스승 R. Smend가 총장으로 있었던 Göttingen 대학 측이 교수복직을 강력하게 권고하였으나 결단을 주저하던 Leibholz는 신교세력의 반Hitler저항운동을 규합하였고 후에 Bundestag의장을 지낸 E. Gerstenmaier를 비롯한 일단의 정치인들의 간곡한 요청을 받아들여 1951년에 모든 정당의 지지를 받으며 연방헌법재판소 재판관으로 선출되어 1971년 까지 봉직하였다. 연방헌법재판소 재판관을 퇴직한 후에도 1982년 2월 19일 타계할 때까지 'Jahrbuch des öffentlichen Rechts'의 발행인을 역임하는 등 왕성한 학문활동을 이어나갔다.

본 번역문은 Leibholz의 Habilitaion논문 〈Das Wesen der Repräsentation unter besonderer Berücksichtigung des Repräsentativsystems〉에서 9개의 장(Kapitel)으로 구성된 본문의 편제와는 별도로 독립된 서언의 형식을 취한 13-24면의 부분이다. 논문을 집필하던 Weimar시대의 법이론과 법학방법론에 대한 개관과 근본적인 비판적 성찰, 특히 당시까지도 득세가 유지되었던 Kelsen식의 법실증주의와 개념법학, 이익법학 등에 대한 법철학 및 법이론적 반론을 통해 결론적으로 자신의 스승인 Smend가 선도적으로 제시하였던 이른바 '정신과학적 방법'의 필연성과 타당성을 논증하는 것이 주된 내용이다.

이러한 '정신과학적 방법'과 함께 헌법해석론에서 '가치판단들에 대한 개방된 고려'(offene Berücksichtigung von Werturteilen)의 요청을 강조하는 Leibholz가, 국가, 헌법, 민주주의 등과 마찬가지로 현대 민주헌정체제에서 가장 기본적인 헌법원리 및 제도라고 할 수 있는 '대의제도'와 '대의'라는 이른바 '본질개념들'(Wesensbegriffe)을 분석 및 해명하고, 궁극적으로 분명한 '개념의 핵심'(Begriffskern)을 제시하는 이른바 '개념형성'(Begriffsbildung)작업을 하면서 E. Husserl을 비롯하여 M. Scheler, Th. Litt와 같은 현상철학자들의 존재론과 인식론적 방법론을 이용한 것은 자연스럽고 불가피한 것이었다. 더욱이 (공)법학의 학문적 개방성과 함께 현실과 당위, 특히 정치현실과 헌법규범의 내재적인 교차관계를 강조하는 동시에 엄정한 학문적 방법론과 태도를 강조하는 Leibholz의 입장에서는 어떤 결론을 취하는 것과는 무관하게 상충하는 방법론과 그에 내재된 가치판단들에 대한 객관적이고 엄밀한 검증과 논의는 결코 생략될 수 없는 선결과제가 아닐 수 없었을 것이다.

이러한 관점에서 본 번역문은 Habilitation논문의 서론적 성격의 내용이기는 하지만, 또는 바로 그러하기 때문에, 특정한 저서의 한 부분의 맥락을 넘어서 헌법학자로서 그리고 헌법재판관으로서 Leibholz의 모든 헌법철학 및 이론적 연구작업의 궤적과 성과, 그리고 재판실무상의 헌법적 판단과 그 영향을 조감하고 평가할 수 있는 기본적인 토대와 단서를 제공한다. 특히 평등원칙을 '자의금지원칙'으로 파악한 헌법해석론과 함께 Leibholz가 헌법규범과 헌법현실의 교차점에서 집요하게 천착해 온 '정당국가'(Parteienstaat)의 현상과 개념형성은 여전히 이론과 실무의 현장에서 주목되고 있고[2] 또한 적어도 Leibholz가 대면하고 상정하였던 현상으로서의 국가나 국가의 개념에서 벗어나서 관점과 방식을 현실에 맞게 조정하고 변경해나가는 경우에는 그럴 이유가 충분히 있다는 점을 고려하면, 이 글은 일종의 '이념형'(Idealtyp)인 '정당국가모델'의 방법론적 토대와 배경, 그리고 그 취지와 내용을 총체적으로 이해하고 발전시켜 나가는데 중요한 온고지신(溫故知新)의 준거자료가 된다.

또한 이 글은 헌법이론은 물론이고 헌법해석론의 차원에서, 특히 정신적, 사회적 현상인 공법제도와 개념과의 내재적인 관계와 관련하여 방법론적인 성찰의 필수불가결성과 함께, '공법학방법론에 대한 방법론', 말하자면 방법론의 정향점과 접근방법 및 그 과제를 신층적인 논증을 통해 제시하고 있는 점에서, 기술적인 보정작업만 더하면 본문과는 별개로 하나의 독자적인 논문으로서도 그 효용과 가치가 충분하다.

---

2) Leibholz가 제38차 독일 법률가대회(Deutscher Juristentag)에서 발표한 논문 "Verfassungssrechtliche Stellung und innere Ordnung der Parteien"은 '자유위임의 원칙'이나 '정당의 헌법적 기능과 지위' 등과 같은 대의민주주의의 '핵심논제'에 관한 가장 주목되는 연구성과의 하나로 평가되고 있다. Verhandlung des 38. DJT in Frankfurt a.M. 1950, Teil C, 1951, 2면 이하.

다만, 거의 85년 전 Weimar시대의 책의 일부를, 그것도 독일이 아닌 우리나라에서 굳이 번잡한 번역작업을 거쳐서 다시 곱씹어볼 필요가 있는가 하는 의문과, 있다면 어떤 이유에서 그러한지 질문이 있을 수 있다. 일독하면 예술작품이든, 연구저작물이든 '고전'이 갖는 의미와 기능을 재확인하면서 자연스럽게 그 답이 찾아질 것으로 생각되지만, 영화를 먼저 본 사람이 앞질러서 스토리를 얘기하여 상상의 즐거움과 감흥을 잃게 하는 어리석음을 감수하면서라도 약간의 단서를 사족으로 덧붙이면서 예단하자면, 2013년 현재 우리의 구조적 여건과 그에 대응하는 미흡하기 그지없는 (공)법학의 상황을 고려하면 되새김질의 이유와 효용은 충분한 것으로 생각된다.

이는 요즈음 공론장의 유행어인 '경제민주화'의 명제와 이에 대한 소통부재의 천박한 논란의 양태를 상기하는 것만으로도 충분하지만, 전술한 바와 같이 Leibholz가 '본질개념'으로 관심을 가졌던 '국가', '헌법', '민주주의' 등과 같은 가장 기초적인 헌법적 개념들에 대해서 우리가 그 '개념의 핵심'(Begriffskern)을 제대로 파악하고 있는 것인지, 말 그대로 손아귀에 움켜쥐고 있는지, 비민주적인 정당체제와 후진의 제반 정치여건 하에서 늘 개념적 오류와 혼란이 계속되어 온 구조적 파행의 상황 속에서 조차 바른 '개념형성'을 위해 도대체 "'이 뭐꼬'를 붙들고서 '고뇌하는 자'"[3]의 입장에서 치열하게 해봤는지 자문해보면 더욱 분명해진다. Leibholz의 이 글에 담긴 근본적인 태도와 접근방식에 대한 변화의 요구, 말하자면 "현상학적 환원'(phänomenologische Reduktion)의 방법으로 고뇌하라!"는 메시지는, 불교용어를 빌려 말한다면, 경박하고 단편적인 '알음알이'에 급급한 지금 이 땅의 우리(공법학자들!)에게 오히려 질책과 자성의 되새김거리로 더 유용하고 절박하다.

Husserl이 말하는 '현상학적 환원', 즉 '초월론적 판단중지'를 통한 자폐적인 관점과 태도의 극복, 특히 "무엇보다도 가장 강력하고 가장 보편

3) 조광제, 의식의 85가지 얼굴, 후썰현상학의 주요 개념들, 글항아리, 2008, 부록, 299면 이하.

적이며, 따라서 가장 은밀한 내적 속박인, 앞서 주어진 세계의 속박으로부터 해방"[4]의 요청은 우리 공법학자들에게는 우선 방법론적 무지와 연구의 나태, 이에 따른 편향성 및 폐쇄성, 그리고 이들과 교착된 천박성을 극복한 후에나 해당한다. 다만, 여기에서 강조하고 하는 점은 바로 주어진 극복의 대상과 과제, 그리고 이 과제수행의 과정 자체들을 바로 현상학에서 주목하는 '정신적 또는 사회적 현상'으로 관찰하고 접근해야 한다는 것이다. 또한 이들 현상은 이른바 '포유'(包喩)적 사유와 '통직'(通直)의 통합, 즉 하나의 개별적인 사물 또는 부분을 놓고 존재 자체나 전체를 포괄적으로 고뇌하는 사유와 '통직'(通直), 말하자면 포유적 사유에서 그 목적을 지향해 나가는 앞머리에서 존재 또는 전체를 활연관통해나가는 직관적 사유의 방법을 조합이라는 현상학적 방법으로 접근해야만 한다는 점도 유의해야 한다.[5] 이러한 강조와 지적은 특히 Leibholz가 이 글에서 통렬하게 비판을 하였고, 정작 독일에서는 근본전제가 부정되어 극복된 지 오래된 법실증주의와 그에 터잡은 형식논리적인 개념법학의 방법론이 우리나라에서는 여전히 이론과 실무상 공히 견지되고 있다는 점에서 더욱 유효하다.

요컨대, 이 번역문의 제목을 원문과 무관하게 독자적인 별개의 논문인양 "대의제도 및 대의의 '본질개념'을 중심으로 해서 본 현상학과 Leibholz의 헌법학방법론"이라 하고, 부제를 "우리의 입장에서 주목해야 하는 시사점과 단서"로 덧붙인 것은, 전자의 경우 그렇게 하더라도 결코 Leibholz선생에게 누가 되지 않을 것으로 믿고[6], 후자의 경우는 바로 굳이

4) 이남인, 현상학과 해석학, 서울대출판부, 2004, 87면에서 재인용함.

5) 이에 관해서는 조광제, 앞의 책, 302-316면.

6) 이 글을 '대의'라는 '근본개념'을 대상으로 하여 '개념형성'작업에서 현상학적 방법론의 타당성과 필수성을 제시하고, 이를 적용한 논의라고 한다면, 유사한 맥락에서 국민(Volk), 민족(Nation), 주권(Souveraenität) 등의 정치적인 '본질개념'에 초점을 맞춘 논의와 공법상 개념형성과 관련한 Leibholz의 논의로는 "Bemerkungen zu einigen politischen Grundbegriffen", in; Strukturprobleme der Modernen Demokratie, C. F. Müller, 1958, IV, 1, 247-261면; "Zur Begriffsbildung im Öffentlichen Recht", in; 위의 책, 262-276면.

번역을 하여 함께 되새겨보자고 하는 역자의 의도와 기대가 반영된 것으로 어렵지 않게 이해될 수 있을 것으로 기대한다.

## Ⅱ. 번 역 문*

법질서의 혁명적인 변화는 오늘날 국가론과 정치상의 가장 중요한 가치들과 관련된 정신적 위기를 극명하게 보여준다. 헌법이론은 물론이고 국가법 및 국제법과도 관련되는 대의문제와 같은 특수한 문제를 논구하는 경우, 이는 동시에 국법학의 방법론적 토대에 대한 숙고를 전제로 한다. 이러한 맥락에서 본 연구작업이 기존의 관점들과 방법론적으로 어떤 점에서 다른지 또한 역으로는 그것들과 어떤 점에서 연결되는지를 규명하는 것이 필요하다.

19세기 말에서 현재에 이르기까지 법학은 국가이론적인 인식의 방법론들에 대한 질문을 거의 제기하지 않았고 또 그럴 필요도 없었다. 왜냐하면 거의 일반적으로 헌법상의 정치제도 같은 공법적 개념들에서 독자적인 관념적 의미내용을 부인하거나 또는 그 의미내용을 '초법률적'(metajuristisch)인 것으로 표현하여 무관심을 정당화하면서 결과적으로는 이 문제들을 무시할 수 있는 것으로 믿었다. 예컨대, 주권의 문제와 마찬가지로 국가형태론도 조명되지 못하였다. 의회주의의 정신사적 토대도 대의의 본질에 대한 논의와 마찬가지로 별로 주목되지 못하였다. 말하자면 단지 우연히 도출된 이들 개념과 제도들에 대하여 특별한 정신적 토대를 밝혀내야만 할 필연성이 논리적으로 증명될 수 없었다. 정치적인 국가생활의 중요 논점들을 바라보는 기본입장들은 그 대상의 비합리적인 구

* 원문은 주석번호를 각 면별로 새로 번호를 매겼으나, 본 번역문에서는 오늘날 통상적인 방식에 따라 전체적으로 일련번호를 매겼음을 밝혀둔다. 또한 논문제목이나 서명은 독일어원문을 그대로 유지하되, S와 f, ff. 기타 vgl., so, a.a.O., 등 독일어 약어표기는 편의상 우리 논문의 표기방식으로 번역하여 정리하였다.

조 때문에 토론의 대상은 될 수 있지만, 증명될 수는 없었기 때문이다. 다만, 부인할 수 없는 점은 정치적 제도나 이념 및 개념들을 포함하는 특수한 정신적 영역을 부인하는 경우에 그것들의 실체적인 의미내용들에 대한 정신과학적 논의를 배제할 수밖에 없고 또 국가론 및 헌법이론상 가장 핵심적인 문제들을 정신적으로 포착하는 작업에 참여할 수 없게 된다는 것이다. 이러한 관점에서 볼 때, 관건은 정치제도의 정신적 의미를 파악하는 것이나, 핵심적인 국가이론적 개념들을 분석하는 것이 어떻게 가능하고 또 어떻게 그러한 구상이 성립되는 것인가의 문제이다.

수학적인 이상을 지향하는 자연과학에서 개념을 형성하는 것과 같이, 비교분석의 방법을 통하여 가능한 한 많은 사례들로부터 (국가나 민주주의 같은) 일반적인 공법적 개념들을 만들어 내려는 귀납적인 방식으로는 결코 이 목적을 달성할 수 없다.[1] 이러한 방법론을 취하는 경우에 그 결과는 이미 국가론적인 관점과 개념의 획득을 지향하는 과정에서 이미 전제되기 때문이다. 예컨대, 어떤 통치형태가 국가적인 것으로, 어떤 헌법이 민주적인 것으로 또는 어떤 정부체제가 의회주의적인 것으로 지칭될 수 있는지 여부를 문제로 제기하는 경우 늘 이에 대한 답은 이미 국가와 민주주의 또는 의회주의의 본질에 대한 인식과 연계되어 있다. 그렇기 때문에 귀납적인 개념발견은 기껏해야 이차적인 의미를 가질 수밖에 없다. 말하자면 이는 실체적으로 분명한 의미내용들의 개별적인 발현형식들을 병렬시키고 체계화하는 역할을 넘어설 수 없는 바, 국가이론적인 본질인식을 해명하려는 시도는 원천적으로 불가능하다.

자연과학적인 귀납적 방법과 내적으로 연관되는 기호논리학적인 법실증주의, 즉 정태적인 것으로 여겨지는 법체계의 내용을 현존의 형식논리적 규범소재를 갖고 추리하고 분석할 수 있다고 믿는 법실증주의도 자

1) 일반화를 지향하는 자연과학적 과정들과 이에 부응하는 개념형성에 관해 상세한 것은 Rickert, Kulturwissenschaft und Naturwissenschaft, 1991, 특히 42면 이하; Die Grenzen der naturwissenschaftlichen Begriffsbildung, 1921, 특히 35면 이하. 이러한 수학적, 자연과학적 개념형성에 대하여 비판적인 견해는 예컨대, Heller, Bemerkungen zur staats- und rechtstheoretischen Problematik der Gegenwart, AöR, N.F. Bd. 16, 312면 이하.

연과학적인 귀납적 방법과 마찬가지로 미흡하다. 이 방법을 취하게 되면 법 속에서 작용하는 가치적인 실체적 요소들이 배제되고 또한 법학적 개념들은 그에 특수한 정신적인 내용이 박탈되어 단순한 기술적인 개념으로 변질되고 만다.[2] 이에 따르면 결국 모든 사회학적 또는 정치윤리적인 문제제기는 법의 영역을 넘어서는, 말하자면 객관적이고 규범논리적인 엄격한 법적 사유와는 합치될 수 없는 법학적 일탈로 취급된다.[3]

이러한 방식의 개념형성은 19세기 당시의 통일성추구의 경향과 연계되는 "전체 세계형상의 탈인격화"(Entpersönlichung des gesamten Weltbildes)[4] 및 그에 따라 점차 심화되는 사물화와 관련되는 바, 이러한 탈인격화와 사물화의 관점에서 전체 세계는 주체가 아니라 단지 객체로서, 인간적인 것이 아니라 단지 사물로서, 특수한 것이 아니라 보편적인 것으로서만 주목된다. 실제로 모든 개별자와 연관되어 확보된 개념들을 배제하면서 진행되는 이러한 형식논리적인 분석과 종합의 방법은 같은 방식의 법실증주의에 의해 쟁취된 순수한 구성적 개념법학과 마찬가지로 자의적(恣意的)이다. 이 방법을 취하는 경우에도 역시 구체적으로 도출된 개념들은 의도적인 것은 아닐지라도 이미 특정한 정치적 목표설정을 지향하고 있고 또한 이지적으로 정당화될 수 없는, 말하자면 특정한 이익의 충돌 속에서 선결된 가치판단을 토대로 한다.[5] 특히 이는 하나의 체계로 축약된 Kelsen의 '일반국가론'(Allgemeine Staatslehre)에 대한 종래의 개별 연구들을 통해 분명하게 드러난다. 이들에 따르면 Kelsen의 '일반국가론'은 그것이 내용상 특정한 결과에 이르는 바로 그 지점에서 법논리적 방법을 폐기한

2) 이에 관해서는 E. Kaufmann, Kritik der neukantischen Rechtsphilosophie, 1921, 75면 이하; Heller, 위의 논문.

3) 이에 관해서는 v. Hippel, Über Objektivität im öffentliche Recht, AoeR, N.F. Bd. 12, 397면 이하; Leibholz, Gleichheit vor dem Gesetz, Nachwort, 1-2면.

4) 예컨대, Heller, 앞의 논문. 더 나아가서 현재의 정신사적 상황에 대해서는 Joel, Die Ueberwindung des 19. Jahrhunderts im Denken der Gegenwart in Kant-Studien, Bd. 32, 475면 이하.

5) 이에 관해 상세한 논의는 Triepel, Staatsrecht und Politik, 1927, 32-33면; v. Hippel, 앞의 논문, 402-403면.

다. 말하자면 (몰가치성이라는: 역자부기) 이론체계상의 전제와 내재적으로 모순되는 방법론적 전환을 통해 정치-사회학적인, 즉 가치에 중점을 두는 요소들을 도입하고, 궁극적으로 이를 통해 가치무관성을 포기하게 되는 데, 바로 이 가치무관성이야말로 (바로 Kelsen이 지향하는: 역주 부기) 통일된 무흠결의 법체계를 발전시킬 수 있는 것으로 믿는 기본입장의 이론적 토대이다.[6] 어쨌든 국가이론적인 인식을 확보하기 위한 토대는 이 법논리적 방법을 탈피해야 비로소 갖춰질 수 있다. 아무튼 모든 국가이론적 인식은 일단의 사회학적, 역사적인 고려, 즉 형식논리적이지 아니한 여타의 고려에 의해서만 수행되기 때문이다.[7]

이러한 맥락에서 보면 목적론적인 법학방법도 대안이 될 수 없다. 왜냐하면 이 방법은 예컨대, 법규의 해석이나 분쟁에 대한 결정, 순수하게 목적에 의해서만 규정되는 개념의 창설 등에서와 같이 "가능한 다수의 법목적들이 다수의 해결책을 허용하는 경우"[8]에만 실제로 활용될 수 있기 때문이다. 합목적성에 대한 고려의 여지가 없는 경우, 특히 특정한 공법적 개념이나 이념과 연관된 제도들의 본질을 이론적으로 인식하는 맥락에서는 아무런 소용이 없다.[9] 따라서 목적개념들은 국가이론적인 '본질개념들'(Wesenbegriffe)과는 구별되어야 한다.[10]

---

6) Kelsen의 국가론에 대한 비판은 151면 주석 참조.

7) 이에 관해 상세한 것은 Triepel, 앞의 책, 32-33면.

8) v. Hippel, Untersuchungen zum Problem des fehlerhaften Staatsaktes. Beitrag zur Methode einer teleologischen Rechtsauslegung, 1924, 63면.

9) v. Hippel은 법해석방법들로 "목적론, 의미파악 및 의미부여"를 제시한다. 앞의 논문, 404-405면. 유사한 입장은 방법론상 권리의 '복석론과 의미파악적 통합'을 요구하는 Walz, Vom Wesen des öffentlichen Rechtes, 1928, 45면. 하지만 의미파악과 의미부여는 이들이 정작 목적론적인 관점에서 수행된다면 국가론상의 핵심적인 본질적 개념들의 경우는 물론이고, 그 밖의 경우에도 가능하다.

10) 본질적 개념들은 목적개념들과는 달리 순수한 객관적인 인식가치를 갖는다. 따라서 철학적 측면에서 자주 지적되듯이(예컨대, Ledig, Der Begriff als Instrument der Rechtspflege, Kant-Studien, Bd. 32, 325, 329면), 법률학적 개념들을 "자의적으로 설정된 개념들"이라거나 "어느 정도는 명령에 의해 주어진 개념"이라고 일반화화여 말하는 것은 타당하지 아니하다. 법이론과 국가론에서 목적론적인 지향에 대한 적확한 반론은 Smend, Verfassung und Verfassungsrecht, 1928, 10면.

그렇기 때문에 특정한 개념과 제도들의 본질을 달리 해석하는 것은 그에 대한 이데올로기적 정당화와도 혼동되어서는 아니된다. 국가이론 및 헌법적으로 관심의 대상인 구조의 정당화는 대부분 상이한 관점들 하에서 가능하다. 여기에는 “목적의 변형과 구조변화”[11]도 포함된다. 이는 정당화와 목적이 서로 상관관계에 있기 때문에 목표설정에 따라서 한 제도의 정당화도 다른 것일 수 있다는 것을 의미한다. 예컨대, 인간의 국가적 공동생활을 국가가 없이는 불가피한 ‘만인의 만인에 대한 투쟁’을 논거로 하여 자연주의적으로 정당화하는 경우에 국가의 목적은 국가공동체에 속하는 개인들의 공존을 보장하는데서 찾아질 것이다. 반대로 국가목표가 국민을 하나의 이상적인 민족문화공동체로 통합하는 것으로 본다면, 이 경우에 국가는 문화적인 공동체가치의 형성을 개인이 주도할 수 없다는 이유에 의해서 정당화된다. 따라서 19세기 당시의 고전적인 국가론이 이러한 인식에 반해서 국가의 정당화와 목표를 내재적으로 연계하지 아니하고, 각각 별개의 것으로 보아 유리된 이론을 발전시키려고 한 것은 원천적으로 타당하지 않다.[12]

시간의 흐름에 따라 거의 필연적으로 변할 수밖에 없는 한 제도의 정당화와 그것의 특수한 본질에 대한 인식은 특정한 제도가 그것의 본질 자체에 의해서 정당화되는 경우에만 연관된다. 예컨대, 의회주의의 의미상 의회주의의 원칙이 공적 토론의 창조성에 대한 합리적인 믿음을 토대로 하는 것이라면, 그 의미의 규정이 적확한 경우에는 그것의 현실적인 기반이 붕괴되는 경우에도 우리는 의회주의의 위기를 말할 수 있고 또 그래야

11) Thoma, Zur Ideologie des Parlamentarismus und der Diktatur, Arichiv für Sozialwissenschaft und Sozialpolitik Bd. 33, 214면. 이에 대한 반론은 C. Schmitt, Der Gegensatz von Parlamentarismus und moderner Massendemokratie, Hochland Bd. 23, 257-258면. 이 논란에 대한 추가 논의로는 Smend, 앞의 책, 36-37면.

12) 이에 관해서는 B. Rehm, Allgemeine Staatslehre, 1899, 199면; G. Jellinek, Allegemeine Staatslehre, 1922, 220-221면, 250-251면. 옐리네크는 국가의 정당성과 목적을 논의한 장들에서 단지 한 장에서 다룬 정당성의 근거들과 목적규정들을 다른 장에서는 언급을 하지 않음으로써 내용상으로 다른 결론들을 제시하였다.

만 한다.[13] 왜냐하면 의회주의와 같이 특정한 정치제도의 정신적인 알맹이의 내용은 그 이념에 따라 분명하게 기술되어야만 하고, 달리 규정될 수 있는 가능성이 배제되어야 하기 때문이다. 여기에서 그 구체적인 기술의 내용상의 옳음에 대한 다툼이 있을 수 있는 것은 중요한 의미를 갖지 못한다. 의회주의와 같은 정치적 생활의 실체적인 본질이 그 내용상의 엄밀함에 접근이 가능한 고유한 정신적 구조를 갖고 있는 것은 그러한 토론에서 자명한 전제이고, 그렇기 때문에 승인의 대상이 아니다.

이에 따르면 목적론이나 기타의 이데올로기적인 고려와 마찬가지로 실증주의와 합리주의도 대의의 본질을 비롯하여 국가이론적인 구조의 의미내용을 추론하는데 타당성을 가질 수 없다. 이러한 명백한 방법론적 곤경은, Husserl[14]에 의해서 제창되었고, Scheler[15]와 Litt[16]등에 의해 초개인적인 사회적 공동체관계의 의미파악에 적용되었던 현상학적 인식방법이 헌법이론과 헌법이 도입되어야만 해소될 수 있다. 바로 이 현상학적 방법론이 비로소 개별학문들이 자신의 대상을 파악할 수 있는 가능성을 열어주고 또한 방법론적으로 인식의 정당성을 확보하게 할 수 있다는 점에서 모든 정신적 분과학문은 현상학을 필요로 한다.[17] 따라서 국가학이 정신적 연관성 때문에 더 이상 분해될 수 없는 사회적인 실재에 대한 명증한 관찰을 토대로 하고 있는 한, 이 법학분과 역시 현상학적인 정신적 태도

13) Thoma는 C. Schmitt에 의해서 제기된 의회주의의 원칙들, 즉 변형된 형식이기는 하지만 오늘날에도 여전히 효력이 있는 "공공성과 토론"의 원칙들이 폐기되었다는 이견을 주장한다(앞의 책, 214면; Reform des Reichstages, 1925, 3면). 실체적인 내용보다는 기술적인 것에 중점을 둔 이러한 반론에 대한 비판은 C. Schmitt, Hochland, Bd. 23, 258-259면; Smend, 앞의 책, 38면.

14) 예컨대, Logische Untersuchungen, 1922; Ideen zu einer reinen Phänomenologie und phänomenologischen Philosophie, 1922, Bd. I. N. Haurtmann은 인식현상 속의 형이상학도 현상학적 분석의 분야로 인입하였다. Grundzüge einer Metaphisik der Erkenntnis, 1925, 43면 이하, 74075면, 166-167면.

15) 특히 Der Formalismus in der Kritik und die materiale Wertehtik, 1921.

16) Individuum und Gemenischaft, 1926. 이에 더하여 Kracauer, Soziologie als Wissenschaft, 1922.

17) 더욱이 Litt는 자연과학과 현상학을 구분한다. 위의 책, 37-38면.

에 의존할 수밖에 없다.

국가이론적인 본질인식은 존재적으로 구속된다. 이는 순수한 현상학적 공리와 마찬가지로 텅 빈 공간이 아니라 경험적인 인식대상의 도움을 받아야만 확보될 수 있다. 게다가 현상학적인 분석적 의식[18]은 그 대상, 즉 존재에 뿌리를 내리고 있는 실증적인 형상의 본질을 개괄적으로 분석하는 가운데 그 대상에 대한 실체적이고 직관적인 관찰을 통해 그 본질을 명증하게 만들고, 이를 통하여 역사적으로 부수되는 우연성을 탈색시키는 동시에 그 대상을 탈역사적인 본질의 필연성 속에서 증명하는 경향을 갖는다.[19] 그렇기 때문에 사회적 현상의 '본질분석'[20]은 특정한 고립된 구조 속에서 가능한 바, 다수를 종합하는 실증적-귀납적인 방법과 달리 광범위한 자료를 수집하고 가공하는 작업을 필요로 하지 않는다. 모든 제2차적 부수물들에 대한 이러한 '본질분석'을 통해서 규명되는 탈개체화된 구체적인 인식대상은 특별한 전체성(Ganzheit)을 '대표하는 것'(Repräsentant)이고, 이는 그 본질에 따라 동일한 전체성에 귀속되는 모든 개별적인 현상들의 기초가 되는 동시에 이들을 해명한다. 말하자면 '단독적으로 정립된 본질인식'(singulär fundierte Wesenserkenntnis)[21]을 통해서 관찰대상이 이해되고, 궁극적으로는 보편적인 타당성이 해명된다. 체험에 의존하거나 체험을 통해서가 아니고, '구체적이고 특정한 경험'(konkret-bestimmte Erfahrung)의 도움을 받아서 확보되는 현상학적 본질인식은 경험세계에 내재된 정신과학적 의미를 규명한다. 경험에 의존하지만 그것을 넘어서고 또한 다른 인식으로 환원될 수 없는 본질인식의 내적인 규칙적합성은 이러한 맥락에서만 설명된다. 이 본질인식은 구체적인 형식들 속에서 끝없이 변하는 소재들에 생기를 불어넣는다.

---

18) 이러한 '대상인지'는 일차적인 객체의 특정성을 통해서 주체 속으로 매개된 객체상의 특정 속에 존재한다. 동지 Hartmann, Metaphisik, 46면.

19) 이는 실질적인 사회학의 목표이기도 하다. Kracauer, 앞의 책, 152면.

20) 사회현상을 대상으로 하는 현상학에 대해서는 Frank, Archiv für Sozialwissenschaft und Sozialpolitik, Bd. 59, 75면 이하.

21) Volket, Gewissheit und Wahrheit, 1918, 435면 이하.

이러한 국가이론적인 본질인식은 선험적인 것이라고 할 수 있다.[22] 이는 Kant가 자신의 범주론에서 사용한 초월론적인 의미의 선험의 개념으로서 뿐만 아니라, 합리적으로 증명할 수는 없지만 실질적-직관적인 본질분석의 방법을 통하여 명증성(Evidenz)[23]에 이르는 인식, 즉 그 인식을 매개하는 체험세계보다 논리적으로 실체적으로 앞서는 인식을 뜻하는 개념으로도 사용될 수 있다.[24] 이는 N. Hartmann[25]이 사용하는 '초월적인 선험성'을 갖는 인식이다. 내재적인 선험성은 아니다. 또한 '본질분석'의 방법을 통해 발견된 이러한 인식에는 선험적으로 증명되고, 초경험적이면서 인식대상에 내재된 규칙적합성의 의미를 갖는 구소의 개념도 적용될 수 있다.

그러나 존재에 의존되는 이러한 국가이론적인 선험적 이해들이 있는

22) 현상학에서 '선험적인 것'에 대해서는 Scheler, Formalismus, 43면 이하. 이러한 맥락에서 '선험적인 것'은 우선 "설정된, 판단된 또는 인식된 사태"... "판단되고, 인식된 '그러한 존재'(So-Sein), '그러한 존재'의 일반성 및 필수성"등과 연관된다. 이에 관해서는 Reinach, Die apriorischen Grundlagen des bürgerlichen Rechtes, Jahrbuch für Philosophie und phänomenologische Forschung, Bd. I, 1922, 689면과 주석. 이에 관해서는 Hartmann, 앞의 책, 166, 328, 334면; Schreier, Über die Lehre vom "Möglichen Recht", in; Logos, Bd. 15, 365, 366면. 특히 G. Husserl, Rechtskraft und Rechtsgeltung, 1925, Bd. I, 은 법해석론상으로 선험적인 법의 가능성의 영역을 형성하는 순수한 초시대적인 근본개념들의 체계가 존재한다는 전제 하에 논의를 전개하고(Vorwort VI) 또한 자신의 '선험적인 법도그마틱'이 '법도그마틱적인 본질탐구'임을 언급하고 있다(11면).

23) N. Hartmann의 논의에 따르면 이는 객관적인 명증성이 아니라, 주관적인 명증성을 뜻한다. 앞의 책, 486-487면. 하지만 본질인식의 주관적인 명증성도 존재에 기속되는 바, 순수한 사유, 즉 '독자적인 사유'(Denken bei sich selbst)의 문제는 아니다.

24) 이에 관해서는 Litt, 앞의 책, 25-26면; Smend, 앞의 책, 7면. 선험성은 현상에 대한 판단이 아니라 직접적인 현상인식과 관계된다. 그렇기 때문에 선험주의는 기술적(記述的)인 특성을 갖는다. 이에 관해서는 Hartmann, Metaphysik, 164-165면.

25) 이에 관해서는 Metaphysik, 63면, 74-75면, 333면 이하, 460면 이하. Hartmann에 따르면 내재적인 선험성은 모든 선험적인 인식을 유도하는 간주관적인 보편적 유효성 속에 존재한다(63면, 333면). 이 내재적인 선험성은 항상 당해 인식대상의 '독자적인 존재'(Ansich-Sein)에 따라 관념적으로 실재적으로 존재할 수 있는 초월적인 선험성을 통해서 규정된다. 이에 관해 상세한 것은 Hartmann, 460면 이하. 관념적인 존재영역과 실재적인 존재영역의 관계에 대해서는 545-546면.

그대로 현실적으로 인식되어야만 하는 것은 아니다. 오히려 정 반대로 존재가 자신이 인식되고 있는 바와는 무관하게 작동되는 것, 말하자면 본질에 따라 스스로를 드러내는 것은 대상에 기속되는 모든 존재의 본질에 속한다.[26) ] 그렇기 때문에 예컨대, 민주주의나 의회주의의 본질이 제대로 인식되었는지, 말하자면 이들이 인간의 인식능력을 갖고 정확하게 파악될 수 있는 것인지 여부는 별로 중요한 의미를 갖지 못한다.

따라서 국가이론적인 인식의 확보에서 구체적으로 개별적인 공법제도들이 어떻게 학술적으로 정당화되었었는지는 관건이 아니다. 오히려 이론은 국가이론적인 개념과 제도들의 본질과 이들의 정신적 토대들을 - 이 정신적 토대들은 개념과 제도들 속에 그대로 반영되어 나타난다 - 가장 합목적적으로 파악할 수 있게 하는 인식의 근원 중의 하나일 뿐이다. 이론의 의도가 더욱 확장되고, 현대의 문화철학이나 역사철학, 사회학 및 국가이론과 같이 초개인적인 공동체관계의 본질에 대한 파악과 '이해'(verstehen)가 이론의 관심사로 제기되는 경우, 이는 오로지 현상학적 토대 위에서만 가능하다. 이러한 시도들은 그것들이 현상학을 의도적으로 부정하는 반응을 보이는 경우일지라도 방법론상 현상학을 취할 수밖에 없다. 왜냐하면 이 유일한 통일의 방법론적 토대가 없이는 그 어떤 본질인식도 성취될 수 없을 뿐만 아니라, 더욱이 여러 가지 상이한 견해들이 있는 경우에는 설명과 소통조차 불가능하기 때문이다.

더 나아가서 공동체 관련 현상들의 본질에 대하여 현상학적으로 확보된 인식들은 형식적인 개념을 갖고 사유되어서는 아니된다. 본질분석에서 규명되는 것은 이미 눈앞에 있는 것이 무엇인가 하는 것이다. 또한

---

26) 이에 관해서는 N. Hartmann, Über die Erkennbarkeit des Apriorischen, Logos Bd. V, 290면 이하; Metaphysik, 329-330면. "인식가능한 것으로 존재하는 것이 선험적으로 선험적인 것의 특성에 속하는 것은 아니다"라는 명제에 대한 상세한 논증은 Logos, 301면 이하. 이 명제는 선험적인 본질인식이 항상 선험적으로 유효한 인식률들, 말하자면 주어진 것으로서 인지될 수도 있지만, 그렇지 않을 수도 있는 인식법칙들을 토대로 해야만 한다는 점만으로도 납득될 수 있다. Hartmann외에 Frank, Erkenntnis und Sein, Logos, Bd. 17(1928), 165면 이하.

대개의 경우 전체성 속에서 완벽하게 파악되기 어렵고 또한 고안되는 것이 아니라 현존하는 현상들의 본질을 완강하고 폐쇄적인 것으로 보이는 (개념의: 역주부기)정의 속에 끼워 맞추려고 하는 것은 위험하다. 사물인식과 마찬가지로 본질인식은 개념형식주의가 되지는 아니한다. 그렇기 때문에 다음 연구도 단순한 기술(記述)과, 대의의 본질요소들을 제기하는데 관심의 초점을 맞춘다. 그 분석이 타당하고, 대상을 완벽하게 포착하게 되면 그에 대한 개념적 축약의 길이 자연스럽게 주어질 것이다.

국가이론적인 인식의 실제적인 타당성이 시공간적으로 제약되는 것도 그것의 선험적인 특성을 불식시키는 것은 아니다. 이러한 시공간적인 제한은 단지 그 인식의 명증성을 잃지 않는 본질인식이 아직 구체적으로 포착되는 형상 속에서 역사적인 현실과 연계되어 있지 아니하거나 또는 그것의 역사적인 현실과의 연관성이 해체되었다는 증좌일 뿐이기 때문이다. '본질적인 것'(Wesenhaftes)과 '현존하는 것'(Daseiendes)은 '가능성'(Möglichkeit)과 '현실성'(Wirklichkeit)의 관계와 마찬가지로 상호 교착된다.[27] 따라서 실정법은 본질인식을 개념적으로 드러내는 본질개념과는 다를 수 있고, 더 나아가서는 그것을 완전히 무시할 수도 있다. 실정법은 단지 법적으로 연관되는 본질개념들이 사전에 주어진 어떤 것으로서 발견되는 것이어서 결코 법 자체에 의해서 창설될 수 없는 한에서 제한되는 것일 뿐이다. 이에 따라 법적으로 의미 있는 본질개념을 분석하는 것에 국한되는 선험적인 법이론[28]이 – 바로 이 점에서 현상학적인 국가이론적 구조분석은 방법론상 자연법과 근본적으로 다르다[29] – 실정법과는 구분되

27) Pichler, Vom Wesen der Erkenntnis, 1927, 26면.

28) 선험적인 법이론과 일반적인 법이론 및 원칙론의 차이에 대해서는 Reinach, 앞의 책, 839-840면.

29) 왜냐하면 자연법은 합리적으로 발견된 국가이론적인 인식의 실정법적 타당성 역시 법이성의 절대화를 토대로 하여 주장하기 때문이다. 게다가 자연법은 실제로 내용이 불가변적인 법적 본질개념들과, 바로 '이념법'에서 도출되기는 하지만 현실적으로는 순정한 실정법적 명제들, 말하자면 단지 합목적성의 형량을 통해서 생성되고 또한 목적론적 관점의 변화에 따라 그 내용이 필연적으로 변하는 것일 뿐인 명제들을 구별하지 아니한다.

는 독자적인 영역을 갖는 것이라면, 실정법 또한 그것이 본질개념과 관계되는 한에서는 '실정법 바깥 영역의 구조'[30]를 동시에 포착해야만 포괄적으로 파악된 것으로 설명될 수 있다. 좀 더 깊게 보면 구체적이고 역사적인, 모든 사건을 시간적으로 제약하는 개별성의 문제는 선험적인 법이론과 법현실 간의 이러한 충돌에 기인하는 바, 바로 국가이론적인 인식의 영역에서 이 개별성의 문제는 정신적인 현실에 대한 본질분석과 엇물려 있다.

이를테면 정치현실 속에서 한 제도의 정신적인 내용이 언제, 어디에서 또한 어떤 우연한 외적 형태 속에서 접근되든 이와 무관하게 동일성이 유지되는 것이라고 한다면, 역으로 그 어떤 실증적인 형상이 본질분석의 대상으로 선택되는 것 또한 중요한 의미를 갖지 못한다. 다른 한편으로는 실체적으로 동일한 제도들을 대비하는 기술적인 가능성을 통해서 비교법적인 본질분석의 의미로 이해되는 비교법학의 방법론에도 새로운 방향성과 함께 전통적인 비교법적 방법과는 다른 새로운 의미가 주어진다.

현상학적으로 발견되는 국가이론적인 본질인식[31]은 필연적으로 초월론적 의미에서 가치강조적인 것이어야만 할 필요는 없다. 본질적인 것의 영역이 항상 가치와 연관되는 것은 아니기 때문이다. 본질적인 것의 영역에는 반가치적인 것과 가치와 무관한 것도 포함될 수 있다. 이러한 점에서 현상학은 가치관계적인 법탐구와 구별된다.[32]

---

30) Reinach, Grundlagen, 692면; 688면 이하. Schönfeld는 실정법이 "법의 가능성일 뿐이지 그 자체가 법은 아니다"는 이유를 들어 '실정법의 선험성'을 지적한다. 그에 따르면 법학에서 선험성의 개념은 매우 광범위하게 확장되어서 텍스트의 맥락상 본질적인 개념들에만 국한되지 아니한다. Die logische Struktur der Rechtsordnung, 1927, 37면. 정반대로 선험성의 개념을 좀 더 좁게 파악하는 의견은 Emge, Das Apriori und die Rechtswissenschaft, Archiv für Rechts- und Wirtschaftsphilosophie, Bd. 21, 1928, 519면 이하.

31) 여기에서는 현상학의 관점과 형태이론(Gestalttheorie), 즉 공학적으로 표현하자면, 전체 중 일부분에서 생기(生起)된 것을 전체의 내적인 구조적 법칙들에 의해서 결정되는 것으로 보는 이론이 내적으로 연관된다는 점만을 지적한다. 이에 관해서는 Wertheimer, Über Gestalttheorie, 1925, 7면.

32) 이러한 의미 있는 일반적인 문제에 대한 상세한 논의는 Litt, Individuum und Gemeinschaft,

같은 이유에서 현상학적인 '본질영역'(Wesenssphäre)은 다의적인 '의미영역'(Sinnsphäre)과도 구별된다.[33] 현상들 중에는 그것의 부정적인 가치관계성 때문에 인식론적 분석의 의미관계성을 도외시하고 터무니없는 것으로 여겨지는 것들도 있다. 하지만 '의미영역'이 '본질영역'에 비해 필연적으로 더 좁은 것은 아니다. 오히려 '본질영역'과 '의미영역'이 내용적으로 일치하는 것도 가능하다. 따라서, 예컨대 특정한 공법적 제도와 같은 가치적인 현상에 대한 분석은 항상 이 본질개념의 궁극적인 특수한 의미내용도 드러낸다. 결국 사회적 현상들에 대하여 비현상학적인 방법으로 의미를 이해하거나 부여하는 것도 가능하다. 말하자면 어떤 제도의 의미가 본질과 무관하고, 오로지 합목적적인 것으로 여겨지는 경우라면 그렇다.[34] 이러한 범주에서는 '본질영역'에 비해서 '의미영역'이 더 광범위한 것일 수도 있다.

이제까지의 방법론적 고찰을 통해 기본적인 공법적 개념들을 해명할 수 있는 길이 제시되었다. 이에 따라 점차적으로 모든 국가론에 기본이 되는 개념들이[35] 본질분석의 방법을 통해 명백하게 설명되면 국법이론의 정신과학적 구조[36]도 그 토대가 정립된다. 이러한 의미에서 대의의 본질과 그것의 정치적, 이론적 의미를 적확하게 이해하는 가운데 보다 상세하게 기술하는 시도가 필요하다.

---

27-28면.

33) Hartmann이 '현상에 대한 이론적인 의미의 파악'과 '순수현상학'을 구별하는 것도 같은 맥락에서 이해된다. Metaphysik, 167면.

34) 이러한 맥락에서 보면, 예컨대 의회주의는 그것의 본질적인 토대가 소멸되었다고 하더라도 목적론적인 관점에서 보면 오늘날에도 여전히 정당화될 수 있다. 궁극적으로는 현실상황하에서 국민국가의 공동생활을 위한 좀 더 합목적적인 조직이 발견될 수 없다는 점을 소명하는 것만으로도 정당화될 수 있다.

35) 이는 국제법이론의 경우에도 해당한다.

36) 이에 관해서는 Holstein, Vom Aufgaben und Zielen heutiger Staatsrechtswissenschaft, AöR, N.F. Bd. 11, 24면 이하, 특히 31면.

[핵심어]
라이프홀츠, 현상학, 헌법학 방법론, 본질개념, 민주주의, 대의제도

[Schlagwörter]
Leibholz, Phänomenology, Methoden der Verfassungsrechtswissenschaft, Wesensbegriff, Demokratie, Repräsentativsystem

# 법률의 위헌심사기준*

요셉 이슨제**
허완중 옮김***



---

* 본 번역문은 헌법재판연구원이 2012년 12월 12일에 개최한 제1회 헌법재판연구원 국제학술심포지엄에서 요셉 이슨제 교수가 발표한 "Maßstäbe der Verfassungswidrigkeitsprüfung von Gesetzen"(발표자료집, 34~70쪽)을 번역한 것이다. 발표자료집에는 편집상 실수로 옮긴이의 최종번역본이 아니라 옮긴이의 중간번역본을 옮긴이의 동의 없이 다른 사람이 고친 것이 실렸다. 그래서 옮긴이의 최종번역본을 다듬어 여기에 싣는다.

** Prof. em. Dr. Dr. h.c. Josef Isensee. 독일 본(Bonn) 대학교 명예교수.

*** 헌법재판소 헌법재판연구원 책임연구관. 법학박사.

# Ⅰ. 헌법의 규범성

## 1. 법의 지배

규범통제는 헌법국가의 사법적 제왕이다. 법률의 합헌성에 관한 다툼이 있으면 독립한 헌법재판소가 결정한다. 헌법재판소의 재판은 국가기관, 국민대표와 국민을 구속한다. 여기서 헌법국가에서 국민의 지배는 법의 지배를 뜻한다는 최종결론이 증명된다.[1] 그러나 법은 해석에 의존한다. 해석되지 않고 적용되지 않으면(살아 있는 법), 법률공보 안의 법(법전 속의 법)은 효력이 없다. 헌법 자체가 아니라 오직 헌법이 해석되고 적용되는 내용만 실질적 효력이 있다. 그런데 여기서 최종결정권은 헌법재판소에 귀속되어서, 헌법재판소는 주권적 권력 일부를 얻는다. 헌법재판소는 헌법의 피조물이다. 그러나 실제 효력을 미치는 헌법은 대부분 헌법재판소의 작품이다. 미국 판사 휴즈가 말한 유명한 명제인 "우리는 헌법 아래에 있지만, 헌법은 법관이 말한 것이다."에서 표현한 것처럼, 헌법에 구속된다는 것은 동시에 헌법의 해석자에 구속된다는 것이다.[2]

법원의 힘은 법관이 직무윤리의 명령에 따라 권력을 행사하고 법이 사법적 기술의 규율을 따라 인식된다는 기대에서 나온다. 이러한 관점에서 헌법국가는 사법국가라는 좋은 측면이 드러난다.

## 2. 헌법의 우위

규범통제는 매우 적은 국가에서만 실현되는 까다로운 전제에 의존한다. 규범통제의 심사기준인 헌법은 단순한 목표규범(Programmatik)에 머물

---

1) *Martin Kriele*, Das demokratische Prinzip im Grundgesetz, in: VVDStRL 29 (1971), S. 46 (49 ff.).

2) *Charles E. Hughes*, Speech, Elmira, New York, May 3, 1907. 이에 대해서는 *Winfried Brugger*, Einführung in das öffentliche Recht der USA, [2]2001, S. 7 ff.

러서는 아니된다. 오히려 헌법은 순수한 실정법(Rechtsgesetz)이어야 하는데, 즉 헌법은 구속력이 있어야 하고, 실제 적용될 수 있으며, 사법적 인식이 될 수 있어야 한다. 헌법은 법적 성격 측면에서 그에 따라 심사되는 일반법률(einfaches Gesetz)과 같다. 규범통제의 심사기준과 심사대상은 그 규범적 성격에 들어맞을 수 있어야 한다. 그러나 그것들은 규범적 서열에 따라 구별되어야 한다. 헌법의 우위는 규범통제 가능성의 조건이다.[3] 따라서 규범통제는 법규범의 단계질서를 전제한다.

규범충돌에서 상위규범은 하위규범에 우선한다. 이것은 헌법과 일반법률 사이처럼 법률과 법규명령 사이에서도 모두 적용되는 충돌해결규율이다. 법률은 헌법의 권한규율과 절차규율을 따라 제정되고 헌법의 내용적 규율에 들어맞는 범위에서만 유효하다. 사법적(司法的)으로 보면, 헌법과 법률의 충돌은 순수한 법적 문제이고, 분쟁사안에서 해결은 재판, 최종적으로는 헌법재판소의 몫이다.

이러한 전제는 추상적 규범통제나 구체적 규범통제 그리고 본원적 규범통제나 부수적 규범통제와 같은 규범통제의 모든 유형에 적용된다.

### 3. 헌법의 '정치적' 성격

헌법사에 등장하였던 규범통제는 오늘날 독일에서 자명한 것으로 보인다. 그러나 역사를 살펴보면, 그러한 규범통제는 전혀 그렇지 않다.

독일 제1공화국에서 헌법적 규범통제는 낯설었다.[4] 칼 슈미트(Carl Schmitt)는 헌법은 '정치적' 성격이 있고, 헌법은 정치적 통일의 기초와 관련이 있으며, 정치적 국가기관, 특히 국민이 선출한 제국대통령은 헌법

---

3) *Young Huh*, Probleme der konkreten Normenkontrolle, 1971, S. 23 ff., 28 f. 헌법 우위의 역사적 기원에 대해서는 *Rainer Wahl*, Der Vorrang der Verfassung, in: Der Staat 20 (1981), S. 480 ff.; *ders.*, Die Entwicklung des deutschen Verfassungsstaates bis 1866, in: HStR II, [3]2003, § 2 Rn. 59 ff.

4) 역사와 비교법에 대해서는 *Huh* (N 3), S. 46 ff.; *Klaus Schlaich/Stefan Korioth*, Das Bundesverfassungsgericht, [8]2010, Rn. 112 ff.

의 수호자이지만, 비정치적인 사법부는 헌법수호자가 아니라고 논증하였다.[5] 헌법의 '정치적' 요소는 법적 요소로부터 완벽하게 분리될 수 없어서, 헌법적 갈등에 대해서 법적 판단을 하면 정치의 사법화와 사법의 정치화가 일어날 우려가 있다고 하였다.[6] 제국대통령과 제국의회와 같은, 국민이 선출한 국가기관과 비교하면, 헌법재판소가 부여받은 오로지 파생되고 약한(ausgedünnt) 민주적 정당성은 헌법재판소의 통제권한과 폐기권한에 대해서 부정적일 수밖에 없다고 하였다.

다른 의미에서 '정치'[7]는 헌법재판소가 하여야 하는 구체화, 즉 적용할 수 있도록 내용을 추가하는 (주로 매우 추상적인) 헌법규범의 충전이다.[8] 그러나 그것은 헌법재판만의 특성은 아니다. 한스 켈젠(Hans Kelsen)이 지적한 것처럼, 모든 법원은 심사기준을 구체화하여야 하므로, '정치적' 활동을 한다.[9] 1921년 오스트리아 연방헌법이 규정하였던 것처럼, 켈젠의 엄격한 규범주의에 호응하여 오스트리아 헌법재판소(Verfassungsgerichtshof)는 헌법률(Verfassungsgesetz)의 규범적 성격에 맞춰졌다.

독일에서 이러한 인식은 제2차 세계대전 이후 순식간에 관철되었다. 정치는 독일을 몰락시켰다. 오로지 법을 통해서만 독일은 다시 일어설 수 있었다. 독일은 헌법의 규범성을 바탕으로 세워지고, 유보 없이 제3권력을 신뢰하였다. 이러한 신뢰에 기초하여 연방헌법재판소의 권위가 세워졌다. 연방헌법재판소는 (스스로 책임이 있는 90년대의 위기를 포함하여) 현재까지 존속한다. 국민은 스스로 선출한 대표자보다 독립한 법관의 귀족정을, 민주적 피후견인보다 사법적 후견을 더 신뢰한다.[10] 이러한 믿그

---

5) *Carl Schmitt*, Das Reichsgericht als Hüter der Verfassung (1929), in: ders., Verfassungs rechtliche Aufsätze, 1958, S. 63 ff.; *ders.*, Der Hüter der Verfassung, [1]1931.

6) 반대의견에 대한 논증과 함께 *Carl Schmitt*, Verfassungslehre, [1]1928, S. 118 ff.; *ders.* (N 5), S. 35.

7) 다양한 의미에 대해서는 *Josef Isensee*, Verfassungsrecht als „politisches Recht", in: HStR VII, [1]1992, § 162 Rn. 5 ff. (논증).

8) 이러한 의미에서 *Schmitt* (N 6), S. 118; *ders.* (N 5), S. 36 ff.

9) *Hans Kelsen*, Wer soll der Hüter der Verfassung sein?, in: Die Justiz 6 (1931), S. 576 ff.

10) 비판적인 것으로는 *Christoph Schönberger*, Anmerkungen zu Karlsruhe, in: Matthias

림에서 헌법재판소의 규범통제는 어떠한 저항에도 부딪히지 않는다. 독일기본법처럼 주헌법들[11)]은 새로운 학문적 논증에 의존하거나 정치적 논쟁을 일으키지 않고 헌법재판소의 규범통제를 도입하였다.

헌법의 '정치적' 성격에 관한 과거의 논증은 규범통제의 타당성과 도입에 더는 장애가 되지 않는다. 그렇더라도 이러한 논증은 그 중요성을 상실하지 않았다.[12)] 독일기본법의 제정자는 의회위원회(Parlamentarischer Rat)에서 연방헌법재판소가 법원으로서 법적 문제에 관해서만 결정하기는 하지만, 그의 재판은 상황에 따라 가장 큰 정치적 영향력을 미칠 수 있고 정치적 성향도 드러낼 거라고 인식하였다.[13)]

헌법의 법적 효력 요구를 관철하여야 할 대상인 정치적 세력들에 대한 긴장, 즉 "끊임없이 계속 요동치는 정치와 먼저 안정을 중시하는 법 사이의 지속적인 갈등"[14)]을 헌법재판소는 이겨내야 한다. 헌법재판소는 '왕성하게 활동하는 정치적 세력들을 제어하고자 하는' 법의 한 측면을 대변한다.[15)]

그럼에도 라이프홀츠(Leibholz)가 말한 것처럼, 헌법재판관은 민사재판관과 형사재판관과는 달리 '자기 재판의 정치적 영향을 고려하여야' 한다.[16)] 헌법재판관은 또한 필수적이고 일반적인 법적 인식을 넘어 '정치적

---

Jestaedt et alii, Das entgrenzte Gericht, 2011, S. 9 (43 ff.).

11) 의회가 제정한 법률과 명령의 합헌성에 관한 법원 심사를 금지하였던(제64조 제2항) 1950년 베를린 헌법은 예외이다.

12) 오늘날 관점에서 규범적 헌법과 정치적 헌법의 관계: *Huh* (N 3), S. 74 ff.; *Isensee* (N 7), § 162 Rn. 68 ff.; *Bernhard Kempen*, Verfassung und Politik, in: Otto Depenheuer/ Christoph Grabenwarter (Hg.), Verfassungstheorie, 2010, § 27 Rn. 16 ff.; *Martin Kriele*, Grundrechte und demokratischer Gestaltungsraum, in: HStR IX, [3]2011, § 188 Rn. 1 ff., 20 ff.; *Matthias Jestaedt*, Phänomen Bundesverfassungsgericht, in: ders. et alii (N 10), S. 103 f.; *Evelyn Haas*, Macht und Ohnmacht - Das Bundesverfassungsgericht und die Politik, in: FS für Rüdiger Wolfrum, 2012, S. 1959 ff.

13) 논증은 JöR n. F. 1 (1951), S. 665, 668.

14) 인용문: *Gerhard Leibholz*, Der Status des Bundesverfassungsgerichts, in: JöR n. F. Bd. 6 (1957), S. 109 (122).

15) *Leibholz* (N 14), S. 122.

16) *Leibholz* (N 14), S. 122. 해석준칙의 결과에 관한 고려에 대해서는 *Isensee* (N 7), §

으로 논증하여야 하고', 정치의 본질을 어느 정도 파악하여야 하며, 정치적 세력에 관한 이해를 표명하여야 한다.[17] 이것은 헌법재판관 선출의 특수성을 설명한다. 헌법재판관은 다른 모든 법관에 관해서 규정된 것처럼 전문적 적합성이 아니라 의회 구성원의 선거를 통해서 드러난 정치적 선호에 따라, 실질적으로는 정당비례에 따라 선출된다.[18] 법관이 헌법규범을 해석 · 적용할 때에 헌법의 정치적 성격을 고려하지 않고, '오로지 형식적인 법적 논리에 만족하고 마는' 허영 원장이 설명한 위험[19]을 이러한 선출방식은 배제할 수는 없지만, 감소시킬 수는 있다. 그러나 법관이 반대되는 잘못을 저질러 너무 탄력적으로 해석하고, 정치적 표현과 시대정신의 유혹에 굴복하여서, 헌법의 규범성을 파괴할 때에도 헌법은 위험에 빠진다.

헌법의 '정치적' 성격은 형식적 법률 폐기권을 헌법재판소에 독점시키는 것에서 드러난다. 형식적 법률 폐기권의 헌법재판소 독점은 절차법을 전체적으로 형성하고, 연방헌법재판소가 법원으로서 이해될 뿐 아니라 그것을 넘어 자기 권한으로 말미암아 비정치적인 헌법기관으로 선택되어 입법자가 연방헌법재판소보다 열위에 있음도 선언한다는 것을 설명할 수 있다.[20]

---

162 Rn. 80 ff.

17) *Leibholz* (N 7), S. 122.

18) 이에 대해서는 *Karl Wilhelm* Geck, Wahl und Amtsrecht der Bundesverfassungsrichter, 1986, S. 15 ff.; *Uwe Kischel*, Amt, Unbefangenheit und Wahl der Bundesverfassungsrichter, in: HStR III, 32005, § 69 Rn. 5 ff.

19) *Huh* (N 3), S. 77.

20) Denkschrift des Bundesverfassungsgerichts vom 27. Juni 1952: Die Stellung des Bundesverfassungsgerichts („Status-Denkschrift“), in: JöR n. F. 6 (1957), S. 144 ff., 194 ff. § 1 BVerfGG. 비판적인 것으로는 *Schlaich/Korioth* (N 4), S. 18 ff.; *Schönberger* (N 10), S. 11 (50 ff.).

## 4. 유일한 통제기준인 헌법

헌법의 '정치적' 성격이 헌법해석에 영향을 미칠지라도, 그 밖에 도덕적이거나 경제적인 혹은 합목적적인 기준도 없는 것처럼 헌법이라는 심사기준 이외에 연방헌법재판소를 위한 어떠한 독자적인 정치적 심사기준도 없다.[21]

헌법재판소는 '정치하는 것', 즉 헌법이 창조하고 한정한 자유로운 정치형성 영역에 개입하는 것을 포기한다고 명확하게 선언한다. 그래서 헌법재판소는 헌법이 다른 국가기관을 위해서 보상한 자유로운 정치형성 영역을 남겨두려고 한다.[22] 물론 포기라는 말은 잘못이다. 오로지 가지거나 가질 수 있는 것만을 포기할 수 있기 때문이다. 그러나 '정치하는 것'은 연방헌법재판소의 권한이 아니다.

연방헌법재판소의 임무는 헌법의 해석과 적용 문제에 대답함으로써 완수된다. 헌법재판소는 순수한 법적 문제를 정치문제로 선언하여 자기 권한이 아니라고 함으로써 이러한 대답을 하지 않을 수 없다. 정치를 국가행위에 대한 내용적 · 법적 지침 결여라고 소극적으로 정의하면, 그러한 논증은 이미 개념논리적으로 잘못일 것이다.[23] 이러한 이해를 따르면, 헌법적 지침이 충분히 있는 한 정치는 존재할 수 없기 때문이다. 이러한 이해는 헌법 영역 밖에 있고 헌법재판소의 효력요구를 무시하거나 일부 축소할 수 있는 독자적인 영역을 만들지 못한다. 오히려 정치는 오로지 헌법이 인정하는 범위에서만 존재할 수 있다. 연방헌법재판소의 재판권은 오직 헌법이 확정한 심사기준의 적용범위에만 미친다. 그래서 헌법재판소가 입법부나 집행부의 정치적 영역을 존중하고 보호하고자 하는

---

21) 추상적 규범통제에서 형식적 주법률에 대한 일반 연방법(독일기본법 제100조 제1항 제2문)과 선거심사청구에서 헌법하위의 선거법규정(독일기본법 제41조 제2항, 연방헌법재판소법 제48조) 같은 여러 절차유형에 적용할 수 있는 일반법적 심사기준은 여기서 고려되지 않는다.

22) BVerfGE 36, 1 (14 f.) – 기본조약.

23) 이에 대해서는 *Isensee* (N 7), § 162 Rn. 19 ff.

우호적인 분위기에서 결정을 내린다면, 그것은 잘못이다. 여기에 헌법재판소가 존중하고 보호할 어떠한 것도 없고, 그의 통제 가능성을 철저하게 실현하고 그 한계를 준수하여야 한다. 이렇게 되면, 헌법이 예정한 정치적 영역도 침해되지 않고 남는다.

헌법재판소는 스스로 어떤 문제를 정치문제라고 선언하여 사안에 관한 결정을 거부할 수 없다. 정치문제 이론을 미국법에서 독일법으로 이식할 수 없다.[24] 일반적으로 실정헌법과 국가법에서 외국의 법적 개념을 수입할 때에는 신중하여야 한다. 수입이 검토되기 전에 모국의 법적 혹은 법외적인 전제조건이 국내의 전제조건과 매우 꼼꼼하게 비교되어야 한다. 법비교를 가능하게 하는 가장 중요한 출발점은 고유한 법적 성질을 명확하게 인식하는 것이다.

미국 사법적 자제의 전형적인 형태를 살펴보아도 그에 관한 예를 찾을 수 있다. 물론 사법적 자제를 받아들여 강력하게 밀고 나가고, 통제를 위해서 인용되었던 여러 조약에 관한 촘촘한 헌법합치적 해석지침을 독일기본법에서 도출하기 위하여 연방헌법재판소는 명확하게 사법적 자제를 원용하였다[25].

헌법재판소는 실정헌법을 적용할 때에 자유롭게 자제하고 관용을 베풀 수 없다. 자기만족은 직무상 미덕이 아니다. 헌법재판소는 자기에게 미리 주어진 심사기준을 강화하거나 확대할 수 없는 것처럼 그 심사기준을 무력화하거나 축소할 수 없다. 헌법재판소는 자기에게 미리 주어진 심사기준을 관대하게도 엄격하게도 적용하여서는 아니 되고, 그 심사기준

---

24) 이론 설명: *Brugger* (N 2), S. 21 ff. 독일에 수용하는 것을 반대하는 *Klaus Stern*, Das Staatsrecht der Bundesrepublik Deutschland, Bd. II, 1980, S. 961; *Dietrich Murswiek*, Der Umfang der verfassungsrechtlichen Kontrolle staatlicher Öffentlichkeitsarbeit, in: DÖV 1962, S. 529 (531 ff.); *Ernst Benda/Eckart Klein*, Verfassungsprozeßrecht, 2012, S. 13 f., 209; *Schlaich/Korioth* (N 4), Rn. 505.

25) BVerfGE 36, 1 (14) – 기본조약; 39, 68 (69 f.) – 소수의견. 미국 재판에 대해서는 *Brugger* (N 2), S. 8 f., 18, 24 ff., 42 ff. 수용에 반대하는 *Benda/Klein* (N 24), S. 12 f.; *Schlaich/Korioth* (N 4), Rn. 505, 527. 그에 반해서 호의적인 *Roman Herzog*, Offene Fragen zwischen Verfassungsgericht und Gesetzgeber, in: ZG 2 (1987), S. 290 (291 ff.).

이 규범적으로 요구하는 대로 적용하여야 한다. 헌법은 고정적이거나 유동적인 것으로 증명될 수 있으나, 헌법의 유권적 해석자는 그래서는 아니 된다.

그러나 연방헌법재판소는 그 밖의 국가기관과 비교하여 헌법과 정치의 한계선을 설정하고 문제에 헌법적 성질이 있는지 없는지를 확정하는 최종결정권이 있다. 그래서 국가실무를 위한 한계는 헌법재판소가 한계로 표시한 곳에 있다. 그러나 이념적 측면에서 그 한계는 헌법 자체에서 미리 고정된 것으로 확정된다.

헌법과 정치의 구분은 완전한 사항영역을 확정할 수 없다. 오히려 헌법적 지침은 그 내용에 따라 다양한 모습을 띠고, 그 효력에 따라 다양한 강도가 있다. 헌법은 여기서는 한계로, 저기서는 또한 한계 충족으로 증명되고, 여기서는 명령으로, 저기서는 촉구로서 작용하는데, 명령은 자주 나타나지만, 촉구는 드물다. 같은 생활영역이 헌법의 관점에서는 한정되고, 정치형성의 관점에서는 개방될 수도 있다. 따라서 외교보다 형사사법은 헌법을 통해서 매우 엄격하게 통제된다. 외교에는 오로지 민주적 정당성과 권한적 근거만 필요하다. 그 밖에 외교는 평화수호와 인간존엄 존중처럼 매우 추상적이고 유연하며, 내용상으로 성긴 목표규정에 따라서만 심사될 수 있다.[26] 따라서 헌법의 효력요구가 미치는 만큼, 정치적 장애에 아랑곳하지 않고 연방헌법재판소의 통제의무도 미친다.

칼 슈미트처럼 정치를 친구와 적의 관계로 적극 정의하여도 결과는 바뀌지 않는다.[27] 이러한 개념에서 국가생활의 갈등이 발생함으로써 정치가는 문제된다. 정치는 그 자체로 사안이 아니라 모든 문제가 일어나는 특정 집합상태일 뿐이고, 또한 법적 문제이다.[28] 법적 문제가 정치적 중

---

26) 외교의 내용적 헌법구속에 대해서는 *Christian Waldhoff*, Die innerstaatlichen Grundrechte als Maßstab der Außenpolitik?, in: Josef Isensee (Hg.), Menschenrechte als Weltmission, 2009, S. 43 ff. (63 ff.). 유럽정책에 대해서는 *Wolfgang Durner*, Verfassungsbindung deutscher Europapolitik, in: HStR X, $^{3}$2012, § 216.

27) *Carl Schmitt*, Der Begriff des Politischen (1932), Ausgabe 1963, S. 20 ff.

28) 이에 대해서는 *Ernst-Wolfgang Böckenförde*, Der Begriff des Politischen als Schlüssel zum

요성을 지녀도, 법적 문제는 그 법적 성질을 잃지 않는다. 그래서 정치는 연방헌법재판소의 권한에 어떠한 영향도 주지 않는다. 헌법재판소는 정당정치적 투쟁과 사회정치적 투쟁에 개입할 수 있다는 두려움으로 말미암아 결정을 거부할 수는 없다.[29] 헌법재판소의 제도적 독립과 그 구성원의 인적 독립은 법관이 법정 밖의 분쟁에 대해서 거리를 두고, 실질적으로 독립하여 오로지 법적 기준에 따라서만 소송계속 중인 문제를 결정할 수 있도록 한다. 또한, 연방헌법재판소는 낙태, 핵에너지의 민간사용, 동독과 맺은 기본조약, 외국인선거권, 군비확장, 연방군대의 해외파병, 유럽통화연맹과 같은 정치적으로 '위험한 일'을 다루고, 사회를 분열시키는 주제에 관해서 진술하며, 정치적 분쟁을 사법적 수단을 통해서 끝내려는 청구에 대해서 재판하는 것을 한 번도 꺼리지 않았다. 게다가 연방헌법재판소의 판결들은 주로 정치적 의미에서 평화적으로 작용한다. 독일기본법과 그의 최고 수호자인 연방헌법재판소가 독일에서 누리는 높은 권위로 말미암아 그것은 자명하다.

## Ⅱ. 헌법해석의 다양성과 헌법재판소의 최종결정

### 1. 학문과 실무 사이의 교류

연방헌법재판소는 헌법해석을 독점하지 않는다. 그것은 국법학(Staatsrechtslehre)에서 자명한 것으로 이해된다. 헌법의 학문적 해석은 헌법재판소의 재판에 대한 활발한 상호관계 속에서 서로 자극한다. 국법학은 해석의 조건을 숙고하고, 헌법이론에서 해석의 선이해를 주제로 삼고 정당

---

staatsrechtlichen Werk Carl Schmitts, in: Helmut Quaritsch (Hg.), Complexio Oppositorium, 1988, S. 283 ff.

29) *Ernst-Wolfgang Böckenförde*, Die Eigenart des Staatsrechts und der Staatsrechtswissenschaft, in: FS für Hans Ulrich Scupin, 1983, S. 317 (329).

화함으로써 준비작업을 한다. 그러나 국법학도 재판을 비판적으로 그리고 생산적으로 받아들이고, 가능한 한 법리학(Dogmatik) 체계 안으로 끌어들여 법리학 체계를 계속 발전시킴으로써 실무에 반영될 수 있게 한다. 국법학은 헌법재판소의 시녀라고 부를 수 있다. 그러나 국법학은 (칸트[Kant]의 구상을 받아들이면) 그 여주인의 옷자락을 들고 따라오는 시녀가 아니라 횃불을 들고 여주인의 앞길을 밝히는 시녀이다. 먼저 헌법국가의 역사에서 학문과 실무의 교류는 한국의 헌법재판소에서 실현된, 고유한 헌법연구기관 구성을 통해서 제도화한다.

헌법은 행정법, 형법, 사법(私法) 그리고 실체법과 절차법 등의 모든 법영역에서 중요하므로, 오로지 국법학만이 아니라 모든 법학분과가 학문적인 헌법해석을 할 수 있다. 헌법은 정치학, 사회학, 철학의 주제이기도 하다.

헌법은 누구에게나 관련이 있어서 또한 모든 사람이 잠재적 헌법해석자이므로, 일반적으로 헌법해석 범위는 한정되지 않는다. 열린 사회[30]에서 기본권적 자유를 통하여 정당과 언론매체, 이익단체와 교회 그리고 시민운동과 비정규적인 자발적 모임(Stammtische)이 함께 헌법을 해석한다. 이들은 자신의 인식과 이해를 올바른 헌법이해에 관한 담론에 추가하고, 그러한 담론이 살아 있도록 한다.

그러나 열린 담론은 단지 결정제안만 할 수 있을 뿐이다. 법구속적 결정은 국가기관에 유보된다.

## 2. 민주적 권력분립에서 유권적 헌법해석

### (1) 선행 해석과 최종 확정

법안을 만드는 정부, 법률을 의결하는 연방의회, 함께 입법하는 연

30) 관용어: *Peter Häberle*, Die offene Gesellschaft der Verfassungsinterpreten, in: JZ 1975, S. 297 ff.

방참사원, 법률을 집행하는 행정 그리고 법률에 따라 재판하는 모든 전문법원(Fachgericht) 등 모든 기관이 자기 권한영역 안에서 헌법을 해석한다. 그들 모두는 헌법에 구속된다. 그들 모두는 명시적이거나 추론적으로 그들 행위를 헌법에 합치시켜야 한다. 그들은 권력분립적 민주주의 틀 안에서 활동하거나 통제하기 위하여 헌법을 해석한다.

최초 해석은 입법부의 몫이다. 입법부는 헌법을 기준으로 정치적 형성을 하고 그것을 구체화할 권리가 있으며, 특정 범위에서는 그러한 의무도 있다. 2차적으로 해석권한은 집행부에 있다. 세 번째 자리는 사법부, 정확하게는 전문재판(Fachgerichtsbarkeit)이 차지한다. 집행부와 사법부는 헌법의 우위와 법률의 우위라는 2중의 우위에 구속된다. 그들은 법률의 합헌성을 심사할 수 있다. 그러나 어쨌든 형식적 법률이 문제 되고 의회의 권위가 정점에 있는 한, 그들에게서 (법률에 대한) 폐기권을 빼앗아 연방헌법재판소에 독점시킨다.[31] 연방헌법재판소는 법률의 합헌성에 관한 분쟁과 일반적으로 독일기본법의 해석에 관한 분쟁에서 최종결정권이 있다.[32]

### (2) 최종결정에서 전체 통제로

연방헌법재판소 자신에 대한 통제기관이 없다. 친숙한 문구처럼 연방헌법재판소 위에는 오직 파란 하늘만 있다. 그러나 동시에 연방헌법재판소는 그의 최종결정권으로 말미암아 다른 국가기관의 모든 이전 해석을 아무런 장애 없이 무시하고 배제하여 전제조건 없이 스스로 결정할 수 있는지가 문제 된다. 실제로 그렇게 진행되었다. 연방헌법재판소는 입법자, 집행부 그리고 전문법원들의 행위를 대체하기에 자기 결정기준이 본

31) 집행부의 심사권과 폐기권: *Fritz Ossenbühl*, Verwaltungsvorschriften und Grundgesetz, 1968, S. 290 ff.; *Steffen Detterbeck*, Allgemeines Verwaltungsrecht, [9]2011, Rn. 124 ff. (논증). 전문재판에 상응하여서는 *Huh* (N 3), S. 93 ff.; *Benda/Klein* (N 24), S. 310 ff. (논증).

32) 자세한 것은 *Gerd Roellecke*, Aufgaben und Stellung des Bundesverfassungsgerichts im Verfassungsgefüge, in: HStR III, [3]2005, § 67 Rn. 22 ff.

래 너무 추상적이라는 반론으로 말미암아 흔들리지 않는다. 결정기준은 추상적이기는 하지만, 일반적으로 관련이 있다.[33] 어떤 관점에서든 헌법과 관련이 없는 어떤 법영역도 어떤 법적 국가행위도 없을 것이다.

헌법은 물론 강약의 차이는 있지만 일반법(einfaches Recht)의 모든 영역에 방사한다. 방사는 무엇보다도 국가권력에 대항하여 그리고 국가권력을 통하여 빈틈없는 국민보호체계를 형성하는 기본권에서 시작된다.[34] 기본권은 방어권으로서 가지는 순수한 의미를 넘어 입법, 집행 그리고 사법에 '지침과 자극'을 주는 객관적 가치체계로서 나타난다.[35] 연방헌법재판소는 일반법을 폭넓게 통제하려는 것이 아니라 오로지 헌법의 기준만을 준수하고자 한다. 그러나 유일하게 헌법재판소만 기본권의 '방사효'를 평가하고, 헌법이 증명한 '가치'를 인식하며, 충돌하는 '가치들'을 형량할 수 있다. 헌법은 법적 기준에서 사법적 영감의 원천으로 바뀐다. 뤼트(Lüth) 판결에서 '가치'와 그 '방사효'의 선언을 통하여 연방헌법재판소는 자기에게 스스로 권한을 부여함으로써 권력분립적 국가조직에서 최종적이고 잠재적이며 전체적인 결정권한을 요구하였다.[36]

연방헌법재판소의 해석에서 헌법의 내용, 범위 그리고 효력강도가 확대된다. 결정기준을 통해서 결정권한이 커진다. 따라서 헌법전에 있는 인격의 자유로운 발현이라는 한정된 기본권은 합헌적 법률이 금지하지 않는 모든 것을 할 수 있는, 개인의 포괄적인 자유로 은밀하게 확장된다. 그리고 인간존엄이라는 헌법원리와 결합한 이러한 기본권은 더 넓은 불문의 기본권, 무엇보다도 그런 쪽으로 계속 영향을 미쳐 '정보체계의 비밀과 불가침 보장에 관한' 기본권을 포함하는 '자기정보결정'에 관한 기

---

33) 일반관련성의 범주: *Alexander Hollerbach*, Ideologie und Verfassung, in: Werner Maihofer (Hg.), Ideologie und Verfassung, 1969, S. 37 (51 ff.). 이에 대해서는 *Isensee* (N 7), § 162 Rn. 42.

34) 최초구별은 BVerfGE 6, 32 (36 ff.) – 엘페스(Elfes).

35) BVerfGE 7, 198 (205) – 뤼트(Lüth).

36) 연방헌법재판소의 편제에 대해서는 *Jestaedt* (N 12), S. 119 ff., 138.

본권(개인정보보호)[37]을 도출시킨다.[38]

비교할 만한 확대는 미국 연방대법원의 재판에서 찾을 수 없다. 물론 연방대법원은 순수한 헌법재판소가 아니라 일반상고법원이어서, 헌법이나 일반 연방법을 심사기준으로 추가할 것인지를 선택할 수 있다. 독일 연방헌법재판소에는 유일한 심사기준으로 헌법이 주어진다. 말하자면 연방헌법재판소는 보충적으로 헌법을 내용, 적용범위 그리고 강도에 따라 계속 확장하여서 점차 국가권력을 광범위하게 통제할 수 있게 되었다.[39]

사법적 심사기준의 풍성한 확대 원인은 헌법재판관의 직업적 출신성분이다. 헌법재판관은 법관의 자격이 있어야 한다. 하지만 모든 재판부 9명의 재판관 중 오직 3명만 연방최고법원의 재판관 중에서 선출된다.[40] 그 밖의 재판관들은 어떠한 법관의 직업적 경험도 그 직무에 추가로 요구되지 않는다. 현재 전체 16명의 재판관 중에서 8명이 대학교수이고(2011년에는 심지어 9명), 추가로 교수를 겸하는 3명의 법관이 있다. 이를 통해서 그 자체로 법원에 낯설고 매우 진취적이며 교육적인, 수많은 재판의 문체, 학문적 증명욕심과 논증적 상상이 설명될 수 있다.

### 3. 연방헌법재판소와 입법부

헌법재판의 지침이 늘어나고 촘촘해질수록 입법부의 고유한 효력영역은 줄어든다. 입법이 정치결정적 성격을 잃고 단순한 헌법집행에 머물수록, 민주적 권력분립에서 중점이 연방헌법재판소에 유리하게 사법국가 쪽으로 이동한다.[41]

---

37) BVerfGE 65, 1 (41 f.). 상세한 것은 *Hans-Detlef Horn*, Schutz der Privatsphäre, in: HStR VII, $^{3}$2009, § 149 Rn. 21 ff.

38) BVerfGE 120, 274 ff.

39) *Jestaedt* (N 12), S. 110 ff.

40) 연방헌법재판소법 제2조 제3항 제1문, 제3조.

41) *Ernst-Wolfgang Böckenförde*, Gesetzesbegriff und Gesetzesvorbehalt (1981), in: ders., Gesetze und gesetzgebende Gewalt, $^{2}$1981, S. 402.

헌법재판은 자기모순적 특성이 있다. 한편으로 재판은 법률이 유보를 계속해서 확장하고 법률의 명확성에 대한 요구를 순화한다. 다른 한편으로 헌법재판은 입법부의 정치적 결정을 점점 덜 존중하고 의회절차와 정치적 합의에 관한 이해가 점점 사라짐을 드러낸다. 헌법해석의 뛰어난 교사로서 가르치고, 입법자의 잘못을 확인하며, 단지 부수적 문제일지라도 입법자의 행위를 교정할 기회가 주어지면, 드물지 않게 헌법재판소는 그 기회를 활용한다. 헌법재판소가 인정한 것처럼 독일기본법이 열어두고 입법자에게 위임하였을지라도, 선거제도와 관련하여 선거권 평등 요구가 문제 되면, 연방헌법재판소가 그 문제를 맡는다.[42] 연방헌법재판소는 비흡연자보호 문제에서 지극히 어렵게 얻어낸 입법적 타협을 무시하고, 자신의 일반방식에 따른 결론을 강력하게 관철한다.[43] 테러행위가 난무하는 시대에 보장 필요성과 자유보호 사이의 입법적 조정은 주거자유와 개인정보보호를 거의 절대화하고 위험예방과 위험제거에 대한 방어보루를 철거하는 헌법재판소의 재판으로 말미암아 실패하였다. 세밀한 지침을 통해서 연방헌법재판소는 위협에 효과적으로 대처하고 실용적 수단을 개발할 가능성을 입법자에게서 광범위하게 빼앗았다.[44] 의회는 연방헌법재판소의 후견을 거의 반대 없이 받아들인다.

그러나 문헌에서는 헌법재판을 법원형식성에 맞추려 하고, 다른 국가기관과 마찬가지로 의회 자신의 책임을 강화하며, 분업적 헌법해석을 보장하고, 권력 균형을 회복하려고 노력한다.[45] 이러한 '기능적' 사고는 연방헌법재판소를 순수하게 법원으로 이해하고, 법원적 성격에 맞지 않는 것을 인정하지 않는다.[46] 헌법재판소에 헌법은 오로지 통제기준을 형

42) 특히 BVerfG Urt. v. 25.7.2012 – 2 BvF 3/11.

43) BVerfGE 121, 317 (344 f., 354 f.) – 재판관 브리데(*Bryde*) (S. 378 [380 f.])와 마징(*Masing*) (S. 381 ff.)의 비판적 소수의견과 함께.

44) BVerfGE 109, 279 ff.; 120, 320 ff.; 쉬룩케비어(*Schluckebier*)의 비판적인 소수의견과 함께 125, 260 ff. 비판: *Haas* (N 12), S. 1967 f.

45) 요약적이고, 꼼꼼하며, 비판적인 설명: *Schlaich/Korioth* (N 4), S. 308 ff.

46) 결정적인 것으로는 *Klaus Schlaich*, Die Verfassungsgerichtsbarkeit im Gefüge der Staatsfunktionen, in: VVDStRL 39 (1980), S. 99 (106 ff., 113 ff.).

성하고, 헌법재판소는 오로지 법률이 헌법에 어긋나는지만을 심사한다는 것을 강조한다. 그러나 입법자에게 헌법은 주어진 상황에서 최적으로 실현하여야 하는 행위기준이다.[47]

이러한 법리적(dogmatisch) 노력은 연방헌법재판소의 실무에 거의 영향을 미치지 못한다. 최종결정의 힘을 통해서 연방헌법재판소는 자기 자신의 효력범위와 의회에 대한 자신의 관계를 확정하지만, 결코, 변화를 염두에 둔 독단적 태도로서가 아니라 언제나 단언적으로 자신이 다른 국가기관의 판단여지와 결정여지를 존중한다고 선언한다.[48]

### 4. 연방헌법재판소와 전문법원들

영속적인 논쟁은 전문법원들, 즉 민사법원, 형사법원, 행정법원, 사회법원, 노동법원과 조세법원에 대한 연방헌법재판소의 관계에서 도출된다.[49] 연방헌법재판소는 그쪽에서 보면 헌법영역에 대한 전문법원으로서 기능하지 않고, 일반적 관련성[50]에 바탕을 둔 헌법의 잠재적 상재(常在)에 근거하는 포괄적인 보편법원(Universalgericht)으로서 기능한다. 연방헌법재판소는 모든 법적 대상을 끄집어낼 수 있다고 결정하였다. 그러나 연방헌법재판소 자신은 무엇이 헌법에 들어맞고, 무엇이 헌법에 어긋나는지를 결정하므로, 공식적 판단은 그에게 요구되지 않는다. 그로 말미암아 헌법재판소는 법적 대상의 고유법칙성을 쉽게 오해하고, 발전하는 사법문화를 거리낌 없이 침해할 위험에 빠진다. 가장 촘촘한 새로운 규율이 할 수 있는 것보다 전통을 강화하는 전문법원적 구체화가 넓게 이해

---

47) *Schlaich/Korioth* (N 4), S. 311 ff.

48) 대표적인 것으로는 BVerfGE 62, 1 (50).

49) 이에 대해서는 *Otto Seidl*, Verfassungsgerichtsbarkeit und Fachgerichte, in: Verhandlungen des 61. Deutschen Juristentages, Bd. II/1, 1996, O 9 ff.; *Christian Starck*, Koreferat, ebd. O 27 ff.; *Volkert Schmidt*, Kurzreferat, ebd., O 43 ff.

50) 전문용어: *Alexander Hollerbach*, Ideologie und Verfassung, in: Werner Maihofer (Hg.), Ideologie und Verfassung, 1969, S. 37 (51 ff.). 이에 대해서는 *Isensee* (N 7), § 162 Rn. 41 f.

된 법률에 법치국가적 예측 가능성을 더 많이 매개하고, 연방헌법재판소의 지침보다 옹글게(완벽하게) 더 많이 매개할지라도, 연방헌법재판소는 협박구성요건에 관해서 십 년간 발전한 형사재판을 무시하고, 연좌봉쇄(Sitzblockade) 문제에서 법률조문을 일반적 방식에 따라 다르게 해석하며, 법률의 사전확정 명령을 이유로 법률조문을 폐기하였다[51].

민법의 계약법에 개입하는 것은 아직 더 어렵다.[52] 오늘날 연방헌법재판소는 이러한 개입을 지지한다. 연방헌법재판소는 계약법의 내용적 통제에 관한 권한을 요구한다. 일반적으로 말하는 것처럼, 계약 관련 의무는 오로지 계약당사자 사이의 사회적 (구조적) 불평등이 지배하지 않을 때에만 유지될 것이다.[53] 더욱이 민법의 계약규정은 사회적 불평등의 간결한 유보에 따른 헌법적 심사를 각오하여야 한다.

연방헌법재판소 자신은 사회적 그리고 경제적 평등의 전제조건이 빠진 곳에서 '오로지' 강자의 권리만이 존재하지 않도록 하려고 계약수정권을 요구한다.[54] 연방헌법재판소는 민법전의 일반조항을 통해서 행위를 하는 형식을 취한다.[55] 이제 민법적 지위는 기본권적 지위로서, 보통 재산권적 지위로서 나타나는데, 이것은 기본권적 의미의 양 재산권자[56]인 임대인과 임차인이 헌법 우위로 말미암아 오직 비례성원칙에 따른 형량만이 해결할 수 있는, 헌법적 우열 미정 상태에 빠지게 한다. "충돌하는 기본권적 지위는 그 상호작용을 통해서 바라보아야 하고 양 지위는 모든 관련자를 위해서 가능한 한 넓게 효력이 미치도록 제한하여야 한다."[57]라고 연방헌법재판소는 지침을 제시하였다. 변증법은 민사법원에서 매우 복잡하다. 그래서 계약법에 법적 불안정성은 바로 이식된다.

---

51) BVerfGE 73, 206 (230 ff.)에서 벗어나는 BVerfGE 92, 1 (11 ff.).

52) 지도적 재판: BVerfGE 81, 242 (253 ff.) – '중개상'; 89, 214 (229 ff.) – '보증계약'. 법리적 분석: *Josef Isensee*, Privatautonomie, in: HStR VII, ³2009, § 150 Rn. 113 ff. (논증).

53) BVerfGE 81, 242 (255); 89, 214 (232).

54) BVerfGE 89, 214 (232).

55) BVerfGE 81, 242 (256); 89, 214 (233 f.).

56) 비판은 *Otto Depenheuer*, Der Mieter als Eigentümer, in: NJW 1993, S. 2561 ff.

57) BVerfGE 89, 214 (232).

오늘날 무엇보다도 갈등은 기본권적 재판의 지배원칙인 기본권적 법익형량에서 나타난다. 연방헌법재판소는 표현의 자유와 개인적 명예 사이의 관계[58]에서 혹은 공적 보장과 사적 보장의 중요성에 대한 불문의, 법관법으로 만들어진 개인정보보호권의 관계에서처럼 기본권의 방어적 중요성과 보호적 중요성 사이의 입법적 형량과 전문법원적 형량을 자기 형량으로 대체하는 경향이 있다.[59]

전문법원의 재판을 통제하는 권한을 연방헌법재판소로부터 박탈할 수 있다는 것은 오해일 것이다. 모든 국가법은, 따라서 모든 국가재판도 헌법에 구속된다. 연방헌법재판소의 통제는 개별 법원이 고립되고, 전문가적 근성에 사로잡히며, 맹목적이 될 위험을 저지한다. 연방헌법재판소는 법질서가 개별 영역으로 나뉘어 붕괴하지 않고 다시 헌법을 중심으로 결합하는 데 이바지한다. 연방헌법재판소는 전문법원의 구체적 문제를 더 거시적으로 평가하지만, 전문법원은 이것을 연구관점에서, 즉 미시적으로 평가한다. 2중 관점은 법인식을 잘할 수 있게 한다. 그러나 심사기준, 본질적으로 기본권은 일반적으로 내용이 빈약하고, 헌법재판소는 관찰과 경험에서 전문법원에 미치지 못하므로, 상위에서 그리고 더 먼 곳에서 개입하는 것은 비용이 많이 든다. 전문법원들은 때때로 아는 체하기, 현실과 동떨어짐 그리고 졸렬함을 인지한다고 생각한다. 십 년 전에 민법학자 베르너 프루메(Werner Flume)는 (헌법재판관인 그의 대학동료 에른스트 프리젠한[Ernst Frisenhahn]을 매우 불쾌하게 한) 연방헌법재판소를 '독일 최고의 비전문법원'이라고 불렀다.

58) 예를 들어 BVerfGE 86, 1 (11 ff.), 93, 266 (289 ff.). 일반적인 것으로는 *Josef Isensee*, Grundrecht auf Ehre, in: FS für Martin Kriele, 1997, S. 5 (28 ff.).

59) BVerfGE 107, 299 (328); 115, 320 (354 f.); 120, 378 (402, 430); 125, 260 (332).

# Ⅲ. 규범통제의 대상과 기준인 법률

규범통제는 심판대상인 법률과 심사기준인 헌법 사이의 구별을 전제한다. 기본권적 심사대상은 한계인 법률, 기본권의 헌법적 보호영역 심사기준 그리고 제한의 헌법적 한계, 특히 과잉금지이다. 그러나 법률은 기본권적 자유의 한계 이상이다. 법률은 기본권적 자유 행사 가능성의 전제이기도 하다.[60] 헌법문구는 간결하고 추상적이다. 헌법의 자유보장은 일반법을 통한 내용적 구체화, 충전 그리고 보충이 필수적이다. 기본권은 법률을 통해서 실현된다. 기본권은 입법을 조정하고 기본권은 법률의 작품이기도 하다.[61] 따라서 헌법과 법률의 구별은 불분명해질 위험이 있고, 헌법의 우위는 흔들린다. 해석자는 규범통제의 대상이 무엇이고, 규범통제의 심사기준이 무엇인지를 구별하는 데 어려움을 겪는다. 어려움은 헌법해석의 많은 영역에서 나타난다.

## 1. 헌법 개념에서 본 독일기본법 제정 이전 법률

법문구는 기본권규정에 '결혼'과 '가족', '재산권'과 '상속권'과 같은 일반개념이나 이러한 개념을 내용상으로 채우지 않고 권한표제에 '민법'과 '형법'을 포함한다. 그 문구는 발견할 수 있는 개념이해와 함께 전래의 법에서 도출되는 그 내용과 관련된다. 헌법이 전통적인 내용을 흡수하고 그것을 견고하게 하는지 혹은 헌법이 장래 입법에 열어놓고 입법자에게 개념의 내용 확징을 위임하였는지가 문제이다. 첫째 사안에서 헌법의 개념은 내용적 동일성이 있고, 둘째 사안에서 헌법의 개념은 오로지 지시만 포함한다. 헌법해석이 입법을 조정할 수 있는지, 있다면 그 범위는 어디인지 혹은 헌법해석이 입법을 따르는지는 법률이 합헌적인지 혹은 헌법

60) 자세한 것은 *Josef Isensee*, Grundrechtsvoraussetzungen und Verfassungserwartungen an die Grundrechtsausübung, in: HStR IX, $^{3}$2011, § 190 Rn. 160 ff.

61) *Matthias Jestaedt*, Grundrechtsentfaltung im Gesetz, 1999.

이 합법률적인지에 따라 좌우된다.[62)]

유럽문화에서 유래하고 독일 법발전을 통해서 영향을 받은 법적 개념인 결혼이 그러한 예이다. 결혼은 넓은 범위에서 법률적 형성이 필요하다.[63)] 그러나 입법자는 연방헌법재판소가 하는 것처럼 결혼을 형성할 때에 기본권의 자유적 성격과 다른 헌법규범에 결합시켜 찾은 생활형태와 헌법을 연결하여 도출한 본질적인 구조규정들을 존중하여야 한다.[64)] 그러나 무엇이 헌법으로 말미암은 이러한 변화저지적인 과정을 바꿀 수 있는지가 문제이다. 연방헌법재판소는 결혼과 관련한 개념통일성을 포기한다.[65)] 그에 반해서 연방헌법재판소는 법적 형식과 종신적인 구속에 대한 의지를 고수한다. 그래서 결혼유사적 공동체는 제외된다.[66)] 남자와 여자의 결합은 헌법이 보장한 결혼의 정체성에 완벽하게 속하므로, 법률이 규율하는 동성 결합('동성결혼')은 제외된다.[67)]

헌법의 독자성은 연방헌법재판소가 내린, 기본권인 '재산권'의 정의에서 불확실하다. 개념은 헌법 자체에서 찾아야 한다. 헌법보다 하위에 있는 일반법적 규범에서 헌법적 의미가 있는, 재산권의 추상적 개념이 도출될 수 없을 뿐 아니라 구체적인 재산권적 지위의 보장범위가 확정될 수 없다.[68)] 그러한 범위에서 연방헌법재판소는 독립적으로 나타난다. 그러나 다른 측면에서 헌법이 보장한 재산권의 대상과 범위는 재산권을 규율하는 합헌적 법률의 총체, 즉 각각의 시점에 전체를 아우르며 유효한,

62) 기초적인 것은 *Walter Leisner*, Von der Verfassungsmäßigkeit der Gesetze zur Gesetzmäßigkeit der Verfassung, 1964; *ders.*, Die Gesetzmäßigkeit der Verfassung, in: JZ 1964, S. 201 ff.; *ders.*, Institutionelle Evolution, 2012, S. 85 f.

63) BVerfGE 31, 58 (82 f.); 105, 313 (345).

64) BVerfGE 121, 175 (193).

65) BVerfGE 78, 38 (49); 84, 9 (17 ff.).

66) BVerfGE 87, 234 (263 ff.); 112, 50 (65); 117, 316 (327 f.); *Martin Gellermann*, Grundrechte im einfachgesetzlichen Gewande, 2000, S. 126 ff.; *Jörn Ipsen*, Ehe und Familie, in: HStR VII, $^{3}$2009, § 154 Rn. 18 ff. (자세한 논증).

67) BVerfGE 105, 313 (345 f.); *Ipsen* (N 66), § 154 Rn. 21 f., 55.

68) BVerfGE 58, 300 (335).

재산권의 지위를 규율하는 법률의 규정들에서 도출된다. "재산권자가 특정 권리가 없다는 것이 여기서 도출되면, 이것은 재산권에 속하지 않는다."[69] 헌법의 내용이 일반법을 통해서 확정되면, 실질적으로 헌법의 우위는 무력하게 된다. 법률은 규범통제의 대상에서 그 심사기준으로 바뀐다.

## 2. 법률을 통한 기본권 형성

재산권의 헌법적 개념은 민법 개념에 구속된다. 기본권인 재산권은 재산가치가 있는 권리들을 아우른다.[70] 그러나 이러한 권리들은 법률을 통해서 논증되고 형성된다. 오직 법률만이 민법적 재산권이 아닌 그 밖의 물권적 권리, 책임법적 청구권, 지분재산권 그리고 저작권의 '지적' 재산권, 사법적 연금수급권과 공법적 연금수급권과 같은 헌법이 보호하는 '재산권'의 다양한 유형을 창조할 수 있다. 헌법은 기본권인 재산권의 내용과 한계를 확정할 과제를 입법자에게 부여한다. 헌법은 오로지 형식적 구조만을 규정하여서 법률은 그 내용을 채운다. "재산권은 권리자에 대한 법익 귀속으로서 법적 생활에서 실현되기 위하여 필수적으로 법적 형성이 필요하다."[71] 법률은 기본권적 보호법익을 창조하고 그 범위를 확정한다. 그래서 토지재산권은 지하수를 포함하지 않는다.[72] 그러나 법률이 형성한 재산권적 지위는 집행부의 침해에 대해서 헌법적 보호를 누린다. 수용은 보상의무를 발생시킨다. 그러나 법률적인 재산권적 지위는 일반법률을 통한 변경과 박탈에 대해서 보호받지 못한다. 그러한 지위는 헌법에 따른 존속보호를 누리지 못하지만, 입법자에게 원칙적인 소급규율을 허용하지 않는 기본권적 신뢰보호를 누린다.[73]

---

69) BVerfGE 58, 300 (336). 비판은 *Walter Leisner*, Eigentum, in: HStR VIII, $^{3}$2010, § 173 Rn. 130 ff.

70) 논증은 *Leisner* (N 69), § 173 Rn. 10 ff.

71) BVerfGE 58, 300 (330).

72) BVerfGE 58, 300 (328 ff.) – 자갈채취.

73) 원칙적인 것으로는 *Hartmut Maurer*, Kontinuitätsgewähr und Vertrauensschutz, in: HStR

재산권의 법률적 내용확정은 법률적 한계와 구별된다. 한계가 없어지면, 재산권의 자유영역이 넓어진다. 그에 반해서 내용규정이 없어지면, 권리행사는 어려워진다. 물론 실제로 양 기능은 비슷하다. 따라서 저당권의 형식요건은 마찬가지로 기본권적 처분자유의 전제와 한계이다.

재산권의 법리학적 인식은 결사의 자유부터 방송의 자유까지 다른 자유권에 전용될 수 있다. 그러나 연방헌법재판소는 여러 척도로 심사한다. 따라서 연방헌법재판소는 단결권에서 법률적 수단과 법관법적 수단(임금협약, 노동쟁의, 공동결정 등)을 실질적으로 헌법적 서열로 올리고 그와 동시에 규범통제의 심사기준으로 삼았다.[74]

망명권은 연방헌법재판소의 기본권 총아에 속한다. 여기서는 다른 것처럼 특정 헌법이 침해되었는지에 대한 심사로 충분하지 않다. 오히려 연방헌법재판소는 망명사건을 절차법적 관점과 사실적 관점에서 포괄적으로 심사한다.[75] "실질적 망명권 보장의 실효적 관철은 적절한 절차규율을 전제하므로, 여기서도 절차법은 헌법적으로 중요하다."[76] 다른 말로 실체적 기본권의 절차법적 전제는 헌법적 서열로 승격되어서 헌법재판소의 통제기준이 된다.

연방헌법재판소는 오랫동안 법적 청문권 침해로서 일반 절차법의 모든 침해를 다루었으므로, 일반법은 헌법적 단계로 승격하였다.[77] 그러나 이제 (잘못된) 해석과 적용을 멋대로 하면, 비로소 위헌 한계를 넘게 될 것이다.[78] 연방헌법재판소는 자신의 절차통제를 일반적으로 헌법적 보장에 한정하여야 한다.

---

IV, [3]2006, § 79 Rn. 17 ff.

74) *Rupert Scholz*, Koalitionsfreiheit, in: HStR VIII, 32010, § 175 Rn. 115 ff. (논증).

75) BVerfGE 76, 143 (163 f.).

76) BVerfGE 65, 76 (94).

77) 대표적인 것으로는 BVerfGE 64, 203 (206); 64, 224 (227). 비판적인 것으로는 *Schlaich/Korioth* (N 4), S. 187 f.

78) BVerfGE 87, 282 (284 f.). BVerfGE 98, 68 (77)도 참조.

## 3. 기본권보호의무의 매개체인 법률

기본권은 정당하지 않은 국가의 제약을 저지하고(방어기능), 국가 자체에 정당하지 않은 사인의 제약에 대해서 보호할 의무를 부과한다(보호의무).[79] 기본권보호의무는 국민의 생명, 자유와 재산을 위한 안전을 보장하려는 목적을 제시한다. 그러나 기본권보호의무는 원칙적으로 수단을 선택하고 마련하는 것을 입법자에게 위임한다. 오직 법률만이 집행부가 기본권을 보호하기 위해서 침해자와 비당사자의 권리영역을 제약할 수 있게 한다. 따라서 보호의무는 헌법에 규정될지라도 법률, 예를 들어 경찰법, 환경보호법, 형법, 민법의 불법행위법, 절차법을 통해서 매개된다. 기본권보호의무의 매개체인 법률적 규율은 그 자체로 기본권적 중요성을 얻는다. 보호되어야 할 기본권을 위해서 위험이 있을 때에 관련 기관들은 이러한 위험을 제거할 법률을 고려하지 않을 수 없다. 법률침해는 동시에 기본권침해로서 나타난다.[80] 보호의무에 관해서 일반법은 헌법화한다.[81]

## 4. 체계정당성

규범통제의 대상에서 일반법률이 심사기준으로 승격되는 것은 체계정당성원칙을 통해서도, 즉 입법자가 수미일관하여야 하는 의무가 있고, 입법자가 특정 규율개념에 관해서 결정하면, 그는 이것을 마음대로 어길 수 없다는 명령을 통해서도 가능하다. 체계정당성은 평등원칙과 헌법적으로 결합한다.[82] 평등원칙 때문에 스스로 선택한 입법자의 전제는 예외를 정당화하여야 하는 규율이 된다.

---

79) 보호의무에 대해서는 *Josef Isensee*, Das Grundrecht als Abwehrrecht und als staatliche Schutzpflicht, in: HStR IX, $^{3}$2011, § 191 Rn. 146 ff., 217 ff. (논증).

80) BVerfGE 49, 304 (319 f.); 53, 30 (60 ff., 62 ff.); 77, 381 (405).

81) 논쟁에 대해서는 *Isensee* (N 79), § 191 Rn. 168, 188 (논증). 일반적으로는 *Jestaedt* (N 61), S. 65 ff, 258 f.

82) *Paul Kirchhof*, Allgemeiner Gleichheitssatz, in: HStR VIII, $^{3}$2010, § 181 Rn. 209 ff.

이러한 틀은 연방선거법에 관한 연방헌법재판소의 최근 판결에 근거한다. 도입명제는 입법자가 선거제도에 관한 자기 결정에서 원칙적으로 자유롭고, 입법자에게 넓은 형성여지가 있다는 것이다.[83] 그러나 입법자가 선거제도에 관해서 결정하였다면, 입법자는 원칙적으로 그러한 결정에 구속될 것이다. 유효한 제도는 비례선거적 기본성격이 있다. 여기서 벗어나는 것은 헌법재판소가 책정된 의석수와 함께 확정한 '매우 한정된 범위에서'만 허용된다.[84] 가장 최근의 법률개정(가능한 초과의석 숫자)에서 이탈은 헌법재판소의 체계적 사고로 말미암아 정당화할 수 없어서 폐기되었다. 그러나 헌법재판소는 선거제도 변경이 기술적 요소에서 규범적 요소까지 적절하였는지, 기존 제도를 바꾸고 계속형성하는 것이 입법자에게 맡겨져 있지 않은지를 검토하여야 한다. 법률적 체계 선언을 통해서 정치적 타협의 산물인 법률적 변경이 매우 쉽게 제거될 수 있다. 법리학에 도움이 되는 체계적 사고는 사법적 통제기준으로 적합하지 않다.

체계정당성과 결합한 일반적 자의금지는 연방헌법재판소가 모든 실정법적 기준을 넘어 정의의 사고로 돌아가게 하고 부정의가 추측되는 어느 곳에나 개입할 수 있게 한다.[85]

## Ⅳ. 기본권 적용의 규제척도인 과잉금지

과잉금지는 기본권을 적용하기 위한, 사법의 가장 중요한 수단이다. 기본권을 작용하게 하고, 기본권을 인도주의적 수사 속에 처박아두지 않는다는 것과 기본권이 유효한 다양한 규범통제를 가능하게 하고 전체 법발전을 조정한다는 것은 과잉금지 덕분이다.

---

83) BVerfG Urt. v. 25.7.2012 – 2 BvF 3/11 – Rn. 54, 56.

84) BVerfG (N 83), Rn. 110, 115, 141, 143 f.

85) 비판적인 것으로는 *Schlaich/Korioth* (N 4), S. 186 f.

과잉금지는 불문의 헌법이다.[86] 독일기본법전에는 과잉금지가 없다. 어떠한 때에도 기본권의 본질적 내용을 건들 수 없다는 것을 실정법으로 규정하려고 한다.[87] 그러나 과잉금지는 인권적 자유 이념에 속하므로, 이러한 시도는 의미가 없다. 존 로크(John Locke)를 따르면, 국가공동체에 들어갈 때에 개인은 자신의 자연적 자유를 포기하지 않는다. 더 정확히 말하면, 개인은 자유와 재산 보장을 획득하고, 이러한 법익을 더 잘 유지하기 위해서 요구되는 정도의 제한을 감내한다.[88] 과잉금지는 넓은 뜻의 비례성원칙으로서 경찰법의 실정법적 전통이다. 국민의 자유에 대한 경찰법적 개입은 위험을 제거하기에 적합하여야 하고, 적합한 수단 중에서 가장 잘 보호하여서 필요하여야 한다. 제거하여야 할 위험과 비교하여 상당하여야 허용될 수 있다(좁은 뜻의 비례성). “경찰은 참새에 대포를 쏠 수 없다.” 기본권법리학은 경찰법의 원칙을 수용하는데, 특히 경찰법적 개입이 바로 전형적인 기본권제약이다. 과잉금지의 세 요소는 즉시 기본권적 자유의 법률적 제약을 평가하여서 기본권이 방어권적 측면에서 관철되도록 한다. 그러나 여기서 그 적용 가능성이 모두 소진되지는 않는다.

과잉금지기준이 적용되는, 기본권적 규범통제의 전형적인 세 대상은 구별된다:

- 기본권을 제한하여서 기본권의 방어기능이 개입하도록 하는 법률,
- 기본권을 형성하여서 기본권의 전제조건을 마련하는 법률 그리고
- 사적 침해에 대한 보호를 제공하여서 보호의무를 구체화하는 법률

86) 고전적 연구: *Peter Lerche*, Übermaß und Verfassungsrecht, 1961.

87) 독일기본법 제19조 제2항에 대해서는 *Christian Hillgruber*, Grundrechtsschranken, in: HStR IX, $^{3}$2011, § 201 Rn. 98 ff. (논증).

88) *John Locke*, The Second Treatise of Government, 1689, IX.

## 1. 기본권의 제한인 법률

정당한 목적에 적합하고 필요하며 상당한 수단임을 증명함으로써, 기본권의 한계인 법률은 정당성을 부여받아야 한다.

입법자는 목적을 스스로 정한다. 목적이 오로지 공공에 이바지하고 헌법과 합치하면, 입법자는 원칙적으로 특정한 공익을 위해서 자유롭게 결정할 수 있다. 헌법에는 확정된 정당한 목적 목록이 없다. 그러나 헌법은 사회적 국가목적, 혼인 외 아이의 동등대우와 환경보호를 위한 입법위임, 무엇보다도 기본권보호의무에서 개별 목적을 규정한다.[89)] 기본권의 자유잠재성은 오로지 필요한 만큼만 축소되고 가능한 한 유지되어야 한다는 것이 원칙이다. 이러한 원칙에 개인의 자유는 시원적인 것으로서 본래 무제한이고, 국가의 개입은 필수적으로 제한적이고 정당화가 필요한 것으로 생각하는 법치국가적 (영역)배분원리가 속한다.[90)]

오로지 목적에 적합한 법률만 정당성을 부여받을 수 있다. 법률이 자기 목적을 충족할 수 없으면, 법률이 요구하는 기본권내용의 희생은 의미가 없어서 위헌이다. 희생은 필수적이어야 한다. 목적에 적합한 여러 수단이 있으면, 기본권을 가장 적게 제약하는 수단을 선택하여야 한다.

이러한 기준들이 상대적으로 단순하고 합리적으로 적용될 수 있다면, 좁은 뜻의 비례성원칙은 가장 큰 어려움에 부딪힌다. 즉 기본권의 보호영역을 포괄하는 기본권잠재성 상실은 자신을 위해서 상실을 요구하는 목적에 상당하지 않을 수 없다.[91)] 목적과 수단은 일반적인 중요성 목록을 따라서 평가하고 서로 형량 되어야 한다. 그러나 일반적으로 인정되는 합리적이고 재검할 수 있는 정도와 중요성의 체계는 없다. 법적용자는 개별 사안에서 목적과 수단을 어떻게 평가하여야 하는지를 확정한다. 우연한

---

89) 자세한 것은 *Josef Isensee*, Gemeinwohl im Verfassungsstaat, in: HStR IV, [3]2006, § 71 Rn. 70 ff.; *ders.*, Staatsaufgaben, ebd., § 73 Rn. 37 ff.

90) *Schmitt* (N 6), S. 126.

91) 자세한 것은 *Hillgruber* (N 87), § 201 Rn. 72 ff. 원칙적 비판은 *Walter Leisner*, Der Abwägungsstaat, 1997.

것, 변덕스러운 것 그리고 정치적인 것, 즉 재판의 기회인인론이 연방헌법재판소의 형량에 수반한다.

그럼에도 헌법재판소는 형량을 위한 대체적인 규율 같은 것을 발전시켰다. 따라서 기본권이 정치적 개입을 면제할 때와 기본권이 청구와 항변에서 벗어나게 하고, 공적 의견과 정치적 의사형성에 이바지할 때에 헌법재판소는 기본권에 특별한 중요성을 덧붙인다. 시위의 자유는 처음부터 그 행사로 말미암아 제약되는 도로교통의 원활보다 더 중요하고,[92] 표현의 자유와 언론의 자유의 정치적 행사는 훼손되는 개인의 명예 보호보다 더 중요하다.[93] 자유와 안전의 형량에서 연방헌법재판소는 다양한 척도에 따라 심사한다. 즉 테러행위에 대한 방어가 문제 될 때에 의심스럽게도 위험예방보다 개인정보보호에 더 큰 중요성을 두었다.[94] 그에 반해서 비흡연자의 건강보호는 흡연자와 흡연우호적인 음식점주인의 기본권적 자유보다 우위를 획득한다.[95] 재판자료에서 일반적인 형량규율을 추론해낼 수는 없다. 기껏해야 개별 기본권에 대한 경향이 인식될 수 있을 뿐이다. 그러나 기본권은 각각 고유하고 특별한 중요성이 있다. 신문의 자유와 방송의 자유의 중요성은 특히 크고, 재산권보장의 중요성은 특히 작다.

연방헌법재판소가 원칙적으로 입법자가 헌법이 선택한 최초해석자로서 하였던 형량을 존중하고, 결과를 추체험할 수 없을 때와 법률이 비례성명령에 명백하고 심각하게 어긋날 때에만 단호하게 대응하면, 형량의 진퇴양난에서 벗어나는 길은 발견된다. 원칙적으로 헌법재판소는 사실의 평가(예를 들어 테러행위자에 의한 위협상황이나 원자력발전소의 위험)와 입법자의 예단을 받아들여야 하고, 입법자의 헌법적 심사에 기초하여야 한다. 오로지 명확하게 인식할 수 있는 잘못된 가정이 있을 때에만 헌법재판소는 거기에서 벗어날 수 있고, 그것 대신에 고유한 자기 견해에서

92) BVerfGE 69, 315 (346 f.).

93) BVerfGE 42, 163 (169); 61, 1 (11); 62, 230 (248).

94) 대표적인 것으로는 BVerfGE 115, 320 (341 ff.) – 컴퓨터자료를 통한 범인탐색.

95) BVerfGE 121, 317 (344 f., 349 f., 354 f.).

출발할 수 있다.[96] 이러한 전제는 어쨌든 초과의석 증가와 헌법적 추론을 위한 연방헌법재판소의 예단에는 없다.

## 2. 기본권의 내용적 형성인 법률

기본권의 한계인 법률과 관련이 있는 과잉금지의 적용틀은 기본권의 내용적 형성인 법률에 전용될 수 없다. 기본권의 한계인 법률에서 입법자는 자유를 위해서 가능한 한 자제하여야 한다. 그러나 기본권의 내용적 형성인 법률에서 입법자는 자유를 위해서 불완전한 기본권규범을 옹글게 하는데 가능한 한 최선의 실현조건을 창조하도록 요구받는다. 입법자는 마음대로 형성할 수 없다. 입법자는 기본권을 행사할 수 있는 법적 전제조건을 필요에 맞게 그리고 사항에 맞게 보장하여야 한다. 형성규범은 이러한 목적을 달성하기에 적합하여야 한다. 그러한 범위에서 목적적합성은 형성규범과 제한규범에 공통이다.

연방헌법재판소는 일반화할 수 있고 다른 자유권에 적용될 수 있는, 단결권 형성을 위한 지침을 발전시켰다:

- 형성은 기본권의 보호법익을 지향한다.
- 형성은 단체의 자유로운 결사와 자기결정, 체계화한 단체활동 그리고 보호가 필요한 그 밖의 중요성을 조정한다.
- 입법자는 다양한 필요에 상당하고 그 선택에 무리가 없게 법형식의 충분한 다양성을 자유로이 활용한다.
- 단체와 그 기관의 기능수행성은 보장된다.[97]

이러한 기본권적 지침은 최적화에 겨냥된 행위규범이다. 이러한 기본권적 지침은 그에 대한 위반이 기본권행사를 제약할 때에만 규범통제의 심사기준으로서 기능한다.

---

96) BVerfG (N 83), Rn. 145 ff.

97) BVerfGE 50, 290 (355). 일반적인 것으로는 *Isensee* (N 60), § 190 Rn. 163 ff.

## 3. 기본권보호인 법률

헌법은 기본권보호의무에서 입법자에게 목표를 제시하고 그에게 이러한 목표를 달성하기 위한 수단 마련을 위임한다. 그러나 헌법은 이러한 목적을 어떻게 달성하여야 하는지를 원칙적으로 입법자의 형량에 맡긴다. 입법자는 수단, 예를 들어 민법의 불법행위법과 점유보호법, 경찰법과 질서법, 절차를 통한 권리보호에 관한 규율을 결정한다.[98)]

그러나 선택재량은 헌법적 지침을 통해서 통제된다. 수단은 목적에 적합하여야 한다. 이러한 합리성명령은 모든 국가행위에 적용된다. 수단은 또한 위험에 대처하기에 충분하여야 한다. 이러한 명령은 재정법적 효과를 초래한다. 즉 입법자는 집행부와 사법부의 보호의무 이행을 위한, 충분한 역량을 발휘하게 하는 재정적 수단을 승인하여야 한다.

법률적 보호조치는 보호의 실효성을 목표로 한다. 헌법위임은 노력이 아니라 실현을 지향한다. 따라서 연방헌법재판소가 비행기납치사건에서 승객의 생명권과 인간존엄의 방어기능 때문에 비행기가 지상으로 추락함으로 말미암아 위협받는 사람들의 생명권과 인간존엄 보호를 소홀히 다룰 때에, 대단치 않은 의미가 있는 목적을 위한 수단 문제와 관련하여 헌법의 개방성에서 추론하고, 방어권 때문에 기본권보호의무를 무시하는 것은 잘못이다.[99)] 방어권과 보호의무는 같은 서열이다.

다시 말하는데 보호의무에서 국가는 노력하는 것이 아니라 실현할 의무를 진다. 집행부는 모든 개별 사건에서 살인, 상해, 강도나 불법감금을 저지할 수 없다. 그러나 법률은 어쨌든 집행부가 이러한 위험을 저지할 수 있는데 필수적인 근거를 마련하여야 한다. 집행처럼 법률은 기본권적 법익 보장을 위한 최소기준을 보장하여야 하고, 이러한 기준에 미달하

98) 입법자의 선택재량에 대해서는 BVerfGE 77, 170 (214 f.); 79, 174 (202); 92, 26 (46); 96, 56 (64); 115, 118 (160).

99) BVerfGE 115, 118 (160).

지 말아야 한다. 이것은 과소보호금지의 내용이다.[100)]

보호의무의 과소보호금지는 방어권의 과잉금지와 짝을 이룬다. 위험발생자, 즉 가해자에 대한 제약을 통한 위험피해자의 보호가 이루어지면, 예를 들어 흡연금지를 통해서 흡연자의 니코틴 가해로부터 비흡연자가 보호되면, 입법자는 양자를 만족하게 한다.

문헌에서 가해자에 대한 과잉금지, 곧 최상한은 과소보호금지, 곧 국가행위의 최하한을 뜻하므로, 양자는 일치한다는 명제를 통해서 입법자를 과잉금지와 과소보호 사이의 진퇴양난에서 구하려는 노력이 활발하다.[101)] 그러나 이러한 가정은 옳지 않다. 과잉금지는 국가의 개입을 제한하나, 과소보호금지는 국가보호를 제한하지 않는다. 과잉금지요구에 들어맞는 법률은 명령받은 보호를 제대로 하지 않을 수 있다. 그러나 보호는 자주 가해자나 제3자에 대한 제약 없이도 달성된다. 국가가 기본권을 제약할 때에만 과잉금지가 작용한다. 따라서 과잉금지는 제한된다(조건강령[조건프로그램]). 그러나 과소보호금지는 제한이 따르지 않는다. 국가는 제한 없이 기본권적 법익의 안전을 보장할 의무를 진다(목적강령[목적프로그램]).[102)]

---

100) 이에 대해서는 BVerfGE 88, 203 (254); *Claus-Wilhelm Canaris*, Grundrechte und Privatrecht, in: AcP 184 (1984), S. 201 (228); *Johannes Dietlein*, Die Lehre von den grundrechtlichen Schutzpflichten, 1992, S. 131 ff.; *Wolfram Cremer*, Freiheitsgrundrechte, 2003, S. 310 ff.; *Markus Möstl*, Die staatliche Garantie für die öffentliche Sicherheit und Ordnung, 2002, S. 103 ff.; *Günter Krings*, Grund und Grenzen grundrechtlicher Schutzansprüche, 2003, S. 297 ff.; *Isensee* (N 79), § 191 Rn. 301 ff.

101) *Karl-Eberhard Hain*, Der Gesetzgeber in der Klemme zwischen Übermaß- und Untermaßverbot?, in: DVBl 1993, S. 982 (983); *ders./Volker Schelte/Thomas Schmitz*, Ermessen und Ermessensreduktion, in: AöR 122 (1997), S. 32 (51 ff.); *Matthias Mayer*, Untermaß, Übermaß und Wesensgehaltsgarantie, 2005, S. 152, 162.

102) *Isensee* (N 79), § 191 Rn. 304 f. (논증).

## 4. 조세의 기본권직 변형

헌법은 조세가 국가의 본질적 수입원천이라는 것이 자명하다고 전제한다. 조세는 국민에게서 금전재산(과 더불어 자유잠재성)을 빼앗는다. 그러나 조세가 수용이라면 국가의 수입인 조세의 의미를 퇴색시킬 보상청구권을 발생시킬 것이므로, 조세는 수용이 아니다.[103] 그래서 재산권보장의 심사기준으로 조세를 인식하고 다루는 것은 어렵다. 연방헌법재판소는 처음 10년 동안 조세는 재산권보장의 보호영역을 전혀 건드리지 않는다는 것에서 출발하였다. 그러나 조세가 관계자에게 과도하게 부담 지우고 재산관계에서 관계자를 제약하여 교살적으로 작용하였다면, 기본권이 침해된다고 인정하였다.[104] 그러나 여기서 결론은 전제로 그리고 재산권제약은 재산권적 성질로 추론되어 기본권적 논리는 비틀어졌다. 기본권제약 가능성의 전제조건인 기본권의 보호영역은 실제 발생한 기본권제약에 따라서 확정된다. 재산권제약의 금지된 과잉, 즉 교살은 일반적으로 기본권적 재산권이 무엇인지를 말하여야 한다.

그러나 이제 연방헌법재판소(어쨌든 그의 제2재판부)는 조세가 기본권으로 보장된 재산권에 대한 제약이어서, 조세는 처음부터 보통의 기본권질서에 삽입되었다는 것에서 출발한다.[105] 헌법에서 재산권 행사를 의무지운 목적인 공공복리에 대한 이바지(독일기본법 제14조 제2항)는 조세로 말미암아 실현된다. 공공유용성은 기본권에 자명하므로, 독일기본법이 특별히 규정하지 않은 사적 유용성과 '동시에' 존재한다.[106] 사적 유용성적 요소는 어떠한 정당화도 필요하지 않다. 그에 반해서 조세는 재산권의 제약으로서 정당화가 필요하다. 물론 조세는 제약만은 아니다. 과세 가

---

103) 자세한 것은 *Paul Kirchhof*, Die Steuern, in: HStR V, [3]2007, § 118 Rn. 122 f.

104) BVerfGE 14, 221 (241); 30, 250 (272); 78, 214 (230); 81, 108 (122); 95, 267 (300).

105) 이에 대해서는 논증이 있는 *Kirchhof* (N 103), § 118 Rn. 117 ff.

106) 독일기본법 제14조 제2항 제2문에서 "동시에"라는 문구 해석에 대해서는: *Kirchhof* (N 103), § 118 Rn. 126 ff.; BVerfGE 93, 121 (138). 반대견해로는 BVerfGE 115, 97 (114).

능성은 재산권의 내용에 속한다. 조세에서 국가는 사적 소득과 소유 우위를 존중하기 때문이다. 국가가 경제적 생활에 관여할 수 있고, 실제 참여하면 경제적 성공으로 말미암아 분배받는 것을 제한할 여지를 국민의 자유에 준다. 조세는 경제적 자유의 비용이다.[107] 이러한 자유의 기본권적 보장에서 이미 조세의 필요성이 나온다.

그래서 재산권보장이 조세에 한계를 설정할 수 있는지가 문제 된다. 과잉금지는 여기에 적용될 수 없다. 조세의 고유한 목적은 (가능한 비재정적 부수목적은 고려치 않고) 국가의 재정조달이다. 이러한 목적에 대한 조세의 적합성과 필요성은 문제가 되지 않는다. 더 보호적인 수단은 사용할 수 없다. 목적적합성과 필요성은 세금의 본질적 성격이다. 그러나 그것들은 기본권적으로 통제하기 위해서 조세에 외부적으로 부과되는 심사기준이 아니다.

좁은 뜻의 비례성도 목적과 수단 관계에서 경찰법적 개입권한, 예를 들어 인신구금이나 집회해산과 같은 방식으로 조세에 적용될 수 없다. 국가의 전반적인 재정수요를 충족하고 국가의 과제수행을 가능하게 하려는 목적은 개별 세법이 관계자에게 예정한 부담과는 다른 질과 양이 있기 때문이다. 목적과 수단의 형량은 양 법익의 비양립성으로 말미암아 실패한다. 일반 재정수요의 세법적 변형은 기본권의 주제가 아니라 재정정책의 주제이다.

그러나 기본권적 문제는 법률로 규정된 공과금이 관계자의 기본권으로 보장된 재산권적 지위를 반비례적으로 침해하지 않는지, 달리 말해서 보호법익에 대한 제약이 과도하지 않는지라는 다른 방향으로 흘러간다. 판매세 수입을 분배할 때에 '납세의무의 과중부담'을 피하여야 한다고 요구되면, 독일기본법에서 이러한 사고가 드러난다.[108] 조세의 본질은 이미

107) 기업국가와 대조한 조세국가의 개념에 대해서는: *Josef Isensee*, Steuerstaat als Staatsform, in: FS für Hans Peter Ipsen, 1977, S. 409 ff.; *Klaus Vogel*, Der Finanz- und Steuerstaat, in: HStR II, $^{3}$2004, § 30 Rn. 51 ff.

108) 독일기본법 제106조 제3항 제4문 제2호. 이에 대해서는 BVerfGE 115, 97 (115 f.).

비례성원칙의 테두리 안에 있다. 조세는 그 자체로 자신의 크기를 유지한다. 조세는 국민의 경제적 성과에 대한 국가의 이익배당이다. 그래서 조세는 성과 전체가 아니라 오로지 한정된 몫만을 요구한다. 조세는 성과의 기반이 되는 전제조건을 파괴하려는 것이 아니다. 17세기의 재정학자는 정당하고 합리적인 과세의 한계를 짤막하게 표현하였다: 더군다나 닭을 죽이면, 닭은 알을 더는 낳지 못한다. 그래서 조세국가는 닭의 번식, 소유자의 생활수요 그리고 시장 공급에 필요한 충분한 양을 남겨둘 수 있을 만큼의 알만을 걷는다. 오늘날 말로 바꾸면, 조세는 몰수가 아니라 이익배당이다. 연방헌법재판소는 좋은 근거를 제시하며 처음부터 교살적인 조세를 위헌이라고 폐기하였다.

그러나 비례성원칙은 경제적 종말이라는 극단적 상황으로부터만 보호하는 것은 아니다. 오히려 비례성원칙은 개인의 성과에 대한 국고의 정상적인 몫을 규율하고, 경제적 성과로 말미암아 걷을 수 있는 것과 남겨두어야 하는 것을 설정한다.[109)]

그로부터 개별 세법을 위한 기본권적 한계가 도출된다. 일반규율 논의에서 그러한 한계를 도출하는, 유형화한 고찰방식을 따르면, 영업세는 사업체가 정상적인 사업성과에서 감당할 수 있는 것보다 더 많은 부담을 지울 수 없다. 상속세는 가족기업 존속을 막을 수 없고, 토지세는 자기 부동산을 정상적으로 사용할 때에 이것을 매각하도록 소유권자에게 강요할 수 없다. 소득세는 처분할 수 있는 순수수입에만 부과할 수 있어서, 이자나 잔여금을 갚기 위한 채무자의 소비에는 부과할 수 없다. 담세자의 필수적 수요 충족과 부양이 필요한 그의 가족은 사회부조 청구를 불가피하게 만들어서, 사회국가가 조세국가가 가져갈 수 있는 것을 보상하여야 하므로, 최저생활비는 조세의 절대적 한계이다. 기본권적 재산권에 대한 존중은 심지어 조세저항적 소득최소한이 명확하게 사회법의 최소생계비 위에 있어야 한다는 것을 요구한다.[110)] 따라서 비례성이라는 심사기

---

109) BVerfGE 115, 97 (115).

110) *Josef Isensee*, Empfiehlt es sich, das Einkommensteuerrecht zur Beseitigung von

준은 기본권으로 보호된 재산권의 지위를 한정하는 각 조세대상에 적용된다.[111] 부담 가능성은 납세 가능성에 따른다. 부담이 더 많이 증가할수록, 사적 유용성과 사적 자유잠재성이라는 본질내용을 주장하는 재산권 보장의 저항은 더 강해진다. 따라서 비례성은 소유권자에게 남겨야 할 것을 고려한다.

이러한 기준은 개별 세금유형에 따른 부담뿐 아니라 발생한 세금에 따른 전체 부담에도 적용된다. 개별 세법이 기본권적 심사를 통과할지라도, 다양한 세금의 합계가 과도한 결과를 낳고, 담세자의 납세능력을 넘어 부과되며, 담세자를 파산하게 할 수 있다. 그래서 연방헌법재판소는 수입, 줄일 수 있는 지출과 그 밖의 상환을 유형화하여 고찰할 때에 부채액의 전체 부담이 사적 재산의 관리자와 공적 재산의 관리자 사이에서 양분하는 것 가까이에 있어야 함을 인식하였다.[112] 오직 필요한 때에만 헌법은 재산 본체에 손대는 것을 허용한다.[113] 반액과세원칙에서 명확하게 계량화한 부담 가능성 한계가 도출된다. 이를 통해서 비례성원칙은 세법에 적용할 틀을 얻는다.

그러나 오로지 제2재판부의 판결만이 이것을 말한다. 제1재판부는 계속해서 조세는 원칙적으로 재산권보장을 건드리지 않는다는 오래된 옛 견해를 고수한다.[114] 하지만 제2재판부도 망설이고 있고 반액과세의 한계도 포기하였다. 최근 결정에서 제2재판부는 소득세와 영업세에 따른 57.58%의 전체 부담을 헌법에 합치한다고 허용하였다.[115] 과잉금지에서 어떠한 양적으로 구체화할 일반적 과세상한을 끄집어낼 수 없다고

---

Ungleichbehandlungen und zur Vereinfachung neu zu ordnen?, in: Verh. 57. DJT, 1988, Bd. II, Teil N S. 32 (54 ff.).

111) *Kirchhof* (N 103), § 118 Rn. 131.

112) BVerfGE 93, 121 (137 f.) – 재산세. *Paul Kirchhof*, Bundessteuergesetzbuch, Ein Reformentwurf zur Erneuerung des Steuerrechts, 2011, § 8 Rn. 2, 4 f.도 참조.

113) BVerfGE 93, 121 (138).

114) BVerfGE 95, 267 (300).

115) BVerfGE 115, 97 (110 ff.).

한다.[116] 그럼에도 연방헌법재판소는 헌법적 자체금시에 따라 세법에 대한 통제, 특히 비례성의 일반적 심사기준에 따른 통제를 계속하려고 한다.[117] 더 많은 수입이 있을 때조차 경제적 성과가 근본적으로 침해되고 조세부담이 더는 적절하지 않은 것으로 드러날 정도로 조세부담이 통상적인 때보다 더 커서는 아니 된다고 한다.[118] 실질적 통제 거부에 대한 대안으로서 헌법재판소는 증세를 위한 형식적 조건, 즉 통상적이지 않은 조세부담에도 아직 과도하지 않은 것으로 유효할 수 있는 정당한 근거를 제시하여야 하는 입법자의 의무를 도입한다.[119]

헌법재판소는 독일기본법이 어떤 실질적 부담한계를 알지 못한다는 것(한때 판매세가 과도한 부담이라고 언급한 것을 제외하고)을 통해서 자기 통제의 선별과 완화를 설명한다. 그러나 조세를 통한 국가재정조달 이익의 모든 가치 있는 제한은 독일기본법이 명확하게 규정하지 않은, 헌법재판소의 배분제한과 함께 임무제한을 입법자에게 간접적으로 부과할 위험에 빠진다.[120]

그러나 스스로 만들어낸 개인정보보호에 관한 불문의 기본권을 계속해서 발전시키고, 개인정보보호법률을 위해서 그 자체가 불문인 과잉금지를 더욱더 세련되게 다듬으며, 공공안전보장을 위한 법률을 사법적(司法的) 빗장을 통해서 좌절시켰을 때에, 연방헌법재판소는 그런 종류의 의혹에서 벗어날 수 없다. 규범통제는 몇 가지 척도를 따른다. 규범적 확정에 따른 재산권보장의 일시적 이익과 헌법적 예측 가능성에 따른 조세의 일시적 이익은 다시 사라져버린다. 입법자의 정치적 재량은 광범위하게 복구된다. 헌법재판소가 기본권을 보호하기 위해서 명확하고 일관적이며 일반적이고 지속적인 척도를 사용한다는 것을 국민은 신뢰할 수 없다.

116) BVerfGE 115, 97 (115).
117) BVerfGE 115, 97 (114, 116).
118) BVerfGE 115, 97 (117).
119) BVerfGE 115, 97 (116).
120) BVerfGE 115, 97 (115).

# 憲法判例研究 總目次

(1권~13권)

[憲法判例研究(1)]

[憲法判例研究(2)]

[憲法判例研究(3)]

[憲法判例研究(4)]

인터넷 規制制度와 憲法裁判所決定 ………………………………………… 明載眞
制限立法의 解釋原則으로서의 憲法裁判上의 모호성에 의한
無效의 法理 ……………………………………………………………… 曺小永
還 買 權
－憲裁決 1997. 6. 26, 96헌바 94 土地收用法 제71조 제7항
違憲訴願과 관련하여－ …………………………………………………… 鄭然宙
都市開發을 위한 民官協力
－獨逸建築法典上의 開發契約 등을 中心으로(公用換地, Umlegung
포함, 土地收用前의 合意, 土地收用 자체에 대한 合意)－ ……… 金性洙
高校平準化制度의 違憲與否
－初 · 中等教育法施行令 제77조 제2항 등 違憲確認事件
(2002헌마188)과 관련하여－ ………………………………………………… 張永喆
核廢棄物處分政策에 관한 憲法的 考察
－美國에서의 論議를 中心으로－ ………………………………………… 金炳錄
Entwicklung und Stand der Verfassungsgerichtsbarkeit
in Korea ………………………………………………………………………… 許 營
憲法裁判에서의 假處分 ……………………………………………………… 黃致連
憲法裁判所 決定主文의 類型 ………………………………………………… 金顯哲
憲法裁判所法 제68조 제1항에 대한 憲法裁判所 決定
(憲裁決 1997. 12. 24, 96헌마172 · 173(병합))의 問題點 …………… 朴炅澈
서평: 한 法學者의 빗나간 憲法사랑
－박홍규의 '그들이 憲法을 죽였다(개마고원, 2001년)'를
위한 提言 ……………………………………………………………………… 李鍾秀

[憲法判例研究(5)]

2002년의 重要憲法判例 ……………………………………………………… 許 營
제 1 부 特輯: 平等權
憲法上의 正義의 原理와 平等權 ………………………………………… 明載眞
恣意禁止와 比例性의 原則 ………………………………………………… 朴眞完

婚姻과 同姓間의 生活共同體
　－BVerfGE(2002. 7. 17)＝NJW 2002,
　　S. 2543ff. 評釋－ ……………………………………………………… 李憙衍
女性割當制의 違憲性 ……………………………………………………… 趙在炫
美國聯邦大法院의 性差別에 관한 平等權審査 …………………………… 金顯哲
職業選擇의 自由와 平等權
　－公務員의 自動資格附與制度를 中心으로－ …………………………… 李丞祐
教育平等權 ………………………………………………………………… 張永喆
選擧에 있어서의 平等具現에 관한 考察
　－現行法上의 選擧公營制 檢討를 中心으로－ ………………………… 曺小永
제 2 부 一般論文
解放後 3년간의 憲法構想 ………………………………………………… 全光錫
브렌넌(Brennan)의 自由民主主義
　－少數意見을 中心으로－ ……………………………………………… 成鮮濟
映畵上映等級分類保留와 言論·出版의 自由
　－憲裁決 2001. 8. 30, 2000헌가 9 映畵振興法
　　제21조 제4항 違憲提請事件을 中心으로－ …………………………… 鄭然宙
憲法附則 제5조에 대한 試論 ……………………………………………… 田鶴善
豫算法의 基本原則과 財政法의 課題 ……………………………………… 金性洙
警察法上 責任論의 새로운 出發
　－一般的 平和攪亂禁止義務에서 協力義務로의 變化－ ……………… 李起椿
美國의 인터넷藥局의 現況과 問題點 ……………………………………… 金東健

[憲法判例研究(6)]
2003년 重要憲法判例 ……………………………………………………… 金光錫
慣習憲法이 提起하는 憲法理論的 問題點
　－신행정수도의건설을위한특별조치법 違憲決定
　　(憲裁決 2004. 10. 21, 2004헌마554·566(병합))에
　　대한 評釋－ ……………………………………………………………… 李鍾秀

規制의 必要性과 規制方法論에 대한 憲法的 評價
　－大學內에서의 敵意的 表現行爲에 대한 制限學則을
　　中心으로－ ………………………………………………………… 曺小永
憲法 제21조가 放送에 대해 갖는 意味는 무엇인가? …………………… 高旼秀
民族文化遺産에 대한 公用收用
　－憲裁決 2003. 1. 30, 2001헌바 64 舊傳統寺刹保存法
　　제6조 제1항 제2호 등 違憲訴願事件을 中心으로－ ……………… 李憲衍
憲法裁判에서 立法形成의 自由와 立證責任
　－反對意見의 意義와 機能－
　　選擧權年齡에 대한 憲裁決定評釋(憲裁決 2003. 11. 27,
　　2002헌마 787, 2003헌마 516(병합)) ……………………………… 李憲衍
輕犯罪處罰法과 卽決審判節次法에 관한 憲法的 照明
　－憲裁決 2004. 9. 23, 2002헌가17 · 18(병합)과 관련하여 ………… 張永喆
Alter und Alterungsprozesse im Rechtsleben in Korea ……………………… 許 營
盧武鉉 大統領에 대한 彈劾審判 ……………………………………………… 許 營
大統領 盧武鉉에 대한 彈劾審判決定의 評釋 ……………………………… 李丞祐
機關訴訟과 權限爭議의 關係 ………………………………………………… 金基震
獨逸行政法에서의 意圖된 裁量理論과 裁量統制 …………………………… 金性洙
計劃變更請求權과 取消訴訟의 取消要件
　－文化財保護區域 指定解除申請에 따른 拒否處分取消訴訟
　　(大判 2004. 4. 27, 2003두 8821)을 中心으로－ …………………… 宋東洙

[憲法判例硏究(7)]
2004년 重要憲法判例 ………………………………………………………… 李憲衍
2005년 前半期의 重要憲法判例 ……………………………………………… 許 營
身上公開制度와 細部情報公開制度(案)에 대한 憲法的 檢討
　－憲裁決 2003. 6. 26, 2002헌가14 中心으로－ …………………… 鄭然宙
個人情報保護와 프라이버시影響評價 ……………………………………… 趙在炫
憲法上 政敎分離原則과 文化國家原理 ……………………………………… 崔祐禎

宗教의 自由의 客觀的 價值秩序性에 관한 小考
 －獨逸聯邦憲法裁判所의 '히잡 (kopftuch)
 判決(BVerfGE 108, 282)'을 中心으로 ………………………………… 朴揆煥
環境調整用地의 社會的 羈束性
 －獨逸 土地區劃節次上 私的 配分用地의 法的 性格을 中心으로 … 鄭慧英
地方自治에서의 電子民主主義 ………………………………………………… 曺小永
財政과 憲法
 －財政憲法改正의 必須性 …………………………………………………… 李悳衍
道路交通法 第71條의 15 第2項 違憲提請事件
 －憲裁決 2005. 7. 21, 2004헌가 30 ………………………………………… 金柱暻
金融保險會社 議決權制限에 대한 憲法的 評價 ………………………… 金光錫

[憲法判例研究(8)]
2005年度 後半期 및 2006年度 前半期의 重要憲法判例 ………………… 鄭然宙
 '新行政首都의 建設을 위한 特別措置法' 違憲決定
 (憲裁決 2004. 10. 21, 2004헌마 554·566(倂合))의
 憲法理論的 問題點 …………………………………………………………… 朴炅澈
最近 判例들에서 나타난 憲法裁判所의 政黨觀
 －政黨法上의 政黨登錄制度와 登錄取消制度를 다룬
 憲法裁判所의 最近 決定(憲裁決 2006. 3. 30, 2004헌마 246;
 憲裁決 2006. 4. 27, 2004헌마 562)을 中心으로－ ………………… 李鍾秀
賃貸借保險金 返還保護保險加入强制制度의 憲法的 正當性
 －契約自由에 관한 憲法裁判所決定分析과 批判을 中心으로－ …… 張永喆
按摩師資格 '非盲除外基準'에 대한 憲裁決定 評釋 …………………… 李悳衍
按摩師制度에 대한 憲裁決定의 評釋 …………………………………… 李丞祐
言論의 公正報道와 取材源保護 ………………………………………… 趙在炫
訂正報道請求權에 대한 憲法的 評價
 －言論仲裁法과 憲裁決 2006. 6. 29, 2005헌마165를 中心으로－ … 曺小永
放送委員會의 '放送評價에관한規則'에 대한 憲法的 問題點 ………… 崔祐禎

集會 및 示威에 관한 法律 第11條의 問題點과 改正方案
－憲裁決 2003. 10. 30, 2000헌바 67 · 83(併合)과 憲裁決
2005. 11. 24, 2004헌가17을 中心으로－ …………………………… 李熙勳
獨逸聯邦憲法裁判所 分離理論의 韓國的 受用 …………………………… 金顯哲
行政情報共同利用의 法原則 …………………………………………… 全光錫
將來의 犯罪搜査를 위한 指紋情報의 使用과 法律留保
－同時에 憲法裁判所의 2005. 5. 26. 決定
(99헌마 513事件)에 대한 評釋－ ………………………………… 孫載榮
基本權과 個人的 公權 ………………………………………………… 金基震

[憲法判例研究(9)]

2007年度 憲法判例의 動向 …………………………………………… 金鎭신
判例評釋
－條約批准에 대한 國會同意 관련 個別 國會議員의
權限爭議審判 請求人適格(憲裁決 2007. 7. 26, 2005헌라 8) …… 李悳衍
公營放送의 獨立保障을 위한 現行法上의 問題
－KBS의 人的 構成의 獨立性을 中心으로－ ……………………… 崔祐禎
憲法判例에서 나타난 納稅者의 協力義務에 관한 考察
－舊 相續稅및贈與稅法 第78條 第1項 違憲訴願
(憲裁決 2006. 4. 27, 2003헌바 79)－ …………………………… 朴贊權
規範效力과 事例研究方法 ……………………………………………… 李丞祐
獨逸 聯邦憲法裁判所와 美國 聯邦大法院의 違憲審査基準論 ………… 李相莖
命令 · 規則에 대한 司法審査
－憲法裁判의 觀點에서 본－ ……………………………………… 金河烈
憲法訴願의 直接性 要件 ……………………………………………… 金顯哲
美國 聯邦大法院의 UNITED STATES v. GRACE,
461 U.S. 171 (1983) 飜譯 …………………………………… 黃致連 · 李熙勳

[憲法判例研究(10)]

2008年의 重要 憲法判例 ……………………………………………… 明載眞

基本權保護義務違反의 審査基準
－憲裁決 2008. 7. 31, 2006헌마 711을 中心으로－ …………………… 張永喆
民法 第764條의 違憲與否에 관한 憲裁決定에 대한 批判的 檢討
－1991. 4. 1, 89헌마160 全員裁判部 決定－ ………………………… 曺小永
(舊) 附加價値稅法 第30條 第1項에 대한 憲裁 2001. 4. 26,
99헌바108 · 2000헌바 3 · 2001헌바 1(併合) 決定의 妥當性
－課稅要件 明確主義를 中心으로－ ……………………………………… 李熙勳
基本權侵害事例의 硏究方法 …………………………………………………… 李丞祐
BTL事業費 處理方式의 合憲性과 國會議員의
權限爭議審判 請求人適格
－憲裁決定 評釋(2008. 1. 17, 2005헌라10) …………………………… 李憙衍
大統領의 憲法訴願에 대한 適法性 認定判示의 問題點
(憲裁決 2008. 1. 17, 2007헌마 700, 憲裁公報 136, 217－257) ……… 許 營
福祉國家의 正當性 ………………………………………………………………… 全光錫

[憲法判例硏究(11)]

2009년 중요헌법판례 …………………………………………………………… 정필운
성폭력범죄자에 대한 성충동 약물치료처분의 헌법적 재조명 ………… 이상경
공인중개사의 실거래가신고의무제도의 문제점 ……………… 이승우 · 신희동
장애인고용부담금의 헌법적 정당성 및 제도적 타당성 ………………… 전광석
헌법정책적 측면에서 헌법재판소와 법원의 관계 ……………………… 황치연
주문선택의 기술
－규범의 위헌성을 확인하였을 때에 연방헌법재판소의 변형재판 …· 허완중 역
Die Kunst der Tenorierung
－Die Entscheidungsvarianten des Bundesverfassungsgerichts
bei Normbeanstandungen ………………………………………… Stefan Korioth

[憲法判例硏究(12)]

2010년도 헌법판례의 동향 ………………………………………………………… 김진곤
미디어렙제도에 관한 쟁점과 입법적 과제 ………………………………… 고민수

헌법상 건강권의 개념 및 그 내용 ················································ 김주경
헌법재판의 심사기준 ································································ 황치연
입법자에 대한 연방헌법재판소 규범폐기재판의 기속력
························································ 슈테판 코리오트, 허완중 옮김
법령 헌법소원의 청구기간에 관한 몇 가지 쟁점 ···························· 오 훤

[憲法判例硏究(13)]
2011년 중요헌법판례 ······················································ 조재현, 정필운
'거창사건'에 대한 대법원판결(2008.5.29. 2004다33469) 평석
－'견벽청야'(堅壁淸野)의 군사작전과 법리구성의
구조적 유사점을 주목하며－ ··················································· 이덕연
정당해산심판에 대한 헌법적 및 정치적 이해 ································ 전광석
이슬람 연방국가원리의 비교법적 고찰
－아랍에미리트 연방제도를 중심으로－ ····································· 박규환
무죄추정원칙에 관한 헌법재판소 판례 검토
－헌재 2010.9.2. 2010헌마418 결정에 대한 평석을 중심으로－ ····· 김현철
인터넷상 정치적 표현행위의 헌법적 보호 범위에 관한 검토
－헌재 2011.12.29. 2007헌마1001 등 결정을 중심으로－ ············ 조소영
물기본권에 관한 연구 ······························································ 김성수
행정입법의 정비에 관한 연구 ··················································· 김기진
헌법재판소결정의 기속력 ························································ 허완중

# 韓國憲法判例硏究學會 定款

1999. 5. 15. 제정
2004. 5. 15. 개정
2009. 5. 23. 개정
2011. 6. 25. 개정

## 제 1 장 總 則

제 1 조(명칭) 본 학회는 "한국헌법판례연구학회(Korean Association of Constitutional Case Studies)"라 한다.

제 2 조(사무소) 본 학회의 주사무소는 서울특별시에 둔다.

제 3 조(목적) 본 학회는 헌법판례의 연구를 통하여 법학계와 법조계 및 연구기관 등과의 교류를 꾀하고 헌법학과 헌법실무의 발전에 이바지함을 목적으로 한다.

제 4 조(사업) 본 학회는 제3조의 목적을 달성하기 위하여 다음의 사업을 한다.

1. 연구발표회 및 학술강연회의 개최
2. 학회지, 논문집 기타 도서의 간행
3. 국내외 연구단체와의 교류
4. 기타 필요한 사업

## 제 2 장 會 員

제 5 조(종류 및 자격) ① 회원의 종류는 정회원, 준회원 및 단체회원으로 나눈다.

② 정회원은 본 학회의 목적에 찬동하는 대학교수, 박사학위소지자, 판사, 검사, 변호사, 군법무관, 5급 이상의 공무원으로 한다.

③ 준회원은 본 학회의 목적에 찬동하는 대학원 박사과정 또는 석사과정에 재학 중인 자 및 기타 연구기관에 재직 중인 자로 한다.

④ 단체회원은 본 학회의 목적에 찬동하여 본 학회에 가입한 국내외의 단체로 한다.

제 6 조(가입 및 탈퇴) ① 정회원 또는 준회원이 되고자 하는 자는 정회원 2인 이상의 추천을 받아 가입신청서를 제출하고 이사회의 승인을 얻어야 한다.

② 단체회원이 되고자 하는 자는 가입신청서를 제출하여 이사회의 승인을 얻어야 한다.

③ 회원이 탈퇴하고자 하는 때에는 미리 그 뜻을 본 학회에 통지하여야 한다.

④ 회원이 본 학회의 명예를 훼손하거나 회칙을 위반한 때에는 이사회의 의결을 거쳐 제명할 수 있다.

제 7 조(권리 및 의무) ① 모든 회원은 본 학회의 각종 사업에 자유로이 참여하고, 본 학회의 각종 간행물을 배포받을 권리를 가진다.

② 모든 회원은 본 학회의 모든 회칙을 준수하고 각종 회비를 납부할 의무를 진다.

③ 학회의 각종 선출에 관한 권리는 정회원에 한하여 행사할 수 있다.

## 제 3 장 任 員

제 8 조(종류 및 정수) 본 학회에 다음의 임원을 둔다.

1. 회장 1인
2. 부회장 약간인
3. 상임이사 약간인
4. 이사 약간인
5. 감사 2인
6. 명예회장 1인
7. 고문 약간인

제 9 조(선임 및 임기) ① 회장 · 부회장 · 이사 및 감사는 정회원 중에서 총회가 선임한다.

② 상임이사는 이사 중에서 회장의 추천으로 이사회가 선임한다.

③ 임원의 임기는 2년으로 하되, 연임할 수 있다.

제 10 조(직무) ① 회장은 본 학회를 대표하고, 會務를 통할한다.

② 부회장은 회장을 보좌하며, 회장이 闕位되거나 사고로 인해 그 직무를 수행할 수 없을 때에는 부회장 중에서 연장자가 그 직무를 대행한다.

③ 상임이사는 총무, 연구, 재무, 출판, 섭외, 법무 등의 업무를 분담 · 처리한다.

④ 이사는 이사회 구성원으로서 본 학회의 운영에 관한 중요사항을 심의 · 의결한다.

⑤ 감사는 본 학회의 업무와 회계에 관하여 감사한다.

제 11 조(명예회장 및 고문) ① 본 학회에 명예회장 1인 및 고문 약간인을 둘 수 있다.

② 명예회장 및 고문은 본 학회의 발전에 기여한 공로가 있는 정회원 중에서 이사회가 추천한다.

③ 명예회장 및 고문은 종신직으로 한다.

제 12 조(간사) ① 본 학회에 간사 약간인을 둘 수 있다.

② 간사는 정회원 또는 준회원 중에서 회장이 임명한다.

③ 간사의 임기는 2년으로 한다.

④ 간사는 회장의 명을 받아 각종 기록의 작성, 연락의 전달, 행사의 준비 기타 會務執行을 보좌한다.

## 제 4 장 機 關

제 13 조(총회의 소집) ① 정기총회는 매년 1회 소집하고, 임시총회는 이사회 또는 회원 10인 이상의 요구에 따라 수시로 소집한다.

② 총회는 회장이 소집하고, 그 의장이 된다.

③ 총회는 재적회원 3분의 1이상의 출석과 출석회원 과반수의 찬성으로 의결한다. 다만 可否同數일 때에는 의장이 결정권을 가진다.

④ 총회의 소집은 회의 7일 전까지 회의의 목적, 일시 및 장소를 명시하여 공고하여야 한다.

제 14 조(총회의 권한) 총회는 다음 사항을 의결한다.

1. 회칙의 개정
2. 임원의 선출
3. 업무계획의 승인
4. 예산 및 결산의 승인
5. 이사회가 附議하는 사항
6. 기타 필요한 사항

제 15 조(이사회의 소집) ① 이사회는 회장, 부회장 및 이사로 구성하며, 감사는 이사회에 출석하여 발언할 수 있다.

② 이사회는 필요에 따라 회장이 소집하고, 그 의장이 된다. 다만 재적구성원 3분의 1이상 또는 감사의 요구가 있을 때에는 회장은 이사회를 소집하여야 한다.

③ 이사회는 재적구성원 과반수의 출석과 출석인원 과반수의 찬성으로 의결한다. 다만 可否同數일 때에는 의장이 결정권을 가진다.

④ 이사회는 필요에 따라 회의 소집하지 않고, 書面 決議로 의결에 갈음할 수 있다.

제 16 조(이사회의 권한) 이사회는 다음 사항을 의결한다.

1. 규칙의 제정과 개정
2. 회원의 가입승인 및 제명결정
3. 이사의 선임
4. 총회의 소집 및 부의사항의 심의
5. 기타 회장이 부의하는 사항

제 17 조(상임이사회)

① 상임이사회는 회장, 부회장 및 상임이사로 구성한다.

② 상임이사회는 회장이 필요에 따라 수시로 소집한다.

③ 상임이사회는 회무집행에 관한 중요사항을 심의한다.

④ 상임이사회는 의결사항이 있으면, 이사회의 의결에 관한 규정을 준용한다.

## 제 5 장 財 政

제 18 조(재원) ① 본 학회의 재원은 연회비, 임원찬조비, 참가회비, 기부금 기타 수입으로 충당한다.

② 연회비, 임원찬조금 및 참가회비는 이사회에서 정한다.

제 19 조(예산 및 결산) ① 본 학회의 회계연도는 매년 1. 1.부터 12. 31.까지로 한다.

② 회장은 회계연도 초에 그 해의 예산안을 작성하여 총회의 승인을 받아야 한다.

③ 회장은 회계연도 초에 전 해의 결산안을 작성하여 총회의 승인을 받아야 한다.

## 제 6 장 委員會

제 20 조(학회지편집위원회) ① 학회에 회지의 게재논문조사 · 편집 및 간행을 위하여 헌법판례연구학회지편집위원회를 둔다.

② 학회지편집위원회는 회장이 위촉하는 부회장 1인과 약간 명의 위원으로 구성한다.

③ 학회지편집위원회는 회지에 게재하고자 하는 논문의 심사 및 편집과 간행에 관한 전반적인 사업을 관장하며, 그 구성과 사업에 관한 세부적인 사항은 따로 규정한다.

제 20 조의 2(연구윤리위원회) ① 본 학회는 연구윤리의 확립, 연구부정행위의 예방 및 조사를 위하여 연구윤리위원회를 둔다.

② 연구윤리위원회는 회장이 위촉하는 부회장 1명을 포함하여 약간 명의 위원으로 구성하며, 위원의 임기는 2년으로 한다.

③ 연구윤리위원회의 위원장은 위원 중에서 호선한다.

④ 연구윤리위원회는 의결사항이 있으면, 이사회의 의결에 관한 규정을 준용한다.

⑤ 연구윤리위원회의 운영에 관한 사항은 따로 정한다.

## 제 7 장 學術賞

제 21 조(학술상) ① 회원의 학술연구를 장려하기 위하여 학회에 학술상제도를 둔다.

② 학술상에 관한 사항은 따로 규정으로 정한다.

## 제 8 장 慶弔事

제 22 조(경조사) 학회는 회원상호간의 친목과 협조를 도모하기 위하여 경조사에 관한 사항을 따로 규정한다.

## 附 則

제 1 조(시행일) 이 회칙은 1999. 5. 15. 부터 시행한다.

제 2 조(임원 및 회원에 대한 경과조치) 이 회칙 시행당시의 회장, 부회장 및 기존회원은 이 회칙에 의하여 선임 및 가입한 것으로 본다.

제 3 조 이 회칙 시행 당시에 이 회칙에 의하여 새로 설치될 기관의 권한에 속하

는 직무를 행하고 있는 기관은 이 회칙에 의하여 새로운 기관이 설치될 때까지 계속하여 그 직무를 행한다.

## 附 則

(시행일) 본 규정은 2004. 5. 15.부터 효력이 발생한다.

## 附 則

(시행일) 본 규정은 2009. 5. 23.부터 효력이 발생한다.

## 附 則

(시행일) 본 규정은 2011. 6. 25.부터 효력이 발생한다.

# 學會誌編輯 · 刊行規程

제 1 조(헌법판례연구) "憲法判例硏究"誌는 한국헌법판례연구학회의 학회지로서 회원의 연구논문을 게재한다.

제 2 조(발행횟수) 학회지는 연 1회 이상 정기적으로 간행함을 원칙으로 한다.

제 3 조(학회지편집 · 간행위원회의 구성과 권한) ① 학회지편집 · 간행위원회(이하 "위원회" 라 한다)는 회장이 위촉하는 부회장 1인, 총무이사, 학술이사, 출판이사로 구성하며 임기는 3년으로 한다.

② 위원회는 학회지에 게재하고자 하는 논문의 심사와 편집 및 간행에 관한 사항을 관장한다.

제 4 조(논문심사절차와 기준) ① 위원회의 논문심사절차는 다음과 같다.

a) 1단계 전공심사: 전공 여부 합치심사

b) 2단계 내용심사: 투고논문 내용검토

c) 3단계 종합심사: 게재 여부 최종확정

② 위원회의 논문심사기준은 다음과 같다.

a) 연구주제의 타당성, 시의성, 적합성

b) 연구주제의 독창성, 참신성

c) 연구의 목적, 내용, 방법의 논리성

d) 논문투고자의 최근 5년간 연구발표실적의 양과 질적 수준

c) 연구결과의 학문적 기여도

③ 위원회의 위원들은 각 항목별로 A－C까지로 심사하되 종합심사결과 논문심사위원 4분의 3 이상이 평점 "B" 이상을 부여하여야 게재할 수 있다.

제 5 조(논문투고세칙) ① 학회지에 발표되는 논문은 미발표연구물이어야 한다.

② 위원회는 심사결과에 따라서 논문의 수정이나 보완을 요구할 수 있다.

③ 위원회는 회비를 납부하고 논문을 게재하고자 하는 회원에게 소정의 게재료를 부과할 수 있다.

## 附則

이 규정은 1999년 5월 15일부터 시행한다.

憲法判例研究 〔14〕

초판인쇄 | 2013년 2월 15일
초판발행 | 2013년 2월 20일

편 자 | 사단법인 한국헌법판례연구학회
발 행 인 | 위 호 준
발 행 처 | 도서출판 **집현재**
121-130 서울특별시 마포구 토정로
198번지 204호
전화 (02)332-4922 Fax (02)3142-4922
홈페이지: www.jhjbook.co.kr
e-mail: jyp4922@naver.com

출판등록 2010년 10월 25일
등록번호 제105-91-57581호

정가 35,000원 ISBN 978-89-97304-26-4
ISBN 978-89-97304-15-8(세트)
ISSN 1228-6567 14